中国社会科学院　学者文选

陈翰笙集

中国社会科学院科研局组织编选

中国社会科学出版社

图书在版编目（CIP）数据

陈翰笙集／中国社会科学院科研局组织编选. —北京：中国社会
科学出版社，2002.5（2018.8 重印）
（中国社会科学院学者文选）
ISBN 978 - 7 - 5004 - 3396 - 5

Ⅰ.①陈…　Ⅱ.①中…　Ⅲ.①社会科学—文集　Ⅳ.①C53

中国版本图书馆 CIP 数据核字（2002）第 029535 号

出 版 人	赵剑英
责任编辑	周兴泉
责任校对	林福国
责任印制	张雪娇

出　　　版	中国社会科学出版社
社　　　址	北京鼓楼西大街甲 158 号
邮　　　编	100720
网　　　址	http：∥www.csspw.cn
发 行 部	010 - 84083685
门 市 部	010 - 84029450
经　　　销	新华书店及其他书店

印刷装订	北京市十月印刷有限公司
版　　　次	2002 年 5 月第 1 版
印　　　次	2018 年 8 月第 2 次印刷

开　　　本	880×1230　1/32
印　　　张	14.75
字　　　数	353 千字
定　　　价	79.00 元

出 版 说 明

　　一、《中国社会科学院学者文选》是根据李铁映院长的倡议和院务会议的决定，由科研局组织编选的大型学术性丛书。它的出版，旨在积累本院学者的重要学术成果，展示他们具有代表性的学术成就。

　　二、《文选》的作者都是中国社会科学院具有正高级专业技术职称的资深专家、学者。他们在长期的学术生涯中，对于人文社会科学的发展作出了贡献。

　　三、《文选》中所收学术论文，以作者在社科院工作期间的作品为主，同时也兼顾了作者在院外工作期间的代表作；对少数在建国前成名的学者，文章选收的时间范围更宽。

中国社会科学院

科研局

1999 年 11 月 14 日

目　录

历　史　学

编 者 的 话

　　陈翰笙同志，大家尊称他为翰老。他既是一位无私无畏、振兴中华的革命老人，又是一位学识渊博、享誉中外的学术大师。

　　翰老1897年2月5日出生于江苏无锡。幼年时期受到良好的母教，从小懂得立德为人之道。中学期间，目睹清政府的腐败、列强的欺凌、民族的危亡、人民的遭殃，在他的心灵里逐渐播下了爱国的种子。1918年，他怀着科学救国的思想，东渡大洋，赴美国求学。1920年毕业于美国波莫纳大学历史专业，1921年获芝加哥大学硕士学位。后赴德国继续深造，1924年获柏林大学博士学位。在求学期间，曾撰文批评美国威尔逊政府的对华政策，谴责欧洲列强干预巴尔干半岛的内部事务。

　　1924年回国，由蔡元培先生聘请，到北京大学任教，在李大钊同志的直接指导和影响下逐步接受马克思主义，参加早期革命活动。1925年，经李大钊同志介绍加入中国共产党。次年，加入共产国际，并为共产国际创办的《国际通讯》供稿，报道中国革命动态。

　　1927年李大钊同志被捕，翰老处境危险，遂前往苏联，在国际农民运动研究所任研究员，开始关注中国的农民问题。

1928 年，翰老绕道日本回国。1929 年再次接受蔡元培邀请，出任中央研究院社会科学研究所副所长，开始组织大批青年社会工作者，广泛展开中国农村经济调查。1932 年，秘密参与宋庆龄组织的"中国民权保障同盟"的重要活动，多方营救遭反动派追捕的革命者和爱国民主人士。1935 年，为躲避国民党特务追捕，翰老再次赴苏，任莫斯科东方共产主义劳动大学特约研究员。

1936 年，根据苏联太平洋学会分会的安排，翰老赴美国纽约，任《太平洋事务》杂志副主编，编辑和出版《太平洋事务》季刊，并协助饶漱石创办《华侨日报》。在抗日年代里，《华侨日报》积极宣传中国共产党的抗日主张，发动爱国华侨，募集款项，购买药品，有力地支持了英勇抗击日寇的中国八路军。

1939 年，翰老到香港创办英文半月刊《远东通讯》，团结华侨和国际进步人士，支持中国的抗日战争，第一个向海外揭露皖南事变的真相。同时，他还积极参加宋庆龄倡导的"保卫中国大同盟"和"工业合作运动"，从事抗日和支持解放区的工业合作运动。1942 年赴广西桂林，在此期间，因被重庆军委会通缉，1944 年逃往印度。1949 年再度赴美，在华盛顿州立大学等高等学校任教，并从事革命活动，以反对美蒋的反共行为。

新中国成立后，应周恩来总理的召唤，1950 年回国参加工作。历任外交部顾问、中国对外友好协会副会长、《中国建设》杂志副主编、中国科学院哲学社会科学部委员、中国社会科学院顾问、中国社会科学院世界历史研究所名誉所长、《中国大百科全书》总编委会副主任以及兼任中国国际文化书院院长等多种学术团体的重要职务。

作为学者宗师，翰老在中国学术史上写下了光辉一页。他运用英、俄、德、日等外国语言，对多种学科进行精深研究，涉及社会学、经济学、政治学和国际关系学等学术领域，撰写的专著和文章约 400 余种，有着许多高深的造诣和见解。

翰老是将学术研究工作和革命实践活动紧密相结合的楷模。正如唐朝诗人白居易说："文章合为时而著，歌诗合为事而作。"翰老作文，或针砭时弊，暴露敌人的无道；或为说明事理，揭示社会现象的本质；或为正本清源，归还事物的本来面目；或为建设新的制度，坦陈良言。翰老的文章是他革命业绩的一个组成部分。他在中国革命的各个时期，都留下了有着重要影响的论著。在第一次国内革命时期，他发表《三·一八惨案目击记》，痛斥北洋军阀段祺瑞屠杀示威群众的血腥罪行；第二次国内革命时期，发表了《封建社会农村生产关系》和《中国当前的土地问题》，有力地论证了中国半殖民地半封建社会的社会性质；在抗日时期，发表了《中日战争的经济背景》和《中国持续抗战的前景》，揭示了中日战争的根源，并使中国人民树立了抗日必胜的信心；在第三次国内革命时期，发表了《中国官僚资本与内战》，揭露蒋介石发动内战的经济根源，抨击了美国扶蒋反共的反动政策；新中国成立以后，又以社会主义建设为主题，发表《不能关起门来建设社会主义》和《发展教育》，等等。一句话，翰老的文章反映了中国社会发生的深刻的历史变迁。

翰老在学术上成就最卓著、影响最巨大的莫过于对中国农村经济调查的这一中国社会学学科的开创和拓展。

在 20 世纪 20 至 30 年代初，国内外学者对中国的社会性质问题发生了激烈论战。有的认为中国还谈不上资本主义；有的认为在大革命失败后中国正进入资本主义社会。中国共产党虽然一再提出中国是一个半封建半殖民地社会的正确论断，但由于缺乏系统的材料加以深刻的论证，理论界仍没有统一的认识。这个问题，不仅是一个重大的理论问题，而且是涉及中国革命性质、对象、动力和前途的重大的现实问题。

翰老 1928 年从苏联回国后就以马克思主义为指导，对中国社会性质问题进行调查和探讨。他认为，"一切生产关系的总和，造成社会的基础结构，这是社会学的出发点，而在中国，大部分生产关系属于农村的"，所以对中国社会性质问题的探索，必须首先而且重点是在农村。1929 年春，翰老到中央研究院社会研究所任职后，就陆续聘用王寅生、钱俊瑞、薛暮桥、张锡昌、张稼夫、孙冶方、姜君辰和秦柳方等一批有志青年组织中国农村经济调查组，分赴全国各地农村进行调查。从 1929 至 1934 年，调查组先赴江苏无锡、河北保定、广东岭南、广西、河南、陕西等地进行选点调查，而后到营口、大连、长春、齐齐哈尔调查难民问题和赴安徽、河南、山东的烟草种植地区调查烟农生活。调查组从土地问题入手，采用阶级分析方法，调查农村生产关系，最终以大量的、系统的第一手资料，科学地证明中国农村社会和中国社会性质。他一方面指出："鸦片战争后，'洋货'侵入农村，将农民的资本吸收到外国"，继而"帝国主义大量的资本输入"，"控制了中国的经济命脉"，使中国陷入半殖民地社会；另一方面又指出："19 世纪中叶以来工业资本的侵入"，"其最大影响即工业化和农产品商业化，已渐次深入农村"，但"前资本主义经营农业者"仍是"最流行的"。可见，中国仍是一个半殖民地、半封建社会。这次调查，其时间之长、人数之多、范围之广是空前的，可以说是马克思主义社会学在中国的一次大规模实验。通过这次农村经济调查，还培养了一大批社会学和经济学专家，他们在中国学术领域占有重要地位。

翰老另一大学术成就，是提出的中国现代化建设的理论。他发表的《如何走上工业化正轨》一文，虽然是在 1944 年，但对中国实现现代化建设仍具有很大意义。在这篇文章里，他针对中国实现工业化建设的现实问题，就工业化程序、改革教育、发展农业、积累资金、制定政策等诸重大问题，提出了自己的新见解。尤其是在如何正确学习外国工业化经验方面，他更是独具慧眼。文中他对中国一些人教条主义地学习苏联工业化经验提出了尖锐批评。他说："工业化决不可一味模仿外国的皮毛，而必须根据国外历史教训和人家实际的经验，且适应国内各地产业的程度而确定。有人以为苏联的国营工业曾经领导民营工业的发展，所以我们也得以建设国营工业为中心，甚至不妨漠视民营工业。这个毛病就出于肤浅的模仿。岂知国营工业要有国营工业的客观条件和真正能力，而国营和民营还需要适当配合。在忘记人家国营工业之所以然，和忘记国营民营应有适当配合的时候，就不免要再蹈衙署经营的覆辙，而竟然忽视一切民营工业，以致国营工业的本身站不住，而因此民营工业也因此愈加遭殃。结果所谓国营者将变质为私营，而真正的民营者不免有倒闭之虞。如此所谓工业化者必然碰壁，而产业反要走上倒退的途径。"我们不妨以此为镜，对照一下20世纪80年代前中国工业化的实际状况，深刻领会翰老早在此之前的40多年就提出的这一远见卓识的科学预见和它的理论意义。

翰老有着他自己鲜明的写作特点。他的文章审时度势，洞若观火，简洁明快，朴实无华。力戒空言的文风与深邃的思想内容互为表里，翰老的这种文体是由他一切为人民的高尚品格决定的。道德与文章从来是联在一起的，这是我们最终要说的一句话。

翰老著作的珍贵价值，很早就被学术界所重视。《陈翰笙文集》（汪熙、杨小佛编，复旦大学出版社，1984年）、《陈翰笙文集》（英文版李新玉编，商务印书馆国际有限公司，1996年）及其中译本《陈翰笙文集》（丛翰香、李新玉编，商务印书馆，

1999 年）的出版对于人们了解翰老的学术观点起了积极作用。

近年来，在翰老的战友和弟子们的努力下，在国内外又发掘了一些鲜为人知的他的著作，使我们对翰老在社会科学领域内的贡献有了更深入更全面的认识。根据我们所掌握的资料，我们认为有必要重编翰老的论著。此举得到了汪熙、杨小佛教授的支持，本书参考了各种《陈翰笙文集》，在此一并致谢。

张椿年　陆国俊

经 济 学

中国农村经济研究之发轫[*]

　　社会科学中有二种重要科学，非专究社会生活之某一方面如经济、法制、宗教等等，而以至周密之方法整个观察社会生活之全部者。此即史学与社会学也。史学所以追求且叙述某一时代某一地方社会生活之全部。社会学则应付普遍问题：例如，何谓社会？社会发展与衰落之基本原因何在？各种社会现象如经济的，法律的，科学的，有何相互关系？各种社会现象之演进作何解释？历史上社会形式有几种？各种形式又如何转变？社会学探讨人类进化之原则，以为研究史学之方法，故可称为社会科学中最概括，最抽象之科学；史学则整理可靠之史实，以供研究社会学之材料。史学固当以社会学之哲理为指南而后可得正确之方法，社会学亦须筑于历史的事实上而后可免错误之论断。

---

　　[*] 本文系国立中央研究院社会科学研究所 1929 至 1930 年的工作报告。由陈翰笙起草，社会学组讨论定稿。陈翰笙于 1929 年到 1933 年在中央研究院社会科学研究所任副所长时（正所长蔡元培兼），组织了在上海的日本纱厂操身制的调查和其他地区的农村调查。在这期间，陈翰笙领导社会学组，同王寅生一起组织对无锡农村的调查，但因 1933 年中央研究院的总干事杨杏佛被暗杀，1934 年初，陈翰笙出走日本，社会学组被撤销，资料散落，无锡农村调查的报告未能整理发表。

社会学者有以经济为各种行为之动机，有以经济为特殊环境之成因；至经济的事实莫不认为组织社会学之基础。构成今日中国社会之经济的事实，大都属于资本主义制度发达以前之种种关系。吾人所谓都市，其性质不似 City；吾人所谓乡村，其性质不似 County。即与欧洲前资本主义社会相较，都市之来历非 Polis 及 Compagna Communis 可比；乡村之组织亦非 Mir 及 Manor 可比。中国社会调查与统计尚在极幼稚时代。研究社会学者苦无可靠可用之材料；除参考关于欧洲前资本主义社会已有之出版品如 J. Salvioli, M. Kovalowsky, Max Weber, P. Vinogradoff 等氏之著作外，目前急须从事中国社会经济之调查与统计。

关于都市社会，本组首从上海工人生活状况之调查着手。杨树浦乃上海工厂密集之区，其中尤以雇用工人甚伙之纱厂为多；本组因此择定杨树浦全区为调查工人生活状况之地点。该项调查自 1929 年 9 月中开始，迄 1930 年 2 月终结束。实际参加调查者共 42 人。调查之对象以工人生活为中心，旁及工厂内部之组织暨里坊，草棚，工房，市街，码头，栈房，工会，茶馆，押当等等之情形。杨树浦共有大小工厂 530 家；其中曾经调查 474 家，余则因遭拒绝，无从调查。兹将曾经及未曾调查之中外各厂数目列表于下：

	曾经调查者	未曾调查者
中　　国	433	23
日　　本	21	10
其他外国	20	23
共　　计	474	56

关于工人生活之个别调查，共曾调查 1991 人；内男工 1267 人，女工 724 人。童工则因事实上困难，曾作个别调查者甚少。至补充调查可列举如下：

里 坊	367 处	码头	6 处	茶馆	8 家
草 棚	1268 户	栈房	8 处	押当	100 家
工 房	66 处	工会	6 处		

以上调查所得之材料现皆尚待整理。调查期中本组乘便从工人处直接搜集笔记信札之类以资参证。宗法社会之礼教对于工人生活殆已完全丧失其作用。工人笔记及信札中关于离婚事件之记载不一而足。例如以下一段笔记所载，女也妹劫而父亡，男则鬻妻以放债。

王承业年三十八岁，泰县束乡人，本有妻室。王于民国十四年由泰来申，投入大康纱厂，作二工房十四号业烧包饭，共有女工七八名。其中有一女工姓缪，名大居子，现年二十三岁，姿色略高，已经嫁过，其夫在里务农。该女在大康第一厂甲班二五二号粗纱间；入厂未久即与王姓姘识，居然共枕同衾，乃与夫妇无异。既情投意合，至民国十六年，王即返里将原配之妻另嫁别人，得洋百元以上来申放债。忽于民国十八年十月间，大居子之夫协同该女之父突然来申，直至工房，到王处询问该女。王已将女藏匿，答谓其人不在此地。来人等至旬日，寻觅不着，遂抱恨回里。但该女之夫因怀恨已极，抵家后遂将该女十三岁胞妹劫去，放在自处以作押交。女父因颜面难措，乃气闷成病，延至十一月间竟死矣。该女在申闻知，甚为悲泣，故于十二月廿四日回里探望。不料才至母家，忽被婆家知道。由该女之夫带领多人，突然走到，竟将大居子接去；一时众寡不敌，未能逃脱。……

农村经济之衰落，在中国已成普遍之现象。水旱蝗蝻之天灾，兵匪苛税之人祸，物价之飞涨，举债之绝路；凡此种种，驱使大批穷苦无告者群趋城市以供包身制度之牺牲。纱厂丝厂女工包身制度之盛行，实为现代劳动雇佣制度在中国特有之征象。乡村妇女之被吸引申作工，大都仅以二三十元之代价，出包两年三年。出包期内，女工虽得维持其最低限度之生活，无丝毫自由之可言，而莫不陷于悲惨堕落之境域。兹将此种包身契约照录其一于次：

　　立自愿书人〇〇〇，情因当年家中困难，今将小女〇〇自愿包与招工员〇〇〇名下带至上海纱厂工作。凭中言明，包得大洋三十元整，以三年满期；此款按每年三月间付洋十元。自进厂之后，听凭招工员教训，不得有违。倘有走失拐带，天年不测，均归出事人承认，与招工员无涉；如有头疼伤风，归招工员负责。三年期内，该女工添补衣服，归招工员承认。倘有停工，如数照补：期限〇〇年〇月〇日满工。满工后，当报招工员数月。恐后无凭，立此承证。

本组搜罗所得杨树浦各厂工人家书之内容，十分之九皆为工人在乡亲属向其作经济援助之要求：非工作介绍之哀恳，即寄款回家之催逼。在工业资本已甚发达之欧美，工人自身与农村间之直接经济关系早告断绝。顾中国工人，则虽喘息绞汗于工厂机器行间，精神上仍不免乡间亲属之牵累。是以研究中国劳工问题者，同时不可不切实明了一般劳工之乡村经济背景也。

前北京农商部之农村经济调查与统计，其简陋虚妄之点不胜枚举。据农商部报告，1914 年至 1915 年，一年中广东农民骤增900 万；1922 年一年中吉林耕地面积骤增两倍。试问农村经济学者如何能应用此种报告，而研究中国土地关系！金陵大学美国教授主持之农村调查，所用表格大都不适于当地情形。不但对于各种复杂之田权及租佃制度未能详细剖析，甚至对于研究农村经济所绝不容忽视之雇佣制度，农产价格，副业收入，借贷制度等等，亦都非常忽略。由此观之，美国教授对于中国农村经济之尚无深刻认识，以视农商部亦仅为50步与百步之差，1922至1923年间，哈尔滨东省铁路经济调查局之北满农业调查，其统计报告视金陵大学发表者较为详确。但所调查之农户绝少贫农；对自耕农与其他农民在投资上及收获上之各种差异，全被忽视；且与农村经济关系重要之借贷事项，亦未调查（参阅本所专刊第一号"黑龙江流域的农民与地主"）。社会学组同人因此决心抛弃以前政府统计之残屑，不顾一切违反中国实情之报告，而从事有意识有组织之农村经济调查。

中国各地农村社会进化之程度，甚不一致。农村经济之调查势必分区进行，方为合理。划分区域虽可以作物，土壤，交通，市场，农户类别，租佃制度等作一定标准，奈关于此种标准之基本知识现尚缺乏。不得已只能先从农村经济显然特殊之地方着手调查。1929年7月初至9月底，本组实行无锡22村之挨户调查。1930年5月又与北平之社会调查所合作，组织保定农村经济调查团。无锡工商发达，佃农占村户全数之39%。保定自耕农较多，而工商业尚未发达。无锡粘土，种稻最多；保定沙土，种麦最多。无锡普通收获一年两熟；保定普通三年两熟。两处显属不相同之农村经济区域。

无锡农村经济调查团，由调查员及办事员45人组织而成。办事处设无锡城中。调查员分四组。各组之组长，交际，文书，会计等职务，由组内调查员分别兼任。无锡各乡地势水利，大都相同；但农村中村户田权分化颇深。故依各村自耕农，雇农，佃农，工人，商人之多少，可分普通村与特殊村二种。就各乡选出普通村 9，特殊村 13，共 22 村；挨户调查 1207 家。又择其附近之 33 村，及为各村经济中心之八市镇，作一概况调查。

种稻农户 51%，所耕稻田均在五亩以下。一户之耕地每分散于四五处。每处往往不及一亩。无锡农民之耕地面积极少，而所耕之地亩又甚零碎，于此可知。根据当地插秧与割稻之技术，挨户细究田亩之大小（参阅本所集刊第一号"亩的差异"），吾人确知被调查之 22 村内至少有 173 种大小不同之亩。最小者不及 3 公亩，最大者几合 9 公亩。一村内亩的差异即有 5 种至 20 种。中国工业资本尚未发达，度量衡自不能统一。受数千年分家，租佃，典押，买卖等影响，迄今同一农户之亩甚至有两三种大小。田亩各种大小折合为公亩，然后可以统计各户极小极零碎之所有地与使用地。苟所有地与使用地之实际面积不求真确，则与土地有联带关系之各项农村经济统计，均将全部动摇矣！

无锡调查所得材料，尚在整理中。惟使用田亩及田亩上所用各项农业成术，已统计完毕；不久可以付印。就 22 村言，田亩之所有权与使用权竟多至 12 种。故无锡材料整理之第二步，当进而观察各种田权田租与农业成本之关系。（见下页分析表）

保定农村经济调查团，由调查员，向导员，办事员，共 66 人组织而成。办事处设清苑城内。调查员分组，一如在无锡。惟组长不复兼调查员，所以增加工作之效率也。清苑各乡地势水利大不相同；但农村中村户田权尚无甚分化。故依农作地利，可分全县为四区。每区中择其最普通之村庄，作分村经济，村户经济，城镇分业，及农户抽样，四种调查。第一种注重分配。第二种注重生产。第三种注重交换。第四种注重消费。第一二两种各自独立。第三四两种则系补充性质。据无锡挨户调查之经验，若干事项非每户所能详答。所答含糊，反有碍统计。故在保定，拟作农户抽样之调查。

无锡田权分析表

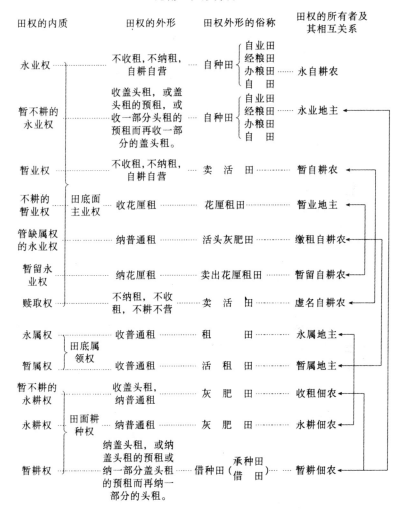

田权的内质	田权的外形	田权外形的俗称	田权的所有者及其相互关系
永业权	不收租，不纳租，自耕自营	自种田 { 自业田 / 经粮田 / 办粮田 / 自 田 }	永自耕农
暂不耕的永业权	收盖头租，或盖头租的预租，或收一部分头租的预租而再收一部分的盖头租。	自种田 { 自业田 / 经粮田 / 办粮田 / 自 田 }	永业地主
暂业权	不收租，不纳租，自耕自营	卖 活 田	暂自耕农
不耕的暂业权	田底面主业权 · 收花厘租	花厘租田	暂业地主
管缺属权的永业权	纳普通租	活头灰肥田	缴租自耕农
暂留永业权	纳花厘租	卖出花厘租田	暂留自耕农
赎取权	不纳租，不收租，不耕不营	卖 活 田	虚名自耕农
永属权	收普通租	租 田	永属地主
暂属权	田底属领权 · 收普通租	活 租 田	暂属地主
暂不耕的永耕权	收盖头租，纳普通租	灰 肥 田	收租佃农
永耕权	田面耕种权 · 纳普通租	灰 肥 田	永耕佃农
暂耕权	纳盖头租，或纳盖头租的预租或纳一部分盖头租的预租而再纳一部分的头租。	承种田 借种田（ 借 田 ）	暂耕佃农

保定挨户调查之表格，其形式较无锡者大加改良。纸张大小划一，免折叠与展开之烦。表格布置整齐，节省总面积三分之一。表格内容，更多进步。例如田亩上之各项农业成本，不以每

一作物亩设问；而以每块作物亩设问。又如人工与畜工，不以作物之各熟所需总量设问；而按工作之种类分别设问。关于典地，赊账，作物副产，畜养副产等项，亦较无锡表格为详备。

1928年夏季，本组在杭嘉湖属20县内85村作分村调查，其详已载于上年度总报告中。调查所得材料，由本所特约研究员计划整理。现各村之人口，农产，耕畜，田价，粮价，租额，工资，副业，以及借贷制度，已统计完毕。关于浙西农村概况，不久可以编印成册。嘉兴米谷，湖州丝茧，与长兴山货之市场调查报告，亦将附载其中。

浙江省政府近有移送难民往东北从事垦殖之举，其成绩如何，尚无确实报告。惟据可靠统计，1927至1929年山东河南难民流亡于东北者，至少有484430人。到北满之难民人数虽多，耕地面积仍无与人力相当之增加。现时东北土地问题之急待解决，至为明显。本组研究员于1929年夏季赴营口，大连，辽宁，吉林，长春，珠河，哈尔滨，齐齐哈尔，实地考察难民状况。嗣后将收集所得资料，如各地难民收容所之难民表册等，详细分析；再参考各省赈务机关之案卷与报告；著有《难民的东北流亡》一书（本所集刊第二号）。自难民之成因以至难民到东北后之生活，靡不深究详述。

本组对于西北农村经济之研究，亦未尝忽视。盖长城以南，秦岭以北，太行六盘之间，黄土漫漫，雨量稀少，农业上自成一区。该区为中国古代之文化中心。自西周秦汉六朝，以迄隋唐，前后二千年间，产业兴盛，人才辐辏，不特为当时中国全国人士之所仰慕，抑亦为全世界文化之中枢。洎乎唐亡宋兴，元明相继，经济上失其地位；灾害迭见，日甚一日。1925年以来，旱雹连年，复加兵匪，700万人民尽罹死亡，一千万方里俱成赤地，演为世界最广大之灾区。影响国民经济，莫此为甚。本组研究灾荒之西北，始于 1930 年 2 月，其结果当俟下年度发表。惟西北成灾之根本问题，据现时研究所得，决非普通所谓人口过剩，或地力递减；实属资本周转之关系。故吾人分析西北灾因，尤将注重中国现社会制度下农产之商品化及农民之无产化。

为探测目前中国社会最明显之种种趋势，以作研究问题之南针，本所特就全国最重要 24 都市，择其中文报纸内容最丰富者共 35 种，搜集各项社会纪实材料。此项材料，经第十次所务会议议决，委托本组选择剪贴，分类保存。积半载之经验，材料分类之纲目暂定如下：

（一）社会门

农人　工人　职工　苦力　小商人　知识分子　军人　妇女华侨　贫民　地主　官僚　土劣　资本家　外国人　盗贼　土匪　共党　监犯　失业　人口　家庭　文化　教育　习俗　宗教毒物

（二）经济门

土地　气象　水利　农业　垦殖　农产　粮食　田租　渔业矿产　陆运　水运　邮电　航空　币制　工业　商业　银行钱庄　当押　借贷　天灾　兵灾　勒索　物价

（三）政治门

政治　军事　财政　党务　外交　法规　市政　乡政　团练税捐　关税　田赋　盐务　公债　外债　租界　国际

本年度内报中所载，以关于灾荒，匪祸，及税捐之材料为最多。国历与废历年关之前后，各地商店倒闭之多，殊属可惊。即就沈阳，北平，哈尔滨三处而言，在此期间商店骤然减少 7 至 8％。1930 年春季粮价之飞涨，亦为全国普遍现象。据上海，无锡，杭州，嘉兴，湖州，福州，南昌，芜湖，长沙，汉口等十处之市价，半载以内，每担米价平均竟由 14 元涨至 19 元。中国社会经济目前之趋势，于斯得以探索其一二焉。

生产工具乃现代工业之命脉；当此项工具之制造为帝国主义国家所垄断时，殖民地与类似殖民地无论如何模仿工业先进国之技术与经营，决无产业独立之希望。欧洲大战中，殖民地与类似殖民地之轻工业固一时发展甚速，惟战后即显形停滞，且有日趋衰落之势。中国旧工业如丝绸，纱布，纸张，砂糖，瓷器；新工业如卷烟，火柴等，莫不似风前之烛，奄奄仅存一息。乡村中农民无产化之速度，则又远过于都市中中外工厂及商店雇用力之增加。非农非工脱离生产之流氓队伍，其数量乃日益扩大。谓欲解决中国今日生产问题，而不根本解决农村经济问题，自无可能之理。故下年度本组专门从事于中国农村经济之调查与研究。本年度杨树浦调查所得材料，则请本所经济学组计划整理。

下年度除整理无锡保定两处 3000 余户调查材料，及继续研究灾荒之西北外，本组拟开始调查中国农村中各种借贷制度；并从事分析正在衰落之江浙丝绸业与农村经济之关系。为交换参考材料，讨论专门问题，本组现与下列国外学术机关及学者随时通讯。

（原载国立中央研究院单行本 1930 年 7 月）

封建社会的农村生产关系

导　言

从古代到近代，从奴隶买卖到"个人自由"，这个演进的过程便是封建社会。要明了这社会的本质，如同其他社会一样，非剖析它的生产关系不可。封建社会的生产简直可说全部是农村生产。这种生产关系，因为地方和时代的不同，显然有很多的差别。赋役制（日本的庄园制，西欧东欧的 Colonia，俄国的

赋　役　制	强　役　制	工　偿　制
农民有一切农本；对于他所耕的农田有永久使用权。	农民有一切农本；对于他所耕的农田一部分有永久使用权，一部分既无所有权又无使用权。	农民大部分有一切农本，有少量的土地；但是或者钱或者谷或者土地往往不能够用。
地主没有农具耕畜；但领有全部农田，分给农民耕种。	地主没有农具耕畜；但领有全部农田，一部分自己经营而役使农民耕种，一部分分给农民耕种。	地主大部分没有农具耕畜；但有多量的农田，或全部自己经营而使负债的农民耕种，或分一小部分给农民耕种。

赋 役 制	强 役 制	工 偿 制
地主所借以剥削农民的是经济外的强制权。	地主所借以剥削农民的是经济外的强制权。	地主所借以剥削农民的是因为他借钱借谷或借地给农民而发生的债权，和经济外的暂时强制权。
剥削的普遍形式是物租，但一部分是力租。	剥削的普遍形式是力租，有时还附加些物租。	剥削的普遍形式仍旧是力租，一部分是物租，但工资形式已经存在。
农民的必要劳动和剩余劳动在时间上、空间上并不分开，而农民不能享受他的剩余劳动的生产物。	农民的必要劳动和剩余劳动在时间上、空间上都划然分开，而农民不能享受他的剩余劳动的生产物。	农民的必要劳动和剩余劳动在时间上、空间上，或分开，或不分开，而农民但求他自己能够享受他的必要劳动的生产物。

ОБРОК），强役制（西欧的 Villainage, le servage, die Leibeigen-schaft，俄国的 БАРЩИНА），工偿制（俄国的 ОТРАБОТКА），都是封建社会的不同的生产关系。

强役制到雇工制（即资本主义社会的生产关系）转变的程序中，在俄国有工偿制；在法国另有别种制度。中国现在，赋役制，强役制，工偿制，或雇工制虽然不能说完全没有，可是绝不占农村生产关系的主要地位。封建社会的农村生产关系，除赋役制，强役制和工偿制以外，其他制度的分析还待继续进行。

一　赋役制

赋役制以小规模农业的自然经济为基础，联合着农业与家庭手工业，在小经营中制造必要的及剩余的生产物。这种剩余生产物以物品田租的形式流入地主的掌握中。物租与力租不是没有合并的可能，但在赋役制下力租确限与极小部分。即使中国或印度的地主比较法国地主所领的土地面积要小得多，土地所有者与直接生产者间的生产关系还是丝毫不变的。印度的与中国的地主在赋役制下同样是以物租的形式向农民榨取剩余生产物的。这种榨取方式同欧洲中古时代地主所用的完全没有什么差别。在赋役制下，这种榨取的方式决不会因土地属于封建国家或属于私人所有而有所改变。因为赋役制时代的赋税与田租是同一性质的。那些专门注意到土地所有的大小，或僧侣政治的有无，或集权分权的差异，或地主是否有司法权的人们便错认了封建组织的根本。他们因为忽略了农民与地主间的生产关系及掠夺方式，所以不能明白封建社会的本质。封建社会的这种生产关系和掠夺方式很能够从田租的形式中观察出来①。在自然经济还没有破坏的时候，如果物品田租流行得最广，即是表现着赋役制势力的支配；如果力役田租流行得最广，即是表现着强役制势力的支配。

赋役制的剩余劳动生产物普通和必要劳动生产物都在直接生产者的经营中间。强役制下的必要劳动生产物虽然在直接生产者的经营中，其剩余劳动生产物却在地主的土地上面。赋役制下的农民是相对的独立生产者。强役制下的农民则除能自由经营他的小小的"分有地"以外，却完全失去他的独立性质。自地主看来，他们和其他的生产手段没有什么多大的区别。西欧从赋役制到强役制的转变和从地方分权到中央集权的过渡完全相符合②。因为西欧赋役制时代的政治表现为分权；强役制时代为集权。

13世纪的末年莫斯科附近地方有一种封建社会。土地的全部当时皆为那些战争的领袖所有。他们和他们部下的武装者统治

---

①　S. Dubrowski, "Ueber das Wesen des Feudalismus, der Leibeigenschaft und des Handelskapita ls", Agrar-Probleme, 2 Bd. 2 Heft. Muenehen, 1929, S, 209ff.

②　日本封建的前期表现地方分权，后期则表现中央集权。但小野武夫尚疑中央集权在封建社会中存在的可能（小野武夫，农村社会史论讲，东京，昭和二年，页13；180）。

了全部的劳苦群众。这些武装者便是后来的地主，又名贵族。他们主要的职业是战争，对于农业经营原来没有什么兴趣。除开住宅以外，他们自己只管理菜园果园以供给自家应用。他们坐收农民的物品田租。农民自己贩卖生产物的很少；他们的生产物一部分留给自用，一部分缴给地主。物品田租不仅限于农场生产品，并且还包含着许多手工制造品。

14 世纪时代莫斯科商人渐渐发展他们的威权，已经到黑海和意大利等地方去经商。16 世纪的莫斯科是欧洲著名大城之一①。从莫斯科运往各地的货物多极了；从各地运往莫斯科城内的日用品亦很多，单说从伏尔加流域一方面运来的每日平均就有700 大车左右。那时农业的幼稚，生产力的薄弱，加以商业的发展和奢侈品的要求，种种情形使地主的欲望和农民的劳苦同时并增。地主不仅需要谷物，羊，鸡，鸡蛋等等给他们自家应用；并且还要求农民格外多缴些租，可以使他们把物租方面得来的东西贩卖到市场去换得种种奢侈品。于是农民所缴纳的田租，由定额的物租一变而为谷物的分租。分租的成数又从 1/4 变为 1/3，再变为 1/2。地主榨取的谷物愈多，他们在市场上换得的金钱也愈多。有时因为地主来不及贩卖谷物，便向农民索取一部分钱租。

地主要求金钱的迫切，使他们觉得农民所供给的谷物还不十分可靠。他们终于自己经营农田，想自己独立"生产"。当然他们自己不会去做苦工，还是要他们的仆人去下田耕种。他们经营的农田扩张起来，单靠仆人的工作是不够的；他们就不得不强迫那些有农具的农民来替他们耕种。所以从前农民缴纳物租以外只

---

① Dubrowski："16 世纪俄国的商业发展并不比中国落后。外国人那时游历俄国的都说莫斯科商业不亚于那时的伦敦，甚至说不亚于那时的日尔曼自由商业都市"。

须替地主担任很轻的劳役；现在这种劳役，处于地主强迫之下，便很快的加重起来[1]。从前替地主做工，一年以内不过八天。现在每星期须有两天。后来每星期三天，并且还有增加。力租与物租农民必须同时负担。

但如此还不足以使经营农田的地主满意。要应付地主农田上正在扩大的工作，只有增加农民的一法。恰好那时许多新结婚的青年农夫农妇，因为要打算成家立业，必须要求得家庭以外的援助。他们需要农舍，耕畜，农具；他们并需要种籽和食粮，开始去从事农作。经营农田的地主们就利用这良好机会，给与农民上述的一切需要品；同时便一步一步的紧逼着农民替他们做工。因为借贷的关系，农民就完全被地主制服了。自然最初的时候农民不惯于这样的压迫。无论是陷于力租的旧农民或是负债而劳役的新农民，都设法要逃避那苛刻的商业性质的地主经营[2]。于是地主们勾结封建主，最后又凭借莫斯科王公的势力，得着自由处置农民的特权。农民虽然逃避，地主可以找他们回来，严紧的给他们工作，使他们无法可以离开耕地。没有这样权力的地主们只得眼看着他们的农田一天一天的荒芜起来；这些农田便被有威权有势力的大地主们（当时最著名的大地主就是寺院）并吞去了。在这个局面里，强役制的经济便建立于俄国。

西欧的强役制比俄国早得多。西欧的赋役制更是早于俄国。第 3 至第 5 世纪时代东方（Delos, Corinth, Athens, etc.）的奴

---

[1]　M. Dokrowski, "Geschichte Russlands von seiner Entstehung bis zur neue sten Zeit," Leipzig, 1929, S. 46—57: "Zerfall des Moskauer Feudalismus."

[2]　Dubrowski: "商业资本和高利贷资本的发展引起赋役到强役的过渡；它们本身没有什么生产方法，没有剥削直接生产者的特殊方式，也不能单独创立一种社会构造。但在封建社会各种构造的罅（瓦器的裂缝）隙中，商业资本和高利贷资本确负了重要的任务。在许多要素中间商业资本和高利贷资本即是使任何一种封建社会构造兴起，扩大，而后解体的一个因子"。

隶市场已衰落了，大规模的地主经营（Latifundia）便向小规模的农民经营（Colonia）迅速的让步①。这种农民（Coloni）的农具和耕畜最初虽由地主供给，后来完全要由他们自己置备。他们假使耕种官地，必须缴纳物租和少量的力租；假使耕种私人的土地，同样须缴纳物租，但力租的部分往往用钱租去替代。物租租额的多少要看农产的性质而定，有时占产量 1/2，有时 1/4，有时 1/3。力租的担负较轻。一年不过是六天的工作。至于钱租在那时就没有通行的可能；因为第 3 世纪中罗马的币制已很纷乱，钱的价值早已跌落了②。

5 世纪后东罗马帝国招抚夷狄，释放奴隶，积极改良农业，帝国的威权因此大振。可是，屯田一天一天的扩大，地权亦一天一天的集中到寺院和贵族的手里；政府的官地渐渐减少；小地主（原来经营军屯或民屯的主人）也渐渐降而为贫民（Penetes）。贫民先失掉自己的农田接着便替人家耕作。6 世纪至 8 世纪间在寺院和政府官地上耕作的农民（liberi coloni）③ 对于耕地虽然没有所有权，却还有永久的使用权（ususfructus），能够享受一部分的生产物。这种使用权可以世袭，也可以移转给人家。农民的

---

① 西欧强役制的时代，一般说来，是公元 700—1200。西欧赋役制的时代大约是公元 200—700。Paul Vinogardoff 解释公元 476—1000 西欧社会，似乎没有注意到赋役制（colonia）。他说"Although the turnover of this economy[the Manor]appears to be very considerable, the home-farms with independent cultivation a large scale are not common, and there are no latifundia in the sense of greeatplantation estates. The type of combined economy based on the mutual support of a Manorial centre and its satellite holdings is the prevalent one."——Cambridge Medieval History, Vol.2, Cambridge, 1913, p.650.

② W. E. Heitland, Agricola, Cambridge, 1921, pp.211—212.

③ coloni 有两种。第一种是 liberi coloni，又名 tributarii，又名 inqnilini。这种农民在贵族的土地上耕作的很少。第二种是 adscriptiltii，又名 enapographoi，大多数在贵族的土地上耕作。第 8 世纪以后第一种已实际变为第二种，而第二种已和农奴（servirustici 又名 paroikoi）没有什么不同。

婚姻和迁徙可以自由，在家庭中可以执行父权，在法庭上可以有证人资格。他们把农产物的大部分献给地主作为物租（cens），另外缴纳些钱或物品作为附租（canons）①。

赋役制在日本盛行的时期大约是从 9—14 世纪②。那时渔猎已经不是重要的生产事业；全部生活都被农业所支配。耕地扩张起来，灌溉很快的发达，技术向前进步，于是贵族们将他们所占有的"功田"，"位田"，"赐田"和"私垦田"悉数分给农民耕种。农民除有时须替他们的地主筑路，造屋，建设桥梁以外，普遍的须缴纳谷米作为田租。这种赋役关系在日本史上称为庄园制③。庄园的物租最初不到收获量的一半。12 世纪的时候，上地的租是收获的 6/10，中地的是 4/10，下地的是 2/10；平均要占收获的 4 成④。可是正式田租外，军米（兵粮米）的供给也归农民负担⑤。到了 14 世纪，日本商业有长足的发展，赋役制势将崩溃，农民所出的物租竟占收获总量的 2/3。

二　强役制

强役制的本质就是每一块世袭财产的土地，划分为地主的和

①　P. Boissonnade, le travail dans l′Europe chrétienne au moyen age, Paris, 1921, 1, livre, 3 Chapitre.

②　"农民的形成农奴在镰仓时代即有之"。佐野学日本历史研究，东京，昭和五年，第 75 页。

③　K. Asakawa, "Agriculture in Japanese history," The Economic History Review, Vol. 2, No. 1, London, Jan., 1929, p. 81ff.; "The carly Shō and the early Manor," Journal of Economic and Business History, Vol. 1. No. 2, Cambridge, Mass., Feb., 1929, . p. 1 ff.

④　Oleg Plettner, "Zum Studium des japanischen Feudalismus," Agrar-Probleme, 2 Bd., 1 Hefr, Meunchen, 1929, S. 119—132.

⑤　本庄荣治郎，日本社会经济史，东京，昭和三年，第 229—230 页。

农民的两种农田。后者分给农民作为他们的"分有地"。这些农民除土地外还得到林地，有时并牲畜等等。他们用自己的劳力和自己的农具来耕种这土地，以获得自己的食料。农民从这样得来的生产品就是代表一种必需生产品；对于农民是一种必要的生活资料，而对于地主就是一种必须要的劳动的保障。农民的剩余劳动是用在以他同一的农具去耕种地主的土地上的。这种劳动的生产物便流入地主的仓库中。所以剩余劳动在空间上就和必要劳动分开：替地主耕地，另外替自己耕种"分有地"；某几天替地主劳动，某几天替自己劳动。在这种经济组织中，农民的"分有地"，依现代的概念讲来，不啻代表一种现物工资；而对于地主便是一种保障劳动力的方法。"分有地"上的农民的"自己"的经济，就是地主经济的条件；它的目的并不是来保障农民的生活资料，实在是保障地主以必须要的劳动力①。

很显明的，要强役制支配社会，必须具备下列四个条件②。第一，自然经济占统治的势力。地主的田庄和外界的联系是很薄弱，自成为一个自给自足和闭关自守的世界。到了强役制的末期，那专为贩卖的地主的谷物生产特别发达。这便是指明强役制崩溃的现象。第二，在这种强役制经济之下直接生产者必须分得林地，特别是分得农田；并且他必须束缚在土地上，完全不能离

---

① А.Н ЭНГЕЛЬГЛРДТ（1832—1893）在他所著的 ПИСЬМА ИЗ ДЕРЕВНИ（СТР.556—557）中很明白的估量这一种经济制度；他指出强役经济是一种完备的制度，支配这制度的就是地主，地主分土地给农民并给他各种工作。W.Sombart 亦承认强役制是为满足地主的欲望而成立的；地主的需要决定了这种经济关系。"Das Bedarfsdeckunngsprinzip bleibt in dcr grundherrlichen Wirtschaftsverfassung das regulierende Prinzip," Sombart, der moderne Kapitalismus, München, 1916, 1 Bd.1 Halbbd., S.63.

② Л.Б.КАМЕНЕВ, РЕЦ, В.И.ЛЕНИН, СОЧИНЕНИЯ, МОСКВА 1926, ТОМ 3, STP.139—141.

开，否则地主所需要的劳动力便不能有所保障。所以掠取剩余生产物的方法，在强役制经济中和资本主义经济中完全是相反的。前者的基础是以土地分给生产者；后者则反而使生产者从土地上解放出来[1]。第三，农民个人的隶属于地主也就是这种制度的一个条件。如果地主对于农民的个人没有直接的权力，那么占得"分有地"而自己经营的人们就不会受地主的统治而替地主去劳役了。所以马克思讨论力租的时候，对于这种经济制度的估量曾说"经济以外的强制"是不可少的[2]。这种强制的形式和程度有许多很显然的差别，从农民被束缚在土地上起直到有身份的农民也被剥夺权利为止。第四，技术极低和守旧的状态也就是强役制的条件和结果。因为这种经济制度是完全靠那困于贫穷，被压迫而有个人的隶属，且知识又十分愚昧的一般小农来维持的。

　　强役制在西欧 8 世纪时已是普遍。农民经营（colonia）很快的转变到地主经营（Villainage）在罗马和日耳曼两种文化愈加混合的地方，这样的转变是愈加迅速，并且愈加完全，特别是在法国，英国，挪威，瑞典，丹麦等处，虽然并不当这个潮流的要冲，虽然各自有它的特殊习惯，但也随着各自的路线而达到强役制。不自由的农民（adscriptitii）死了或被驱逐了，他们的耕地便收归地主。地主强迫其他农民除缴纳物租以外，还要在这耕地上工作。他也许清理出一块整块的土地以便自己来经营，因此对

----

　　① Henry George 以为群众的失去土地是贫穷和压迫的一个很大的综合的原因。F.Engels 反对他这种论断，曾说："在历史上讲来，这个论断并不完全正确。在中世纪时代封建剥削的源泉并不是把人民从土地上解放出来，而是使人民系结在土地上。农民保留着自己的土地；但隶属于土地而成为农奴，必须以劳役或生产物缴纳于土地占有者。" Engels, The condition of the Working Class in England in 1844, N.Y., 1882, Preface, p. Ⅲ.

　　② K.Marx, Das Kapital, 8 te Auflage, Berlin, 1929, 3Bd, 2 Teil, S, 289.

于力租的要求更是扩大①。

试看 12 世纪末年（强役制在西欧快要崩溃的时候）英国地主经营的地方（Manor）。首先可注意的就是地主的住宅，附近有马房，堆栈和奴仆住的小屋。这些房屋的后面是一大块的耕地，就是地主的自营地（home-farm）。离此不远住着地主隶属下的许多农民（villains）②这些农民住所（village）的周围分散着一条一条的耕地，就是农民的"分有地"。夹在"分有地"中间还有几条耕地也归地主自己经营的。"分有地"和自营地既如此错杂，所以西欧强役制的地主经营中力租以外还要附加物租③。

力租有时分正附两种。可举英国的一个地主经营（Manor of Tidenham）为例。农民替地主耕作每星期三天；这是力租的正租（week-work）。另外每年替地主做几天劳役；这是力租的附租（bene-work）。西历 950 年时 Tidenham 只有正租，没有附租。那时当地的物租是蜜酒，棉纱和猪肉。三百年以后，该处农民有 18 英亩"分有地"的，须担负的力租如下：正租是 138 工，附租是耕种半英亩的小麦和一英亩的燕麦。农民替地主耕作必须使用农民自己的农具和耕畜（大半是八只牛）。同时物租虽然减少（在耶稣"圣诞节"纳母鸡一只，在耶稣"复活节"纳鸡卵五

---

① W.Hasbach, Die englischen Landa rbeite in den letzten hundert Jahren, Leipzig, 1894, 1 Kapitel.

② 强役制下的英国农民在 1086A.D. 时仅占全国人口总数的 38％；1200A.D. 时就有 75％。Boissonnade, p.136.

③ 有时因为土地的位置关系，地主先收取物租而附加以力租。Vinogradoff, ibid., p.650, 但力租（agricultural services）还是最普遍最主要的。"These can be no doubt that villain" service meant agricultural Service.But surely villain service was adue, as a rule, from villain tenants, and villain tenements, as a rule, were tenements of villains.Other combinations were not impossible, but exceptional." ——The collected pape, s of Paul Vinog adoff, Oxfo d, 1928.Vol.1.p.123.

枚），钱租却已经开始征收。农民养一只一岁的猪须纳一辨士，半岁的纳半辨士。农民出卖马或小马也须同样向地主纳钱。不向地主纳钱，农民就不能嫁女（merchet）；不向地主纳钱，农民就不能擅自离村（chevage）[①]。

强役制在法国最好的例子，便是第 9 到 11 世纪的 L′abbaye de saint-Germain des Pres。这个著名的寺院便是当时的一个大地主。自营地（Terra dominicata）有 6471 法亩（hectare）；"分有地"（Terraindominicata 或 le terre du maître）17112 法亩。自营地包含着农田，牧场和林地。"分有地"分成 1646 段耕种，属于 2851 户的农民（vilains serfs）。农民替地主每星期工作三天；如果逃到外边去，地主就用铁链将他们拘回来重罚。地主可以随时随意向农民索取大车，耕畜和粮食（droit de prise）[②]。农民如果有肥鹅或母鸡，或白面做的糕点，只能够完全献给他的地主。

S′il a grasse oie ou la geline,

Un gastel de blanche farine,

A son seigneur tot le destine.

三　工偿制[③]

强役制破坏以后，农民经济便从地主经济中分离出来。在俄国农民能够赎回他自己的土地而变成完全的财产主人；地主经营

[①]　F. Seebohm, English village community, 4th edition reprinted, Cambridge, 1926, pp, 155—158.

[②]　Boissonnade, p. 86, 92, 96, 101, 145, 146, 181.

[③]　撮译 Л. Ъ. КАМЕНЕВ, РЕД, В. И. ЛЕНИН, СОЧИНЕНИЯ, МОСКВА, 1926, TOM 3, STP, 141—155.

同时转变到建筑在资本主义基础上的一种制度。但这种转变，因为有两个主要的原因，绝不会立刻完成。第一，资本主义生产上所必需要的各种条件还没有完备。一方面它需要惯于工资劳动的人们；农民的农具必须有地主的农具来替代。另一方面，农业上的需要组织如同工商企业的需要组织一样。这些条件只能渐次形成。在农奴解放或强役制崩溃后有些地主想立刻从俄国国外运入机器，并且想招收外国的工人来发展企业。他们的这种计划终究完全失败了。强役制不能立刻转变到资本主义经济制度的第二原因，就是强役制虽然已经破坏，却还没有完全消灭。农民经济还没有完全从地主经济中分离出来。因为俄国农民的"分有地"中最主要部分如："割取地"①，森林，草地，水池，牧场等等，还是在地主手里。农民没有这些土地的使用权，就不能完全独立经营，而地主却可以用工偿制的形式来继续享受他旧有的权利。短期义务，轮流帮工，派用车辆，擅加体刑和农民的被编入社会团体工作等等的"经济以外的强制"依然存在。

资本主义的经济既然不能立刻成立，而强役的经济亦不能一时消灭，所以惟一可行的经济制度只是一种过渡的制度；就是资本主义的和强役制度的特征连结起来的一种制度。农奴解放以后，地主经营便包含着这些特征。在这过渡时代所特有的各种形式不同的地主经营，可以归纳到最复杂的两种基本制度：工偿制度和资本主义制度。在工偿制下地主用附近农民的农具来耕种土地。至于报偿的形式并不足以变更工偿制的本质（例如在契约的雇佣下，就用货币来支付；在对分农产制下，就用生产品来支付；在狭义的工偿制下，就用农田或林地来支付）。工偿制简直

---

① "割取地"即1861年俄国地主从农民的"分有地"中所割取的土地。

是强役制的遗物①。强役制的特征差不多完全和工偿制相同（惟一的例外就是在有一种工偿制的形式中，缺少了强役制的一个条件：就是在契约雇佣下，劳动的报偿并不用现物而用货币来支付）。可是工偿制和雇工制事实上互相错综，构成了极不相同极其奇异的经营形式②。在许多大地主的土地上，这两种制度会合并起来，去对付各种不同的工作③。这样不相同甚至互相矛盾的经济制度的结合，在实际生活上当然会引起许多最厉害最复杂的冲突。许多经营的主人就因为这些矛盾的影响而遭覆灭了。这也是一切过渡时代所特有的现象。

　　当着工偿制过渡到雇工制或和雇工制相融合的时候，它们中间几乎不能分划或者有所区别。例如工偿制下的农民租得一小块土地，他必须为它而替地主做一定日数的工作（这种现象是最普遍的）。在这样情形之下，这种农民和西欧的或沿波罗的海各地的雇农有什么区别呢？后者同样的因为要得到一小块土地而必须替地主做一定日数的工作。根本相反的两种经济制度显然的被生活上的要求所逐渐混合，直使我们不能断定什么地方是工偿制的末尾，什么地方是资本主义的开端。

　　工偿制的形式确是非常复杂。有时农民用自己的农具替地主

————————————

　　① 举一个显明的例：俄国农部的一位新闻记者写著，"在 ОРОЛ 省 ЕЛЕЦКИЙ 县南部，大地主的土地除由常年的雇工耕种外，大部分都租给农民而由他们来耕种。以前的农奴现在还是向他的旧地主租借土地，并以耕种地主的土地为交换条件。像这样的农村里仍保留着强役制的名称"。另一个例：某地主自己说："在我的经营中一切工作都由我的以前的农奴来执行。他们非这样替我耕作，就不能在我的牧场上放牛牧马。只在开始翻耕和播种的时候，我才雇用短期的工人。"

　　② 雇工制就是地主企业家雇佣自由工资劳动者（年工，季工和日工等）用地主的农具来耕种的一种制度。

　　③ 大多数的地主经营都是将极小部分的土地雇年工或期工用地主自己的农具来耕种；其余一切土地交给农民去耕种，或用对分农产制，或用土地，或用货币作报偿。在大多数的大地主土地上，同时存在着差不多一切，或者很多的雇佣方法。

耕种以求得金钱；这就是所谓"契约的雇佣"，或"按亩的工资"，或"轮流耕种"（一亩春耕，一亩冬耕）。有时农民向地主借谷或借钱而替地主耕种。这种还债或还利的形式，格外显明的表示一般工偿制所特有的一种高利贷的奴役的雇佣性质。有时农民因为损害了地主的土地而替他工作（就是农民以耕作来抵补法律上所规定的，损害地主土地而应受处分的罚款）。有时农民是"出于尊敬"地主而替他耕种——实际是农民为了要求地主给他雇佣工作而奉送给地主的一种赠品。最后还有一种最通行的工偿制形式。在这个形式下，农民借用地主的土地，或农田，或林地，而和地主对分农产；拿物品或货币缴纳给地主；或直接的替地主工作。

这些不同的偿还方法有时竟会合并起来。举一个例来说：为着租借一俄亩的田，农民须替地主种一俄亩半田；还要缴纳 10 枚鸡卵，一只母鸡，再加上一天女工。农民租了 43 俄亩去种春麦，就要缴纳 12 个卢布；租了 51 俄亩去种冬麦，就要缴纳 16 个卢布；货币以外，还要缴纳多少堆大麦，7 堆荞麦，20 堆燕麦；并且所租的农田在五俄亩以上时，还要用自己牲畜的粪来施在地主所有的土地上。每一俄亩至少需要 300 马车的粪料；农民所有的粪料也变成地主经济的一部分。俄罗斯工偿制下各种名称的繁多，便足以证明这个制度的普遍和它形式的复杂。一般讲来，农民必须听从"土地所有者的吩咐"而替他工作。工偿制实包含着农务全部的工作：耕种，收获，割草，采柴，装运，修屋顶，通烟囱，和其他一切农家杂务，甚至还要农民供给鸡和鸡卵。

最重要的一种工偿制便是因为农民要求土地而成立的，即所谓"工偿的和物租的租佃"。这种"租佃"简直是强役制的残余。在强役制下地主把土地交给农民而使他工作，和在工偿制下地主把土地出租而得到劳役的报偿，显然的有完全相同的经济意义。但有时"工偿的和物租的租佃"也会转变成资本主义的租佃。地主借给农民小块的土地，无非是要保障他自己经营的地上能够得到农民的劳动。俄国所有的统计上曾经证明这种"租佃"和出租者自己的经济有很密切的联系。地主自己经营的土地上耕种的发展，就使地主在必要的时候要求取得劳动力的保障。所以在许多地方发现这一种的趋势：地主把土地租给农民而使农民到他自己经营的地上来工作；有时地主使农民替他工作以外，还要收取一些生产品。出租土地者自己的经营愈加发展，可以出租的土地愈加减少；对于出租的需要反而愈加紧张。所以这种"租佃"的形式愈加推广，出租的土地就愈是狭小。这是一种特殊的租佃。它表示土地所有者并不是在那里放弃而是在那里发展他自己的经营；它也表示农民的经济并不因为耕地扩大而得到巩固的地位，农民反因此而变成农村的工人。租佃的成立在农民经济中含有相反的意义：一方面是为着扩张经营的利益，另一方面是被贫穷所逼迫的原因。在地主经济中出租土地也含着两种不同的意义：有时这种租佃不过是把土地交给人家以换得地租；有时这种租佃就是自己经营的方法，就是保障地主土地上劳动力的方法。

各种来源不同的统计上都一致证明工偿制下雇佣劳动的报偿，常常会比资本主义的"自由"雇佣劳动的来得低。工偿制下对分的物租，一般讲来，总比钱租贵，有时甚至贵过两倍。付物租的租佃在最贫苦的农民中特别发展。这是饥寒交迫下的一种租佃。在这种租佃下的农民已经没有能力来反抗他自身变成农村雇佣劳动者的趋势了。比较富裕的农民都希望用货币来缴纳田租。用货币缴纳田租不但可以使田租减贱，并且还可以使缴纳者自身能够从奴役的雇佣中间解脱出来[1]。据俄国农部发表的统计，在

---

[1] 关于那时候租佃的统计，完全证明只有贫农才用工偿制及农产对分制去租借土地；富农则都想用货币去缴纳地租。这是因为在工偿制下物租比钱租要贵些。

用农民的农具去耕作的工偿制底下，每俄亩冬麦所需的平均工资只是六个卢布（中央黑土带 1833—1891 年的统计）。按"自由"雇佣的雇工制来计算，同样的工作除马匹外，单单人力一项已是六又百分之十九卢布（马的劳动至少需四个半卢布）。所以当时统计者很惊异的认为"这是完全非经常的现象"。如此看来，纯粹资本主义的"自由"雇佣劳动的报酬，确高过于一切奴役形式的或资本主义以前各种形式的报酬，这个事实不但见之于农业，而且见之于工业；不但见之于俄国而且见之于其他国家。

再举一个比较完全的统计，就是俄国 САРАТОВСКИЙ 县的：每一俄亩的耕种，收获，上仓和打禾所需的平均工资，在工偿制下是九又百分之四十卢布；而在"自由"雇佣的雇工制下就需要十七个半卢布。每一俄亩的收获和上仓所需的平均工资，在工偿制下是三又百分之八十卢布，而在雇工制下就需八个半卢布。

按这统计看来，工偿制下劳动的价格比资本主义制度下的普通要低到两倍以上。工偿制工资的这样的低，很显明的指示"分有地"是一种现物工资，也就是土地所有者得到贱价劳动的一个保障。但工资上的差别还不能完全描写"自由"劳动和"半自由"劳动间的分别。更重要的一点就是在"半自由"形式的劳动必须使被雇者个人隶属于雇主；必须多少保留着"经济以外的强制权"。恩格卡尔脱[①] 很恰当地说："借钱而用工偿制来作抵，是最有保障的一件事。因为用刑法的命令叫农民偿债是很靠不住的；可是，农民所欠的工作长官可以逼迫他去执行，他虽然自己的田里还没有收获"。只是多年有奴役习惯的，多年充当农奴的

_____

① А.Н.ЭНГЕЛЬГАРДТ（1832—1893）俄国著名文人，主张改良农业，且曾将其所有土地拨作农事试验。1871 年他被彼得堡土地问题研究所聘为教授。

人们才会养成这样的驯服。所以如果一般人民没有某种系结——或系结于所在地，或结系于公社——没有相当的不平等，那么工偿制便不能成立。同时工偿制的这些特征必然地会使生产力降低。建筑在工偿制上的经营方法一定是很守旧的。工偿制的奴役劳动，依它的质量来讲，一定很接近强役制的农奴的劳动。

工偿制和雇工制的结合，便使现代的地主经营很像俄国在大规模机器工业没有出现以前的纺织业中所统治着的那种经济组织一样。当时纺织工业中一部分的工作由雇佣劳动者用商人的工具来执行（如摇线，染色和理纱等）；另一部分是由有工具的习于手艺的农民用商人的原料来做。这是好比在地主经营中一部分工作由雇佣工人用地主的农具来执行，另一部分是由有农具的农民在地主的土地上来做。在纺织工业中除商业资本和工业资本的联系外，统治手艺工人的势力还有奴隶式的劳动，中间人的操纵和物品工资等等。在地主经营中，商业资本，高利贷资本和工业资本同样的结合起来；地主用减低工资的各种形式来维持农民的个人的隶属。建立在幼稚的手工技术上的纺织工业生存了数百年；但三十年的大规模机器工业的发展，便把它打击得粉碎。地主经营中的工偿制也是几百年建立在守旧的技术上的，可是农奴解放后也就很快的开始向资本主义制度让步。这样看来，在纺织工业中和地主经营中，旧的制度是代表生产力停滞的形态（所以也就代表一切社会关系的保守性质）和专制的残酷的统治。同样的，在纺织工业中和地主经营中，新的资本主义制度是代表一种进步的势力，虽然这个新制度的内部暗藏着不少的矛盾。

现代地主经营中的工偿制可以分为两种：第一，只是有耕畜和农具的农民所能履行的；第二，没有任何农具的农村无产者所能履行的。第二种工偿制就是向着资本主义的直接的过渡形态。它在无形的转变中和资本主义相融合起来。许多人往往没有把这第二种工偿制和雇工制划然分开。可是这样的区别在工偿制被雇工制排挤的过程中，工偿制的重心从第一种转到第二种的时候，却具有极大的意义。试看莫斯科省土地统计册上的一个例子："那里大部分的地主的土地上，翻耕和播种（这些工作的好坏对于收获的多少有很大的关系）由雇佣的长工来执行；谷物的收割（这是需要时间适当而迅速的一种工作）就交给邻近的农民来执行。这些短期雇农所得的报偿便是货币或林地"。在这样的经济关系中，大部分的劳动力虽然还属于工偿制，可是资本主义制度（雇工制）已无疑地占了统治的地位。那些"邻近的农民"实际已是农村中的工人；正像德国的"契约日工"一样，自己也都有一点土地，而每年在一定时季中被人雇佣去做短工。

农民的分化也是工偿制崩溃的主要原因。富裕的农民自然不会去接受工偿制；因为只有比较贫穷的人才去执行那报酬最少而又会破坏自己的经济的一种工作。农村中无产者也不能适合于工偿制；因为他们没有任何的小块土地，绝不像中等农民那么系结着土地；他们可以在"自由的条件"下被人雇佣。这就是说，无产者倒反能够避免奴役性质的劳动，而他们劳动的报偿倒反要比工偿制下的来得高些。至于中等的农民，随着自然经济的破坏和商品经济的发展，或者渐渐的无产化，或者渐渐的变成富农。纯粹的资本主义必然要掘去工偿制的根基。所以工偿制快要崩溃的时候，地主们就大家起来反对农民的离村。

农村经济的著作者早已指示，农民的分化和资本主义的排斥工偿制有不可分离的联系。例如史脱步德教授[①]在他的《俄国农村经济论文集》序言中曾写着："现在农民的经营中，已发现了纯粹的雇农和兼营农工业者的分化。这些兼营农工业者已经是

———————

①　И. А. СТЕБУТ（1833—1925）教授刊印的论文都作于 1857—1882 年。

大规模的经营者；他们自己开始雇用着纯粹的雇农。除非有十分的需要去增加耕地或借用山地，他们自己就可以不去给人家做工。可是万一要多得些耕地或山地的时候，他们还是要屈服于工偿制的。农村中有许多劳动者连马匹也没有；这些人们自然就不得不变成纯粹的雇农。至于那些逗留于工偿制下的农民，因为自己所有的马匹不足，并且还有许多烦杂的事务，种种影响到工作的质量和时间，他们竟变成低能的生产者。所以他们必然会很快的降为纯粹的雇农了。"

（录自国立中央研究院社会科学研究所出版
农村经济参考资料之一，单行本，1930 年）

中国的农村研究

　　在今日，科学的社会学已陷于危险的境地。它不是偏倾于社会现象之一种无意义的分类，便只自封于种种哲学观念的一个抽象体系。这两种情形都不能使我们了解具体的社会实质。社会学的主要工作，在使现时的社会实质进抵于科学的认识，而解释其进展的路向，不忘其一切历史的和经济的意义，分析人类的相互关系，而明了某种社会条件之下的集团意识。简括的说，社会学是要研究社会结构之正体，反体和合体，社会意志之动作，反动和创立，以及现时的社会意志，如何受动的社会结构的决定，和此社会结构在其演进上如何接受社会意志的影响而产生新的社会意志。社会学是研究社会之现时的实质的科学。

　　一切生产关系的总和，造成社会的基础结构，这是真正社会学的研究的出发点，而在中国，大部分的生产关系是属于农村的。因此中央研究院社会科学研究所社会学组就拿中国的农村研究作为它的第一步工作。

　　农村诸问题的中心在哪里呢？它们是集中在土地之占有与利用，以及其他的农业生产的手段上：从这些问题，产生了各种不同的农村生产关系，因而产生了各种不同的社会组织和社会意识。

直到现在，中国的农村调查不是为了慈善救济起见，便是为了改良农业，要不然也不过是供给些社会改良的讨论题目。它们都自封于社会现象的一种表列，不会企图去了解社会结构的本身。大多数的调查侧重于生产力而忽视了生产关系。它们无非表现调查人的观察之肤浅和方法之误用罢了。例如，忽视田亩的实际大小，势必使农家一切收支调查不能得到正确的计算。任意抽样调查法似乎是过去的每种农村调查所应用，可是对于应用的范围和标准，却并不加以彻底的考虑。全部调查的价值因此深觉可疑了。故过去 14 年间，在 15 省内虽有 51 次农村调查，现时中国的农村研究者还不得不自己去收集材料，自己去实地调查。

19 世纪中叶以来工业资本的侵入，尤其是最近金融资本的侵入，已经促进了中国经济的工业化。其最大的影响即工业化和农产品的商业化，已渐次深入农村。这种社会的和经济的进化程序在中国的实际生活上，逐渐的，也是必然的，要动摇旧社会的基础。因此，社会学组主张在江苏，河北，广东，工业化程度最高的三省中，开始从事实地调查。每省之内，又选定农业最繁盛、工商业最发达的一县为调查地点。在这一县内用初步的经济调查去决定几个区域。在各区域内，又选定一定比例数的农村以为代表。在这样的代表农村中，每一村户都仔细的完全的挨户调查，以避免村户方面的一种无所为的疑虑。是项选定村与邻村的中心市场，亦加以概况调查，藉资参考。

社会学组在其成立后二年内已举行两次实地调查，一在江苏之无锡，一在河北之保定。无锡调查工作由 45 人担任，共调查农村市场 8，农村 55 和 22 农村中的 1207 个村户。保定调查之举行，系与北平社会调查所合作，参加人数比无锡要多些。全体工作人员凡 68 人计调查农村市场六，农村 78 和 11 农村中的

1773 个村户。

保定材料的分析方开始进行，无锡材料则半已分析完竣。在无锡 22 村内发现田亩（名义上的土地单位）大小不下 173 种。其中最大者几合九公亩，最小者不及三公亩。一村以内亩的大小每每有 5 种至 12 种的差异。即在同一农户内，其所耕田亩，也有两三种的大小。复次，半数以上之种稻农户，每户耕种的田不及 30 公亩（即不及五亩），且又极其分散，一户耕地常分四五处，每处往往不及六公亩（即不及一亩）。关于土地所有权，村户中至少有 14 种：地主四种，佃农五种，自耕农五种。地主的所有权有全田永业权，全田暂业权，田底永属权及田底暂属权的不同。佃农之中，又有所谓纯佃农者，有田面权者，有享有田面权者，有将田面权租出者，和有田面典出者的分别。自耕农之中，又有所谓全自耕农者，有全田典得权者，有只留田面权而田底权已典出者，和有田底面完全典出者的分别。土地面积标准的缺乏，农田的分散和农村地权的非常复杂，都很明显的指出一种前资本主义社会的本质。

无锡所调查的全体农户中，以资本主义形式经营农业者，占总数 7.1%，一部分以资本主义形式经营农业者占 24.2%，以前资本主义形式经营农业者占 68.7%。最后的一种形式自然是最流行的。这种经营究系何种生产关系，尚待研究，惟此种生产关系产非属于赋役制，或强役制，或工偿制，则可以断言。

社会学组一方面进行分析农村调查所搜集的材料，一方面对于其他可用的现成材料如个人谈话及观察，个人通信，官署案卷，地方志，各种机关报告，个人著作，及当代书报等，亦未尝忽视。在这方面已刊有两种报告：一为《中国黑龙江流域农民与地主》；一为《难民的东北流亡》。现下尚在研究的题目：有兵差与农民，农村借贷制度，西北的灾荒，江浙茧丝业之衰落。是项研究完成之日，对于现时中国的社会结构，当能稍知其头绪。

社会学组又编有参考资料，以提倡农村经济研究的兴趣，并以助研究者容易了解资本主义的，前资本主义的及现代殖民地的社会结构。是项资料现已出版者有三种：《封建社会的农村生产关系》，《台湾的租佃制度》和《近代农村经济的趋向》。其他数种亦将出版；所论如印度的农村状况，中国的永佃制度，及资本主义田租的起源等。

有了世界经济恐慌做个背景，加上中国的特殊环境而益形尖锐，交易所的，货币的，工业的，及农村各种恐慌都同时降临于这帝国主义侵略下的半殖民地的中国。现时社会学组分类剪贴的报纸材料，每日继续不断的报告这些事实。任何地方，任何国家，都没有像今日中国如此多方面如此极复杂而又极深入的经济恐慌。此种非常的恐慌自有中国特殊的社会结构为大基础，然而，亦必动摇其社会结构的本身而无疑地迫着新社会秩序之产生。

（原载英文《太平洋季刊》
录自《劳动季刊》第一卷第一期，
上海国立劳动大学出版，1931 年 9 月　陆国香译）

现代中国的土地问题

"每当权利失去均等，土地转移到少数人手中的时候，社会与政治，必起绝大的变异，中国历史显示多数朝代的覆亡，皆以此为主因。"意大利特来贡尼（C.T.Dragoni）教授对中国土地问题这样说。他应全国经济委员会之聘，由国联来华专意指导作现代中国农村情况的研究。今年春季，他到湖北兵燹之区，游历一遭，观察所得，曾有郑重的报告说："倘若新旧地主，依照旧俗，随心所欲的下去，数年之间，必将重蹈覆辙。将来新的情况，将更恶劣，因为一切事态皆利于富人阶级掠夺穷人的土地。我终以为这种情形，必须尽力免除。"

一　贫农需要土地

中国的经济构造，建筑在农民的身上，是人所周知的事实。殊不知农村中不下于 65% 的农民，都很迫切地需要土地耕种，中国的经济学者以为自耕农是自给自足的，其实这是远于事实的见解，在黄河及白河两流域间，自耕农很占优势，然而大多数和别处的贫农一样，所有土地，不足耕种。

（一）土地分配不均

白河流域的土地，分配的就很不平均。河北省定县，自耕农占70%，佃农仅占5%，然而经过调查的14617农家之中，有70%的农家占有耕地不到全数的30%，其余不到3%的农家，占有耕地几当全数1/5。

定县的土地分配表（134村，1930—1931年）

耕 地 量	农家数目	农家百分比	占有地亩	地亩百分比	每家平均数
无地可耕者	1725	11.8	——	——	——
25 亩以下者	8721	59.7	95139	29.4	10.9
25~49.9 亩者	2684	18.3	87903	27.1	32.8
50~99.9 亩者	1152	7.9	79035	24.4	68.6
100~299.9 亩者	302	2.1	46357	14.3	153.5
300~300 亩以上者	33	0.2	15481	4.8	469.1
总　　计	14617	100	323915	100	22.2

定县是河北富庶之区，所以以保定为代表，来研究河北省的土地问题，较为合适。中央研究院社会科学研究所曾与北平社会调查所，协同合作，在保定作过一次农村调查，调查者计有10村，凡1565家，其中65%的农家，不是无地可耕，就是耕地不足。

保定土地分配表

（10个代表村中之地主与农民，1930年）

类　　别	农家数目	农家百分比	占有地亩	地亩百分比	每家平均地亩
地　　主	58	3.7	3 392	13.4	58.5
富　农	125	8	7042	27.9	56.3
中　农	362	23.1	8400	32.8	23.2
贫农与雇农	1020	65.2	6686	25.9	6.6
总　　计	1565	100	25520	100	16.3

　　以每个农家占有耕地的平均数而论，定县实较保定为多①。定县的多数农民，每家都有 25 亩以下的土地，即贫农每家也有 10 亩土地，而保定的贫农与雇农，平均每家不到 7 亩地。所以 65.2％的农家只有耕地的 25.9％，反之 11.7％的地主与富农，却有土地 41.3％。

　　在保定 60％以上的地主，人口占村民 2.36％，虽然自家管理产业，但不从事耕种。其中有 3％以下的土地，占地 10.57％，是雇用无地或土地不足的贫农与雇农②来代他们耕作的。

　　扬子江下游的情形与河北省大不相同，在扬州与杭州之间的地带，地主完全是收租的。自己经营的地主，甚属少见。在杭江平湖，很多大地主，该处土地多为地主所独占的，地主以 3％的人口，而占有土地 80％。

　　在平湖，因为尚有 4％以下的耕地未曾开垦，所以地主占有耕地的百分数，显见得是耕地分配之十分不均。中小地主占有耕地 40.52％，大地主占有 39.56％。占有千亩以上的地主，并不是普遍的现象，因为在扬子江流域中，中小地主实占主要地位。

平湖土地分配情形表（1929 年）

产业量	农家数目	占有地亩	对全耕地的百分比
小地主（1～99.9 亩）	1200	60000	11.63
中地主（100～999.9 亩）	380	149000	28.89
大地主	66	204000	39.56
总　计	1646	413000	80.08

　　在江苏无锡，千亩以上的地主仅有耕地 8.32％，中小地主

---

　　① 定县每家平均较保定多 36％。

　　② 保定的雇农和普通资本主义国家的农业劳动者不同，他们自己都占有一些土地。所调查的 203 个雇农农家，有 6％是有一些土地的。

却有耕地 30.68％。该地 9％ 的土地，属于地方公团、庙宇及各宗族。只有余下的 52％ 的耕地，为 600000 农民所有。中央研究院社会科学研究所曾在无锡调查 20 个代表农村，在 1035 农家中，其土地分配情形如下表。

无锡土地分配表（1929 年 20 个代表村）

类别	农家数目	农家百分比	占有地亩	地亩百分比	每家平均地亩
地主	59	5.7	3217	47.3	54.5
富农	58	5.6	1206	17.7	20.8
中农	205	19.8	1418	20.8	6.9
贫农与雇农	713	68.9	965	14.2	1.4
总计	1035	100	6806	100	6.6

无锡的地主，仅有 5％ 是自己经营田产，他们在农村户口中只占 6％ 以下，却占有耕地 47％，其余 69％ 的人家，都是贫农与雇农，他们占有的田地，仅为 14.2％。

在杭州西边的临安土地分配，也很不平均。在 1930 年全国建设委员会曾派十人赴该地调查，据他们的报告，十亩以下的贫农很多，临安不及无锡富庶，贫农占全人口 48％，所有耕地仅 13％。

临安土地分配表（1930 年）

耕地量	农家数目	农家百分比	占有地亩	土地百分比
1～5.99 亩	3113	31.0	16000	7.0
6～10.99 亩	1718	17.1	14000	6.1
11～50.99 亩	4106	40.8	20000	8.7
51～100.99 亩	646	6.4	60000	26.1
101～200.99 亩	382	3.8	70000	30.4
201～500.99 亩	75	0.7	30000	13.0
501 亩以上	17	0.2	20000	8.7
总　计	10057	100	230000	100

在淮河流域或扬子江流域之间的山地，土壤的硗瘠，更次于临安。这一带的土地，分配的更不平均。河南南阳县，有 65％

的人口都是贫农，他们所有的耕地，仅当全农地 1/5。该地占有 25 亩的农家，通常也算作贫农。中农通常有土地 50 亩至 70 亩，富农平均享有农田百亩。

南阳土地分配表（1933 年）

产业量	农家数目	农家百分比	占有地亩	土地百分比
1～4.99 亩	42279	38.9	126800	7.2
5～9.99 亩	28625	26.3	229000	13.0
10～49.99 亩	33355	30.6	867100	49.3
50～99.99 亩	3487	3.2	263300	14.9
100～199.99 亩	850	0.8	127900	7.3
200 亩以上	244	0.2	146300	8.3
总　计	108840	100	1760400	100

关于福建、云南、广东、广西、西南诸省的土地分配情形，现在没有详细报告，《广东省农业调查报告》一书上卷于 1925 年由广东大学刊行，下卷于 1929 年由中山大学农院刊行；该书对广东土地分配情形虽略有叙述，惟对于土地占有情形，则毫未说明。两位热心的苏联学者，佛林（M. Volin）氏与约克（E. Yolk）氏，曾于 1926 年夏季到广东，搜集材料，以便研究农民问题。根据这些材料，匈牙利人马季亚尔（L. Magyar）氏对广东土地分配情形，曾有一种估计。佛约两氏的材料，完全是从当时的农民协会搜集而来，该会为富农及中农所主持，因之马季亚尔氏的估计决不正确。因为材料来源的限制，所以他对于贫农的经济情形，没有充分注意。马氏说广东的贫农之家，平均有田五亩[①]，是远于事实的估计。

马季亚尔的文章发表于 1927 年，至 1929 年重加订正，并有

---

① 广东的"亩"本比保定为大，南阳的亩本比临安为小。以公亩为单位来计算，则保定亩等于 6.40 公亩，定县 6.15 公亩，临安 6.144 公亩，平湖 5.728 公亩，无锡则为 5.616 公亩。

以下的叙述："大略计之，西南诸省的地主，占有耕地60—70％，扬子江流域占有50—60％，河南陕西占有50％，山东占有30—40％，湖北占有10—30％，辽宁、吉林、黑龙江、热河、察哈尔、绥远等省占有50—70％。"因为地主与无土地者同时并存，并且在广东省无土地者尤独多，所以广东省的土地分配情形，我们应重新估计如下：

广东省土地分配表（1933年估计）

类别	农家数额	农家百分比	占有地亩	土地百分比	每家平均地亩
地　主	110000	2	22360000	52	203.3
富　农	220000	4	5460000	13	24.8
中　农	1090000	2	6550000	15	6.0
贫农及雇农	4040000	74	8080000	19	2.0
总　计	5460000	100	42450000	100	7.8

74％的贫苦农家，占有耕地不及1/5，同时2％的人家，却占有耕地1/2以上。这是广东省的普遍情形。广西的东部，有七县在1926年经塔汉诺夫（Tahanoff）调查过，当地的2％的人家占有土地71％，25％的人家仅有土地29％，其余70％的人家，则贫无立锥之地。

（二）耕地的分散

少数懒惰的地主，占有大块的土地，集合许多贫苦农夫来耕种。土地分配的不均，在其他各国固然也不是没有，但在印度与中国是更加显著，因为该两国度内的贫农百分数很高，而且耕地太分散了。同时贫农更因为土地的分散，而更加渴望土地。

在德国的巴登，小农田很为普遍，每家农田的平均面积是3.6公顷（Hectare），日本最贫困农民的农田面积是0.49公顷，但在江苏无锡，所调查的700户贫农，他们的农田的平均面积，只有0.29公顷；河北保定的870家贫农之中，每家农田的平均面积有 0.53 公顷。即以所有农民的农田混合计算，无锡的农家平均只有 0.42 公顷，保定农家平均不过 1.06 公顷而已。

每家耕种平均面积表

地　　方	所调查的农家数目	年　份	每家平均占有本地亩数	每家平均折合公顷数
定　县	790	1928	25.80	1.59
保　定	1565	1930	16.54	1.06
无　锡	963	1929	7.50	0.42

在殖民地的印度小农占主要地位，大农田很为少见，大部地主的土地租给贫农耕种。印度的农田都分割成小块，中国也是如此。以无锡的 34 农家为例，每家耕有农田 16 亩有余（90 公亩），平均每家有地 12 块，每块平均二亩半，约合 14 公亩，同时最小地块只有 0.35 亩，约合二公亩。

李景汉氏在定县调查一大村，200 农家之中，共有田亩 1552 块。这些地块通常距离农村约有一英里远近。200 家之中有 26 家，各占有田地六（为众数）块，最坏的两家，各有田地 20 段。经调查而知，每块有田 4.2 亩，或约 26 公亩。其余 1552 块的 69%，每块只有 5 亩以下的土地。如印度一样，分散的农田，足以浪费时间、金钱与劳力，耕作者即有改良方法，也无从实行。

无锡 34 家农田地段表（34 村 1931 年）

耕地面积	农家数目	地亩总数	地段总数	每家占地数	每段平均面积
16～20.99 亩	3	57	32	10.67	1.8 亩
21～31.99 亩	20	535	236	11.80	2.3 亩
32 亩以上	11	444	143	13.00	3.1 亩
总　计	34	1036	411	12.09	2.5 亩

农家耕地地块的数目和大小，可以反映出社会的与经济的意义，经过社会科学研究所与北平社会调查所在保定的调查而益为明显。在所调查的 1390 农家地块中，4.84% 的地块，每块不到

一亩，57.09％的地块，每块有一亩到 4.99 亩，38.07％的地块，每块有五亩至五亩以上。自己经营土地的地主与富农的耕地地块，大块的占百分数较多，小块的占百分数较少，反之，中农与贫农，尤其是雇农，小块地段占百分数较高，而大块地占百分数较低。由 1929 至 1930 年之间，土地的变动很大，如耕地的售卖、押当、与农家的分产，穷苦农家把较大的地块都丧失了，所余者都是较小的地块。因为他们在农户中是占大多数，所以大块地段日益减少，小块地段日益加多。在 1930 年，1390 家中，有 4.92％的地块，每块不足一亩，57.44％的地块，每块为 4.99 亩，37.64％为五亩及五亩以上。

每块耕地的平均面积，一般趋向，也在减少，在雇农之间，尤其显著。

保定耕地地块平均面积减少表

（1390 家 1929—1930 年）

年份	经营地主地块平均面积	指数	富农地块平均面积	指数	中农地块平均面积	指数	贫农地块平均面积	指数	雇农地块平均面积	指数
1929	10.63 亩	100	8.1 亩	100	4.66 亩	100	3.22 亩	100	1.88 亩	100
1930	10.47 亩	98.5	7.99 亩	98.6	4.61 亩	98.9	3.21 亩	99.7	1.8 亩	95.7

不管农户所耕田亩减少不减少，而农田却在日趋分散。这种趋势是农业生产的障碍，并且使合理化的管理及土壤改良，均无从实现。所以这个趋势是使地质日益硗瘠与枯竭的主要因素。比较起来，每公顷棉花的平均生产量远不如埃及，烟草远不如苏联（U.S.S.R.），玉蜀黍远不如意大利，大豆远不如加拿大，小麦远不如日本。在 1928—1930 年间，中国白米生产是平均每公顷 18.9 昆特（Quintal 每昆特等于 100 克），在同时期内，美国每公顷之平均生产量为 22.7 昆特，日本为 35.9 昆特，意大利为 46.8 昆特，西班牙为 62.3 昆特。

小农田天然排斥大量生产的发展、大量劳力的使用、资本的集中、多数牲畜的饲养与科学的应用。不久以前，由国联来华之意人特来贡尼教授曾对全国经济委员会作报告说："在欧美各国，在同一区域内往往可以见到大规模的、中等的、小规模的农田企业。大规模与中等的农田，常雇用专家指导农事，以最完全的方法收最大的效果，小农耕法取效，颇称便利，以此之故，专门技术才能继续发展。此等事情，在中国并不难见，因为农家土地狭小，决不允许雇用技术专家"。

在零星片断，连供给一头驴或一只水牛还嫌不够的农田上，而要雇用一位专家，岂不是笑话！外国观察者，很了然于中国之专恃畜力经营农业之不适宜，印度人鲁易（M.N.Roy）曾用德语指出其对于经济的重大影响如下：

"农民之慢性的穷困，与难以相信的低劣的普遍生计，即是其结果。一般所谓中国农业的强度，就是用大量劳动力从极小的土地面积上获取极高度的效果，在如此不利的生产条件之下，全部的社会劳动，大多尽用于农业耕作"。

二　大地主是促成农村崩溃的主要因素

现在中国的贫农，难有增加其土地之望。因为在近代的经济影响之下，私人财产的发展，已有一世纪的行程。国有及公有的土地，为大地主所掠夺，他们非法的然而在事实上垄断了这些土地的地租。

大约在 350 年以前，中国有耕地 701400000 亩。9.19% 为兵士的屯田，由兵士自己耕作着，27.24% 为各种官田，63.57% 为庙田、族田及私田。当时的私田仅有全数 50%。现在虽未有精确的统计，但私田的百分数一定大有增加。例如无锡的田产，在 1931 年分配如下：官田占 0.48%，庙田占 0.22%，族田占

7.81％，私田则占 91.47％。

中国兵士虽早已不从事农耕，但在本世纪之初，尚有屯田7570000 亩。后以承继、转租、典当及种种税务纠纷的关系，这些田地，渐渐转入私人之手。在这种情形之下，省政当局，乃宣布公卖这些田地，如湖北、湖南、浙江三省，曾出售此项田地，定价较低，每亩之价由七元至十元。但中国贫农决无此等购买能力。

另外在 11 世纪时，中国有学田之设。学田之收入，专为祭祀孔子及补助贫寒学子之用，近则完全移作教育基金。此等田地，存在于中国的多数地方。在江苏的灌云，学田占全耕地1.21％，济南学田占 3.78％。云南学田之收入，占全省教育基金 55％。近来江苏的学田有秘密出卖的，而四川竟公开出卖。此种情形，如同属于旧满洲兵士的旗田一样，政府也公然出卖。河北省的旗田佃户当不能交偿田租的时候，往往有弃田不耕的事情发生。

公田也在减少了。庙田在扬子江流域各省对土地关系曾有重大作用，现在多被有力僧人秘密的典当或出卖，或被地方军事当局公开拍卖了。在广东、广西、贵州、福建等省，族田很多，大都为少数人所独占，这些人实际已经变成大地主了。最近四川人民呈请省政府，禁止各地驻防军人没收或出卖族田。因为该省军人不但消灭族田，而且把属于行帮的田产都分裂了。

即在辽宁、吉林、黑龙江、热河、察哈尔、绥远，移民很有希望的诸省，大部官田也极迅速地变为私产。自 1905 至 1929年，24 年之间，黑龙江的 95％的土地，皆归私人所有，大部转入大地主之手，这土地有 25％以下，都经开垦了。大地主同时多为军政长官。自 1906 至 1910 年之间，周孝义（Chow Shao Yi）为黑龙江省土地局长，他在松花江以北肇东东南一带，占沃土 50 方里，据为己有，现在大半都经开发，归周氏享有其利。继而吴俊升为黑龙江省长，自 1924 至 1925 年间，吴氏攫得土地，几遍全省，另外在辽北洮南尚有田地 2 万亩。

绥远省有 265 所天主教堂占有土地约 500 万亩。该省的临河县有杨李二家，有地不下 7 万亩，另外霸占官田 40 余万亩，"佃户之种公田，地租则入私囊"。(《绥远民国日报》) 大地主垄断官田，恫吓贫农及中农，不准染指其间。实则贫农及中农即有机会购买官田，也决无力偿付地价，及其他非法费用。

近年以来，在山东、河南、河北、山西及陕西的北部，有成千累万的贫苦难民，受饥馑、战争、苛税、征发及土匪的迫害，向关外等省迁移。这些无衣无食，无居处，而又不名一钱的农民，无地可耕，不能成为独立的农民。多数赋闲，有的变为佃农，其余受雇于富农及经营地主，此等地主有大量土地。据中东路经济局统计员耶希诺夫 (E. E. Yashnoff) 的统计，1925 年，在农业最为发展的 52 县之中，有佃农 30 万户，经营地主及自耕农 70 万户。

70 万家的土地分配表（吉林黑龙江，1925 年）

类　　别	农家百分比	土地百分比
经营地主及富农	14.3	52
中　农	42.8	39
贫　农	42.9	9
总　计	100	100

在近代环境之下，饥馑，不可避免的可使土地集中。中国贫农既多，这种趋势更为显然。例如绥远萨拉齐的大塞林村 (Ta-Se-Ling)，在 1929 至 1930——饥馑之年，多把土地售与绥远省政府官吏。在陕西中部，1928 至 1930 年的灾荒，很悲惨的把土地集中起来，往往以百亩之田，换取全家三日之粮。1931 年的长江流域几省大水灾，又使很多土地集中在大地主及富农之手。

连年的天灾人患，使中国陷于水深火热之境，最近的谷价低落，均直接或间接的使地主的收入减少。即以秩序较为平定的江苏而论，多数的佃农皆以无力交付地租，而关在牢狱之中。

地主不但感觉收租的困难，而且感觉田赋的繁重。

无锡每亩的田赋表（1915—1933 年）

年　代	每亩田赋	指　数	年　代	每亩田赋	指　数
1915	0.627 元	100	1924	0.726 元	116
1916	0.627 元	100	1925	0.648 元	103
1917	0.617 元	98	1926	0.986 元	157
1918	0.628 元	100	1927	0.936 元	149
1919	0.626 元	100	1928	0.962 元	153
1920	0.632 元	101	1929	0.948 元	151
1921	0.626 元	100	1930	1.118 元	178
1922	0.632 元	101	1931	1.036 元	165
1923	0.626 元	100	1932	0.916 元	146
			1933	1.182 元	189

在最近十年之间，就是在江苏田赋也增加 90%。田赋增加的速率远超乎地租的增加速率，尤其当此谷麦跌价的时候，许多地主乐得把他们的田地卖出。

四川许多地主，都放弃田亩，移居成都重庆等城市中，借以逃避交纳田赋。在长江以北，宣汉蓬安灌县以南一带，为川省最富饶之区，而各地驻军预征田赋至 20 年到 40 年之久，另外还有附加税及额外征发。兹举例如下（见下页表）。

另外资中的田赋，在三年（1930—1933）之间，预征至 14 年之多。南充的田赋，在一年半（1931 年 10 月至 1933 年 3 月）之间，预征至 11 年之多。

其他各省虽偶有预征田赋之事，但决不如四川之甚。就中国各地论，都为繁重的赋税所苦。例如湖南的附加税当征税之四倍。江苏北部的沛县现在每亩征收田赋 4.774 元。军事的征发常按地亩摊派，实际就是变相的田赋。据报纸所载，1929 至 1930

四川田赋预征表

地 名	预征年数	征收年月	地 名	预征年数	征收年月
重 庆	5	1931 年 4 月	宣 汉	22	1932 年 3 月
璧 山	7	1930 年 1 月	潼 南	23	1931 年 9 月
合 江	8	1930 年 1 月	蓬 安	24	1933 年 2 月
邻 水	10	1931 年 6 月	隆 昌	26	1932 年 6 月
江 安	12	1933 年 1 月	成 都	28	1933 年 1 月
宣 宾	14	1931 年 11 月	温 江	30	1931 年 7 月
威 远	15	1931 年 8 月	万 县	31	1932 年 12 月
荣 昌	18	1931 年 1 月	崇 宁	38	1933 年 1 月
岳 池	19	1931 年 7 月	灌 县	41	1933 年 4 月

两年之间，全国所有 1914 县之中，有 823 县，皆为此等苛税所苦。至于黄河流域，军事征发更为频繁。

试以山东省五县为例，在 1928 年田赋正税总数为 468789 元，而军事征发却达 1286395 元之多。换言之，军事征发约当田赋之 274%。这种百分数在有战事的区域更高，如 1929 年河北省的南部，与河北省的北部将有军事行动的时候，其数增至 432%，可以为例。当 1930 年 4 月至 10 月河南省的东部及中部发生战争的时候，其百分数为 4016%，质言之，即军事征发约当田赋 40 倍之多。1927 年 11 月至 1928 年 5 月，山西北部及长城以北等地，有 15 县的军事征发，约当田赋的 225 倍。

赋税繁重，并不能使地主制度趋于崩溃，不过驱无力纳税的旧地主速就灭亡，而新的地主予以产生。这些新地主能够负担或者避免那些赋税。中国田赋在名义上是累进的，而实际是反累进的。许多有势力的在外地主，从不纳税，而这种负担大都加在当地的贫农的身上。现在纯粹以地租为活的地主，日渐减少，身为地主而经营商业参加政治的日渐加多。最显著的如陕西中部的土地，经过饥馑之后，多集中在军政官吏、商人及伪慈善家之手，中国的地主，日趋于活跃，已经跨进新的政治与商业之中，同时随着政治与商业性质的改变。他们自身的性质也在那里改变。

（一）地主与富农做些什么

中国的地主和法国旧时代即大革命前的地主不同，他们大都是四位一体。他们是收租者、商人、盘剥重利者、行政官吏。许多的地主兼高利贷者，可以变为地主兼商人，许多的地主兼商人，又可变为地主商人兼政客。同时许多商人、政客，也可变为地主。地主大半有糟坊（酿造所）油厂及谷仓。另一方面，货栈及杂货店主人，就是土地的受抵押人，实际就是土地的主人。这是著名的事实，地主所有的当铺及商店是和军政官吏的银行相联系的。1930年春，江苏民政厅曾调查该省514个大地主，其中有几个专以放高利贷为业，其余亦莫不与高利贷有关。有些地主是军政官吏，且常是承办税务者。他们的收入，兼有地租与税收。江苏北部，经济较为落后，地主以官吏为职业的更多。江苏南部的地主，多以放高利贷为业，且有从事经营实业者，此在北部则绝无。

江苏 374 个大地主主要职业表

（每个占有土地千亩以上，1930年）

项 别		军政官吏	放高利贷者	商 人	经营实业者
江苏南部	家数	44.00	69.00	36.00	12.00
	百分比	27.33	42.86	22.36	7.45
江苏北部	家数	122.00	60.00	31.00	—
	百分比	57.28	28.17	14.55	—

经过调查的514个大地主，他们每户占有土地千亩至六万亩，其中374个大地主，都有主要职业。其余140个大地主，虽未确知其操何职业，但纯粹收地租者为数很少。在374个地主之中，44.39％为地位不同的军政官吏，34.49％为当铺及钱庄老板

或放高利贷者，17.91％为店主及商人，仅有3.21％为工厂股东。中国的地主，类多放高利贷，由地主而变为工厂股东者，很为少见。至于地主官吏以东北西北各省为多，地主商人则以山东、河北、湖北及其他商业较发达之处为多。

中国的农村行政，为地主的广大的势力所渗透。税收、警务、司法、教育，统统建筑在地主权力之上。贫农遇有租税不能交纳时，辄受监禁及严刑拷打。在江苏曾有500余佃农监禁在一地方小监狱之中。陕西南部农村中著名的黑楼就是惩处农民之所。贫农一经监禁在此楼中，饮食便溺皆须纳费。

无锡有518个村长，其中之104个，经调查其经济情形如下：91.3％为地主，7.7％为富农，1％为小商人。此等地主之中，有43.27％为中等地主，56.73％为小地主。有59个村长，所有土地不及百亩，平均每家有地44亩；有45个村长，各有土地百亩以上，平均每家有地224亩。于此，不难窥见地主在农村行政上力量之大。在这一点上，无锡可为全国各地之代表。

由于农田的狭小，贫农皆不能直接得到银行的信用。所以地主在农村之间除了握有政治势力以外，还操纵地方的商业及放债资本。1927年曲直生氏曾调查湖北的棉花交易情形，他发现"大半的棉花栽种者，都是小独立农民，他们毫无资本，全恃举债，以维持耕作，……农民借贷之利率通常为年利36％。当银根吃紧的时候，利率高至年利60％。以六个月为期的贷款，须以不动产为担保品"。在云南贵州两省，贫农以现金偿付贷款，其利率为30％，若以谷物偿还，其利率则为40％。贵阳有时利率为年利72％，昆明大地主之放贷，其利率有高至年利84％者。

地主及富农，利用小农之贫困（由于缺乏土地），而双管齐下的放高利贷与经营商业。他们屯集谷物，居为奇货，提高贷利，鱼肉贫民，积渐而二倍、三倍、无数倍的，增置其地产。江西东北部的玉山,有某地主,以放高利贷起家,30 年间,增益其地产由 30 亩至 1000 亩,其次浙江中部义乌某地主,屯集谷物,高利盘剥,于十年之间,增益其地产,由 750 亩至 2000 亩以上。

中国无处不有典当业,当铺完全是商业性质的重利盘剥机关。商业繁荣之区,当铺的大部分资本多由商人吸收而来;有封建残余的经济势力占优势的地方,其大部分资本则由地主吸收而来。

江苏 4 县当铺表(1933 年 4 月)

地名	当铺数目	流通资本数目(元)	资本来源	
			商人供给资本百分比	地主供给资本百分比
如皋	11	340000	20	80
常熟	20	720000	22	78
无锡	34	1210000	75	25
松江	17	510000	65	35

松江、无锡的商业,比如皋、常熟为发达,但以现势而论,大多数商业资本,仍是由地租而来。所以中国的当铺可以证明是高利贷、商业、地主事业,三位一体的组织。

中国的富农如同地主一样,常放高利贷与经商。许多富农出租他们的农具、耕牛及一部分土地,以收租金。所以中国的富农已经变成部分的地主。但是因为土地的分散、赋税的繁重、谷价激落,使他们不能(而且事实上也不可能)趋向于资本主义化。在无锡有 58 家富农,把他们土地的 18.76% 出租与贫农。我们可以举以为例:

无锡 20 代表村富农土地表(1929 年)

占有土地面积	家数	土地总亩数	出租亩数	百分比
16 亩以下	22	181.0	1.5	0.83
16~31.99 亩	29	667.1	80.4	12.05
32 亩以上	7	358.2	143.3	40.01
总　计	158	1206.3	225.2	18.67

19世纪的末叶，俄国的农业开始资本主义化。俄国当时的情形，恰巧相反，当时的贫民却将大部分土地出租，而富农反租入大部分土地。今日之扬子江流域，大多数贫农都是佃农，多数的富农皆租出土地，以收地租。北方诸省的生产力及地租比较扬子江流区为低，富农往往由贫农之手，租入一些田地。最近的谷价低落，使一些自己经营而相当有利的富农受到严重的打击。在广东与福建两省，富农出租土地之多，和扬子江流域一样。

大体言之，北方的贫农多为雇工，南方的贫农多为佃农。以经济情形而论，后者比前者更为恶劣。有许多地方佃农与地主分担赋税，即应由地主独立负担者，每必设法令佃农担负之。实则佃农所交付之地租中，已不仅为其所得利润之一部分，即其劳力应得的名义工资之一部分亦包括在内。中国地租之高，每当全收获40—60％。

为应付这种严重问题起见，在1926年，中国政府领袖，采取一种减租政策，规定地租之最高限度为37.3％。仅有四省公布减租条例，湖南于1927年7月公布之，湖北于8月公布之，浙江于11月公布之，江苏于12月公布之。但是真实有效的还是以下的经济律："在地主佃农制度之下，地主有权提高租额是很重要的。"果然于1928年2月，除浙江外，都取消了减租律。

减租政策在浙江实行以后，在某种程度上阻止了地租的扩大和预租的缴付。但是这个规章仅限于谷麦，其余棉花、豆类、桑树，皆未规定。即此已引起下列之情形：（一）浙江地主，增大量器，征收地租，永康县，即有其例。（参阅该省佃业仲裁局第93次会议记录，1932年9月21日）（二）地主力逼农民，将土地以少报多（如绍兴）。（参阅1931年8月28日杭州《民国日报）（三）地主亲自派人，强迫收获谷物（如在萧山）。（1931年11月23日杭州《民国日报》）（四）地主当仲裁局调解人未到以前，径行收获谷物（如在象山）。（1930 年 9 月 18 日上海《时事新报》）（五）地主要求晚稻登场时，增加地租（如在诸暨）。（1932 年 6 月 9 日，浙江仲裁局第 80 次会议记录）（六）仲裁局于纠纷未作决定以前，土地往往无人耕种，嘉兴即有其例。（参阅 1929 年 3 月 16 日上海《申报》）地主对不服从其意志之佃农，往往夺还其土地，重新租与驯服之佃农。因此之故，在龙游、诸暨、处州、温州、桐庐、遂昌、乐清、新昌及其他各地，当佃农尚未受到减租之利的时候，已经失去土地耕种了。

（二）农产生产的衰落

中国大土地所有者工作之结果，必然的使农产生产衰落。最近的调查统计很明白的指出耕作田亩之减缩。农田之减缩不仅由于富农之变为部分地主，实由于贫农数目之增多。就北方论，当 1928—1930 年大饥馑以前，陕西中部，每家平均耕地数为 30 亩，现在减至不足 20 亩。在灾情最重之五县至七县，差不多有 20％的土地都出卖了。陕西合阳县的灾情虽不甚重，但土地仍在集中的过程中。富农日多，贫农也日益增加，惟中农则减少极快。

陕西合阳农家情形表（1933 年 3 村）

耕地量（亩）	1933 年		1928 年		1923 年	
	家数	百分比	家数	百分比	家数	百分比
20 亩以下者	123	39.81	95	30.84	70	19.23
20—49.99 亩	125	40.45	173	56.17	236	64.84
50 亩以上者	61	19.74	40	12.99	58	15.93
总　计	309	100	308	100	364	100

在河北省的某县近年来虽未遭灾，但每户耕地面积的缩小也很显然。该地经营地主与农民间，每家的平均地亩，在 1927 年为 17.32 亩，1929 年为 16.88 亩，1930 年为 16.75 五亩，贫农

之中，土地更为缩小。

保定 1473 农家耕地表（以 10 村为代表，1927 年）

类　别	家　数	耕地亩数	每家平均地亩数
经营地主及富农	156	10088.43	64.67
中　农	344	8238.74	23.95
贫农及雇农	973	7180.04	7.38
总　计	1473	25.507.21	17.32

保定 1527 农家耕地表（同前 10 村，1929 年）

类　别	家　数	耕地亩数	每家平均地亩数
经营地主及富农	161	10048.32	62.41
中　农	358	8549.57	23.83
贫农及雇农	1008	7174.8	7.12
总　计	1527	25772.69	16.88

保定 1544 农家耕地表（同前 10 村，1930 年）

类　别	家　数	耕地亩数	每家平均地亩数
经营地主及富农	162	10091.57	62.29
中　农	362	8567.62	23.67
贫农及雇农	1020	7197.71	7.06
总　计	1544	25856.90	16.75

保定耕地平均面积指数表（以 1927 年为基数）

年　代	经营地主及富农	中　农	贫农及雇农	总数
1927	100	100	100	100
1929	96.5	99.7	96.5	97.5
1930	96.3	98.8	95.7	96.7

　　扬子江流域大的农田，也是日渐减少，小农田逐渐加多。例如湖北省的应城，该处向少兵燹之灾，但一村之中，近年来农家耕地，无 20 亩以上者。

湖北应城清水湖村农家情形表（1933 年）

耕　地　量	1933 年		1923 年	
	农家数目	百分比	农家数目	百分比
5 亩以下者	40	48.78	20	31.75
5 至 19.99 亩	42	51.22	25	39.68
20 亩以上者			18	28.57
总　计	82	100.00	63	100.00

江苏镇江西湖村农家情形（1933 年）

耕地量	1933 年		1928 年		1923 年	
	农家数目	百分比	农家数目	百分比	农家数目	百分比
5 亩以下者	15	6.07	6	2.43		
5 至 19.99 亩	167	67.61	130	52.63	72	29.15
20 至 25 亩	65	26.32	111	44.94	175	70.85
总　计	247	100.00	247	100.00	247	100.00

　　江苏镇江地方更为平静，但在某一村中，近七八年来，大农田急剧消减，小农田乘时而起。

　　镇江之东南为工业发达的无锡，该县东部，农村人口以佃农为多，南部农民大多数为小自耕农，每家耕地，鲜有超过二十亩者。在该县之西部及北部，颇有大农田。有三村曾经调查，其结果为近十年（1922—1932）之间，耕有十亩以下之家，增加百分之一二，耕有十亩至二十亩之家减少 2%，耕有二十亩以上之家，减少 10%。

　　假使生产工具日有增加，虽耕地缩小，亦无大碍。但在中国，耕地之缩减，相伴随而来的，即为生产工具之缩减，如耕畜、农具、肥料之缩减是也。陕西合阳，遇灾甚轻，在近十年间，毫无耕畜之农家，自 29% 增加至 47%，有二三头耕畜之农家，则自 13% 减至 8%。

　　甚至地居长江下游，并沿沪杭铁路的嘉善，近十年来虽无灾荒发生，耕畜之使用情形，其一般趋势略与陕西合阳相同。

无锡 133 农家耕地情形表（代表村 1922 年）

耕　地　量	农家数目	家数百分比	地亩数	每家平均地亩数
10 亩以下者	51	83.35	301.5	5.9
10—19.99 亩	48	36.09	640.6	13.3
20 亩以上者	34	25.56	1113.7	32.8
总　计	133	100.00	2055.8	15.5

无锡 147 农家耕地情形表（同前 3 村，1927 年）

耕　地　量	农家数目	家数百分比	地亩数	每家平均地亩数
10 亩以下者	61	41.50	340.4	5.6
10—19.99 亩	52	35.37	698.9	13.4
20 亩以上者	34	23.13	1089.0	32.0
总　计	147	100.00	2128.3	14.5

无锡 167 农家耕地情形表（同前 3 村，1932 年）

耕　地　量	农家数目	家数百分比	地亩数	每家平均地亩数
10 亩以下者	84	50.30	448.9	5.3
10—19.99 亩	57	34.13	787.7	13.8
20 地以上者	26	15.57	787.2	30.3
总　计	167	100.00	2023.8	12.1

无锡农家之增减百分数表（以 3 村为代表，1922—1932 年）

年代	10 亩以下农家百分数	10—19.99 亩农家百分数	20 亩以上农家百分数	总数
1922	38.35	36.09	25.56	100
1927	41.50	35.37	23.13	100
1932	50.30	34.13	15.57	100

陕西合阳 3 村中耕畜表

农　家	1933 年		1928 年		1923 年	
	家数	百分比	家数	百分比	家数	百分比
无耕畜之家	146	47.25	110	35.71	105	28.85
3 家或 2 家共有 1 耕畜	30	9.71	29	9.42	5	1.37
有 1 耕畜之家	55	17.80	63	20.45	111	30.49
有 2 耕畜之家	52	16.83	57	18.51	97	26.65
有 3 耕畜以上之家	26	8.41	49	15.91	46	12.64
总　　计	309	100.00	308	100.00	364	100.00

浙江嘉善县顺恳（Shun-Ken）村耕畜表（1933 年）

农　家	1933 年		1928 年		1923 年	
	家数	百分比	家数	百分比	家数	百分比
无耕畜之家	33	38.37	20	26.32	15	18.75
3 家或 2 家共有一耕畜	7	8.14	10	13.16	12	15.00
有一耕畜及以上之家	46	53.49	46	60.52	53	66.25
总　　计	86	100.00	76	100.00	80	100.00

在津浦路沿线的徐州情形并不见好，据 1932 年之报告，该处农村，通常三家或三家以上，共用一耕畜，五家共用一犁，六家至九家，共用一车。现有的耕畜，亦多老而不适于用。近数年来，仅有少数新车，增加使用。耕畜与农具，皆急剧的减少。无耕畜之农民常以劳力租用。每租用耕畜耕田一亩，农民必为畜主服役三日。租费之高，可以看出耕畜的缺乏。1927 年湖北东部贫农租一牛用之费，相当于一亩中等田之地租。所以湖北农村的耕畜也很缺少。应城之清水湖村全无耕畜的农家，在 1923 年，仅为 8%，1928 年增至 35%，到现在（1933 年）大半农家均缺乏耕畜。

近五年来，两广耕畜价值之昂，较以前为二倍或三倍。湖南省政府主席何键，曾通令禁宰耕牛，其言曰："湖南牛价日益昂贵，致使三数农家，罄其所有，不能合购一牛，以故田地荒芜，农产减少。"

中国耕畜，如马、驴、水牛、黄牛、骡子之类，皆在减少，减少之原因，或为 1931 年长江大水所湮没，或为瘟疫所病死，（如今日之两广及其他各地）或为贱价所出卖。贱价出卖之原因，或为无力饲养，或为得钱以维持家庭生活。

最近谷价之惨落，使贫农更为窘困，因之大多数，无力购买普通肥料。以故如皖北一带的肥料市场，益为凋落。窘困减少了生产工具，因之再生产的经济基础更加狭小。

贫农的耕畜、农具、肥料，都被剥夺了，他们只有放弃他们的小块土地——主要的生产工具。保定的农民可以作为标本，以说明中国农民无产化之一般。

保定农民田产表

（以 10 村为代表，1927 年 6 月—1930 年 6 月）

年　代	中　　农			贫农及雇农		
	家　数	土地亩数	指数	家　数	土地亩数	指　数
1927	434	8066.84	100	969	6862.89	100
1929	343	8041.37	99.7	969	6444.50	93.9
1930	343	7995.32	99.1	969	6348.11	92.5

贫农及雇农比中农丧失土地更为迅速。自 1927 年 6 月至 1930 年 6 月，三年之内，他们因出卖或抵押丧失之土地，约当同期间所得土地之四倍。换言之，押进和买入之土地，仅当卖出及押出土地之 24%。1927 年 6 月，贫农及雇农共有土地 6862.89 亩。到 1930 年 6 月，其买入或押进数为 1640.29 亩，即 2.39%。同时其押出或买出之数，则为 679.07 亩，即 9.89%。总计三年中所丧失的土地为 514.78 亩。前数年谷价较贵，犹且如此，若以最近情势推之，至多 40 年内，保定之贫农及雇农，将丧失一切土地，变为赤贫了。

最近农产品价格之低落、商业的极度不安、赋税的繁重、高利贷之压迫，一切的一切，足使资本不能流通，土地价格跌落。因此，不仅中农、贫农及雇农，出卖他的土地，即许多富农与地主，亦无不希望卖去土地，以取得现金，而减轻负担。

中国各地耕地价格差不多都在跌落。以今春（1933年）与1923年相比较，福州地价跌落33%，浙江永康跌落40%，江苏盐城跌落70%，陕西府谷跌落50—81%，察哈尔之阳原跌落60%。近四年中，河北数县之地价跌落至33—75%。

河北数县耕地每亩平均价格表（1929—1933年）

地　名	每亩平均价格		指数（以1929年为基数）	
	1929年	1933年	1929年	1933年
赵　县	90	60	100	67
行　唐	150	100	100	67
南　和	100	60	100	60
固　安	50	20	100	40
晋　县	100	40	100	40
束　鹿	100	30	100	30
保　定	80	20	100	25

地价虽然日益低廉，但荒地面积日益增加，无地农民，日渐众多。中国有兵200万，大多数是来自无地耕种的贫农。平常每年有15万至18万农民向长城以北及东北各省移殖，但现在为军事所阻断。另外自1929年世界经济恐慌爆发以来，海外侨工已有20万至25万人，被迫回国。现在全国失业人口，至少有6000万，同时土地集中在新的有势力的大地主之手中，只有他们能够占到地价暴落的便宜。在人口稀少，土地未经开发各省份，土地集中之程度，反而更高。这样土地所有与土地使用间的矛盾，正是现代中国土地问题的核心。

（录自中国农村经济研究会编
《中国土地问题和商业高利贷》，1937年4月）

广东的农村生产关系与农村生产力

原　序

　　江南、河北和岭南是中国工商业比较发达而农村经济变化得最快的地方。假使我们能够彻底地了解这三个不同的经济区域的生产关系如何在那里演进，认识这些地方的社会结构的本质，对于全国社会经济发展的程序，就不难窥见其梗概；而于挽救中国今日农村的危机，也就不难得到一个有效的设计。研究中国农村经济先从这三个地方着手，才是扼要的办法。江南的农村经济，中央研究院社会科学研究所曾于民国十八年举行过无锡的调查；河北的农村经济，该研究所亦曾于民国十九年与北平社会调查所合作举行保定的调查；岭南农村民国九年以后虽有前广东大学农科学院做了农业概况的调查，但因过于偏重农业技术的本身，未曾注意到农村的生产关系，仍不能给予一般研究的人们以全面的观察。去年中山文化教育馆和岭南大学合作举行的广东农村经济调查，便是要补救这一个缺憾。

　　这次调查团的组织，全出于文教馆孙哲生理事长，叶誉虎秘书主任，黎曜生理事，研究部刘季陶先生，岭南大学钟惺可校长，陈荣捷教务主任和胡继贤教授等的赞助。要是没有他们那样的热心，广东农村经济的调查恐至今还不会实现。自去年11月底迄今年5月底，调查团的工作足足经过了半年。这半年内，接洽调查地点，制印调查表格和招考调查员等事务上的筹备大约耗去一月；而梅县、潮安、惠阳、中山、顺德、台山、高要、广宁、英德、翁源、曲江、乐昌、茂名、廉江、合浦和灵山等16县的农村经济概况调查共计费了三个半月的时间；余下一个半月在番禺十个代表村里做1209户的挨户调查，同时举行50县335村的通信调查。我们的工作所以能顺利地进行，不得不感谢各地帮忙的诸位先生，尤其是黄枯桐先生，李熙斌先生，何家海先生，薛雨林先生，李禄超先生，王敬止先生，廖崇真先生，冯梯霞先生，李锡周先生，林纯煦先生，罗琼豪先生，何立才先生和许紫垣先生。

因为我担任了调查团主任的职务，所以来草拟这篇报告；其实这完全是集团的劳力结晶。报告中疏漏或错误各点自然由我个人负责，并且希望热心研究中国农村经济者予以指正。

陈翰笙

民国二十三年9月，上海

一 耕地所有与耕地使用

（一）地主农民间的土地分配

有英国本部面积六分之五或法国本部面积一半那样大的广东，可耕的农地占全省陆地30％左右；而农作面积还不到陆地15％。高原和倾度较缓的低丘大部分没有垦殖，就是未筑成阶段的小丘，无论峻夷，也仍是荒弃着。广东的农业既不发达，而工业又远不及江浙；无疑地广东的生产仍须仰仗于农业。据 38 县 152 村的调查，农户占总户数 85%。即以工商最发展的番禺一县而论，69 村的统计告诉我们农户占总户数 77%。靠耕地过活的人家这样多，而可耕的农地竟不能尽量地去利用，研究农村经济的人们就应当对于这农村生产力无从发展的情形，追求它的根本原因。

这个根本原因的解答应该从农村生产关系中找寻。农村生产关系中耕地的占有和使用是最重要的，正好比工厂生产关系中机器的占有和使用是居于首要地位。广东佃农的众多在耕地占有和使用上显然地有很大的意义。佃农户数占农户总数的百分比，在高要九个自治区内有四区是 70 至 80；在中山九区内有二区是 70，有二区是 85 至 90，余五区均在 60 左右；在合浦 52 区内所访问过的有九区，其中有三区在 90 以上。灵山全县佃农占农户 80%；茂名佃农占 85%；曲江佃农占 70%；梅县佃农占 75%；潮安佃农占 90%；惠来佃农占 80%；惠阳佃农占 87%；台山佃农占 65%。番禺的 69 村内，佃农户数占农户总数 77%。据 38 县 152 村的通信调查，佃农户数占农户总数 57%；其实这许多农村中佃农的成数还是比较少的。像本团调查员黄晓山君的家乡，新会第六区牛湾乡，3500 余农户中佃农竟有 80%。

五年内无地农户的成数比较

（番禺 10 代表村，1928 年和 1933 年）

年　份	成　数	指　数
1928	50.3	100.0
1933	52.0	103.4

假使我们要知道农户中无地农户的成数，单就佃农户数去推测，决不能算是完全。农户中还有好些无地的雇农。雇农和其他

纯粹无地的农户，在番禺十个代表村的农户中占了 52%。五年以前还只是 50%，而在这一个时期内番禺的农户中无地农户竟增加了 2%。

关于土地分配的观察，不能含糊地囫囵地限于农户；必须进而根据农户的类别来分析。有些人只依照农户所有田地的多少而分别农户，这是完全忽视了其他生产关系，因此不能切实地表示农户的实际的经济地位。单单依照农户的田权而分为自耕农，半自耕农和佃农，也不是妥当的办法。这是只顾到租佃的关系而没有注意别的条件。实际上一家种很少的自田而必须出外当雇工的自耕农，比起一家租种很多农田而大批地雇工来耕种的佃农，还要贫穷得多。即使按着各户所种农田的多少而区别农户，用经营的范围来确定经济的地位，也未必可靠。农户种田的多少，只表示农业经营的面积，还不能完全表示经营范围的大小。何况经营的范围又不足以决定农户的类别。附带种些菜地，果园或桑田的人家实际上也许是很大的地主；按着经营的范围，岂不要算是贫农吗？同时，一家种十亩自田的农户和一家种十亩租田的农户比较，他们的经济地位显然地很有差异。

单就租佃的关系，上面已经说过，不能确定农户的类别。在广东的农村经济中更比北方诸省可以证实这一点。番禺十代表村 923 家农户的统计告诉我们，富农 18% 是纯粹没有自田的。决不能只因为他们无地而称他们为雇农，实际上他们倒是雇用雇农的富农呢。番禺富农中纯粹无地和耕地不够种而租进农田的有 47%。中农中间租种的户数有 60% 左右。贫农中租种的户数占 76% 以上。拿租种的亩数来统计，番禺的富农所种亩数 59% 是租种的。中农所种亩数中 70% 是租田；贫农所种 82% 是租田。假使除掉农产较为集中而经营范围较小的蔬菜村如桂田，和山地较多而利润基础稍为薄弱的地方如龙田以外，那么，一般稻作区

的租田亩数所占的比率且更会大些。富农，中农和贫农的全部使
用田亩中，租种的竟占了73%。不用说贫农和中农，就是富农
的使用田亩中也只有40%以下是自田，60%以上都是租进来的。

各类农户的户数%和租田%（番禺10代表村，1933年）

类　别	户　数	租田%
富　农	12.7	28.2
中　农	23.0	27.7
贫　农	64.3	44.1
总　计	100.0	100.0

　　番禺十代表村中租田共计5742亩。以户数的成数和租田的
成数来对比，很可以明白富农租进农田的能力远胜于贫农。占农
户数13%的富农租到租田的28%，而占户数64%以上的贫农只
租到租田的44%。平均每户所租进的租田，在贫农只是四亩七
分；在中农也不过八亩三分；在富农却有15亩1分。可是，贫
农所租进的多价格较贵出产较丰的水田，而少价格较廉经营较难
的旱地。富农所租进的恰和这个比例相反。很明显地，这是表示
贫农为生计所迫，不得不租进较好的农田以求每亩较多的收入；
富农却能利用他们剩余的资本去租进那些贫农无力经营的旱地，
而从事规模较大的生产。所以，农户租进农田往往具有同样的形
式而含着异样的性质。只是租佃关系的外表决不足以做农户分类
的标准。

　　农户的类别最好基于富力而同时参照雇佣关系。当地农家普
通一家有几多人口；这样的农家须用几多自田或几多租田才能过
活。且有能够过活的中等富力而在雇佣关系上不剥削他人，也不
被人剥削的农户，可称为中农。雇用长工或雇用散工而超过当地
普通农户所必需的忙工人数，如其耕地亩数超过中农的标准，
可称为富农。有些富农所耕的田亩超过中农一倍或一倍以上，那
么不再问雇佣关系，也就能断定是富农了。至于贫农，更易分

辨。凡所耕亩数不及中农的标准，而耕作之外往往要借工资或其他收入才能过活的农户，统括地称为贫农。不在家耕种或耕种极微小的一块田地，而主要地靠着出卖劳力替人耕种以过活；换言之，几乎纯粹地在雇佣关系上被人剥削的都是雇农。

广东农户中地权分配的不均，可以从各类农户成数和各类农户所有田亩成数对照地看出。占番禺农户总户数 12% 的富农，他们所有亩数占农户所有耕地 50%。可是，占农户 58% 的贫农只有农户所有亩数 22%。农户中 52% 是完全无地的，上面已经说过。有地 30 亩以上的农户不到 10%，而 5 亩以下的农户倒占34%。富农户数中 16% 各有耕地 20 亩以上，而中农和贫农无一户有地 20 亩以上的。中农户数的一半各只有地 5 亩以下；60% 的贫农完全没有自田。如以平均每户所有的亩数来比较，贫农和雇农不到 1 亩；中农也不到 4 亩；富农就有 11 亩。五年以前各类农户中平均每户所有的亩数还稍微多一些。近五年来富农平均每户亩数减去 4.2%；贫农和雇农平均每户亩数减去 4.4%；中农减得最多，平均每户亩数减掉 5.8%；中农失地的速度比较快，正表示贫富悬殊的现象在那里深刻化。

农户中使用亩数的分配也是很不均的。占户数 13% 的富农使用了 34% 的耕地；占户数 64% 以上的贫农倒只使用 38% 的耕地。可是，使用 50 亩以上的农户，富农中只有 9.4%；中农和贫农一家都没有。90% 的中农每户所耕在 20 亩以下；88% 的贫农每户所耕不到 10 亩。除掉雇农不算，番禺的农民 72% 只耕着10 亩以下的田地。假使将占农户 9.3% 的雇农一起统计，那么，细微经营的成数更会大些。雇农以外的农户，在番禺，平均每户只使用 9 亩 6 分；富农 25.5 亩，中农 11 亩 7 分，贫农 5 亩 7分。

按照十个代表村的统计，番禺耕地 68% 是稻作，17% 是杂粮，13％是生果，2％是蔬菜。稻作在富农所种亩数中68.4％；在中农所种亩数中占70.6％；在贫农所种亩数中占65.4％。无疑地，禾稻是番禺，也是全广东主要的农作物。有些人以为稻作比较小麦的经营来得集约，所以承认施行小农经营还算合理。这是很错误的观念。在某一定的地域内，集约经营每单位的收获固然要比粗放经营每单位的多一些，但从必要的生产费和劳动力计算起来，确实可以证明大规模经营较优于小规模经营。

如今还没有机会尽情地去调查广东农户的详细收支，我们可以拿日本稻作区调查的结果来做很有意义的考证。今年6月28日东京《朝日新闻》（日刊第四页）曾登载日本帝国农会农业经营部去年调查的一部分报告。调查的范围是限于稻作区内所选定的九百户自耕农。根据九百户调查的统计，平均每户每反（一反合九又十分之六公亩，即三又十分之六华亩）的生产费或成本有如下表：

经营面积	直接生产费	间接生产费	生产费总计
5 反以下	37 元日金	32 元日金	69 元日金
5 反至 1 町	34	33	67
2 町 5 反至 3 町	33	27	60
5 町以上	29	19	48

照每单位耕地的生产费来观察，经营面积愈加大，所支付的成本也愈加合算。所谓直接生产费是指种子，肥料，牲畜和雇工的工资而言。所谓间接生产费包括税捐，利息，农舍，农具和土地改良等费。因为经营愈大，牲畜愈多，自制肥料也愈多。5 反以下农户用自制肥料的只有48％，而五町即50 反以上农户用自制肥料的竟达56％。大经营在税捐上也占便宜；在农舍农具和土地改良等所谓设备费上，更显然地要占便宜。五反以下的农户，每反设备费须付日金四元零七分；50 反即五町以上的农户，每反设备费只是日金一元八角。

据日本帝国农会的统计看来，3 町 5 反以下的自耕农若种禾稻必然亏本。稻作经营要在 3 町 5 反以上，即合中国 56 亩以上，方有利益。现时一般小经营的农户所以表面能维持生活，实际上完全因为牺牲了他们家工底可得的工资。平均每户每反家工所可得工资，列表如下：

经营面积	家工可得的工资	经营面积	家工可得的工资
5 反以下	20.80 元日金	5 反至 1 町	21.90
2 町 5 反至 3 町	20.05	5 町以上	23.51

3 町以下的农户，平均每反家工可得的工资只是日金 20 元光景。严格地说，稻作的经营至少须用耕地 5 町即合中国 80 亩才可以算合理。佐渡爱三先生对于上面的统计曾经发表如下的意见："平均每户不满一町的农业经营，是日本农村生产上莫大的桎梏。这种经营方法不改善，万难解救日本农村的贫穷和农民的没落。"（东京时局《新闻周刊》第 61 号第 1 页，1934 年 7 月 2 日）

在番禺十个代表村 840 户（雇农除外）农户中，不满 36 亩（即不满二町半）的农业经营占了 96%。广东其他各县耕地狭小的情形都类似番禺，尤其是西江，韩江，罗成江下游的几个三角洲地方和海南岛的东北一部分。据中山大学农学院民国二十一年的调查，高要农户 80% 耕种 5 至 20 亩；四会农户 40% 所耕的地在 10 亩以下，30% 耕种 10 亩至 30 亩；开平农户 50% 所耕的地在 10 亩以下，30% 耕种 10 亩至 20 亩；合浦农户也有 50% 所耕的地在 10 亩以下，40% 耕种 10 亩至 20 亩；赤溪，台山，灵山和新兴的农户都有 70% 耕种 10 亩以下；广宁农户 80% 和开建农户 90% 所耕的都在 10 亩以下（参阅中大农院所编广东农业概况调查报告书续编下卷，民国二十二年 8 月版）。广东农业经营的面积比较日本还要小得多呢。

　　狭小的农业经营，因为耕地使用和耕地所有两方面不能相称，更加没有找寻出路的希望。小自耕农尚且不容易负担一切必要的生产费，像日本方面调查所指示的，小小的佃农更难于维持他们的生活了。广东的贫农固不必说，就拿中农和富农来看，耕地所有和耕地使用的对照是如此：

中农和富农平均每人所有的使用的亩数

（番禺 10 个代表村，1933 年）

类　　别	所有的	使用的
中　农	0.73 亩	2.40 亩
富　农	1.75	3.95

　　耕地所有和耕地使用的矛盾固已很明显，在地主和农户间这个矛盾更加尖锐。番禺农民所使用的田亩，68.4%是向地主租进来的。

农民耕地中地主所有亩数的成数

（番禺 10 个代表村，1933 年）

村　　名	农民使用亩数	农民向地主租进亩数	地主所有田亩%
梅　　田	1116.7	937.6	84.0
南　　浦	1393.4	1117.9	80.2
岗　　心	434.5	331.8	76.4
沙亭冈	1179.6	899.1	76.2
鼎隆坊	635.5	402.5	63.3
北　　山	1070.3	659.8	61.6
黄　　边	626.5	377.1	60.2
旧　　村	1065.9	588.7	55.2
桂　　田	206.5	81.7	39.6
龙　　田	327.1	113.9	34.8
总　　计	8056.0	5510.1	68.4

　　五年以前耕地中地主所有的成数原是 67.1%。这成数在五年间增高了 2%。耕地出租的占全部耕地 73%，而地主出租的已占全部耕地 68%，其余 5%耕地大部分是小商人和其他村户所出

租的。

地主普通都住在市镇和都会里，为农村挨户调查的范围所不能及。广东的大地主大多数是宗祠，庙会，华侨和大商人。留在村内极少数的小地主绝不能代表广东地主的整个势力。可是，就拿村内的这些小地主所有田亩数和农民所有田亩数来比较，所得百分数如下：

各类村户所有田亩统计

（番禺 10 个代表村，1933 年）

类　　别	所有亩数	%
地　　主*	583.6 亩	18.6
农　　户	2442.6	77.6
其他村户	118.4	3.8
总　　计	3144.3	100.0

　　* 不包括集团地主和村外地主。凡村户具备下列三条件者方为地主：（1）所有亩数超过当地普通农家所必需有的；（2）所有亩数半数以上出租；（3）除雇工式的小老婆外无人下田耕种者。以上三项虽皆具备，而所得田租犹不足以维持全家生活，同时全家收入大部分非田租者，不作地主论。

各类村户平均每户和每人所有田亩统计

（番禺 10 个代表村，1933 年）

类　　别	平均每户	平均每人
地　　主*	16.7 亩	3.33 亩
农　　户	2.6	0.54
其他村户	0.5	0.13
总　　计	2.6	0.56

　　* 不包括集团地主和村外地主。

村内私人地主虽仅得所有田亩数 19%，但他们平均每户的或每人的所有亩数多过于农户平均每户的或每人的所有亩数好几倍。

占村户只是 3% 而毫不参加农业经营的私人地主享有 19% 的地权。并且这些地主所有的田亩，61% 是价格较贵的水田；39%

是价格较廉的旱地。农民所有的田亩 51％都是旱地。

于此须特别注意，前面关于番禺土地分配的各项统计并未包括沙田区域。沙区就是珠江所冲积的三角洲内最肥美的农业区域。沙区的田称为沙田。沙田在中山最多，番禺和顺德次之，东莞，宝安，新会，南海和台山等县又次之。全省沙田 250 万亩，占广东耕地总数 1/16。但在这沙区耕作的 85000 余农户几乎没有一家自有土地的。番禺沙田 30 余万亩上 4 万余农民从事近乎农奴式的耕作；他们都是纯粹的佃农。若将沙区放在番禺土地分配的各项统计中，那么，佃农的成数，地主所有田亩的成数，和无地农户的成数必然地会有很大的改变。

国民政府立法院委员吴尚鹰先生于民国二十年 11 月曾经为中山县土地局地政年刊题词："土地问题为民生的根本问题。如于此问题有适当解决，国民生计自有正当途径可遁；人类自相残杀之祸庶几渐为减免。吾党对于解决土地问题之主张，以平均地权四字揭示天下。其精义所在，盖欲使全体人民有使用土地之均等权利与机会，不致为少数人所操纵垄断。如是则土地之利，全体人民得而均之；人民幸福与世界和平之基础，其在欤软。"可见吴先生对于广东失地的农民不胜感慨之至。

（二）集团地主的地位

在广东私人地主的势力远不及集团地主。除掉少数县政府和少数慈善机关的那些公田，它的数量在全省耕地中算不上什么，集团地主还有学田，庙田，会田和太公田。学田的地位可说是很低微。在中山，学田不过占耕地 1‰；在潮安 1％；在灵山 1％；在翁源和英德 2％；在惠阳 3％；在茂名 5％。合浦学田虽占耕地 20％，大部分都是原有的庙田和会田所改充的。庙田在广东远不如长江流域几省的那样多。它的势力和学田同样地是很小。

在中山，庙田只是耕地 3‰；在潮安 1/600，在惠阳，翁源和茂名 1％；在英德山较多而庙较多的地方，也不到 4％。会田多设在南路诸县。闻其缘起纯系商人借神立会而图共同娱乐，会中置有田产称为会田。一会往往置田三四十亩至一百五六十亩。由各会份推举一位理数管理会田。有时还请几位会份帮同这理数去照料收租的事务。茂名有几百会，名称也很多，最通行的是洗太会（纪念唐代一位女将的）。廉江的宾兴会，会份达数百家；它所累积的会费全数用以置田产；十余年来已十倍其母数。宾兴会会田的收入 1/3 作为香火费，又 1/3 一津贴会份中子弟学费，余 1/3 充廉江中学经费。会田的创立最盛在清初。光绪末年和民国初年还有些新会成立。近年来非但没有创立的，就是旧有的也正在逐渐地自行解散。许多会田已被出卖，以免被政府方面充作学田。现时化县耕地中会田不到 1％，电白耕地中不到 2％，灵山耕地中不到 3％。廉江的会田还有耕地 5％；会田在茂名是最多，占耕地 11％。

太公田即族田或祭田的俗称。有些地方通称为蒸尝田。黄香铁先生在他所著的《石窟一征》内说，"蒸尝为秋冬二祭之名。曰蒸尝田者，亦犹祭田云耳。蒸尝田无论巨姓大族，即私房小户亦多有之"。又说，"土俗民重建祠，多置祭田，岁收其入。祭祀之外，其用有三：朔日进子弟于祠以课文试童子者，助以卷金；列胶庠者，助以膏火及科岁用度；捷秋榜赴礼闱者，助以路费。年登六十者，祭则颁以肉，岁给以米。有贫困残疾者，论其家口给谷。无力婚嫁丧葬者亦量给焉。遇大荒则又计丁发粟；可谓敦睦宗族矣"。温仲和先生覆辑嘉应州志，以为"此风粤省大抵相同。惟视其尝田之多寡以行其意。所以睦姻任恤者于是乎寓"（光绪《嘉应州志》，卷八，页七）。

《广宁县志》也说："士庶之家，礼重祀先。富家巨族建宗祠，设尝田，轮收供祭；纵空乏，不敢私卖"（道光四年《广宁县志》，卷12，页4）。广东的族田，和江南的（"宗祠"，"义塾"和"义庄"都是族田）同样不能出卖。最近台山县横水白圳坡村的克宣祖尝的值理刘亚泮私卖尝田，被该房子孙发觉。这些子孙就召集会议，并宰猪议罚（《新宁杂志》民国二十六年第7期，民国二十三年3月，页39）。正因为太公田不容易被出卖，它的数量累积起来便成了集团地主的最稳固的基础。

势力愈大的人家愈加能凭借它的威权去抢夺田地。沙区的田地往往被他们明争暗夺。《广东新语》说，"潮漫汐干，每西潦东注。流块下积，则沙坦渐高。以黄草植其上，三年即成子田。子田成然后报税，其利颇多。然豪右寄庄者巧立名色，指东为西；母子相连，则横截而夺之"。《中山县志》也说，"田濒海浮生，势豪家名为承饷，而影占（指别人田地为己有）他人已熟之田为己物，是谓占沙。秋稼将登，则统率打手，驾大船，列刃张旗以往，是谓抢割。其有交通蛋民，纳交豪富，恣意影占，鬼蜮百端，是谓沙棍；斗狠兴讼，皆此辈为之"（光绪五年《香山县志》卷5，页16）。彭昭麟先生在他的《香山杂泳》小序中，对于强族侵占沙田的事实，颇有感慨："定制本以贫民无业者承垦，而报承者皆富户诡名。本无界址，彼此冒占"。

沙区农作极其粗放，盛行"挣藁"方法。早稻插秧后20天内在秧的行里间再插入晚稻的秧。早稻收割后晚稻方续渐长大。如此可省去一次翻土的工作，俗称为"挣藁"。"挣藁"不需施肥，且省人力，但收获则较两造分种的少去二三成。普通农户非租种六、七十亩不能维持他们最低限度的生活。换言之，沙区的农业经营必须以六七十亩作一个单位，不便再行分割。况且沙区交通既不便利，地主足迹也从不到那里，对于一大批，一大批的田亩的界限向来不能十分清楚。所以分家的时候，往往不分田而分租。有论房数而分租的，如番禺的南村；也有按人口而分租的，如在沙湾镇。凡不分家的田亩就并入太公田。这种分租而不分田的习惯，当然必使沙田区域的太公田成数特别地增高。沙湾5000余家有宗祠百三十余，每年所收沙区太公田田租在90万元以上。全省沙区中太公田大约要占到耕地80％。

族田在广东的这样多，远过于长江流域几省。例如无锡的族田只占耕地8％，而具有同等数量的耕地（125万亩光景）的惠阳却有占耕地一半的族田。惠阳分14区。调查到的各区中太公田占耕地的百分数如下：

| 第 3 区 | 60 | 第 7 区 | 60 | 第 9 区 | 40 |
| 第 4 区 | 50 | 第 8 区 | 50 | 第 14 区 | 40 |

番禺太公田占耕地的百分数和惠阳差不多。据实地调查到的十个村看来，太公田约30％的光景。

| 桂田 | 6 | 旧村 | 20 | 北山 | 30 | 龙　田 | 45 | 南浦 | 70 |
| 黄边 | 10 | 岗心 | 20 | 沙亭冈 | 30 | 鼎隆坊 | 55 | 梅田 | 75 |

按番禺61村的通信调查，太公田要占耕地的40％左右。61村内44村的百分数都在30以上；24村的百分数都在50以上；有十村都在70以上。可是这61村内只有两村是在沙区的。上面所说实地调查到的十个村完全不在沙区范围。所以番禺全县的太公田也有全部耕地的一半。

广东南路诸县太公田的成数要比较少些。兹列举各县太公田占耕地的百分数如下：

化县	20	灵山	20	陵水	10	阳春	40
文昌	20	罗定	40	儋县	5	遂溪	10
合浦	10	定安	20	琼山	15	电白	35
吴川	25	茂名	30	澄迈	15	乐会	20
廉江	25	信宜	45	阳江	40	琼东	15

北江诸县的太公田占耕地的百分数和南路差不多：

仁化	20	花县	50	南雄	20	清远	15
曲江	10	英德	20	连县	50	乐昌	30
佛岗	10	乳源	40	翁源	12		

东江韩江一带地方的太公田百分数较高；兹分列各县太公田的百分数如下：

东莞	20	龙川	25	蕉岭	40	五华	30
惠阳	50	海丰	40	惠来	40	潮安	30
番禺	50	紫金	40	河源	30		
兴宁	25	博罗	40	和平	20		
梅县	40	宝安	30	平远	40		

西江诸县太公田最多。多数县份太公田占到40%或40%以上：

中山	50	顺德	60	鹤山	40	恩平	40
台山	50	高要	40	新会	60	开平	40
四会	30	广宁	10	德庆	40	新兴	30
南海	40	郁南	40	云浮	30		

上述各县中，中山，台山，高要，顺德，广宁，梅县，惠阳，番禺，潮安，曲江，英德，翁源，乐昌，茂名，廉江，合浦，灵山等17县曾经实地调查。余46县的太公田成数是根据294村的通信调查得来的。63县中南路诸县有20，东江诸县有17，西江的有15，北江的有11。大致说来，太公田占耕地的成数在南路是23%；在北江是25%；在东江和韩江是35%；在西江是40%。珠江的三角洲各县平均有50%。全省耕地的30%是太公田。太公田和其他公田在广东要占到全部耕地35%以上。按最低的标准推测，全省有耕地4200余万亩，内60%是有灌溉的。这些有灌溉的田亩中，公田所占的成分较多。照普通的租额每亩10元计算，全省1470余万亩的公田，每年所收的田租不下14800万元。

民国十七至民国十九年间，平均每年度广东省库所收到的田赋只是 400 万元左右，所收到的沙田捐也不过 140 万（参阅省政府秘书处编《统计特刊》，卷二，一至六期合刊，页 41 至 53）。"广东素称富庶之区。国内除江苏而外，其他各省莫可比拟。每年收入，国省两库共计约有七千余万"（同上，页 29）。可是国省两库全年收入只是全省公田田租收入的一半罢了。

太公田对于农民不仅有田租的关系，并且还有利息的关系。南路和北江诸县，佃农借尝谷和尝钱的很多。农民向"太公"纳了租，还要问它借一笔债。有的借了谷或钱去充农本；也有些佃农甚至借了债去还租。茂名第四区全体农民 5% 是借着尝钱的。他们要付年利三分至五分。花县太公田的收入十分之八是以月息一分半或二分借给农民的。一年以内本利必须还清，至少也须付完利息。万一利息付不足，就是以利并作本，本上再加利。本利相等的时候，负债农民的财产就要被没收。要被没收的假使还不足以偿债，往往用"移亲及疏"的办法将亲属的财产去抵补。在顺德的新隆乡，尝地占耕田十分之四；佃户春秋二次纳租，不纳则须按月缴息。珠江三角洲的全部一半的耕地是尝田，且多纳上期租。上期租即预租；预租即有放息的可能。拿最严格的标准估计，广东全省太公田的田租至少有 12600 万元。这项巨大的租额加上了它所能得到的年利，那么总数也要倍于广东国省两库的全年的收入。

广东农民聚族而居的至少占全体农民 80% 以上。潮安境内的农村几乎有一半都是一姓所居；一村中非一姓者，亦多分段聚族而居。在惠阳，过半数的村庄都是被一姓独占的。聚族而居的风俗就完全靠着族田或太公田不分割的条件而维持下去。族分大宗祠，小宗祠，房，派等等。族中担任职务的人具有族长，族尊，族董，理事，总理，经理，值理，理财，理数等名称。族长普通以年龄最大的人当之。族尊或族董以辈份最高的当之。理事，值理或理数有时为族中五十岁以上或六十岁以上的耆老所推举；有时为各房轮流推举；有时为祭祀时族人所公推。理数们专门掌管族产。太公田就被他们所料理。他们普通是出于人口众多的所谓"强房"，本人也必须殷实而富有。往往族中殷实而富有的人不愿自任理数，他便推出另一位担任名义，而自己仍握着处置族中一切收支的实权。理数或理事寻常是一年一任，但得连任。在英德有三年，五年，以至终身的任期。在台山常常有世袭的。

凡族中可以收到的塘租，房租，利息，特别是田租，统归理事或理数支配。除掉纳税，祭祀，修理族产，津贴教育以外，族款即被他们保管。或支或存，他们通常是要舞弊的。许多理事始终就没有详细账目公开地报告出来。有时甚至拿太公田的田租暗中支付他们私家的田赋。虽然太公田是不能被人自由地买卖的，实际太公田的收入已为主管人任意支配。这样，族有田产便成为变相的家庭或个人所有的田产。1260万亩的太公田差不多完全归社会上极少数分子所有了。

在聚族而居的状况之下，管理族产的人们决不会将他们的威权限止于族款的收支一方面。他们时常排解族中纠纷，责罚族中不良分子，实施了行政性质的事体。例如翁源的黄堂一村，有村户二百家都是黄姓同族。族中理事于民国二十二年7月9日出一悬赏的布告："凡在村内田亩上偷芋头，黄豆，禾子者，人人得而捕之。获族贼一名赏二千文，外贼一名赏五百文。如获偷花生黍粟的，无论内外贼，具赏二百四十文"。同年10月15日，黄族理事又出一关于共同樵山的通知："割河背山茅草限于十九，二十，廿一间三日。每日每家限于上午下午各三担。十八担为一份，每家每份收镰子钱七仙。不准头一夜进出；欠出米及利钱者须于开山前一日一律还清"。

族中理事非但为太公田缴纳田赋，并且还有时替族中人转缴他们私家应纳的田赋。往往一村所有公田私田的税款完全由理事一手交付粮差。粮差将每户应得的收据给与理事去分发。番禺的梅田，北村，鼎隆坊诸村都是这样的。所以一族的强有力者既是太公田的收租人，又同时做了当地政府的收税史。近年来，预征和摊派接二连三地催逼着；经理，理事或理数愈加要应接不暇地替全村或本村的一坊料理各项税捐。无怪乎他们的政府方面的势力也能牢靠起来。

现时正在推行乡村自治的制度。但实际区长，乡长，村长，里长等都被那些在宗族中有权威者所保荐的人们充当。许多族长和理数简直自身就兼任了乡长或村长。甚至用了地方自治制度所给予的名称以后，族中职位的名称也渐渐被忘却。例如潮安著名的鹳巢村，离浮洋市约七里，有七千余居民皆属李姓。全族分40余祠堂，分布于村内11里。惟李姓无族长，世族宗祠由八房每年轮流管理，亦无房长名称。管理宗祠，房祠和太公田的人们多是乡长和里长。在最近实施的保甲制下里长即是保长，乡镇长即是甲长。太公田原为祭太公而设，如今倒被这些人所支配而便宜了活太公了。

（三）租佃的制度

农民因为饥荒似地缺乏耕地，常常被逼着用种种方法去佃进几亩，以维持他们的生活。主管太公田的值理或理事们就利用这竞争的情形，假公济私，从中取得自己的利益。例如化县的塘尾和茂名的低垌，向值理纳贿而得到租种的契约，已成为惯例。在翁源，佃田以前必须请理事吃饭。顺德的龙山村一带地方，称贿买值理而立租约的款是"黑钱"。太公田被出租有些是先尽本族，并且有时族中的佃户可以少缴此田租（翁源本族的佃户少缴二成）。但大多数地方，并无族的界限，租额也无折扣。

尝田或太公田被出租，可说有五种办法：分种，轮种，投耕，契约和口头约。前两种是限于本族，后三种是不分族内外的。投耕和契约都须写明字据。可是，投耕是有一定限期地找佃人，将全部或整批的田亩包租给他；契约是指那随时立契而以田亩零星地或分别地租给许多佃户的办法。投耕，契约和口头约三种办法下，假使佃人和佃户不肯缴租或欠租过多，主管太公田的值理或理事就可根据所约而撤换佃者，俗称为转佃。分种或轮种的时候，假使佃者欠租，也有革耕的办法。例如茂名的九星村，如扫墓以前族人不纳租，耕尝田的权利就要被取消。在信宜的罗林地方，本年欠租须于明年春祭时还清。春祭时开族会，由值理将欠租的田交与族人愿耕者。同县龙湾村所有田亩一半是太公田；欠租虽不立即革耕，也要看所欠的多少而革除多少年的胙肉（俗称丁肉）。

太公田的分种，全部族人同时可以参加。新会的鸾冈坊十分之七的田是太公田；各族叫齐兄弟等商妥，"愿租者即都能租种，无押金，租银也须交给大众"。台山下川塔边的耕地有一半是太公田；全村130余户分组编妥后去向"太公"领耕。租期为三年或五年，租分两造交清。丰年则照定额还租，歉年得由主管尝田者酌减几成。轮种是轮房或轮家地去领耕。茂名的平山村，和乐昌，蕉岭，惠阳，梅县，琼东许多村庄里，都有轮种太公田的办法。往往轮种的人家可以免缴田租，只须负责办祭。普通轮种只一年，无押金。但如梅县有些地方，轮种也要付押金，每家约付一二十元。

投耕有极少数地方只限于本姓的，如在鹤山的洴蓼，每年太公田于正月和11月开投两次；族外人不能过问。开投也有于二月和八月举行的，如在开平和恩平等县。潮安，乐昌，佛岗，英德，番禺等处普通每年只开投一次。大都是秋祭开投，春祭纳租。中山惯例且须于春祭以前一次缴足租额。也有一年须分二次缴预租的，顺德和新会最通行。凡割禾以前缴租皆是预租。学田和太公田同样有投耕而取预租的办法。中山学产管理委员会于民国二十三年 1 月 5 日登启事于该县《民国日报》云："承耕本会学田各佃注意，本会廿三年租项一律限于廿三年一月五日以前清交到会。逾期即予照章将按柜及已交过各款没收充公，另行招佃投耕，决不宽假。"中山投耕学田或太公田时，例有押金，称为按柜，普通等于田租的 2/10。投耕太公田在顺德也有批头；茂名的荷垌和云浮的辣头沙，投耕须要找保。

用契约分别地、随时地出租太公田，有须要押金的；也有不须要的。如信宜的金渠塘和茂名的北部西部许多村庄，族田出租多用批约；但无押租，亦无担保。台山的浮石村和中山许多地方都须要按柜，且付预租。有时这种押金在租额一半以上。纳租有由佃户送往宗祠的，如预租通行的三角洲各地。也有由值理或房老往佃户处去收租的，如仁化，龙川，五华，乳源，南雄，谷租更加通行的许多村庄和番禺的木樨村等。

用口头约出租太公田，已续渐减少。民国以前翁源尝田十之九用口头约租给佃户。近十年来书面契约很快地推广了。现在翁源尝田，用口头约出租的 10％也不到。然而在广东，不以契约而以口头租佃太公田的，还是常常可以发现。台山的冲湾村就用口约出租族田。最值得注意的是：商业资本那样发达的潮安地方，公田出租还用口约。

私田出租不外用口头约和契约两种方法。私田用口约出租，多数为亲戚朋友关系，或因租期很短，或佃户距田主很近。甚至有无须乎缴押租的，例如高要的百丈乡和番禺的鸦湖。茂名的古柳坡 80％的耕地是公田，公田出租多用契约而私则用口约。

虽用口约，也无押租，但租额是公私田一样地要占产量 60％。用口约出租私田，须要押租的较多。这项押租在潮安普通是占租额 10—50％。在中山虽只 25％，佃户于佃田时还须送礼给田主。台山浮石村的押金占租额 50—60％。五华普通有 80％。现时灵山的所谓批头要等于一年租谷的价格。租不缴清，地主可以付还批头，改批另一佃户。地主如欲收田自耕，则虽租清而佃户不能拒绝。近五年来灵山的押租增加了 80％；以前取租谷一担的田的批头只是 4000 文（2400 文为一元），现时须 7200 文了。

私田用契约出租，不要押租的占少数。曲江，平远，阳春，惠阳，五华的许多地方，立契时没有押租。梅县的契约俗称"白赁字"，多以五年为期，且可续订，但也无押租。在南雄，佃户普通不交押金，只是冬收以后请地主吃一餐。在英德，因为地主下乡收租一年有二次，佃户须请吃二次；无押租而送租到地主那里去的就要附送"租田鸡"。茂名的骊珠山地方，太公田只占 1/10，私田出租时虽立契也无押租；可是地主事前往往说明要佃户代种些田。在阳山立契或"承批字"时虽无正式押租，每担田须由佃户送四毫租礼于地主。佃田少的送猪肉一块也可了事。乐昌佃户立"承批字"的程式如下："立承批字人某某，今因无田耕种，特来承批得某某水田或旱地若干丘，计共若干亩。其田地系在某处（并说明田址）。言定递年供纳干谷若干斤，分早冬二季量清（或早六冬四量清），丰歉皆无加减。二比甘愿，立承批字为据。"承批时也无正式押租，佃户须送给地主猪肉一块约一斤半和饼食两包。

大多数地方，私田出租是要押租的。番禺的东北部障冈村称这种押租为"酒席金"，意思是原来要以酒席待地主的。押租的分量各处不同。大约等于租额十分之一至九的最为普通。茂名的田雅村，批头等于租额 20％。中山许多地方是 20—70％。化县的那建村，90%。乳源许多的押租等于每年谷租价值的总数。有些地方如信宜的龙湾（五区双龙堡属），批头已占租额80%，定租还无论如何不能改变，荒歉时地主要扣留佃户的牲畜以抵偿欠租。南路的租佃关系最为落后，立契约和交押金以外，佃户仍须有特别的负担。信宜的金渠塘，交了批头且须代地主作苦工。电白好些村庄里，批头以外还要送礼和供给地主劳役。海南岛的临高县多贤村，也是如此。吴川的黎村，佃户交了批头，须另送鸡和猪腿。茂名的翰田村，批头以外也须送些鸡和糯米。

沙区的公田和私田，通常用包租制出租。富商巨绅往往在投耕办法下包佃了数千亩至数万亩的沙田，自己固然不耕也不去经营，只是再分批地转租给好些"分益农"或"分耕仔"。这些"分益农"也只是分益而不从事于农业的。他们更将沙田转租给"大耕仔"或佃户。有时包佃者直接分批地租给"大耕仔"，但这样比较直接的转租还是较少。"分益农"大多数是从包佃者批了田亩，有直接转租给"大耕仔"的，亦有转租给二重"分益农"后再转租给"大耕仔"的。"大耕仔"或佃户又往往将耕作大部分交给雇工，或种果蔗，或种糖蔗。这项包工自正月初起至9月半止，斩蔗工作不在内。9月中停工，将田亩交还佃户，俗称"交青"。俗称包工为包青。"包青"或每亩给工资8元，或每季给工资24元。"包青"的人们每对夫妻或父子，或兄弟二人，可以种6亩果蔗，或15亩糖蔗。除掉"交青"时可得工资外，他们必须兼做割禾插秧的散工方能过活。

"大耕仔"每户男女3人，加上一条向"分益农"借钱而买来或租来的耕牛，可以种禾田70至80亩，多的甚至于90亩。早造收获时他们即提出种子每亩5斤（值二毫半）和肥料每亩20斤（用以换取花生麸），然后将早造晚造所有的谷75%缴租。沙区的水较咸而地较瘠，如在东莞地方的那些田亩，因为久用挣薁法而地力更迅速地下降。东莞沙田的谷租占产量70％，较低于中山，番禺和顺德的75％。沙区以内旱地种芋或薯后，土地风化而肥料易溶，第二年就最宜于种果蔗。这样的沙田，"大耕仔"们必须缴付等于产量78％/亩的田租。他们所缴的田租多为谷租，因为种60至90亩的耕户没有现款可付；而"分益农"原欲得大批的谷以作投机商业。"分益农"和包佃者普通须缴押租每亩二元，并且都缴钱租；每一层转租，普通每亩租额加二元。沙区钱租都是预租，俗称为"上期租"。有些是年底缴付来年的田租。有些在2月和8月分两次缴付；收割时是6月和11月。只有富力充足的人们才有钱缴付"上期租"，才有能力可以直接承批沙田。近来因为谷贱的缘故，少数地方将2、8月的预租展缓到谷将成熟的时候缴纳，称为"禾黄缴租"。"上期租"分二次缴付时，有早四成晚六成的；也有早晚二次同样数量的。

　　沙区公田和私田，在地主方面出租以十年为最普通的租期。包佃的和分益的人们分租或转租时，最普通期限是二至三年。"包青"只有一年。中山全县沙田约1万5千顷，至少有95％是分租或转租给农民的；而这些出租的田亩又至少有一半在土豪的掌握中。这些土豪往往采用强迫或恐吓手段，向二三十地主包佃大批的沙田，以20至30年为期。他们再进而利诱商人，组织公司，出资筑围；每1000亩约费10万元左右。筑围以后，将田亩分租给赤贫的蛋户，而所取租额则倍于缴付地主的。蛋户（以船为家的无地渔民）佃进最久以五年为期，期满后还要加租方能续佃。荒歉之年，土豪向地主减租二成，对耕人却毫不让价。地主出租每有30年的期限，而农民佃进每只是一年的命运。

　　种生果的田亩，如在番禺第三第五区和潮安第六第八区，租期也有15年至30年的。可是，种禾的地方，租期最普通是三年和五年，一年的也不少，十年以上的定期就不多见。有些地方如茂名、信宜等，契约中并无租期；因此地主得随时随意收回或改租。在无定期而又非永租的租佃下，佃户自然不肯充分地加肥料，地力就很快地降低。广东又有租清永耕的习惯，特别在北江，南路和韩江上游。租清永耕，实施于太公田的远多于私田；但这究非永耕权，就是田租年年还清，地主只要退回押租也可以撤佃的。

《广宁县志》（道光四年，卷12，页4）说"邑中农民多向富室佃耕，有祖孙相继不易者"。这或许是永佃的一种表现。可是永佃在广东已不多见。高要还有些永佃的模样，佃户可以不向地主求得同意即将租田转租给人耕种。竟有这样地转租到第三道手的。如族外的佃户欠租而地主要收回田亩时，必须付给佃户相当的款项。因此高要所称"不转批的田"，原来都是属于永佃制的。茂名也有这样不能随意换佃的，也是永佃的遗迹罢了。

北江的翁源和英德有好些所谓"粪质田"的田亩。英德的东北部和翁源的石公乡、福兴乡等地方，粪质田占了耕地30％。粪质田被佃进时，新佃户要出相当的代价给上手的旧佃户。并且粪质田更换佃户时，地主是会代上手佃户对下手佃户声明索价的。假使这项代价是已有规定的数量，地主在声明时便附带地说出。否则上下手佃户还得自己去商妥。万一因为上手讨价过分的高，而换佃成了问题的时候，地主就会强硬地调解，逼着上手佃户听从。据翁源黄漠奔先生说，粪质田的来源不外乎两个情形。一是原来瘦瘠的田，收成不好，经佃户不惜工本重加肥料实施灌溉以后增加了收成。于是交替佃权时，那耗去工本的佃户要求收回代价。这代价所以俗称为粪水钱。二是原来很膏腴的田，佃户每造所得的比较普通收成要多些。于是佃户放弃佃权时，更要求得些利益以为要挟。地主对此最初当然反对；但下手佃户如不肯照给，上手的会在作物上或水利上很厉害地横行报复。下手佃户因为很急迫地要佃进田亩，必然答应了这粪水钱，而地主也渐渐地习惯于此种办法。无论黄先生的解释是否真确，佃权交替时必须付粪水钱这个事实，也能表现永佃制已经没落而将被取消时的一种遗迹，和所谓"不转批的田"是属于一类的。

最值得注意的，南路诸县商业资本比较地落后，永佃制度未曾听到。可是，商业资本很发达的韩江的上下游，梅县和潮安，不但有永佃制的遗迹，并且多少还有些属于永佃的田亩。那里的田权有所谓"粮田"和"质田"的分别。粮田即田地的所有权或收租权，是属于地主的。质田即佃户的耕种或使用权。这两种权可以各自分开着典当或买卖。据当地老年人的议论，粮质的分别在二三百年前是最清楚。质田来源也有两说。一说是因为垦荒关系，所谓"久佃成质"。旧时的官吏和大地主向政府领得大批官荒后，即找佃户耕种。佃户因在垦殖时须费去许多心血和成本，故与地主订明，日后不能将此田移交别人耕种。这种永佃权便成了典当或买卖的对象。另一说以为现时所谓"永佃"的田亩都是以前农民自有地。因为畏纳巨额的赋税，这些农民要求托庇于大户人家。一面供给大户以少数的钱或谷，一面得减少必须缴纳的赋税。日久而向大户所纳的变成所谓质田的田租；包税的大户的子孙俨然以粮田的地主自居。潮安的粮田的价格向来较低于质田。在田赋或钱粮继续地增加中，粮田的负担愈大，价格也愈下降。民国以来，潮安的粮田和质田因为纠纷渐多，就很快当地合并起来了。现时买卖田地，单写质田或单写粮田的已较少，大多数田契上写着"立断卖据人将粮质归一之田出卖"。并且契上还写明"可问耕者来面询而令其交田，以便另租给他人"。虽说潮安的永佃已是这样地在那里被取消了，现时潮安耕地有5％还是质田，即属于永佃制下的租田。潮安的永佃制多通行于始祖的太公田，而不见于各房所有的太公田。在韩江上游梅县境内，永佃的成数较潮安多些。现时梅县耕地一半是"粮质归一"的田地，一半是质田和"租田"。梅县的所称"租田"多属山地，是明末时代佃户垦荒而向地主所永佃的。

二 田租税捐利息的负担与生产力

(一) 田租的高度

除旱地多数缴纳钱租外，可以说广东全省还是通行谷租。只有顺德一县几乎全县是钱租；中山大部分也是钱租；新会，南海，台山等县钱谷各占一半；潮安，番禺，开平等县一部分是钱租。近十年来，各县都有谷租改为钱租的一种倾向；所以到处可以见着折租，而谷租依然在全省占优势。就工商业比较发达的番禺来说，实地调查到的 70 村内，全部纳钱租的只 24 村；全部或大部分纳谷租的有 12 村，其余 34 村谷租都不通行。可是这些被调查的 70 村并不包括那占番禺耕的 1/5 的沙田区域。在这个区域，虽然包佃的和分益的人们所缴的是现款，而农民所纳的却是谷租。

稻作早已商品化，而生果，蔬菜，棉花等农作物更是商品化。因此，稻作区所纳的钱租还不能像其他农产商品化程度更高的地方那样盛行。番禺四个种禾的村里，纳谷租的面积超过纳钱租的。另四个种生果，蔬菜，棉花，花生的村里，纳钱租的面积就占了 96.4%。广宁的崀头村，三水乡和小径乡都被调查过；在那些地方佃户种禾的纳谷，种竹的纳钱。潮安的禾田都纳谷租；柑田普通纳钱租。最可注意的是潮安七区西林乡（离金石市四里）的大地主出租柑田而收谷租，每亩 4 石，情商以后方许佃户缴折租。

大地主往往愿意取谷租去做投机的商业，不愿意单单地收一笔现款。可是，成本充足些的中农和种生果蔬菜等的富农倒反愿意还钱租。只有贫农是被逼着而还钱租，他们无钱可用的时候，终至要纳谷租的。番禺十代表村中挨户调查的结果，贫农纳谷租的亩数超过纳钱租的。富农租入的田亩数只有17％是纳谷租的。沙区农民差不多都是赤贫的，难怪他们所还的全部是谷租。

谷租有定额的，也有不定额的。虽无定额，而每年由地主和佃户用一定的成数来分的，称为分租。广东的谷租，按全省说，定租也许要比分租多些。可是分租的势力还是很广布。在梅县分租占到谷租田亩的1/5；分租俗称"分利谷"，梅县分租大多数是主四佃六地分得田间收获，有些是两方对分，少数是主六佃四。中山分租多为主七佃三。地主取租对于收获的成数，完全不在乎地主所出农业成本多少的关系；普通地主除掉田亩以外毫不供给什么农本的。分租的成数大约和地力，且和佃户所出的成本不无关系。翁源上田是主四佃六，中田对分，下田主二佃八。上田佃户所出成本往往多于中田，地主所取也少于中田。惟有赤贫的佃户仰给于地主的成本时，或富有的佃户和地主合股投放资本时，地主所得的分租成数必然地较高，潮安种柑的田，地主供给肥料和树苗；分租时地主得60％收获。

潮安的柑田分租，在广东也是个特例。其实中国地主取得分租或任何形式的田租，只是根据有田产而造成的一种传统的身份。看那高要第六区离广利墟八里的桂岭乡（俗称水坑村）的租佃关系，就显然地能够明白这一点。全村1万人左右，内有3000是"下户"。下户是不许得着田地所有权的一种世袭佃户。这些佃户的地主（俗称主人）和地主的后裔们不但不耕种，并且把耕种看作一种极卑贱的工作。近年来上户的后裔们受了经济的压迫也不得不稍稍从事耕种，但还只愿种植些果木而不肯去种稻禾。他们是耻于耕种，而反荣于取租的。上户对下户差不多都采取分租。在这种分租制下，同时参加分配田间收获的人，除掉地主和佃户外，还有包税的商人，更夫和临时要求者。每当收割后，佃户便把所收获的谷放在空场上；在地主，包税商人（或他们的代理者）和更夫等监视下，分成大小相等的11堆。这11堆中，地主取五又六分之二堆，佃户取四又六分之四堆，税商取一堆的4/6，更夫取一堆的2/6。若以成数计，则地主所得是48.5%，佃户所得42.4%，税商所得6.1%，更夫所得3%。近来为防西江水患起见，特年年筹款修筑围基。因此佃户又须负担一种基务费。分配收获的比例也被更改了。现今在这11堆的收获中，地主取4⅙堆，佃户取四堆，税商仍取一堆的4/6，更夫也仍取一堆的2/6，基务取一堆又2/6。换算百分数，地主得42.4%，佃户得36.4%，税商得6.1%，更夫得3%，基务得12.1%。这种分租办法的特色，在于能够蒙蔽地主对佃户的实际剥削率。照前一种没有基务费的分配比例，地主只得收获的48.5%，而佃户也能得42.4%。照后一种有基务费的分配比例，表面上地主所得为42.4%，佃户所得降为36.4%；而实际在佃户方面被剥夺去的收获，已从57.6%增加到63.6%了。田税和基务费，本来应当在田租中扣出；现在税捐的负担由地主转嫁而变为额外的田租。据桂岭的人说，分租还有许多黑幕不利于佃户的。每到分租时，地主和税商就带了武装队伍下田，亲自动手把他们自己所要得的谷堆堆得大过佃户所能得的几乎一倍。

在惠阳的定额谷租制中，也有包收或包缴田租的人们，俗称为"租客"。这是与租额也很有关系的。惠阳和海丰的"租客"就是以前有威权而能抗税的官僚巨商。一般小地主曾将所有田地活卖给他们，以求得他们的保护。结果成了地主可卖田，而租客可卖租。租客纳粮转而取租重。惠阳第九区大坪乡每斗种田，佃客（即佃户）纳田利（即谷租）一石六斗给业主（即地主）。业主再纳二斗谷给租客。租客只须纳粮半升于政府。惠阳和海丰很多这样的"租田"或"挂粮田"。这里一斗种田比别县所谓一斗种的要大些。惠阳一斗三升半种的田合成60方丈的一亩。上田一斗种早晚稻共可产三石，定租一石六斗要占收获53%。

台山佃农7/10是纳定额谷租，只3/10纳折租和钱租。定租租额占到收获的一半。北江的乐昌曲江等县租额稍轻。南路的定租往往比台山还高。合浦钱租很少，通行定额的谷租。在晚造一次还租的居少数；普通分两次还，早造还租的十之四，晚造还租的十之六。谷租至少占收获30%，但大多数是60%。北部的张黄镇附近，佃户还了定租以后还要送礼物给地主。廉江也是通行定额的谷租，分租和钱租很少。谷租常占收获65%；廉江佃农出卖儿女以还租的，时有所闻。无论男女孩，十岁左右的每个人卖价不到一百元。

高州各属地主催租的厉害，莫过于吴川和化县。在吴川第一年欠租，须以月利三分至五分计算还利。第二年如还不清，地主就雇流氓去催租。俗称这种流氓为"烂仔"。索租讨债而不满所欲时，"烂仔"往往夺去耕牛，甚至以本利合计而取佃户的儿女作价低偿。化县多见军人受地主委托而下乡催租。有三斗的谷租而许军人以六元酬报的。三斗谷现只值六毫。被催的佃户往往须出六元六毫，方可还清三斗的田租。肄业于省立第一农业学校的化县同学和该校推广部主任吕均泽先生都说过，民国十八年化县有一家佃户出卖一子以还租，那孩子九岁卖得120元。民国廿年该佃户又出卖一子，五岁值90元。民国二十二年该佃户第三次出卖子女。这次出卖了一个六岁女孩，得价70元去还尝田的田租。据说化县每至清明，佃户迫于还欠租的时候，乡间常能听到一片卖儿声。

番禺境内也有一部分是定额的谷租。一般讲来，番禺定租占到产量55%；神山，坑村和大小龙乡等地方都超过60%。北江的连县，乳源，仁化和翁源等定额谷租稍微轻一些，也占收获的40%左右。英德和南雄定租占到收获的一半。东江一带和韩江流域，大多数县份的定租是超过收获50%；只兴宁和五华是40%，蕉岭是35%，丰顺是30%。西江诸县，定额谷租大多数占产量40—60%。惟有南路各县定租，多在50%以上，少数县份且在60%以上。

假使将定额谷租折合成钱，看所折合的占田价的多少，就可以知道几年的谷租能等于田价。例如在开平田价280元的田须要还值16元的谷租；还租17年半则租价和田价可以相等。这17年半可称为"购买年"。购买年长，表示田租的较轻；反之，购买年短，表示田租的较重。开平谷租购买年自17年半至20年，新兴自11年至16年半，高要自11年至14年，开建自11年至13年半。从购买年看来，西江上游的谷租还不如南路钦廉两属那样的重。灵山购买年自15至16年，合浦自10至14年，钦廉自11至13年，防城自10至12年。赤贫的佃户纳了10余年租，说不定还要出卖儿女。不劳动也不经营的地主们收了10余年租，所有权就可以扩张一倍。这便是社会中贫富悬殊的深刻化的一种程序。

凤池乡田租的"购买年"

田亩等级	田亩价格	租额	购买年
上	260 元	28 元	9
中	220	22	10
下	180	16	11

广东谷租通行地方的钱租，每有低于谷租租额的。因为这些地方的钱租，都是出于生产力较弱的旱地，常常比当地的谷租轻了15%。但在钱租比较地通行的区域，如番禺，新会，南海，

顺德，中山等县农产商品化程度较高的一些村庄，钱租租额就比谷租的要高 10% 光景。例如南海第九区凤池乡的预租的租额，比防城的定额谷租还稍微高些（见上表）。

三水西部的芦苞，黄塘，河口，马口等乡也有和南海这样高的租额。中山的坑田，即山谷间稍低润的田地，它的价格较高于沙田。据该县土地局报告，沙田每亩普通值 150 元；坑田每亩大多数值 300 元。坑田出产量并非较多或较优于沙田；完全因为它可以改作屋基，所以价格高涨了。每亩坑田的钱租往往是 30 元，构成 10 个"购买年"。

钱租在广东竟有占生产费一半以上的。民国十四年国立广东大学农科学院所刊行的《糖业调查报告书》，记述番禺沙鼻廊的蔗田每亩生产费很详细。兹照录如下：

第一年支出	第二年支出
田租 17 元	田租 17 元
包青 6 元	包青 5 元
木蔗蔗种 1400 本——5 元 6 毫	生麸 120 斤——6 元 6 毫
生麸 150 斤——8 元 2 毫半	
合计 2 年可产片糖 1600 斤；	蔗田生产费共 65 元 4 毫半

每亩蔗田的生产费中 51% 就是田租，然而这项田租完全和生产范围是脱离的。

番禺沙区的地主们所得的田租，甚至于占到田间收获的 72%。沙田稻作的收入大约每亩在 18 元左右。分益者或包佃者所纳于地主的租金有下列四项：

每亩纳正租 12 元

沙伕	半元
引耕	1 毫 2 分
鞋金	1 毫 2 分

合计共 12 元 7 毫 4 分

有时附近村落中地主还要索取每亩壹毫或半毫的所谓"沙骨权"。沙骨权俗称"鸭埠"或"鱼虾埠",即沙田中养鸭和捕鱼虾的权利。原有地主出卖沙田而保留沙骨;尽管自己不去使用这个权利,却仰仗了它而年年取得一项附租。这项附租仍被现行法律所保障的。民国二十一年大石和会江两村因筑沙田的围堤而涉讼。会江地主根据沙骨权而拒绝大石的人来筑围。法庭虽不忍沙骨权可以取消筑围权,但仍令大石村给会江村一笔沙骨费。300亩沙田,每年的沙骨费由法庭判定为 200 元。

田租的高度如何能直接地影响于农业经营,可以把"围馆"的命运来做个实例。30 年前番禺的富农还有些租进 1000 亩以经营稻作的。他们所用的雇农都聚居在一屋,俗称"围馆"。因此"围馆"也成为这种大农场的代名词。那时每亩普通产谷 6 担,现在只有 4 担光景。那时田租至多只是每亩 6 元,现在田租反倒加倍。这完全因为租额高涨,工资又不能有同等比例的低落,"围馆"的面积就逐渐减缩了。长洲一带的"围馆"不但从千亩降为四五百亩,并且必须兼种稻作和生果方能维持开支。就是那些很少数专种禾稻的"围馆",也得兼用翻耕方法以求相当的产量。至于长洲以南的沙区,以前也曾有过"围馆",如今早被消灭了。

再看顺德的情形,更能明白田租的高度与社会经济的关系。顺德耕地十之七是桑田,其余是禾田,鱼塘和菜园。无论桑田禾田都缴纳钱租,并且 30 年内几乎全成了预租。租额每亩自 6 元至 50 元,最普通自 20 元至 25 元,近三年来,因为茧价每斤 2 元跌至 3 毫,桑叶价格也从每担 5 元余跌至 6 毫。摘桑叶的工资每担还要付 6 毫至 6 毫半;因此农民宁可弃桑而不采。桑每年有 7 熟。一熟不采摘,下一熟就会叶老而不能出售。农民自有的桑田不到 1/10，而桑田完全被荒弃了的达十之三。顺德习惯，地主不直接纳税，田赋由佃户代缴而在租额中扣除。所以佃农欠租也得欠税。一般农民"天未光兮基畔立，露水乾兮待桑摘。摘得柔桑 200 斤，日斜西兮近黄昏。挑桑入市待价卖，市上无人桑叶枯"。"丝平桑贱家家哭，春蚕弃却果鱼腹；可怜鱼饱人自饥，饥儿膝下犹依依。昨朝犹有白粥吃，今日厨空火尽熄"。顺德农民的痛苦在他们这几句歌谣中已充分地表示出来。佃户求一天两餐粥还不可能，如何还得起租？地主在这种局面下，只是藉减租的美名而使佃户负责保管田地。所减租额普通有 50%。可是赤贫的佃户对着已荒的桑田，还要欠着一半的租，白白地负起一笔不能自拔的债项。

有些人提议将桑田改成禾田；但每亩改作的用费至少须 25 元，多的甚至 50 元，农具还不在内。何处去找这千余万现款？比较近情的话是将桑田改种杂粮的提议。一熟早稻，一熟小麦，也可以使农民过活。但地主是宁可减租，宁可答应欠租，而不许免租的。以现时顺德的租额减半计算，杂粮的全部收获还不足以去抵偿。

除掉顺德和附近一二县因为茧桑失败不得不减租以外，广东的租额在过去 5 年中显然地增加了。灾歉时候固有此折扣，普通讲来五年内广东的租额增加 20% 左右。据民国廿二年台山县政年刊（总务页 33），五年内该县上田每亩租价自 20 元增至 30 元，加了 50%。台山本应能推行冬耕的农作法，农民因恐地主藉此加租都不敢尝试（《县政年刊》，特载页六）。近来因为华侨失业返乡，许多要抢种太公田；租额上升的趋势就更加急剧。例如番禺鸦湖村的耕地 60% 是尝田；近三年来因为华侨返自加拿大等地的要佃种尝田，租额就在这时期内加了 66%。三年前每亩普通是 12 元，现时非 20 元不可。

最近税捐加重，也成了地主加租的一个理由。灵山第六区武利一带，每斗种田早晚二熟产 20 斗谷。因为现时税捐增加到正税只占全部税捐的 1/3，地主将每亩上田的谷租自 12 斗改为 15 斗，中田的自 10 斗改为 13 斗，下田的也自 8 斗改为 10 斗。民国二十三年 1 月 15 至 18 日灵山第一次开行政会议，对于佃户所要求缓加租或少加租的折衷办法也没有给以援助。该县第六区的地主普通有 4000 斗种田，最多有达万余斗种田的。1 斗种田约合半亩的光景。这些大地主因为税捐关系对县府自然有相当势力的。

糖厂原是广东建设计划中最重要的一方面。可是当禾田改植糖蔗的时候，地主每每藉口加租。因此糖厂附近的佃户，往往有收未增而租额已被加的。第一集团军军垦区第一制糖厂筹备处，设在惠阳的平漳地方。该厂于民国二十三年夏开始改制土糖；而二十二年冬惠阳县政府第 65 号布告（10 月 21 日）已经说到这严重的田租问题。县府布告说："兹当推广植蔗，奖励生产时期，限平潭 25 里见方内，业主于四年内不许抬高租额"。

当然，抬高租额的责任不在佃户。从前士大夫们却将这个责任完全放在佃户肩上，光绪五年所刊《香山县志》（卷五，页 19）就说："民心诡诈，租多缺，大户乃变为期价。期价者，订租与期，先一年冬至输来岁租银。咸丰中红匪构乱，道梗谷翔涌，耕户大利，民俗亦侈靡。后谷贱租贵，侈风未衰，耕户大窘。窘则谋生之心急，竞高其价以图耕；盖冀幸于年之丰谷之贵也。利令智昏，不数年而村落萧然矣。耕户病而业户亦无由丰。仁让风息，职此之故"。实际，佃户无力还租，地主反将谷租改为预租；谷贱则佃户的收入减少，势必欠租，而租额又被提高。农民为生计所迫，都"竞高其价"地多缴田租，希图获得耕地。这样，"耕户"那得不"病"！〔岂能不穷〕！现今广东又到了"谷贱租贵"的时候；因为田权更是集中，农村中"竞高其价以图耕"的情形，已从租额不断地提高表现出来。

（二）税捐的繁重

广东绥靖委员公署政字第八零八号训令（廿二年四月）曾说："粤省近年以来，建设事业逐渐经营，人民负担亦日趋繁重。各区乡所设机关名目繁多，自为风气。每有巧立名目，恣意诛求。或则凭藉威权，额外需索。苛抽勒派，层出不穷，致使缴纳地方之款项多于质税之正供。而地方事业略无成绩可指，徒供豪劣之私肥；此必须切实整顿，以谋生息者也"。这训令发出以后不到一个月，第一集团军总司令陈济棠又有东江韩江一带的视察。据他报告西南政务委员会："潮梅各县地方，其财政之来源，概括言之，约可分为附加税，生产税，过境税，派捐四种。推源办理此项税收之初，或因需要迫切，无暇审择。明知有妨产业之发展，或触犯重复征税之嫌疑及派摊不匀之弊害。而为急于集事起见，竟不顾一切颟顸行之。殊不知流弊所极，遂使土豪劣绅操纵把持，多一勒索之工具。济棠目睹斯弊，认为此项税捐不仅增重工农之负荷，抑且为制造土劣之根源"。从上面所引的训令和报告就可窥见税捐问题在广东的严重。

大部分的税捐在广东是包给商人或公司去征收的。开标包税的制度就是制造土劣和增加勒索的最妙机会。往往税商所收，数倍或十倍缴纳于政府的。现时不但省库所收的许多税捐是出包给商人或公司，并且各县的地方税也是如此。油行，麻行，猪栏行，鲜鱼行，鲜果行，咸鱼行等捐，和京果海味捐，生猪出口捐，屠牛牛皮税，冬草菰腊鸭捐等完全由包税商人承办。有时几项税捐统归一个公司承办，例如在惠阳就有省税机关，称为"惠州区屠牛牛皮税生牛出口税兼生猪出口捐利源公司"。

　　中区绥靖委员香翰屏呈第一集团总司令部，曾说："捐商每藉口执行任务，维持税收，设立多数武装稽查或暗探等类，以为截缉走私漏税。此项稽查品流复杂，良莠不齐；动辄狐假虎威，横行乡里。凌烁敲诈，层见叠出。各种捐商稽查等平日均着便服，并无何种识别。间或持有号带证章，俱不佩挂。不独人民无从辨认。即行政机关亦不能调查"（呈文登香港《中兴报》，二十二年 12 月 18 日）。实际上税收机关和行政机关已渐渐无甚分别；承包税捐的商人或公司每自用钤记，出告示，俨然有管理财政的气象。

　　对于税捐的征收，教育机关也有出布告的。拿乐昌来做一个实例。该县县立第一小学校于二十三年 4 月 18 日由校长徐整出面张贴了如下的布告："为布告事，照得本校奉县府核准，抽收县市水陆花捐附加学费，历年办理在案。现据商人恒裕公司李宏钧呈称，愿遵照章程承办，前来本校复核无异。理应准予承办，仰各界人等一体知照可也"。

　　民国二十一年以来广东各县都设立区公所，镇公所和乡公所。农村里税捐的负担也都增加起来了。中山各区公所和乡公所的经费大部分靠着户口捐，田亩附加，瓜菜秤捐和沙伕工食费等等，也有靠海埠的收入的。海埠就是某乡某村附近的领海权。不论何人在这领域内捞获鱼虾，必须以廉价卖给该处的人民。剩余的鱼虾由商人收买运出，而纳海埠费给区公所或乡公所。有时区公所自有沙田，将田出卖而保留沙骨权。根据此权向买主每亩每熟取一斗谷，称为"沙谷"。"沙谷"就充作全部或一部分的公所经费。梅县各区公所的收入是赌馆捐，烟馆捐，庵庙捐，斋醮捐，婚证捐，中资捐，猪屠捐等等。中资捐是田地买卖时所抽中人的捐。婚证捐乃指妇女再嫁时每人所纳六元的税。郁南各区公所依赖着屠牛屠猪的附加捐，鱼苗松杉鸡鸭等出口捐和按田亩抽谷的办法去开支一切（参阅广东西北区绥靖委员公署二十三年底刊物《元旦特号》）。第六区区公所的费用连警卫队每月须 660元，完全是从田亩抽谷而得来的。台山的广海区公所每月经费约2000 元，9/10 是取诸鱼税。每担鱼出口须捐区公所四毫。惠阳各区公所多抽农产品过境税，称为"查验费"；也有许多在墟集上办杂捐的，甚至每一百个鸡鸭蛋要纳税二三仙〔文〕。

近年来公路的建筑固然便利了军事和交通，而农民所负筑路的重担在广东也和各省一样地很明显。番禺的梅田村于民国十七年时，每亩抽筑路费一毫；棠下村沿广增路左右各十里内，每人抽筑路费二元五毫。从石榴到新造的公路，以沿路各村每亩抽三毫作经费。从新造到市桥的以每一男丁收二元作筑路费。北山一村 4/10 的男子已离村往都会或国外，留村的男女每人要负担三元的筑路费。同番禺一样地负担公路捐的很多。例如英德每斗种田抽筑路费一元四毫，潮安每亩有筑路附加二元，高要第六区于民国二十年时每人抽过四元去充公路建筑费。从翁源到英德大坑口的翁大公路筑了四年，民国十七至二十一年，用去 80 余万元。这是由田赋附加 15 万，公路纸票 25 万，财主捐 16 万和 1 至 50岁每人出一元的人头税等所凑合到的。民国二十二年又开征翁虔路捐，每斗种田须出一元二毫。而已筑成的翁大路上，农产品出口每 50 斤就要起征；每 50 斤的出口货税捐是半毫。

农田本身往往因为筑路而被牺牲了。全省的省县乡道合计约2 万 8 千余里，所经地方收没许多农田；所给代价无不低于市价，并且有许多是无代价收用的。自惠阳的淡水墟至澳头，筑了30 里的乡道；收用田亩以市价八折偿给。自广九路平湖站至淡水墟的县道，约长 80 里；收用了的田亩十之六是已耕地，十之三是可耕地，只十之一是山地。平淡路所收用的这些田地都以市价的一半偿给，但所偿给的只是本路的股票。本路虽然年有五六万光景的纯利，股票从未发过利息。最可怪的是，因筑公路而无代价地收没了的田亩还得继续纳粮缴捐。往往因小地主无从团结，呈请政府也不得要领，所以只好纳无地的粮，并且缴出不应当派到的一切税捐。韶州到砰石的公路，新造到石榴的公路，番禺公路，禺北公路，由广州到鱼珠炮台的中山路，都有这样的情形。不但因为筑路而没收的田地还得纳粮缴捐，市府或县府或某某机关圈了田亩也一样地要地主和农民负担税捐。广州附近的石牌棠下等地方就是如此。

民国十七和十八两年建筑番禺到增城的公路时，路线左右各14里内各大小村庄分摊了各段的土方和泥工。许多沿路村庄里的父老召集族人在祠堂里开会，议决应付的各种办法。大多数地方是由祠堂公布了各家应出力的壮丁姓名。筑路是没有工资的；饭食由祠堂供给，祠堂用款不敷时还要各家分担。惠阳的平淡路是民国十九年至二十一年造成的，也是由各村分担了各段的工程。无论男女老少，每人要担任八尺路基的工作。因为女子和小孩不能做这样辛苦的工作，也有些壮丁因为农事太忙不上算去筑路，所以能够出钱的人们就每人出一元以代劳役。据说有十分之三的农户，因为实在无钱可出，被迫得去出力的。平淡路的工程进行中，农民每日做路工从清早八时起，直到晚间六时。民国二十二年夏季，南雄到信丰的公路也是征工造成的。每户征工4日至14日，看人口多少而决定。工作地段完全用抽签的办法去分配。往往要离家跑了数十里方能到工作地点。并且饭食也须自备。农民每天要挑担往返行数十里，又要自己料理饭食，做了整天的工而不能获得工资。公路建筑的影响到农业生产，实在太直接而明显了。有时它所给予农业的损失，和军队在农村拉夫一样。

加于农业成本的税捐，除劳役以外还有猪糠和豆麸等税。猪糠因税捐重而涨价，生猪因市场缩而跌价，民国二十二年11月时广州附近农民每有卖猪一头还不能抵偿猪糠的价格。豆麸每块的价格已从三元跌到一元六毫，而税捐须付五毫左右。汕头一个地方每年所抽豆麸捐就超过100万元。近年来外国肥料的施用，因为价格较贵，在广东已大见减少；可是，豆麸的税率还高过于外国肥料的。

关于农产品，可以说无货不捐。猪牛鸡鸭等等还可算是副产，米却是广东主要的农产。这项主要农产所负担的税率，各地都不一律。我们就拿产米最多的中山来观察，也能窥测这项税率的梗概。民国二十三年1月按石岐各米机的报告，中山的米每担价值六元；而其中税捐要占到一元。在第六区金斗湾附近，米税更须加重。中山全县年可产52万担米，即约80万担谷。4/10的谷是出口的，多运往江门和陈村一带；2/10的米是出口的，多运往九江和容奇等处。每年由金斗湾运往石岐的谷有1000万斤，运往江门的谷也有这样多。财政厅虽然已免除了出口税，运米的拖船每只仍须缴"船头费"每次四元六毫。并且由金斗湾至石岐拖运米谷，以前每万斤只取价三元半，现时非七元不办。因为护沙分局局长自雇轮舟，强迫贩运者出此高价。实际金斗湾至石岐约100里，不过四小时路程，轮舟拖运米谷，每万斤只须成本三元罢了。

农田本身的税捐，各县各村也不一律。在惠阳每亩正税只是三毫八仙，附税和附加捐普通要在七毫以上。惠阳一亩的税率约在一元二毫至一元五毫之间。各区虽有催征委员，每区二人，县府虽有粮差二十余名，实收的田赋只是所纳的5%。全县有耕地约130万亩；而据财政局长吴恒山言，每年实收到的田赋还在九万元以下。惠阳田赋征收的弊端，可说是全省首屈一指的。但其他各县多少也有这样情形。

　　台山在民元以前上田每亩田赋共只四毫。现今中上之田每亩也须纳税一元六毫。合浦一斗种田约合半亩；在北部一斗种要纳田税一元一毫；在南部稍微低些，也要一元。所以合浦平均每亩约纳二元左右。潮安的田赋正额只是每亩四毫二仙。但加上警卫捐四毫半和公路捐二元等等，每亩就得纳三元。中山在最近两年内已升课两次，每年县府所收田赋的正额和附加已达700万元。坑田每亩纳一元余，沙田每亩纳三元余，均分两次缴足。坑田的正税只二毫四，加上更夫费三毫四和警卫费六毫，每亩共须一元一毫八。沙田每亩有护沙捐一元七毫半，沙捐三毫，更夫费三毫四，警卫捐六毫和正量二毫四，共三元二毫三。第九区有些地方，每亩还须出一毫作"碉楼费"。每亩三元二毫三的沙田税捐，由地主和佃户平半分担。可是，当沙匪勒索的时候（参阅《中山县县政季刊》，二十一年冬，页199），佃户还须出钱，名为自卫捐或黑票费。

　　中山的沙田佃户于7月和11月纳县府田赋的一半，计一元六毫，三月须付土匪开耕费三元，7月和11月又付土匪黑票费每次二元五毫；一亩沙田佃户的税捐负担多至九元六毫。又往往有临时派捐如公路电话等等，佃户所纳税捐每亩将近十元；加上15元的租额，每亩租税两种的负担便须25元左右。幸沙田需用肥料较少，每亩成本除工资外五元已足。可是，每亩总收入以前最多时不过40余元；照现时谷价，每亩只能得30元左右的总收入罢了。近二年来，沙区土匪渐被警卫队赶走；但所谓保护费者又将代黑票费而起。据九区业佃联合会代表黄开等称，该区警卫大队长曾勒抽保护费每亩八毫。农民也曾因拒绝而被拘30余人；大队长仍勒令照缴每亩八毫，另缴罚款四毫。

　　东江的揭阳每亩税捐也要九元。北江的英德每斗种田纳正税一元，田亩调查费六毫和附加筑路费一元四毫，共计三元。该处三斗三升种田合一亩；一亩的税捐就是九元九毫。西江的高要每亩正税只是三毫八，但加上各项附税和各项地方附加捐每亩竟要纳 11 元。高要田赋的高，在广东可算首屈一指。南路田赋的税率正在上升，还没有这样高。例如茂名一拒租田民国二十一年缴纳一毫五，民国二十二年缴纳二毫八，民国二十三年要缴纳五毫的田税。三年间多了三倍。除南区一部分以外，茂名一担租田只是一亩的三分之一。所以现时每亩田在茂名的税率，普通是一元五毫。

番禺居于全省首县的地位，五年前每亩所纳的税捐平均不过半元；而现在已增加到将近一元半。五年间税率涨高了三倍的光景。兹列举十个代表村的田税如下：

农田税捐的增加

（番禺 10 个代表村，1928 和 1933 年）

代表村	每亩的税捐	
	民国十七年	民国二十二年
北　村	0.50 元	0.80 元
沙　亭	0.40	0.90
岗　心	0.48	0.98
南　圃	0.40	1.00
旧　村	0.40	1.10
梅　田	0.60	1.25
黄　边	0.40	1.30
棠　下	0.40	1.40
龙　田	0.42	1.40
鼎　隆	0.40	3.75
平　均	0.44	1.39

近广州东郊的棠下，民国十五年时每亩纳税共三毫半。民国十七年加到四毫。民国二十一年加到七毫半。民国二十二年加到一元四毫。这样，七年间加了四倍，尤其是民国二十一年以后增高得更厉害。按现时谷价计算，每亩禾田的收入普通不过 20 元

左右。田税要占到它的 7%。

　　水田在高要，普通一亩要产早稻 400 斤和晚稻 450 斤。以谷价每百斤 5 元计算，一亩的收入有 42 元半。田税 11 元就占了收入的 20%。这样的税率，假使再向上增高，必然地会促进田权的集中。梅县在康熙间，因为惮于征徭，农民"尽以其产归之士绅。故土绅皆坐获连阡广陌之利"（光绪嘉应州志，卷 13，页 43）。近年来陕西的汉中和关中好些地方已是如此；只怕广东的高要等县也快要有类似的倾向。

（三）商业资本和高利贷资本的剥削

　　农民伏处于这样的税捐和田租两重负担下，有许多要靠离村的家族或亲戚汇款回乡，才能维持生活；大部分的农民必须仰仗农产品的出卖勉强去度日。可是，最近三年来华侨的汇款已有一落千丈的情形，民国二十年香港、广州和汕头三处所收华侨汇款差不多有 1 万万元。现今只是十分之二三了。以前中山一县每年要收华侨汇款 3000 余万，三年前还有 2000 万光景，去年至多只是 200 余万。台山所得华侨汇款民国十九年时差不多有 4000 万，现在也不过十分之一二罢了。梅县以前直接吸收华侨汇款年有 500 万，去年降为 200 万。潮安的银湖一村以前可得 20 万的华侨汇款，去年所得仅有 4 万。华侨失业的人数增加，广东农产品在南洋的市场也萎缩；农村和城市的购买力都降低，农产品的价格自然要跌落。而农民为应付租税和债务起见更必竞相出卖，以致农产品的价格愈是跌落。

　　潮安的鹳巢一村，每年出口的柑值 30 余万元。出口的十之三运往上海，十之七装赴南洋。因各处市场萎缩，柑苗的价格从每百颗二三十元跌至五六元。民国二十三年 1 月由广东运送出口的红柑，甜橙，香蕉，橘柚，甘蔗等类生果，比较前一年价格都是跌落十之四五。番禺，东莞，增城等地各大果园。许多因亏折而至于破产。沙区的果蔗田每亩成本约须280元；民国二十二年的收入忽由每亩四五百元跌落至60余元。这种果蔗田的租额还须付二三十元。

中山县谷价每担在6元以上，才可以维持每亩10元的田租。以前石岐米机收买新谷每百斤价约7元，民国二十二年年底上谷每百斤只得四元二毫；次谷还要更贱四毫。茂名的谷价，民国二十二年年底每担不过4元，比前一年要少去一半。所以水东的米价也大跌，民国十七年至二十一年时每担约值11元，民国二十二年早季降为7元，晚季更降为五元五毫。往年由水东出口的谷米达40万元，去年只是10万元。廉江的谷在民国二十一至二十二年间每担有六元，后来一年以内竟跌至三元五毫。杂粮也随着米谷同时跌价。北江一带向来多产萝卜，薯芋和花生；因为价格跌到与运销的用费相等，只得随地弃置而任凭腐烂。最近5年来番禺的谷价跌去36%；而花生也跌去15%；芋头跌去25%，番薯和萝卜跌去50%。

副业所出产的，它的价格更加跌得厉害。以广州的市价来说，民国二十二年9月生猪每担价格由34两跌至28两。同年10月跌至24两，11月跌至20两，12月竟跌至15两。农民常有卖猪而不能抵偿人工食用的。以前由水东运销江门的生猪每年值260万元，今只80万左右。鸡鸭鹅的价格自然同样地跌落。石岐市上今年年初比较去年年中，六个月以内鸡每斤由九毫跌至六毫；鸭每斤由五毫跌至三毫半；鹅每斤由七毫跌至四毫余。茂名以前每年有60余万元的鸡出口，三年来每年平均已不到30万。顺德南海等县的桑价固已跌得不够采摘的工资，这些地方主要的养鱼副业也是一落千丈。去年鲩鱼、大头鱼等类每担估价25元至30元。现仅值18—19元。鲮鱼每担只12元，还无人过问。农民简直对着那些活泼鲜跳的塘鱼而有啼笑皆非的感想。

因为要应付租，税或利息的缘故，农产的价格愈是跌落，逼得农民愈是要多卖而且快卖了他们的血汗的结晶。弄到他们不但要举债才可以再开始耕作，并且非投奔高利贷的门就不能暂时地过活。广东农户借债的，3/10 是因为疾病，婚丧或其他临时的费用；7/10 完全是因为食粮不足。所谓食粮普通也不过是番薯芋头等杂粮罢了。

据各方面的观察，广东农户中至少有 65% 是屈服于高利贷的。番禺十个代表村的统计，村户 44% 是负债的；而负债的农户占全体农户 53%。实际这十个农村是富力中等而负债户数较少的。再据 67 村的调查，负债农户的百分数要高得多。小洲，水坑乡，大小龙乡三村负债农户占农户总数 20%；员村和岳溪二村 30%；鸦湖，赤山，柏塘，沙涌和月龙庄五村 40%；凌边和桂田二村 50%；坑头，圆下，沥滘，旧村和山门乡五村 60%；尹边松柏冈，化龙乡，客村，旧市头，傍江，新桥，棠下和石马九村 70%；湘冈，黄边，鹤边，土华，径子，坑村，潭山，岗心，山屋，曾边，眉山，五龙冈，江贝，石碁，北村，和双冈 16 村 80%；木樨，科甲，梅田和西园四村 85%；南圃，罗溪，彭边，赤沙，仑头，竹篱园，松冈，坑园，亨元，沙亭冈，白沙塘，大垌村，罗村，谢家庄，长沙埔，障冈，众径园和蚌湖 18 村的农户中 90% 是负债的。九比，涌口和杨冈三村差不多全数农户是负债的。这 67 村中有 50 村的负债农户数在 70 和 70 以上。换言之，番禺 74% 的农村，它们的负债农户百分数竟在 70 以上。西江流域其他各县负债的情形不甚清楚。可是通信调查的结果指示我们，云浮农户 40%；新兴，台山和中山农户 50% 以上；顺德农户 70%，都是负债的。

东江的兴宁，负债农户百分数有 50，五华和龙川有 60，惠来有 65，平远有 70，蕉岭有 80，龙门有 85。北江的连县和曲江，负债农户百分数有 60；乐昌，阳山，乳源，英德和翁源负债农户百分数有 80。在南路的茂名，85％ 的农户是负债的。假使我们拿化县的 8 村，信宜的 10 村，电白的 22 村和茂名的 60 村，这境界相连的四县内 100 个农村来统计，我们就知道半数以上的农村有负债农户 60％ 以上。在化县的塘尾，信宜的金渠塘，电白的河瑯铺和茂名的茅中壁，负债农户 20％。化县的名教和那冰，信宜的茶山，电白的老屋和茂名的吕垌，兰石，塘口，坡尾，大坡，河山，石镜，祥堂，荔枝圩和酒铺园，负债农户有 30％。化县的长美公，信宜的茅甸和旺砂，电白的田公屋和茂名的茂坡，芹洲，石奎，大翰，谢鸡坡，丽珠垌，骊珠山，古柳坡和石鼓，大路山，负债农户有 40％。电白的文盛，木苏，官河，茂名的西村，霞地，荷垌，厦村，何谢，八角山，详和洞，小校庠，储良坡和杨群平山，负债农户有 50％。化县的茅山，电白的坡边，信宜的甘埇，览多，塘面和茂名的官岸，九显，水边，清垌，水堂，东内，邦和，南华垌，负债农户有 60％。电白的长口湾，茂名的蓝田，竹山，山口，霞满，锦堂和大禄亨，负债农户有 70％。化县的高峰，信宜的龙湾，电白的古楼和新屋仔，茂名的低垌，亨堂，贺亨，车垌，田雅，桃杏和堂阁，负债农户有 80％。最可注意的是这四县内 100 村中，竟有 25 村的负债农户 90％ 以上。化县的那建和山尾，信宜的罗林和森林水，电白的那增，北照，尚唐，罗照，经理，坡心，大塘岭，楼阁堂，根基坑，山鸡窜和大塘美下，茂名的翰田，公塘，旭盾，良德，云吉，留驾，麻子坪和域莲塘，23 村的农户 90％ 是负债的。电白的求水庙和茂名兰溪负债农户 95％。可以说在茂名一带有 40％ 的农村，村内的负债农户超过 70％。

农户借债，冬季多借谷或借粮；春季下种时则多借钱。但近年来借现款的趋向很明显，钱债比粮债更是盛行。广东农村中钱债，普通月利为二分至三分；年利为二分上下。海南岛各县月利通行四分或五分。化县，茂名，大埔，揭阳和高明等县，许多农村里月利须要五分。中山的耕户向土豪借钱也有付月息五分的；到期不还清本利，禾稻就被债主割去作抵。茂名的乡间借款在二十元以下，月利多为五分。番禺沙区借钱百数十元的，月息普通是四分至六分。钱款年利二分以上的也很多。英德的金鱼水和筋竹尾两村年利为三分。新会的厓西京背年利四分，六区牛湾乡年利多至六分。信宜的茶山村年利为七分。吴川的黎村年利竟达十分。

借谷的利率普通在三分以上，大多以半年为期。超过这利率的也很多，略举几个实例如下：

县　名	村　名	半年期利%
陵　水	广　廊　乡	50
吴　川	殷　　底	60
电　白	求　水　庙	60
五　华	丁　云　洞　口	60
云　浮	乌　猿　径	80
曲　江	麻　　洋	50
乐　昌	楼　　下	50
信　宜	茶　　山	70
茂　名	域　莲　塘	70
新　兴	白　鸠　洞　下	100
恩　平	大　　亨	100
台　山	葫　芦　山	100

借钱还谷，利率更高。这个高利贷的办法在债主是放谷花；在债户是卖青苗或卖地灰。放谷花的地主，商人或富农对于谷价的估定，常常只是市价的1/3。茂名第四区西岸村，借债一元要在四个月后还本利四斗谷。四斗谷的市价超过了两元。乐昌和阳山等处放谷花的往往于阴历三月借出钱款，而于阴历六月收回本利。三元的债取谷一担。谷价每担五元的时候，贫农债户就要在

三个月内以五元的货去还三元的债。

一般说来，全省高利贷的利率正在上升。顺德农民以前借贷较少于它县。他们彼此间互助的多，向地主富农举债的少，现在蚕桑业衰落，农民不能不去求，"财主佬"借钱了。顺德的利息，一借就须算半年；利上加利，负债的农户更难以自拔。最近五年内利率有增高 10％ 的，如电白的坡边和文盛；茂名的厦村和东内；新兴的白鸠洞。也有增高 20％ 的，如信宜的石庆和龙湾。英德的塘墩和梅县的锦屏堡五年内利率增高 40％。五年前台山的广海附近农村里月利只是八厘；现今因华侨汇款大减而月利高至二分，最低也须一分五厘。

当，按和押三种高利贷机关，在广东都要月利二分至三分。普通押以一年为满期，按以二年为满期，当以三年为满期。当因资本周转太慢，易遭损失，加以税捐叠增，难于应付，近年来各地都在减少。例如潮安城内，道光六年当有 103 户。70 年以后光绪二十三年时，减至 40 户。今只剩下一户。光绪末年当税每年每户纳 50 两（见《海阳县志》，卷 23，页 22）；去年须纳 180元。现有的典当无不压低当价或增高利率以图生存。广州湾典当已将月利提高至六分。可是，当和按仍然有减少的趋势，而押店则愈来愈多。农民当押棉胎的最多，其次是当押农具。据翁源广安押的主人兼该县商会会长刘绣廷君说，翁源农民当农具的比较三年前多了三倍。农村中大地主往往开设一种非正式的押店。例如广宁四乡就盛行这种高利贷。往往十元价格的物品只押二三元。期限由各人面商决定，月利十分至二十分，每月分二次付利。

广东的商业资本普通都和高利贷资本混合起来。谷栏，果栏，糖坊，猪行，种种商业机关兼着商业资本和高利贷资本双重的剥削。沙田的田租要在割禾前缴纳。税捐也往往在禾黄前征收。耕户只得向谷栏借钱以应付租税。因为租税如不纳完，耕户往往就不能割禾。割禾以后耕户将谷卖与谷栏，所借的本利就从谷价中扣除。五月底借钱纳租税，六月初即割禾，至迟于六月底还谷。借期虽只是一个月上下，而利息要算两个月；名义上月利三分，实际却付了月利六分。

广州蔗栏的放款办法更是奇妙。普通农户种果蔗有三四亩，成本至少需用三四百元。这样大的款项只有向蔗栏接洽，预先借用。可是，蔗栏并不完全出借现款，出借的大部分还是实物。春季种蔗时，蔗栏出借蔗种。一二月后再出借花生麸或花生壳等肥料。五月底缴预租时，方出借现款。秋季甘蔗已长大，须搭竹架以免大风的摧折，蔗栏又出借竹竿木撑等。秋季还须施一次肥，还须预缴一次租，有时付包工的工资还要用钱，也统归蔗栏出借。凡出借的实物，都折算成现款。折算往往高于市价一成。平均四个月借期要作八个月计算；名义上月利一分半而实际至少必须加倍。农民卖蔗给蔗栏又须付佣金3—8％和杂费2％。杂费有时称为毫水。无论将蔗卖给谁家，放债的蔗栏总要收到它的佣金和杂费。并且蔗栏收蔗常有以上等货算作次等的。照这些形形色色的剥削看来，种蔗农民实际付给蔗栏的利息，比月利六分还要多呢。

潮安农村中常见汕头青果行派办手来收买柑花，柑粒或柑叶；都是先估价而出钱，然后尽量收柑以得利。柑贩或办手以借款形式于收柑前二三年即定价给农民，俗称为贩柑叶。青果行放债，名为月利一分至二分，实则常超过五分或六分。因为买柑花等所定价格，只等于市价的一半光景。汕头行家又往往和农村里有势力的人们合股办货。农村中称这种有势力的为"头家"。"头家"出资本十之二三，行家出十之七八。以三四千元的商业资本和高利贷资本竟要做到数万元柑的贸易。惠阳一带的糖坊贷款给农民，收蔗时就扣清本利。名义上月利二分，实际也决不止的。

南路如茂名等处，农民向猪行借款必以生猪抵偿。借到的款只是生猪估价的一半；商人出卖生猪后，农民才能获得其余一半的估价。广州猪栏的贷款也是如此，名义上只取月利八厘至一分。

农产品如青苗，米谷，蚕桑，生果，猪，牛，当然不是农民投奔于高利贷门下的惟一抵押品。广东农民借债时，也常有以衣服，什物和住屋等作抵押的。拿农具作抵押的债户，差不多平均每村有几家。拿儿女作抵押的各县也都有。例如茂名乡间，十岁的女孩可押 40 元。南路大地主家中每每养婢女多至二十余；他们嫁女的时候随从婢女必有数人。这无非是些高利贷的牺牲品。农民有田地的，到了绝路也要拿它做借债的抵押。进一步简直就典当田地。梅县翁源等处常见全村一半的农户典当了他们的田地。典价普通只是地价的 50—60%，很少是 80—90%。在农民总希望有一天可以赎回，所以不愿立即断卖。谁知踏进了高利贷的墓门，往往一去不复返。广东农民的失地，70—80% 都是先典后卖的。做抵押品的田地，到本利过期不还清时，照例就被债主没收。典出的田地过期不赎，也要断卖给债主。关于广东农民在高利贷中失去田地，还不曾有周详的调查。但据番禺十个村的统计，五年内农户典卖了 5% 的田地。潮安第二区东龙村每年失田地的农户要占农户总数 3%。高利贷对于拥有生产手段的小生产者有绝大的破坏能力。它活似生活在那些小农们的毛孔中，吸吮他们的血液，萎缩他们的心脏，逼得他们一天悲惨过一天地去从事农业的简单再生产。

三 生产力低落与农村劳动力

(一) 农村工资的低落

从农村劳动力的消长的情形，可以很明显地观察农村生产力的或增或减。同时也可以看到当生产力下降的时候，劳动力就不能充分地被利用。在耕地缺乏而农业经营面积很小的广东，农民自家所耕的田亩每不能容纳所有的工作人口。据番禺十个代表村中840户的统计，17%的工作人数是要出外做工的。出外当长工的自然都被富农雇去了。当散工的也有68%是被富农所雇佣的。只有15%的散工受雇于贫农。因为贫农平均每户雇不到5个散工；平均每使用亩雇不到1个散工。而在富农，平均差不多每户要雇长工1个，散工99个；平均每使用亩所雇散工差不多有4个。富农从事于生果种植的，更须多雇些长工和散工。近两年来，生果的跌价和米谷的跌价给了富农很厉害的打击。所以农村工资也必然地要跟着跌落。

广东有许多地方，实物工资和货币工资还是并行的。西江下游和韩江的三角洲的农村工资多以钱支付；南路的农村有好些完全用谷去支付工资。就我们所得49县265村的通信调查来说，足有1/4的农村还可以见到实物工资的形式。现今不但钱的工资正在跌落，谷的工资也是如此。5年以内265村中工资增加的占30%，无其变更的占38%，而显著减少的倒占了32%。例如茂名工资，以前普通每日四五毫；现今只是二三毫。又如台山的广海附近各村，4年前男散工每日工资一元二毫，今年只是八毫左右。番禺的棠下村民18年前闲工每日六毫，现跌至四毫；忙工在同时期内由一元八毫跌至八毫。民国二十一至二十二年间，电白的文盛村长工工资由14担谷降为10担。同时期内信宜的茶山和茅甸等村长工工资由十一二担谷降为八九担。

于此我们须注意的，广东农村中的工资原来就很低廉。化县的山尾村，长工全年工资向来是谷2石至13石；那建村4石至8石；长美公村5石至10石。电白的青山乡和木苏村长工向只取谷7石；文盛，北照和河瑯铺长工普通有10石；古楼村较多，年有 12 石。信宜的石庆村长工 4 石，茅甸村长工 10 石，茶山和罗林普通都是 11 石。茂名的麻子坪地方长工年取 5 石，石奎村 5 石，南涌 6 石，西岸 8 石，只有丽珠垌的长工每年可得谷 20 石。恩平的大亨村长工年有谷 18 石；惠阳的给谷的地方，长工得 7 石至 12 石；德庆的栗村长工只得 6 石。番禺沙田区域内于阴历六月割早稻时，散工每亩得谷 11 至 12 斤为工资。晚稻较早稻多产三分之一；阴历十月割禾时，每亩工资为 20 斤谷。插秧时，雇主很少有谷的；所以沙田插秧的工资每亩早晚二造共付七毫。按民国二十一至二十二年冬，谷价每石在南路是 6 元。长工所得 2 至 20 石的代价，也不过是 12 元至 120 元。民国二十二至二十三年冬，每石谷跌至 3 元半；长工的全年工资可以说已经跌到 7 至 70 元了。

往往在数里或十数里范围内，谷的工资竟会相差一倍或一倍以上。钱的工资也是如此。例如在番禺，以嘉禾市为中心点的几个村里，相距不过三四里，长工工资相差很多。黄边村的长工年得 80 元，彭边村的得 130 元。尹边村的得 100 元，鹤边村的得 120 元。很近的地方而工资有这样的差异，完全表示着劳动力没有联络而稳定的市场。这就是表示着生产力的停滞。

在生产力停滞而农村工资跌落的场合，雇农能否有获得耕地的希望，从他们的工资和当地田价的比例中可以观察出来。我们先拿番禺的农村做一个实例：

村　名	长工全年工资	中等田每亩价格	村　名	长工全年工资	中等田每亩价格	村　名	长工全年工资	中等田每亩价格
梅　田	70 元	80 元	岗　心	90 元	140 元	潭山乡	70 元	180 元
五龙冈	50	90	曾　边	100	150	客　村	100	230
长沙圩	90	100	赤　沙	100	180	石碁乡	50	120
谢家庄	70	80	土　华	120	150	九　比	90	200

续表

村　名	长工全年工资	中等田每亩价格	村　名	长工全年工资	中等田每亩价格	村　名	长工全年工资	中等田每亩价格
柏塘乡	50	60	坑　围	120	200	北　山	150	300
鸦　岗	70	100	享　元	70	100	仑　头	120	240
双冈乡	70	80	沙　涌	60	80	坑　村	90	200
蚌　湖	50	70	沥　滘	160	270	径　子	80	200
木　橯	80	150	赤山乡	100	160	竹篱围	120	300
棠　下	120	150	永　宁	80	160			

长工固然有他的雇主供给膳缩，但他全年所得的工资还不够
1 亩中等田的价格。往往辛苦勤劳了整年个年头，工资只是 1 亩
田的一半价格。

和番禺有同样工资的各县，据调查所得，列举如下：

县　名	长工普通工资	中等田每亩普通价格
惠　阳	60 元	100 元
五　华	60	150
阳　江	100	200
东　莞	70	80
德　庆	40	70
阳　春	60	80
平　远	50	60
云　浮	65	130
佛　冈	40	60
龙　川	60	70
台　山	70	200
翁　源	35	100
梅　县	200	400
中　山	150	300（坑田）
英　德	50	120

在西江一带，长工工资有只等于中等田价 1/3 的。例如郁南
工资 40 元，而中等田值 120 元。有只等于中等田价 1/4 的。例
如鹤山工资 50 元，而田价须 200 元。高要的工资还要低些，长

工年得 40 元，而普通 1 亩中等田至少须值 300 元。在东江上游，和平的工价普通是 1 年 20 元，而中等田价普通 80 元；兴宁的工价普通是 1 年 40 元，而中等田价普通是 200 元。

南路诸县的长工工资，除阳江阳春以外，普遍地更是低廉。

县　名	普通工资	普通中等田价
惠　江	30 元	70 元
吴　川	40	120
信　宜	30	90
化　县	30	100
罗　定	40	150

南路诸县许多的农村中，长工工价只是 20 元左右。给谷的时候，普通也只有六七石。一个壮丁把他所能得的工资全部存放起来，自己不花费什么零用，也不供给他的家庭，那么，还须积上一年，二年，三年，甚至于七年八年的工资才可以希望买进 1 亩中等的田。可是，仅仅种着 1 亩是不中用的。至少要有了 5 亩到 7 亩的禾田，才可以勉强养活一家。茂名第五区的凤村地方，以前 1 亩中等田值 360 元，现今虽已跌至 150 元，但长工的工价只有 20 元左右。凤村的雇农非积了 7 年的工资，不能希望 1 亩中等的田。同县的二区卓村地方，以前中等田价是 450 元，现今跌至 240 元。但长工工价不过 30 元，要积八年的工资方等于中等田 1 亩的价格。

华侨多的地方，田价更是昂贵。例如高要五区数年前 1 亩上田值千余元，现今还要 500 元。台山近年来房价地产虽然跌价，田价并未稍减。普通一亩须备价 300 元左右，多的甚至 1200 元。四五年内广海附近的田价又涨了二成。梅县田价几为全省第一。该县第三区南口堡等村里，1 担上田现今非 500 元不可。按 1 亩合 3 担多计算，1 亩田的价格竟达 1600 元。广东的田价因为税捐繁重，米谷跌价，丝业衰落种种关系，固然有很多地方正在下降，但另有许多地方因为富贵的人们抢着收买，反而有上升的现象。

就拿合浦来做个实例。该县 1 斗种田合半亩稍弱。民国元年以前 1 斗种田只是 15 元。民国十年升至 25 元，民国十五年升至 30 元，到民国十八年已是 35 元。近五年来 1 斗种田的价格继续高涨；现今普通值 40 元，上田 1 斗种非 50 余元不可。尤其是罗成江下游的三角洲地方如沙岗，均安，乾体等处，三年内田价增加了 50％以上。这三角洲地方 1 斗种田已是 120 元。合浦第五区南康一带的田价也有层层上升的趋势。这一区以内以前自耕农占到一半以上，现今因为出卖田地的增加，佃农已占农民全体十分之六七。合浦共 52 区，全县农户中自耕农户只有 20％，佃户有 70％以上，雇农差不多有 10％。长工一年的工资给钱的普通在 30 元左右。谷的工资还不到 30 元的代价。工资这样地低田价又那样地涨，耕者有其田的希望，能否有实现的可能？据合浦廖云程县长说，罗成江三角洲和五区南康附近在最近数年内收买田产的，富商占十之二；军政界人物占十之八。

（二）妇女耕作的普遍

广东农村工资的低廉，更从妇女耕作的普遍可以见到。上面所说的长工，固然没有女子的份；普通地讲来，全省农村的散工中女子也许还要多过男子。据番禺十个代表村的统计，无论忙工或闲工，男工的工资总是较高于女工的。我们又在这县内所调查到的 52 村中，知道非农忙时或闲工的工资女工平均只得二毫六；而男工平均可得四毫五。女工工资比男工工资，平均每工要少去一毫九。兹列举十余县的闲工工资的统计，可以证明女工工资的更加低廉不止番禺一县。

县名	男工闲工工资	女工闲工工资	女工工资对男工工资的百分比	县名	男工闲工工资	女工闲工工资	女工工资对男工工资的百分比
		东　江		高要	6.0毫	4.0毫	西　江 67
惠阳	3.0毫	2.0毫	67	台山	8.0	5.6	70
梅县	5.9	3.7	62	新会	9.5	6.5	68
蕉岭	3.7	2.5	67	番禺	4.5	2.6	58
		北　江				南　路	
英德	2.9	2.0	68	罗定	2.6	1.2	46
翁源	3.0	1.5	50	信宜	1.7	0.6	40
乐昌	3.6	2.3	64	钦县	3.5	2.5	71
				防城	2.0	1.0	50

　　广东农村中散工工资和长工工资一样地以南路为最低廉。在信宜，女工平均每个散工的工资只是六仙。电白的鸡山窜村，男工每日工资150文；女工100文。茂名的荔枝圩村，散工无论男女只备二餐饭食，不另给以工资。这样供饭食而不付工资的情形，在海南岛的定安，临高，陵水等县常可以见到。新会和台山的散工工资高过其他各县，大概是因为华侨提高了生活标准的缘故。梅县华侨也是很多的，但梅县的妇女已代替了男子而成为主要耕作人员。因为妇女劳动的普遍，就使梅县农村中一般的工资更低于新会或台山。

　　梅县居民的祖先都是宋末和明末从中原迁移来的。因为"土瘠民贫，山多田少，男子谋生各抱四方之志；而家事多任之妇人。故乡村妇女耕田，采樵，缉麻，缝纫，中馈之事无不为之。自海禁大开，民之趋南洋者如鹜。始至为人雇佣；迟之又久，囊橐稍有余积，始能自为经纪。其近者或三四年，五七年，始一归家。其远者或10余年20余年始一归家。甚有童年而往，皓首而归者。当其出门之始，或上有衰亲，下有弱子；田园庐墓概责妇人为之经理。或妻为童养媳，未及成婚，迫于饥寒，遽出谋生者，往往有之。然而妇人在家，出则任田园樵苏之役，入则任中馈缝纫之事。乡中农忙时皆通力合作。插莳收割皆妇功为之。"
(参阅光绪《嘉应州志》卷八，页53至55)

　　出梅城西门，沿着梅兴公路走去，就可看到一群一群挑担进城来的妇女。她们所挑的大多是三区所产的煤炭和从二区转运来的柿饼、茶叶等货品。离开了公路走入山谷中，仍是一行一行挑担的妇女，挑着煤炭石灰之类上下于险峻的斜道。这些都是10岁到50岁的妇女，每日挑行30里的山路至多赚到六毫工资。在田间工作的妇女，她们所得工资还要低些。整天地在农场上劳动，还不容易换取四毫的工价。第三区高断一带的村里，常见有枯了的稻根留在田间，而它的旁边就长着一行一行的青青麦苗。这完全因为妇女们工作太忙，没有时间去翻耕，就种了一些春麦。据当地的人们说，妇女们耕作所用的力量不大，所以不易得到深耕。久不深耕，农业自然要退化。东江上游和北江各县妇女耕作最普遍的地方，不能得到深耕已成了目前农业上严重的问题。

　　《舆地纪胜》引《寰宇记》言："龙川风俗，妇人为市；男子坐家。"《连平州志》："贫人多上山樵苏，负竿累累，如列行阵。"《长甯县志》说，信丰地方"户必力田，妇女皆耘获；虽绅衿家亦间有之"。就看东江下游如惠阳等县，妇女当散工的也差不多要占到全数的一半以上。韩江下游潮安，澄海和揭阳等县妇女，下田耕作的向来是很少；但近年来因为生产力降低，劳动力不值钱，廉价的妇女劳动也正在发展。潮安一带妇女挑水担的已逐渐增多，并且耕耘的女工现在也不是不能见到了。

　　西江的番禺一县，据我们调查到的72村来看，妇女劳动同样地很普遍。72村中妇女不参加工作的只是20村。有41村男女共同担任田间工作。番禺北部鸦湖和蚌湖等地方，华侨出资置田产给本家妇女耕种。这些地方的妇女已成为主要耕作人员，男工仅处于助理的地位。

　　据通信调查 49 县 261 村的结果，其中女子不参加耕作的只75 村，不到三分之一。有 15 村妇女是主要耕作者；有六村全靠妇女来从事农业。妇女劳动固然不是广东农村所特有的现象，西南各省都很普遍，但广东生产力不足以充分地利用代价较贵的男工是值得大家注意的。

（三）壮丁的离村

　　农业生产力正在退化中，农户就不容易专靠农业去维持生活。番禺的统计很明显地指出，半数以上的农户必须兼当苦工，小贩，小店员，或出外当兵。担任这些兼业的，尤其多是贫农。因为贫农没有受教育的机会，所以不当苦工，小贩，小店员，或不出外当兵，而能兼着自由职业的贫农还不到 2%。近五年来，富农和中农的户数减少，而贫农的户数同时增多。贫农数量增多了，他们获得生存的机会更是困难。他们求为雇农而不可得的时候，只有纯粹地脱离了耕作而专去当苦工，小兵，小贩，或小店员。因此我们也可以明白为什么非农民非地主的村户中有 7/10以上操着这些职业。甚至于万难留在本村而不得不离村去找寻出路的时候，所能谋到的职业，大多数也无非是苦工，小兵，小贩，或小店员。工厂业比较发达的上海一带，离村的农民还很不容易跑进工厂，何况乎新式工业更加落后的广东？

　　关于农民离村情形，向来未曾举行专门的调查。调查起来也难得周到。姑且拿几个县的一般状况来观察。开平人口中约 1/10是离村而又离国的；留在南洋的有 1 万以上，留在美洲的有 2 万以上。四会华侨也有 2 万余，大多在新加坡。台山华侨不下 30万，35% 留南洋；25% 留美国；20% 留加拿大；8% 留澳洲；12% 留在外国其他各地。北江方面，华侨比较少些，可是，离村农民一样地可以推测到的。例如翁源一县完全是农业地方,手工业也没有什么的;而它的人口在最近五年内减少了 1/5,从 15 万降为 12 万。

东江惠阳的农民在最近 20 年内出外当兵,做侨民和到广州等处当苦力的,要占到全人口 5%。惠阳第八区全体农民的 1/10,都趁着农闲时赴香港做季工。兴宁梅县一带的人民向来多出外谋生的,俗语所谓"无兴不成市,无州不成衙"。近年来梅县出外的人们,足有 2/3 是变成商人了。梅县的华侨很多留南洋,差不多 7/10 在荷属东印度群岛。据县政府民国二十年 12 月中统计,在梅县的人口中半数是参加耕作的。男子 8%,女子 65% 都是农民。全县人口 22% 是出外谋生的。

韩江下游潮安地方,离村农民的众多不下于梅县。潮安第六区银湖一村的壮丁只 2000 左右,出洋的在 800 以上。第七区华美村里的壮丁,据当地区长说,竟有 7/10 是出洋的。全县壮丁大约有 2/10 在南洋。每年从潮汕附近出国的华侨平均要在 12 万上下。

	男　子	女　子
居留本县的人口	本籍　171912 客籍　　4650	205819 1198
出外谋生的人口	83235	25845

南路诸县的华侨也是很多;但离村农民无法出洋而在国内当兵的,南路的人数可算第一,淞沪抗日的十九路军,和其他中国军队一样,都是那些离村农民所编成的。这十九路军中,直鲁豫晋四省的人占不到十之一;湖南人在十之一以上;广东人差不多有十之八。在这些广东人中间,从北江小北江来的不过是 1/10,东江韩江的不过是 3/10,而来自高,雷,钦,廉,即所谓"下四府"的竟占到 6/10。"下四府"的兵士尤以来自高州和雷州的

较多。现今广东的军队中，许多军官固然是东江人，小兵的队伍里还是要算南路人最多。

农民离村的确数，因为没有周详的调查，很难知道。有些地方在最近五年内，因为谷贱丝贱，或因公路开通后大批挑夫的失业，离村的人数显然增加了。信宜的塘面村增加 20％；览罗村增加 5％。茂名的何谢村增加 10％；良德，大坡，谢鸡坡，杨群平山等村增加 20％；麻子坪村竟增加了 50％。电白的坡心村增加 6％。梅县的书坑村增加 30％。蕉岭的石寨村增加 40％。德庆的栗村也增加 40％。台山的下川淡水坑，中山的斜排村，番禺的龙田，沙涌和傍江乡，都增加了 10％。梅县六区湾下村 20 年来离村的人数增加 20％。顺德的勒流乡，番禺七区罗溪乡和八区长沙坼，最近五年来离村的多了 20％。

可是，有许多地方的离村人数，最近五年内不但没有增加，骤然间还要收容失业返国的华侨。自民国十九年的 12 月起，迄二十一年 1 月止，建设厅所设广州和汕头两个办事处共收容失业华侨 6975 人。这些人里大多数是"资遣返乡"了。不经办事处而直接回乡的，当然更要来得多（参阅民国二十二年《台山县政年刊》，调查统计页 49 至 51）。所以像潮安农村中，这两年来农民人数反而增加了 1/5。广东的农村一面因为华侨汇款减去十之七八而更是急剧地贫穷化；一面又因为华侨返乡而更要增加许多无业的游民。人祸的能使经济组织解体，实在远胜于天灾。一般赤贫的人们往返地被驱逐于农村和都市之间，他们自身固已是破产的象征，农村经济和政治的崩溃也转被他们所促进。

广东离村的农民，自从嘉庆末年至光绪十九年薛福成奏请废止华侨出国之禁那时为止，80 年间在贩运猪仔的制度下先后流落在国外的约有 100 万。他们正逢着美国西部有大批的耕地和矿山无代价地拨给人民去开拓，欧洲列强在南洋和南美各属地也有大批的产业开始经营起来，牺牲他们无工资的劳动力而策动了世界资本主义的发展。20世纪初年以后，资本主义国家就无须乎再利用华侨的血汗，并且渐渐地要驱逐他们回国。华侨，尤其是他们的祖先，感受着留居国外的不安，又痛心于国内的无以谋生，当然在他们的中间产生了很热烈的革命情绪。孙总理中山先生所以说，"华侨为革命之母"；"中华民国四字简直是华侨牺牲的代价"。

最近数月来，南洋的树胶和锡米，价格都已稍涨，工厂也已相继复工。为加工赶制而增多产量起见，华工又被招募前往。惟当地政府仍设法限制人数，例如星洲移民局不许华工于一个月内超过2500人。因女工工资较男工低廉，女工的赴星洲也较受欢迎。男工须缴入口税，每人5元；自香港至星洲大舱位，须付70元。而女工则不但不必缴入口税，并且船费也可减半。现时往新加坡的华侨，女子人数就远过于男子。资本主义工业恐慌中整个生产力不能提高，不得不利用工资更加低廉的女工来延续它的生产。广东农村中妇女劳动的普遍，早就表示广东农村生产力的薄弱。

在壮丁被出卖为猪仔的场合，幼女也就有被出卖为猪花的。农村中五六岁女童的代价在广州附近只百数十元。收买者教养她们到十五六岁，再转卖给富家当待妾，因此而获千金的利益；俗称为"槽猪花"。近年来"槽猪花"因为市场不好已不及旧时那样盛行。农村中出来的婢女的数量却蒸蒸日上。香港一个地方，注册的婢女有2794名；未注册的还差不多有两万。潮汕一带要出卖的妇女太多，所以去年一年内价格大跌。以前十二三岁婢女卖价100至170元；现今连中人费也在内跌甚60至130元。潮州称侍妾为"二人"，"二人"往往不可转卖。以前"二人"的价格普通是200至500元；现今跌至150元至300元。两年以来，潮安农村中被第三军的排长，连长，营长等收买去的妇女至少有四五百名。现今收买的能力低薄，所以出卖的妇女还不及出当的来得多。八岁至十岁的农村儿童往往以百元当出，去做十年的佣工。

劳动力在广东这样的低廉，这样的不值钱；可是，全省可耕而未耕的地还要占到陆地面积的 15％。兵灾匪灾以后，已耕的田也有很多被荒弃而还不曾种植的；如徐闻，如合浦，如海丰，如惠阳，都有这样的情形。海丰第四区的梅龙和鲘门一带，荒田至少有千余担。〔以谷数计算田亩，如九担田〕惠阳经过了民国五年，民国九年，民国十一年等战役，全县荒田占到农田总数的 20％。由稔山，平山，以至惠阳县城，沿途都可以看到许多荒田。有可耕的土地而不耕；有可用的人力而不用；香港，广州，汕头等处的银行银号中堆积着大量的货币资本而不能应用到农业生产上去。这便是农村生产关系与农村生产力的矛盾。耕地所有与耕地使用的背驰，乃是这个矛盾的根本原因。田租，税捐，利息的负担与生产力的背驰，充分地表现着这个矛盾正在演进。而农村劳动力的没有出路，更体现着这个矛盾的深刻。

我们明白了广东农村经济的矛盾的现象和矛盾的深刻的程度，并且晓得这个矛盾的根本原因，我们就要进而研究怎样可以去解除这个矛盾。解除了它，然后可以使可耕的土地尽量地开发，可用的人力合理地利用，可投放的资本大批地流转于农村。这样，农村的生产关系便能改善，而农村生产力也必然会提高。这样，中国今日的农村便不难从危机中挽救起来。

（录自单行本，中山文教馆出版 1934 年）

帝国主义工业资本与中国农民

一　美种烟草的引进

中国没有原生的烟草属种（Nicotiana），或烟草作物，亚洲其他任何地方的确也没有任何本生土长的烟种。烟草是在 17 世纪初通过菲律宾传入中国，并且在 1913 年左右直接从弗吉尼亚再度引进。最先带到中国的烟草类型以及它们同后来引进的品种之间的关系，我们的确知道得很少，但是 1913 年引入中国的烟草，亦即通称美种烟草，显然与最初从菲律宾引进、至今仍被误称为土种的烟草不同。这些所谓土种的作物形体很小，烟叶不发达；生长习性同在弗吉尼亚生长的最普通的品种，也完全不同[①]。

根据一般所知，不论原出南美洲的"红花烟草"（Nicotiana

[①]　美国农业部，《农业年鉴，1936 年》（Yearbook of Agriculture, 1936），植物局高级生理学家小麦克墨特里（J.E.McMurtrey, Jr.）函件，华盛顿特区，1938 年 6 月 30 日，7 月 5 日。

tabacum)，还是原产中美洲，或者更确切地说，原产于墨西哥的"黄花烟草"（Nicotiana rustica），都是最初传到吕宋岛，然后在1600年左右由福建商人带到中国[①]。烟草的种植从福建扩展到长江流域浙江、安徽、江西、湖南、湖北和四川、广东珠江三角洲和黄河流域的山东和陕西。红花烟草是由早期英国殖民者从南美洲引入弗吉尼亚的一种作物，植株有时高达七英尺，外表相当粗壮。它的叶片有时长两英尺，上面布满腺毛，轻微揿压，就绽裂开来，有一种粘液流到外面，手上则留下一股难闻的气味。它的花朵成束地长在作物顶部，常呈淡红色，虽然也有白色和深红色的花朵。黄花烟草是一种比较矮短的作物，外观完全不同，它的叶片不是紧靠烟茎生长，而是着生于长长的叶柄上。叶片不是披针形，而是椭圆形，颇像卷心菜。花朵长在岔开的烟茎每一个分枝上面，颜色不是淡红，而是暗淡的绿黄色。黄花烟草在湖北、四川和甘肃等9000英尺以上的高原地区生长繁茂。它看上去不像土耳其烟草，由于含有大量的尼古丁，为吸水烟的人所常用。

中国在卷烟传入以前，人们以三种不同的方式使用烟草。首先是旱烟，通常为普通人吸用，这种烟叶只需十分粗糙的加工。其次是水烟，几乎是地主、士绅和富商的专享品，所用烟叶必须切碎。加工时，烟叶先制成饼块，然后切成细丝，或者用刨刀削成薄片。第三种是装在鼻烟壶中的鼻烟。这种烟叶必须碾碎，磨成和面粉一样细的粉末。山东烟草以鼻烟著名，而甘肃兰州烟草至今仍被认为是旱烟的上品。

吸烟最初流行于云南瘴疠地区中国的远征军队中间。当时军

---

① 伯索尔德·劳弗尔（Berthold Laufer），《烟草及其在亚洲的利用》（Tobacco and Its Use in Asia），（菲尔德自然史博物馆，人类学部，活页第18号），芝加哥，1924年，第15页以下各页。费尔霍尔特（F. W. Faitholt），《烟草的历史及其他》（Tobacco；Its History and Associations），伦敦，1859年，第332页。

队中普遍认为，没有一种治感冒的药物能够胜过烟草。明朝崇祯皇帝为了提倡弓术，曾对禁烟作过徒劳的尝试，他直率承认，"尔等诸臣在衙门禁止人用烟，至家又私用之，以此推之，凡事俱不可信矣。"① 从 17 世纪中叶起，对烟草的需求稳步增长；在随后两个世纪中，烟草的种植加速了农业的商品化，商业资本的增长，以及从事制造旱烟筒和鼻烟壶的手工业大量发展。中国商人和高利贷者在 18、19 世纪成为亚洲各地十分积极提倡吸烟的人。他们在亚洲起了和英国人在欧洲销售烟草、引进烟草作物同样的作用。他们的活动的区域，也许比现代任何烟草托拉斯还要大，在西伯利亚东部黑龙江流域、蒙古、土耳其斯坦②和西藏所有的土著部族中，至今仍然可以随处见到中国烟草和中国烟具。

　　虽然在 18 世纪初，吸烟的习惯发展成为吸食鸦片，但是，卷烟作为近代工业生产进步的表征，在中国同近代世界商业接触以前，始终未曾引进中国。即使在英国和美国，卷烟一直到 1870 年以后才开始流行③。然而近代工业资本一旦在中国获得立足点，上海和其他大城市便开始经营卷烟工厂。中国所见到的红花烟草和黄花烟草品种退化，质量低劣，不能用来制造卷烟。没有一种作物像烟草那样容易因气候、土壤和不同的栽培方法而发生变异。"烟草环境的每一个要素——肥料使用、栽培方法，以及采收和烘烤方法，几乎是同样重要的。"④ 中国卷烟制造厂对烟草的需要不断增长，要求直接从美国引进新的品种。奥林诺科

　　① 1641 年上谕。(应为 1634 年，原文见《东华录》，天聪朝卷九，天聪八年十二月甲辰。——译者)

　　② 指新疆。——译者

　　③ 凯勒布鲁 (J.B.Killebrew) 与赫伯特·迈理克 (Herbert Myrick)，《烟叶》(Tobacco Leaf)，纽约，1897 年，第 465 页。伯索尔德·劳弗尔，前引书，第 48 页。

　　④ 美国农业部，《农业年鉴，1936 年》，第 786 页。

(Orinoco) 种、弗吉尼亚生长的烤烟种，便因而带到中国，推广种植。这一个在中国工业化前夜引进的新作物，普通称为美种烟草。

卷烟是在鸦片输入开始以后很久，才输入中国。它在1854—56 年克里米亚战争以前，还没有引入英国，战争期间，英国陆军和海军军官从他们的法国和土耳其盟友那里学会了吸卷烟。英国制造商在 19 世纪 60 年代开始迎合吸卷烟的人们的需要，但是即使在那个时候，他们也只雇用一个人，通常是一个波兰人，或一个俄国人，偶尔制作卷烟。只是到了维多利亚时代下半期，卷烟才在英国获得成功。从 1842 年到 1885 年，鸦片是中国的主要进口项目，占进口总值的 40%，从 1885 年到 1917 年，每年鸦片进口的总值达 3000 万海关两，而在 1894 年输入中国的雪茄烟和卷烟的全部价值却没有超过 228000 海关两①。

早在英美烟草公司在中国组成以前，就已经有一家英国主要的进出口商行在大力推销"英美烟"母公司的卷烟。"为了引诱中国人抽吸卷烟，据说这家商行实际上在几十年前就已在上海街头向人们免费散发卷烟，而且还在街头向行人抛掷成百包的卷烟，让他们自己检取。"②尽管如此，在 1900 年以前，中国市场每年卷烟的销售量，没有超过 100 万海关两。

到本世纪初，世界经济已经发展到帝国主义阶段。银行资本正在迅速同工业资本结合，资本输出变成和商品输出同样重要。

---

① "海关两"常作中国通货的理论单位，用于海关统计；但是自 1932 年以来已经采用"金单位"记录进口价值，1933 年以来出口计算单位采用"标准元"。1932年，1 金单位为 1.184 海关两；1933 年，1 金单位为 1.253 海关两，而 1 海关两为标准元 1.558 元。

② 刘大钧（D.K.Lieu），《外国在华投资》（Foreign Investment in China），《中国太平洋国际学会致日本"京都会议"资料》，上海，1929 年，第 81 页。

人们开始感到金融资本的力量，国际金融家不再满足于向中国输出卷烟，为了获得更高的利润，他们需要以开设卷烟厂的形式在这个国家进行投资。无疑，正是这种资本输出的强烈要求，导致英国和美国六家卷烟公司联合起来在中国建立卷烟制造中心。它们的这个联合企业，在中国以"英美烟草公司"为人们所熟知[1]。

在中国制造卷烟以供应中国市场，有利之处是这样明显，它不能不引起国际金融家的注意。通过在中国设立工厂，可以免付海运费用和关税。而且，不但可以在当地利用廉价的原料，还可以雇用工资极低的劳动力。中国在1842年已经失去对这类外国企业政治上的防御；外国资本家在五个条约口岸取得了特殊权益和充分的行动自由。1895年第一次中日战争结束时签订的《马关条约》，特别规定日本臣民得在"中国通商口岸城邑"设立工厂。其他国家的国民自然也因最惠国条款，分享了这种特权。英美烟草公司，以及日本和美国其他卷烟工厂，从而在上海、汉口、青岛、天津、沈阳和哈尔滨等城市，从事工艺制造和贸易，便不再有什么困难。

1902年"英美烟"成立时，中国并没有生产适宜制造卷烟的烟草。的确，卷烟烟草的栽培问题，并不完全依赖于采用什么品种。还有一个烟草品种同适宜的土壤和施肥方法适当结合的问题。此外，烟叶的加工处理，也必将决定烘烤出来的产品对于制造卷烟是否适用。但是，事实上，在广东、福建、浙江、江西、安徽、湖北、湖南、四川、贵州、新疆、甘肃、河南、山东、河北、吉林和黑龙江各省种出来的烟草，不论原来是红花烟草，还

---

① 上海商业储蓄银行调查部，《烟与烟草》，上海，1934年，第2页，第170—171页。（中文）

是黄花烟草，都没有达到制造卷烟所要求的标准。一般都知道，土种烟草，无论色和味，对于制造卷烟都不适宜。因此，"英美烟"在最初十年内，感到必须进口原料，特别是从美国进口原料，供应它设在中国的工厂。

这个阶段当然十分短暂。从历史上看，帝国主义国家的工业，总是从它们的殖民地或半殖民地获得它所需要的原料；殖民地或半殖民地很少进口原料来发展自己的工业。1913年以来，在中国代理商和买办的积极协助下，"英美烟"在中国建立一定的烟草生产区，在那里引进美国烟种，并且保持了种植①。每一次引进美国烟种之前，都对当地的土种烟草作了详尽的调查和试验。公司雇聘的美国技师在后来担任许昌"英美烟"买办的任伯言陪同下，在河南省叶县和襄城地区调查土种烟草的生产状况。1916年，公司派出邱百年〔音〕偕同公司的烟叶专家到安徽凤阳县城附近一个名叫刘府的村庄买了几袋土种的烟叶。第二次购买烟叶为数达几百袋。第二年，公司要那些售卖土种烟叶的商人分发美国烟种，并且收购采下的烟叶。凤阳烟叶的收购，逐渐地纳入公司在该地的买办王仰之的控制之下。

1913年，公司在湖北光化和老河口、山东潍县和坊子设立美种烟草试验所。然而湖北雨量过多，证明对烟叶质量不利。坊子试验所于是在1914年成为推广新烟种的中心。公司免费给予山东烟农种子和原料，借给他们温度计和烤烟用的管子。此外，公司还答允他们以最高的价格收购他们全部的收获物，而不问其质量怎样②。"英美烟"以这种吸引烟农的同样方法，在安

---

① "英美烟"著名的买办邹〔挺生〕在其演说《河南美种烟草的引进》油印本中，对他提倡引进工作所取得的成绩，作了充分的叙述。

② 天野元之助，《从坊子到潍县》，载《满洲评论》，第7卷，第9期，大连，1934年，第24页。（日文）

徽刘府和凤阳,同时也在河南襄城和颖桥，鼓励美种烟草的种植。

与此同时，华商烟草公司，如著名的南洋兄弟烟草公司，效法"英美烟"，将美国烟种分发给山东、安徽和河南的烟农。这些烟种最初几乎只在三个地区分发：潍县（山东），凤阳（安徽）和襄城（河南）。这些地区由于土壤、气候和雨量适宜，很久以来，便以土种烟草作物闻名。它们现在表明对于生产新引进的美种烟草，也是最有前途的。它们位沿现代交通干线；则是另一有利之处。潍县位于胶济铁路沿线，凤阳位于津浦铁路沿线，而襄城则紧邻平汉线。所有这些地区都由于铁路运输便捷而同沿海工业城市联系起来。

与此相关的最为重要的事实也许是，不论外商还是华南烟草公司，收购烟叶时都经常付给现金。这对于农民是巨大的刺激。在这些地区，和在中国其他任何地区一样，农民感到自己迫切需要难以得到的现金。自从 1904 年胶济铁路、1906 年平汉铁路和 1912 年津浦铁路建成以来，货币经济已经在大踏步地猛进。在这些现代交通线沿线地区，农民过去常常用他们自己种出来的棉花亲手纺织；可是到了 1913 年，他们已经开始用外国进口的洋纱织布，甚至洋布也开始流行起来①。农民用灯油，过去常常以自己的农产品去同一英里外的小榨油作坊进行物物交换，或者雇人压榨他们自己种出来的油料作物。然而，到了 1913 年，他们要得到油，就不得不支付现金。而且，点灯用的植物油正在迅速

---

① 根据襄城最好的产烟区即第五区村长杜新海、王其仁、杜文前、杜岑星、王福兴和王照南［以上均系译音］的报告，"洋纱在 1908 年以后来到他们的村庄，到 1915 年已很流行，比美种烟草引进到那里更早。"在美种烟草繁殖最盛的潍县第十区，一个有 129 户的村庄，自从 1916 年以来，使用进口棉纱手工织成布匹，每年平均值 1000 元。

为进口的煤油所取代①。

货币经济迅速发展，潍县因为靠近沿海，发展尤为迅速。根据当地商会估计，1912—1913年财政年度由铁路运入的进出商品约有120车皮。这意味着每年有300万元的进口商品运到潍县。农民纳税负担也同时迅速增加。例如，襄城从1905年到1915年的税收总额增加了两倍②。中国各种课税，除了军事征收以外，都必须以现金缴付。农民的现金入不敷出，甚至连那些种植土种烟草的现金作物地区，早在1913年就已经存在这样的情况。购烟工作一般是这样进行的：本地的烟草中间商人陪同收购土种烟草的人来到农民家庭，将烟叶仔细过磅登记。他们购买烟叶时，只付出一部分货款。大部分价款要到六个月以后支付，而且只有在农民通过中间商人一再要求以后，才付给他们。备受贫困煎迫的农民看到种植美种烟草价格诱人，而且售出时立即以现金付款，他们自然就放弃土种，很快改种美种烟草。甚至连那些从未种过烟草的人，为了从事烟草种植，也减少了他们种植谷物的田亩。

二 促进烟草种植的买办和士绅

美种烟草应该而且能够以高于土种烟草的价格售出，这是事实；生产这一新的烟草费用远远大于生产土种烟草的费用，这一点即使不是更加重要的话，却也同样是事实。种植美种烟草，不

---

① 又据当局称，潍县有些地方在1906年开始使用火油，同区其他地方自1916年开始使用火油。凤阳到1911年几乎家家户户都用上了火油。襄城火油和美种烟草几乎同时开始流行。

② 根据对襄城农业促进站负责人王纳英［音］的访问，他曾对该区的税收作过调查。

仅需要更多的肥料，而且在烘烤设备和燃料两方面，也都需要增加用费。美种烟草常常采用人们所说的弗吉尼亚烘烤方式加工处理，这种工序系将炉火置于烤房外面，热通过铁管传到房内，从田里新采下来的烟叶悬挂在铁管上面。在三至五天的时间内，温度逐渐加升。在这一过程中，必须掌握火候，勤加照看，这对于生产卷烟用的色泽淡黄的烟叶，是十分重要的。

生产美种烟草的费用，也比种植谷物或豆类的费用高。根据益都一个经验丰富的农民估计，美种烟草的生产费用，每一本地亩平均为75.9元①，而每一本地亩小麦的生产费用为28.9元，高粱14.9元，大豆仅为2.9元。而且，他的上述烟草费用的数字，还没有包括烘烤费用。但是，即使这样的数字，也清楚表明，山东这个地区生产美种烟草的费用为小麦的3倍，高粱的5倍，大豆的26倍。生产烟草费用高昂，具有十分重要的社会和经济方面的意义。它意味着没有中国商业资本和高利贷资本的帮助，像"英美烟"这种形式的外国工业资本便不能够深入到中国内地。由于农民迫切需要现金，拥用英美烟草公司巨额现金的买办和收购烟叶的人，就能够对他们发号施令。贫穷的小烟农没有生产资料便无以为继。对他们说来，负担谷物和豆类的生产费用已经相当困难；独力种植烟草，更远非他们力所能及。

"英美烟"雇用的中国买办对于这一点十分清楚，他们是首创贷款给烟农的人；因而也是最先利用商业资本和高利贷资本来推进工业资本的人。一方面，他们以种子的方式发放贷款，另一方面，他们又以作肥料用的豆饼和烘烤烟叶用的煤，贷给农民。

山东一个"英美烟"买办田俊川，过去常在一月份市场价格

---

① 一亩一般约等于1/6英亩，但是有些地方变动相当大，山东东部一亩约等于半英亩。

最低时自满洲买进豆饼，囤积起来，在六、七月间价格最高时贷给农民。这种贷放以夏季高价作为基础，利率为 4%。9 月，田俊川从博山煤矿成批地收购进煤，作类似的放贷。11 月烟农售出烟叶时，他从他们那里收回贷放豆饼和煤的本金和利息。据他自称，他能够收回贷放的全部现金。他每年仅贷放豆饼一项，便超过 5 万元。

"英美烟"在安徽的买办王仰之，也作过豆饼和煤的贷放，每年数额在 10 万元以上。他甚至设立自己的油坊，同时榨油和制作豆饼。他从大同、淮南和中兴三家华商煤矿公司得到大量的煤。但是他没有直接把豆饼和煤贷给烟农；他的放贷是通过各地士绅安排的。他当然从价格的差额中获取利润，此外，他还得到 1% 的利息。当地士绅也分享了自己的份额。例如，凤阳一个姓金的区长曾在 1934 年充当王仰之的贷放代理人；他付给农民豆饼时，每值一元的豆饼抽取二斤半[①] 作为佣金。不仅这样，他还要六枚大铜元[②] 的所谓手续费。换句话说，当地士绅贷放豆饼时，他们预收了 9% 的利息。

1926 年以后，田俊川作为"英美烟"山东买办，为了免遭人们非议，停止了贷放。豆饼和煤现在由当地士绅和富户贷给山东农民。1934 年以来，上海商业储蓄银行也将贷款放给山东的烟草生产者，1934 年该行贷款总额超过 1 万元。

当地士绅和富户的实物贷款，有的是直接贷给烟农，有的是通过自己经营的煤店或油坊贷放。在益都地区，几乎所有的油坊为了发放豆饼贷款，自四月初到十一月中，都在当地市场派驻代

---

① 1 斤等于 1.33 磅，约合 0.59 公斤。

② 山东"大铜元"系一种辅币性质的铜元，每枚值 20 文。1934 年，每 200 至 250 枚大铜元合 1 元。

理人。任何农民只要有人担保偿还，都能够获得这种贷款。近年来随着益都烟田的扩展，这个地区六十家大煤店的贷款业务日益发展。1934年仅在潍县第九区，主要从事向烟农发放贷款的油坊和煤店，就不下二十家。油坊于七月初贷放豆饼，十一月底收回现金。每贷放一元，收回一元二角，月利为5%。煤店通常在近九月底时发放贷款，至迟于次年一月收还。煤每1000斤的现金售价为13元，而贷出的价格为15元至15.5元，月利约达6%至8%。烟农不论直接从士绅得到贷款，还是向富有的地主告贷，都是按照这样的利率付息。

除了私人家庭和商号，贷放煤和豆饼的，还有第三种类型。那就是所谓凤阳"烟农协会"。安徽这个著名地区的士绅似乎已经作出最大的努力，促进美种烟草的种植。一方面，他们充作"英美烟"买办的贷款代理人，另一方面，他们又同地方官员及其下属密切合作，组织人们所熟知的"烟农协会"。这个协会是半官方性质的团体，由地方政府的"财政委员会"给予津贴。

凤阳的士绅以这个协会的名义，向中国银行和上海商业储蓄银行申请现金贷款，用来购买豆饼和煤。他们在征收凤阳卷烟税的"蚌埠统税管理所"帮助下，得到这种银行贷款。这样，有一段时间士绅成为烟农和银行之间惟一的中间人。安排银行贷款，购买煤和豆饼，以及向实际生产者发放实物贷款，都是他们。在1932年一年间，协会得到豆饼贷款总额达6万元，煤的贷款总额达18万元。

然而，到1934年，上述两家银行开始在安徽组织信用合作社，并以这些合作社的名义，自己开始向农民发放实物贷款。由于这一原因，凤阳的烟农协会贷款锐减，当年它的全部贷款，包括煤、豆饼和铁管的贷款，只有15万元至16万元。但是即使这样，士绅仍然通过协会获得暴利。1934年，附近的煤矿每吨煤的平均价格为 7 元许；加上到凤阳的运费，每吨成本不超过 9 元，然而协会却以每吨 12.5 元的价格放贷，获利 3 元，并且付给下属代理人每吨半元，这些代理人绝大多数是农村中比较小的士绅。协会放贷豆饼肥料的利息也非常高，每贷放价值一元的豆饼，就收取了三角的利息。

一般说来，河南产烟区比安徽和山东产烟区更加贫困，部分由于这个原因，河南煤和豆饼的贷款，就不如其他两个省那么普遍。河南的贫穷农民和中等农民即使种植烟草，也是和他们在价格更低的作物上施肥一样，一般使用通常由农家自己制作的廉价草肥和厩肥。种植烟草的贫穷农民，只有 3% 的人有能力使用豆饼，即使中等农民，能够用上豆饼的，也不及 17%。

在河南产烟区，有少数富户贷放芝麻籽和豆饼。然而，这些富户却不直接贷煤。这个省的烟农不得不从商店赊购煤。这些商店绝大多数属于地主所有，它们在七月份将煤贷出；大约在三个月以后，即九月或十月份，以比七月份市场煤价高 15% 的价格，从他们的债务人那里收回贷款。而且，要求这些商店开立赊购账户，必须有村长或村中富户作保，受保人至少要具有某些烘烤设备。每个村都设有赊购账户，由担保人收款，直接交给商店。农民为了避免这样一种垄断与不便，通常宁愿借钱买煤，而不愿开立赊购账户。河南产烟区现金贷款通行的月利为 5% 至 6%。

最近几年来，"救济农村"的口号在中国银行家中间流行。这种思想在政府关于复兴农村经济的政策中有所反映。所谓合作运动也已经扩展到产烟区。上海商业储蓄银行首先组织了烟草合作社，按照当局规定，农民可以通过这些合作社，每亩烟田从银行获得一元的豆饼贷款和两元煤的贷款。这些贷款应在三至六个月内偿还，月利至少为 1.5%。

但是烟草合作社和中国的其他合作社不同，它们大多掌握在地方士绅手中。事实上，合作社成员绝大多数是那些不仅不需要贷款济助，而且实际上还掌握货币准备放贷的地主和富裕农民。其实，那些真正需要贷款的人——一般为贫穷农民，甚至包括许多中等农民——并不能成为这些合作社的成员。在凤阳地区南岳庙［音］附近的庙东［音］村，一个烟农有一次愤怒地反对当地合作社说："只有穷人没有饭吃，没有钱花；可是富人却吃政府的救济粮，用银行给合作社的贷款。"富人和士绅总是力图把穷苦的人拒于合作社外，这是不言而喻的。

试以南岳庙烟草合作社为例。它的理事长、监事、秘书，以及多数部的负责人，都是地方上行政官员和有钱有势的人。在50名社员中间，没有一个人占有土地在20亩以下的，有五人每人占地20至30亩，十人每人占地30至50亩，七人每人占地100亩以上。必须指出，根据对这个村逐户调查的结果，中等农民每户平均占有土地25亩，贫穷农民每户仅有9亩。因此，这个烟草合作社社员至少有90%是地主和富裕农民。这些地主和富裕农民，由于他们参加并控制了合作社，他们实际上得到了全部贷款，然后再将它贷给合作社以外的人。

这些人一身而同时兼任债权人和债务人的角色，结果会怎样呢？他们虽然通过合作社付给银行月利1.5%，但是他们还有月利1.8%的利息差额。在贷款再分配中，他们有时对于自己的亲戚和朋友十分宽厚，按照和银行贷款同样的利率收息，但是，他们更为经常的是按照当地通行的高利贷利率索取利息。一个住在西泉村附近名叫庄洪生［音］的中等农民，向合作社的一个社员借了十元，三个月后就得付还十一元。

有些合作社社员利用购买煤和豆饼的贷款，对烟农进行实物放贷。这样，烟草合作社事实上便和"英美烟"的中国买办一模一样，两者都通过地方士绅向农民放贷。在这一方面可以说，中国的银行资本只是作为高利贷资本和买办资本混合物的体现，它对于促进民族工业的发展，没有起过什么作用。即使中国银行这个被人们认为在鼓励工业企业方面最有见识的机构，在它的全部投资中，工业贷款也没有超过 1/10。它在收购出口原料和分配外国进口商品方面，已经并且正在做大量的工作。在每年收购烟叶的季节，这家银行和交通银行以及其他的中国银行，在山东"英美烟"著名的收购烟叶中心二十里铺，指派了专门的代理人。由于外国和中国资本家、买办和地方士绅的共同合作努力，美种烟草的种植，在中国已经达到了它目前这样的状况。

三　烟草种植的扩展

自从英美烟草公司于 1902 年在中国设立卷烟厂以来，不但其他外国资本家开始在条约口岸生产卷烟，中国的工业资本家尽管为数有限，也认为这是一个利润优厚的投资场所。第一家华商卷烟工厂出现于 1905 年。它是在中国市场对卷烟的需求陡增的促使下成立的，当时由于抗议美国歧视中国移民而普遍抵制美货，引起了市场对卷烟的需求。在 1914—1918 年大战期间，外国卷烟进口减少，一家最初在"南洋"一带营业兴盛的中国厂商南洋兄弟烟草公司的产品，在中国，尤其在东南沿海地区，得到了迅速扩展的市场①。南洋兄弟烟草公司和"英美烟"在 1913 年开始鼓励种植烟草，它们将山东、安徽和河南的某些地区作为这种种植的试验区。1925 年至 1927 年的中国国民革命运动，进一步促进了国产卷烟的销售，1924 年华商卷烟工厂只有 14 家，

————————

①　"南洋"一词通常指同中国西南和南方紧邻的国家，尤其指各群岛，但是也偶用于包括澳大利亚全部。

而随后三年却增加到 186 家。

国产卷烟生产的发展，增加了对美种烟草的需要。华商工厂和外商在华工厂 1930 年以后竞争特别激烈，它们不得不被迫采用最好的原料。原先在制造低级卷烟时曾与美种烟草混合使用的土种烟草，很快就弃而不用。此外，由于从美国进口的烟叶比在中国种植的美种烟草贵得多，彼此竞争的工厂在竞争中必须寻找某些降低生产成本的方法，对于中国种植的美种烟草的需要，从而有了增加。有些华商工厂使用进口的美国烟草，从 30% 降低到 10%。换句话说，在卷烟工业中使用中国种植的美种烟草，从 70% 提高到 90%。

在这种情况下，美种烟草的种植稳步增长。要对这一扩展的程度有个明确的概念，只须看一下三个产烟区各两个有代表性的村庄的统计便够了。三个产烟区是：山东省的潍县，安徽省的凤阳和河南省的襄城。六个有代表性的村庄由于在地理、农业，甚至社会方面，在各自地区都具有典型性而选取，进行按户调查。它们是潍县的武家和于家庄，凤阳县的庙东和西泉，襄城县的肖庄和盐土庄（音）。

表 1　　　　　6 个典型村美种烟草种植的扩展

（1921—1934 年）

年　份	亩　数	指　数
1921	616.75	100.0
1926	663.85	107.6
1929	701.45	113.7
1931	783.85	127.1
1932	818.35	132.7
1933	1012.85	164.2
1934	1027.11	166.5

英美烟草公司和南洋兄弟烟草公司在1913年到1918年间持续不断地、日益广泛地分发美国烟种，结果使上述三个地区美种烟草的种植十分普遍，1921年以来所有这些地区的生产都在稳步地增长。在1921年至1934年期间，美种烟草亩数增加了66.5％。但是必须指出，在1921年至1926年最初五年间，只增长7.6％，1926年至1931年第二个五年间，略微超过18％。以后四年急剧上升，增长高达31％。

从1921年至1931年，生产增长27％，这的确不能满足中国卷烟工业迅速扩展所造成对烟叶日益增长的需求，外国烟草，主要是弗吉尼亚烟叶的进口，在继续增加。表2根据海关统计编制，从中可以看出，这一时期进口增加四倍半以上。

表2   **中国烟叶的进口**

(1921—1931年)

年 份	担*	指 数
1921	221281	100.0
1922	254033	114.8
1923	315312	142.5
1924	677578	306.2
1925	551685	249.3
1926	755083	341.2
1927	633003	286.0
1928	1069851	483.4
1929	910940	411.6
1930	925938	418.4
1931	1242070	561.3

*   1担（100斤）约等于50公斤，或133磅。

表 3　　　　　　　　中国烟叶的进口

(1931—1935 年)

年　份	担	指　数
1931	1242070	100.0
1932	587694	47.3
1933	403201	32.5
1934	494411	39.8
1935	135028	10.9

　　然而，1931 年以来美种烟草的进口却因它在中国的种植加速度增长而连续下降。加上由于日本军事占领满洲而丧失巨大的市场，对"英美烟"和南洋兄弟烟草公司产品的需求减少了。这肯定是 1932 年烟叶进口陡减的主要原因。无论如何，1935 年的进口总量减少到只有 1931 年的 11 %。

　　最初种植美种烟草的三个地区——山东东部、安徽北部和河南中部，虽然仍是中国卷烟生产原料的最重要的供应地，但是新的产区如山西和东北三省（满洲），已经发展起来。日本帝国主义者在他们的傀儡国不遗余力地提倡种植烟草。这个地区美种烟草的种植，据说总数很快将达到 44658000 磅[①]。

　　三个主要的地区中，每一个地区的发展都必须加以分析。在山东，美烟种植从潍县地区发展到其他九个地区，即：临朐、临淄、益都、安丘、昌邑、昌乐、寿光、广饶和桓台。与此同时，河南的种植正从襄城扩展到其他十一个地区，即：西北的禹县、郏县和临汝，正西的宝丰和鲁山，西南的叶县，跨越平汉铁路通往襄城东北的是长葛地区。位于这条铁路沿线的其他四个产烟区是许昌、临颍、郾城和安阳。由于安徽所产的烟叶味劣，这个地

----

　　① 上海《字林西报》(The North China Daily News) 1936 年 5 月 4 日报导，"所谓美黄烟的种植，将增为 540 万贯，每贯等于 8.28 磅。""贯"系日本重量单位，更准确地说，每贯等于 8.27 磅。

区种植的增加相当缓慢，仅仅从凤阳扩展到其他三个地区，即：北面的怀远和萧县，以及正南面的定远。

1934 年，安徽约产美种烟草 2000 万磅，但是山东的总产量至少达到 7000 万磅①。同年，河南的生产无疑最多，这个中国中部的省份仅仅从铁路运出的烟叶就大约有 8000 万磅。表 4 是根据 1934 年冬作的实地调查编制，调查包括三个主要产烟区，涉及烟叶总产量、平均亩产量、每一户平均种植面积，以及烟草收购者所定的牌价。调查表明，约有 26 万户，181 万个烟农种植 924000 亩的美种烟草，全部收获价值为 2860 万元。

表 4   **中国美种烟草的生产**

(1934 年)

	总　计	山东东部	安徽北部	河南中部
收获量（100 万磅）	170	70	20	80
平均亩产量（磅）		507.1*	143.9	217.0
种植面积（1000 亩）	924	138*	140	370
每户平均种植面积（亩）		1.8*	3.1	4.7
烟农户数（1000 户）	259	77	45	137
每户平均人数（包括全部人口）		7.4	6.8	6.8
烟农人数（1000 人）	1808	570	306	932
每 100 磅烟叶市价（元）		14	10	21
收获总量（百万元）	28.6	9.8	2.0	16.8

* 指本地亩，比其他地区约大二倍，总计中已作相应调整。

如将种植美种烟草的其他较小地区，如河南北部、山西以及东北三省包括在内，1934 年中国种植的总面积当在 100 万亩左右。烟农必定有两百万人，约 30 万户，收获总量 2 亿磅，价值

---

① 第 126 页注②引的日本作者所估计，不能认为有用，因为山东产烟区逐户调查的结果表明，每亩平均收获为 507.1 磅，他的数字是根据每亩只有 192.8 磅这一个错误的平均数计算，可能没有考虑到山东"亩"的面积较大。

至少应当为 3000 万元。美种烟草的生产，对于中国一般农业还未具有首要的意义，它在数量方面仍然远远落后于所谓土种烟草的生产。

土种烟草的生产虽然的确在下降，但是，1934 年中国 20 个产烟的省份（华北的察哈尔、绥远、宁夏、甘肃、陕西、山西、河北和山东；华中的河南、湖北、湖南、江西、浙江、江苏、安徽、贵州和四川；华南的云南、广东和福建），土种烟草总产量大约达到十亿磅，总面积在 600 万亩左右[①]。目前，土种烟草的生产大约为美种烟草五倍，面积为后者的六倍。

表 5　　　　　　　6 个典型村烟草种植面积的百分比

（272 户，1933—1934 年）

	作物面积（亩）	美烟面积（亩）	百分比
潍县（2 个村）	1457.6*	198.8*	13.6
凤阳（2 个村）	2507.9	137.0	5.4
襄城（2 个村）	2286.9	267.2	11.7
6 个村总计	9167.5+	1000.6+	11.0

*　此处"亩"比其他两个地区大二倍。

+　总计中包括 21 户，其亩数不如其他 251 户所报准确。

然而，在山东东部铁路沿线、安徽北部蚌埠附近和河南中部这三个特定的地区中，每一个地区美种烟草的种植都具有相当重

[①]　根据南京国民政府实业部中央农业实验所《农情报告》，张一心辑录，见桂中枢编《英文中国年鉴，1935—1936 年》（The Chinese Yearbook 1935—1936）首期，上海，1935 年，第 851 页。如果张一心的统计可以认为是相当可靠的话，则中国年产烟草 12 亿磅，作为烟草生产国，仅次于美国。美国农业部出版的 1936 年《农业年鉴》告诉我们，美国每年生产 13.5 亿磅，该书美国作者写道，"中国按其在世界生产总量中占 10% 或 10% 以上而言，其重要性无疑居于第三位，"（第 806 页）他承认中国每年产量大约只有五亿磅。印度因而被认为在重要性方面仅次于美国。

要的意义。从表 5 可以看到，这些地区美种烟草总亩数达到耕种面积的 11%。但是，美种烟草的种植却已经成为这些地区农业经济的重心。在这三个地区，不仅有 60% 以上的农户从事美种烟草的种植，而且烟草已经成为他们主要的现金作物。

事实上，潍县、凤阳和襄城的实地调查已经表明，每个村平均有不少于 63.4% 的农户种植烟草。

表 6　　　　　　　6 个典型村种植烟草的农户

(1933—1934 年)

	农户总数	种植美烟户数	百分比
潍县 (2 个村)	193	114	59.1
凤阳 (2 个村)	79	58	73.4
襄城 (2 个村)	157	100	63.7
6 个村总计	429	272	63.4

表 7　　　　　　6 个典型村美种烟草作物的面积与价值

(251 户，1933—1934 年)[①]

	作物面积 (亩)	百分比	作物价值 (元)	百分比
小　麦	2565.7	34.9	8635.6	29.2
高　粱	771.7	10.5	2943.7	9.9
美种烟草	992.6	13.5	9142.9	30.9
其他作物	3016.2	41.1	8826.4	30.0
总　计	7346.2	100.0	29548.6	100.0

上述六个典型村的主要作物是小麦、高粱和美种烟草[②]。在

---

①　由于辅助性作物的价值不易估计，本表中"其他作物"一项仅指其他主要作物。

②　高粱 (sorghum vulgare)，是满洲和华北其他省份许多地方的主要谷物。它在四月份播种，九月份收割时，长 8 至 10 英尺高。

1933 年，272 户烟农所有的全部作物面积中，约有 35％系种植小麦，13.5％种植美烟，10.5％种植高粱，但是同年这些作物总价值中，小麦达 29.2％，烟草达 30.9％，而高粱仅占 9.9％。这样，十分清楚，种植烟草的面积虽然小于小麦面积，它的作物总值却显得比它大。烟草的确是所有换取现金的作物中价值最高的作物。

美种烟草不仅在各户种植作物的价值中所占百分比最高，而且实现现金的价值，在他们售出的作物总值中高达 78.2％。不仅如此，这些农户还占产烟区农户总数的 60％以上。

表 8　　　　典型村 251 户全部售出作物的现金价值

（1933 年）

农户类别	全部售出作物价值（元）	售出烟草价值（元）	百分比	售出其他作物价值（元）	百分比
富裕农民	3097.4	2002.9	64.7	1094.5	35.3
中等农民	5393.6	4355.2	80.7	1038.4	19.3
贫穷农民	3196.3	2784.8	87.1	411.5	12.9
共　计	11687.3	9142.9	78.2	2544.4	21.8

与此有关的十分重要一点是，富裕农民家庭不像中等农民和贫穷农民家庭那样，密切依赖美种烟草取得现金收入，他们占有并且耕种多得多的土地，因而除了烟草以外，还有其他作物出售。他们从作物中得到的现金收入，有 1/3 以上来自烟草以外的其他作物，但是中等农民和贫穷农民家庭却几乎都依靠他们出售烟叶的收入。就中等农民说来，他们来自作物的全部现金收入，有将近 81％来自烟草，至于贫穷农民，这一百分比高达 87。

四　烟叶收购网

一般都知道，对外贸易和外国资本渗透中国，加速了中国农产品的商品化。对外贸易甚至影响到这种商品的兴衰变迁。像甘蔗、亚麻、甘草、干靛和水靛之类的商品，种植面积和产量都已因外国的输入而减少。另一方面，输出的增加却加速了罂粟的种植和油菜、棉花、花生、大豆的耕作。种茶植桑最初曾受外国商业资本极大的鼓励，后来却由于外国竞争日益加强而令人惋惜地逐步衰落下去。江苏省无锡丝区，有大片粮田曾经一度突然变成桑田，但是最近却开始了恰恰相反的过程。在浙江绍兴平水著名茶区，近年来茶农不但放弃采摘第二期和第三期新长的茶芽，而且连采摘头期长出的嫩茶也顾不上。事实上，那里有许多茶园已经变成一片荒芜。

对外贸易和外国资本同样带来了中国卷烟消费的巨大增长。中国卷烟消费总量在 1900 年不及 3 亿支，但是在 1910 年却猛增至 75 亿支；1920 年为 225 亿支；1930 年为 700 亿支；到 1933 年，已达到 885 亿支的高峰[①]。外国资本也有助于促进制造卷烟的主要原料美种烟草的种植。首先于 1914 年负责将新的烟种分发给烟农的是外国资本，在仅仅 20 年的较短时间内，在现有一小块一小块的零细农田里，烟叶总产量约有 2 亿磅左右。

[①]　上述数字系据沃尔夫（H.M.Wolf）论文《中国烟草工业》（The Tobacco Industry in China）的估计，见《中国经济杂志》（Chinese Economic Journal），上海，1934 年第 14 卷，第 1 期，第 91—92 页。1928 年至 1931 年间向中国输出的美制卷烟急剧减少。哥伦比亚特区华盛顿出版《烟草市场与国外情况》（Tobacco Markets and Conditions Abroad）通报第 363 号称，中国从美国输入卷烟，1938 年为 8654 百万支；1929 年为 4855 百万支；1930 年为 1342 百万支，1931 年为 123 百万支。

　　中国美种烟草的生产，一开始就受到外国资本的控制，种植面积的扩展，为这种控制提供了极好的机会。英美烟草公司三个产烟区一经开辟，烟叶收购就以潍县二十里铺、凤阳门台子和许昌西关为中心，建立起来。

　　"英美烟"在这些中心建立大型工厂，烘烤收购来的烟叶。农民当然总是将烤干的烟叶带到市场来，但还需要用现代机器另作更好的复烤，以便进一步压缩体积，备作最后贮藏。通过工厂这一加工处理，既节省了运输费用，又使烟叶的香味和色泽长期保存下来。的确，如果没有现代的工厂烘烤，就不可能真正有大规模的烟叶收购。二十里铺"英美烟"烤烟工厂，是在1916—1917年间建立的。全部厂房由从南到北两栋建筑构成，位于胶济铁路沿线，占地600亩（合本地亩200亩）。有四台烘烤机器，每日能烘烤烟叶40万磅[1]。门台子烤烟厂的厂房从东到西，和许昌西关的工厂一样，也占地几百亩。"英美烟"仅在门台子就有职员约六十人，外国人和中国人都有，厂中工人在500名以上[2]。

　　美种烟草的种植面积，沿着胶济铁路扩展，"英美烟"的烟叶收购网也随着铺开。收烟厂在火车站附近次第设立起来。二十里铺、黄旗堡、谭家坊、杨家庄和益都，这五个火车站，现在每一个站都设有一个"英美烟"的收烟厂；辛店还有两个收烟厂。所有这些收烟厂，都由公司烟叶部的山东总办经理和管辖，他就驻在二十里铺。山东全部美种烟叶中，约有70%至80%系由"英美烟"这个收购网收购，送到烤烟厂，烤烟厂也是受烟叶部

---

　　[1]　据买办田俊川称，这个工厂每日能烘烤烟叶400桶以上，每桶毛重为1000磅以上，净重为900磅以上。

　　[2]　根据蚌埠通讯，《大公报》，天津，1936年9月29日。

山东总办监督。

这个总办兼山东地区的监督，是一个外国人，但是收购烟叶的工作有一个中国买办协助。外国总办监督各个收烟厂的负责人，他们不是中国人，而二十里铺的中国买办却监督着同这些收烟厂有联系的买办。各个收烟厂都有为数众多的职工，包括一个外国负责人，两三个鉴定烟叶的外国人，一个中国买办，以及其他担任事务员、登记员和翻译或通译的中国雇员。鉴定烟叶的外国人验看农民带来的烟叶，评定等级，以便付款。几乎所有这些看烟估价的外国人，都是来自美国南部各州，他们熟悉烟草生产，以及美国产棉区和产烟区的劳动组织和劳动管理①。

然而，值得指出的是，根据条约规定，只准外国人在条约口岸或根据国际协定开放的口岸购置土地和设立工厂。在中国人自行开放的口岸或贸易中心，从来没有在法律上准许授予外国人这些权利。设有七个"英美烟"收烟厂的山东六个火车站所在地，以及安徽门台子和河南西关，都不是条约口岸，甚至也不是由中国人开放的口岸。一个外国托拉斯"英美烟"，怎么能够在这些地方设立收烟厂和烤烟厂呢？这完全是由于中国买办、官僚和地方士绅给予公司的帮助。"英美烟"使用的土地是以中国人的名义购置，建筑物也是以类似的方法建立起来。在山东，用买办张自芳［音］的名义，后来用他的继任买办田俊川的名义。西关"英美烟"烤烟厂的用地，是由买办任伯彦为公司购置，成交时买方用"永安堂"的堂名②。

外国总办和中国买办，不论他们驻在什么地方，往往十分谨

---

① 张伽陀，《鲁东种烟区三个月的观感》，《东方杂志》，第 33 卷，第 6 号，上海，1936 年，第 111 页。

② 《河南民国日报》，开封，1935 年 10 月 5 日。

慎小心地同地方有影响的士绅家庭保持着密切甚至亲善的关系。这方面可以举出最好的例子，也许莫过于山东东部的例子。所有胶济铁路沿线的公司高级职员，都在处心积虑博取官僚、士绅和地方领袖人物对公司的善意好感。在"英美烟"收烟厂所在地二十里铺，保安队的首领是当地士绅的领袖，同这个外国托拉斯在财务上瓜葛纠缠，这绝非偶然。"英美烟"的高级职员不仅每月支出 400 元，烟叶收购季节增加到 600 元，作为保安队的维持费，而且他们还曾经贷款给保安队的首领，作为他经营煤矿的资助。根据田俊川提供的资料，他有一次就欠负"英美烟"债款 10 万元以上。"英美烟"在山东的影响和势力，长期以来是明显的。几年前，甚至连督办山东军务的郑士琦，还正式拜访过二十里铺的中国买办。1935 年，山东省政府主席韩复榘（他于三年后因未能防御日本侵略山东而被处决），在山东东部巡察途次，也曾经对"英美烟"的高级职员作过专门的访问。

外国商号、中国买办和政府高级官员之间的"友好谅解"，绝不只限于英美烟草公司。日本烟草企业也同样如此。三家日本公司，即米星烟草公司、南信洋行和山东烟草公司，在山东东部设有收烟厂和烤烟厂。"米星"的烤烟厂位于潍县火车站附近的虾蟆屯。虽然日本于 1937 年以前在那个地区的影响已经相当大，米星公司为了烟草企业的利益，在联络地方士绅和领袖人物方面，仍然十分活跃。虾蟆屯警察所名义上虽隶属于潍县警察局，财政上却由"米星"维持，后者每月花 400 元以上，用于警察所的开支。

十分明显，中国买办、官僚和地方士绅已经成为帝国主义对中国经济渗透的良好媒介，通过这个媒介，这种渗透纵使相当缓慢，但却无疑在或多或少地向前推进。只有通过这一媒介，外国货币资本才能够达到中国腹地，在那里设立工厂，并且受到政治和军事上的保护。"英美烟"办事处门前驻置武装的守卫。他们保护烟叶鉴定人验看收购的烟叶,对付孤弱无援的农民。

"英美烟"在河南的命运,也值得一叙。随着1927年武汉政府北伐,国民革命的浪潮达到河南中部,许昌的"英美烟"烤烟厂为中国当局没收。机器和库存烟叶都被拍卖,在革命动乱中,厂房甚至也遭到破坏。许昌的买办任伯彦由于非法向外国人出售土地而受到起诉,并被逮捕。河南"英美烟"的烟叶收购网完全瓦解。此后许多年,公司不得不从上海收购烟叶的中国代理商那里,购买大量的许昌烟草,其数额每年至少达到500万元。

随着1928年以后国民革命的热情减退,这一家外国托拉斯的声望和势力开始重新恢复。1929年以后,"英美烟"通过增资,有力地进行河南烟叶收购网的恢复工作。一名卸任的大学校长,清华大学已故的曹云祥,受邀协助工作,他接受了公司"外交顾问"的职位,在南京政府和这个国际托拉斯之间斡旋。

"英美烟"最初只能通过形形色色的中国收购人在河南间接收购烟叶。因此,有一段时间,许多收购人仅仅是"英美烟"的代理人;但是不久,公司又能够在这个省重新开设收购烟叶的机构。这一机构在许昌称为"许昌烟叶公司",名义上由两个中国买办同地方士绅合作,于1932年2月成立[①]。这个公司借口改良烟种,在许昌北郊的北关,购买土地50亩,盖起收购烟叶的厂房[②]。

[①] 根据许昌公司股东杨佩卿启事,《申报》,上海,1935年10月26日。[杨佩卿《启事》原文云:"溯民国二十一年四月间由邬君挺生、邱君文品、胡君静山、沈君昆山与鄙人等共同发起,在许昌地方组织许昌烟叶股份有限公司,专以经营许昌烟叶为业务。"——译者]

[②] 出卖土地给这个公司的,大多数是农民,他们每亩得价80元,而不是以每亩150元以上的时价出售,因为他们所说政府将征用这些土地。

　　"英美烟"的这个新机构不得不面临着1927年公司从烟叶市场退却以来河南省发展的形势。在那个时期，华商收烟厂像雨后春笋，其中有些系由几家合资维持。在河南中部，许昌和襄城附近一度有过一千家以上这样的收烟厂。它们为上海外商和华商工厂和公司收购烟叶，通过操纵市场，获取巨利。它们组织一个烟叶业同业公会，控制美种烟草的价格，收购河南中部所产全部烟叶的80％以上。这个华商同业公会成为"英美烟"新设的傀儡组织"许昌烟叶公司"难以对付的竞争对手。

　　许昌烟叶公司设立后最初两年间，未能收购到大量烟叶。然而，它很快就采取了利用中国中央政府的力量以抑制本省士绅权势的政策[①]。河南"英美烟"的中国买办于1934年从公司退休，他立即设立一个新的组织。这就是"美种烟草改良委员会"，它同财政部统税署合作，进行活动。这个老买办通过新的委员会，利用一帮士绅同支持烟叶业同业公会的另一帮士绅对抗。但支持同业公会的士绅比表面上看来更加强大，同业公会不能够被轻易压下去。1934年"英美烟"在河南收购烟叶的数量仍然很少[②]。

　　"英美烟"终于找到了自己的办法。1935年，它的一个退休买办买下了曾遭部分破坏的许昌"英美烟"烤烟厂原来的厂房，"英美烟"向前走出了一步。"许昌烟叶公司"从而由北关迁到西关；接着，"英美烟"的高级职员、一个名叫牛森（Newson）的外国商人，担任这个公司的经理。那一年，"英美烟"为了在许昌收购烟叶，通过当地中国银行分支机构筹措资金达300万元。

----

　　① 见"统税署"关于"美种烟草改良委员会"创立的报告，《中华日报》，上海，1934年5月18日，亦见上海卷烟厂业领袖演说，1935年10月24日《申报》报导。

　　② 河南烟叶业同业公会为首的人是许昌一名退役军人，他曾经担任该省南部南阳的驻防长官。

它在当地政府武装保护下，直接在西关的厂房收购烟叶。从10月7日至14日一个星期内，大约收购了1000万磅[①]。1935年以后，许昌烟叶业同业公会开始走下坡路。在河南收购烟叶的中国人因而不可能再找到上海的大买主，"英美烟"当然也就停止了在河南向上海商人购买烟叶。

"英美烟"在河南重建它自己的烟叶收购网时，它的傀儡组织"许昌烟叶公司"把运输烟叶的全部业务转给南京铁道部，该部当时已将全部铁路组成一个联合运输系统。一家原来同河南烟叶收购商及其上海买主有营业往来的中国商号"许昌运输公司"，由于这种新的安排，很快失去了它赖以存在的全部基础。这家运输公司联合河南和上海的烟叶业同业公会，请求政府援助。他们联合起来控告负责组织许昌烟叶公司的"英美烟"退休买办和他的士绅同事们在经营业务中贿赂舞弊。案件以暴露许昌烟叶公司贿赂法官以及法官随后遭到惩处而告结束。然而公司作为"英美烟"的一个机构，它本身却没有受到触动，而且还获准继续它的兴旺经营。

后来，这个同公司有关的买办在许昌被暗杀以后[②]，河南和上海的烟叶业同业公会发动了一次对"英美烟"的反攻，力图打破它的垄断。正在这个时候，南京财政部采取一项新的措施，似乎给"英美烟"带来新的希望。根据这个政府控制烟草经营的计划，政府和商人将在许昌合办一个烟叶买卖机关；政府资本将占资本总额的40%或50%，但是商人资本中，有一半是外国资本。十分明显，外国资本能够稳获河南烟叶专卖的份额25—30%。何况政府财政拮据众所周知，名义上属于政府资本的份额，很可

---

① 《郑州民国日报》，郑州，1935年10月14日、11月4日。
② 指许昌烟叶公司董事长邬挺生，他于1935年底在许昌被人枪杀。——译者

能正是"英美烟"的贷款。因此，在外国资本达到70—75%的情况下去建立政府控制，这种控制只能真正成为树立"英美烟"对烟叶收购垄断的最好的工具。

政府拟议设立的许昌烟叶买卖机关，准备筹集资本500万至1000万元。由于大多数华商烟叶收购商和华商卷烟厂资本很少，不可能提供这样一个新的数额的资金，外国托拉斯，特别是"英美烟"，就必然成为这个方案的主要的受益者。中国的实业家和银行家为此在上海的报纸上，对政府的政策提出了直率的批评[1]。

1935年，在上海的外国和中国的报纸上，流传着一份关于"英美烟"同广西省政府进行交易的报告。公司将向省政府提供五百万元，作为烟农扩种美种烟草的贷款。据说"英美烟"还将向广西省当局提供另一笔2000—5000万元的更大贷款；作为交换条件，这家外国托拉斯将获得在该省收购烟叶和销售卷烟这两个方面为期各15年的专利权[2]。强大的"英美烟"在中国官僚、买办和士绅的合作下，显然不再满足于仅仅恢复它在1927年以前的势力，而是正在中国腹地和僻壤极力建立更加庞大、垄断性更强的烟叶收购网。

五　中国卷烟工业的命运

1933年，日本帝国主义者已经大体上完成了他们对东北四省（满洲和热河）的占领，日本军事司令官在日本一些金融家的默许下，开始制定对这个傀儡国实行工业控制的种种计划。卷烟

---

① 《时事新报》，上海，1936年9月9日；《申报》，上海，1936年9月22日。
② 《申报》，上海，1935年4月27日；《江南正报》，上海，1935年5月6日。

工业自不例外。日本人以完全垄断烟草为目标,在东北急速设立一个取名"满洲"的新的烟草公司。1936 年初,人们已经普遍知道,满洲烟草公司将获准同旧有的日本烟草公司"东亚"划分市场。"满洲"将倾注全力开拓满洲市场,而"东亚"则将以华北大约包括六个省份作为自己的独占范围①。

日本潜在竞争的前景,使英美资本家感到震惊,他们到目前为止,在中国的烟叶和卷烟市场上,已经处于支配的地位②。上海《密勒氏评论报》在 1936 年有力警告说,日本烟草垄断的影响和势力,将迅速扩展到华北③。就资本的实力来说,日本仍然远远落后于英国。那一年,这两家日本公司的投资总额没有超过 1500 万日元,而"英美烟"的实缴资本总额为 34182000 镑。根据日元和英镑的现行汇率换算,"满洲"和"东亚"公司的资本

---

① 《中外商业新报》,东京,1936 年 1 月 24 日。(日文)

② "英美烟"虽系英国和美国合资创设,但是现在它是在英国人、而不是美国人的控制之下。然而,从美国烟叶和卷烟在中国输入中占有很大的比重可以容易看出,美国资本在中国烟草市场的势力与地位:

年 份	烟 叶		卷 烟	
	数量 %	价值 %	数量 %	价值 %
1930	93.8	95.0	27.8	25.5
1931	96.0	97.1	2.0	3.6
1932	94.8	96.1	11.6	18.7
1933	94.7	96.5	27.7	27.4
1934	96.5	97.8	38.3	33.2
1935	80.6	88.6	42.0	38.6

③ 《密勒氏评论报》,(The China Weekly Review),上海,1936 年,第 75 卷,第 10 期,第 330 页。

合起来不及"英美烟"资本的 4%①。正是由于这个原因，日本人在不可避免的商业竞争中，不得不使用某种超经济的力量，政治的以及军事的力量，与"英美烟"对抗，在满洲和华北，尤其如此。

过去几年间，英国资本家已经能够保持住他们在中国东北烟草和卷烟市场的地位；的确，与其他西方商业在这个傀儡国的分支机构不同，"英美烟"在那里经营业务，甚至此 1931 年以前更加兴盛。1930 年"英美烟"在东北四省销售卷烟总值为 600 万元，但是在 1934 年增至 1000 万元，到 1935 年，达到 1200 万元。"英美烟"的沈阳卷烟厂从而几乎每年都在增置新的机器。1933 年这家工厂只有 28 部机器，而 1934 年增为 38 部，1935 年增为 50 部。到 1935 年，这家公司甚至在横贯辽宁东部的沈阳—海龙铁路沿线建立起一个烟叶收购网。

日本烟草公司首先排挤中国人的营业，只是在他们发展到第二阶段，才侵犯到英国的势力范围。到 1938 年春，已经有征兆表明日本军方计划将西方利益从中国驱逐出去。数量庞大的卷烟用纸没有缴纳任何税款，走私到上海。"结果是，外国卷烟制造商缴付每箱（5 万支装）100 元的统税；而日本人却逃避纳税，而且将卷烟纸售给小厂，用来仿造外国名牌的卷烟。"②

"英美烟"的"满洲国"附属机构董事会增加了日本董事，"英美烟"同意同它的竞争能力较差的日本对手划分市场。满洲的经验鼓舞了（日本）陆军的勇气。它在第一个"自治帝国"跨

---

① 满洲烟草公司资本据称为伪满币 500 万元；见日本人在上海发行的日报《江南正报》（中文），1934 年 8 月 27 日。东亚烟草公司的创办资本，已缴 580 万日元，但是据东京《中外商业新报》1936 年 1 月 24 日报导，它的实缴资本总额将增至 1000 万日元。"英美烟"资本数目，刊于《字林西报》，上海，1936 年 2 月 4 日。

② 《密勒氏评论报》，上海，1938 年，第 85 卷，第 1 期，6 月 4 日，第 4 页。

踤不定的事，现在却试图在同样自治的"临时政府"下的华北干起来了。满洲两家日本企业，在军方的公开支持下，于（1938年）3月10日公开了它们要在极其丰富的华北市场上向"英美烟"开战的计划。① "东亚"在开拓华北市场中显然吁请"满洲"帮助，于是它们在河北共同设立了两个新的公司。第一个是"华北东亚烟草公司"，资本1000万日元，第二个是"华北烟草公司"② ，创办资本500万日元。两家公司对于它们的势力范围和附属企业的组织，都作出了决定。现在山东大量的烟叶就由日本卷烟工厂收购。只是在"英美烟"，亦即"颐中烟草公司"同意以外汇或华北"联银券"交付一定比例的担保金以后，日本当局才准许它收购烟叶。

华北烟草公司将在北平设立工厂，预定年产卷烟15亿支。华北东亚烟草公司更加雄心勃勃。它要将太原一家名叫"晋华（音）公司"的华商烟厂变成年产5亿支卷烟的附属工厂；它将在青岛设立一家年产15亿支卷烟的新工厂；它现有设在天津和秦皇岛的两个工厂，每年卷烟总产量已经达到24亿支，很快将超过30亿支大关。因此，在不久的将来，日本在华北的工厂每年也许将生产65亿支卷烟③ 。热河、绥远、宁夏和新疆的市场——每年大约销售15亿支卷烟——过去是由"英美烟"从它的哈尔滨基地运来供应，但是，此后将由"东亚"利用张家口和多伦作为分发的中心，供应这些市场。

由于华北卷烟的消费每年达到350亿支的庞大数额，也由于

---

① 《密勒氏评论报》，上海，1938年，第85卷，第1期，6月4日，第3页。

② 原文分别作"the Hopei To-a Tobacco Company"（河北东亚烟草公司）和"the Hopei Tobacco Company"（河北烟草公司），现订正为"华北东亚烟草公司"和"华北烟草公司"下文同。——译者

③ 根据日本通讯社"同盟社"1938年4月22日报导。

两家新设的日本公司第一年联合产量不及 65 亿支，而且即使以联合计划每年生产 150 亿支为目标，华北大部分市场仍将暂时由"英美烟"继续供应。然而，正如《东京读卖新闻》所说，在长期的竞争中，"这两家日本商号决心牢固地树立起它们的势力，凌驾于外国企业之上"。

日本卷烟的销售已将中国人的营业驱逐出东北和华北，这是不容置疑的事实。1931 年，华商工厂卷烟投入市场总量每月平均 15 亿至 20 亿支，国产卷烟每月运往东北三省，估计为 5000 万至 2 亿支。自 1932 年初以来，由于日本在满洲实行关税统制，中国人在东北的市场已经丧失殆尽。1935 年以来，由于在日本人保护下，大批卷烟从日本走私到华北，国产卷烟也被排斥出华北市场。到 1936 年中，上海二十多家华商卷烟厂设在华北的所有销售处不得不停止营业。

华商卷烟工业和其他任何民族工业一样，在原料收购和产品销售方面，不得不承受外国资本的压迫。它必须承担腐败的财政制度所带来沉重的税负，并且受到外国竞争和政府捐税的双重夹攻，它的前途绝无光明可言。它经过欧战期间一度短暂的繁荣以后，开始衰落下去。华商卷烟工业一向高度集中在上海，据统税署统计，1935 年上海华商卷烟厂从 1927 年的 186 家减少到只有 67 家，锐减 63％。

国产卷烟不仅在国外没有什么销路，在国内也难以站住脚跟。中国的产品首先从东北市场、接着从华北、再接着从沿海地区直到最南方各省，次第被外国资本的产品排挤出去。从 1932 年到 1935 年短短四年间，中国卷烟销售总数为 257741936000 支，其中国产卷烟不及 100492640000 支①。从表 9 可以看到，

①　原文作 100492604000 支，据表 9 订正。——译者

外国在华工厂生产以及从国外进口的卷烟，在中国市场占61%，而国产卷烟却不及39%。1935年以后中国所占的百分比无疑更进一步下跌。卷烟销售量和百分比仅仅表示中国和外国卷烟的相对销售实力；还必须对它们的销售价值作实际的比较。由于国产卷烟大多数等级较低，而外国制造的卷烟有一部分品级最高，一部分属于中级品，国产卷烟的地位，如表9所示，仍然处于劣势，这是十分清楚的。

进口卷烟的数量一直在明显下降，但是，这是由于外国在华工厂所产的卷烟相对增加的缘故。在1934年和1935年，华商工厂的销售总量从27912771000支跌到23115323000支，外商工厂的销售总量则从24898955000支增加到34108842000支。换句话说，两年中，国产卷烟的销售缩小了18%，而外国在华制造的卷烟销售却增加了37%。似乎出现了外国卷烟确立对中国市场垄断的趋势。

中国制造商在同外国卷烟的竞争中，必须应付日益增重的捐税负担。1935年8月，华北华商卷烟代销商写信给"上海中华国货卷烟维持会"，抱怨新的烟税制度[1]："查卷烟一业曩者行七级税制，分级多，则上、中、下级烟之负担，就烟质高低而定，故下级烟应完之税自轻，迄时各地尚无私制土烟[2]，华厂出品，得销行畅旺，堪与洋商竞争，挽回权利。讵自新二级税制确定售价在320元以上者为第一级，征税160元；售价320元以下者为第二级，征税80元[3]。

---

[1] 《益世报》，天津，1935年8月4日。

[2] 私制土烟不是由工厂而是由私人家庭制造。一副比打字机还要轻的可以移动的简单器具，用来切削烟草，卷制烟支。卷烟用纸通常极为粗糙。由于这样小的器具移动方便，而且是私自生产，所产卷烟几乎不缴交税款。

[3] 产地估价为300元，销地估价为320元。

表 9　　　　　中国和外国卷烟销售的比较[1]

（1932—1935 年）

年　份	中国销售卷烟数量 (1 千支)	百分比	华商工厂卷烟 (1 千支)	百分比
1932	58733177	100	23939350	40.76
1933	88594549	100	25525195	28.81
1934	53012806	100	27912771	52.65
1935	57401403	100	23115323	40.27
总　计	257741935	100	100492639	38.99

年　份	在华外商工厂卷烟 (1 千支)	百分比	进口卷烟 (1 千支)	百分比
1932	34112406	58.08	681421	1.16
1933	62819077	70.91	250313	0.28
1934	24898955	46.97	201080	0.38
1935	34108842	59.42	177237	0.31
总　计	155939280	60.50	1310051	0.51

奉行以来，资本雄厚之洋商，出品多半上、中级烟，居于有利地位，逐得倾销机会，营业日增，独霸市场。"

这封信自华北发出很久以前，上海有 24 家华商卷烟厂曾向南京政府提出请求，指出这种税制的真实意义[2]。"大抵上中烟多半由英美制造，华商则以制造下烟为特多。……依历年之经验，七级税最有利于华烟，三级税次之，二级税则英美显受特惠。"

在外商工厂的产品，尤其"英美烟"的卷烟竞争压力之下，留给华商企业的自由市场，实际上只有下级卷烟的市场而已。1928 年至 1930 年实行七级税制，曾给下级卷烟的销售以应有的鼓励。1930 年 10 月，烟税改为三级制，下级卷烟不仅失去有利的税率，而且还须缴付按比例比中级卷烟更重的税款。由于

---

[1]　根据财政部统税署所存海关报告与统计编制。

[2]　呈请全文刊于《申报》，上海，1934 年 3 月 20 日。

1932 年税制又由三级税率改为只有二级税率，下级卷烟负担了比先前更大的烟税重担。

表 10　　　　　　**不同等级卷烟税率的变更**①

（1928—1936 年）

税制与时期	高级卷烟 估价 1000 元		中级卷烟 估价 400 元		下级卷烟 估价 130 元	
	税额（元）	税率（%）	税额（元）	税率（%）	税额（元）	税率（%）
7 级税制						
1928 年 1 月至 1929 年 2 月	178.88	17.89	64.13	16.03	20.25	14.67
1929 年 2 月至 1930 年 10 月	258.38	25.84	93.63	23.41	29.25	21.20
3 级税制						
1930 年 10 月至 1931 年 2 月	225.00	22.50	56.00	14.00	32.00	23.20
1931 年 2 月至 1932 年 3 月	305.00	30.50	81.00	20.25	39.00	28.26
2 级税制						
1932 年 10 月至 1933 年 12 月	95.00	9.50	95.00	23.75	55.00	39.86
1933 年 12 月至 1937 年	160.00	16.00	160.00	40.00	80.00	57.97

从表 10 可以看出，1928—1930 年高级和中级卷烟的税率比下级卷烟的税率高，但是 1930 年 10 月以后，中级卷烟的税率降低到下级卷烟税率的 2/3 左右！1932 年 3 月以后，高级卷烟的税率猛降；中级卷烟的税率略有提高；但是，中国民族卷烟工业的主要产品、中国大多数吸烟者购买的下级卷烟，它的税率却连续提高，五年之间从 14.67% 提高到 57.97%！

不仅如此，由于中国政府曾经一再想预征烟税，以应付它的财政困难，由于只有拥有雄厚资本的外国企业如"英美烟"才能应付这种需要，"英美烟"在纳税方面得到了极大的利益。不但

----

①　根据财政部出版《财政年鉴》，上海，1935 年，第 6 篇，第 2 章第 941—944 页编制。海关估价加税款为市场价格。

它们的高级和中级卷烟的税率大大降低，而且，按照青岛颐中烟厂副经理顾仁基〔音〕所说，"英美烟"实际缴纳的税款只有评定税款的 80％。这种做法使局面变成进一步有利于外国制造的卷烟，而不利于国产的卷烟。

在中国，"英美烟"是一家强大有力的商业企业。它以用于营业以外活动的现款，一方面结交政府官员，另一方面同有权势的地方士绅合作[①]。它已经成功地获得在纳税和税率方面的特殊利益，并且同时享有异乎寻常的政治上和军事上的保护。它在中国大的通商口岸设立巨大的卷烟工厂，在内地产烟区建立自己的烘烤和收购烟叶的系统。与此形成直接的对照，大多数华商卷烟工厂却是规模极小的企业。所有这些华商工厂的资本总额，只及"英美烟"的资本总额的 4％[②]。除了"南洋"和"华成"两家公司以外，即使那些资本庞大的华商烟草企业，也无力在美种烟草产区建立起正规的收购机构。上海许多华商工厂向同城的烟草代理商那里购进烟叶，每年有将近 300 万元的烟叶，通过这种代理商卖给华商工厂。

"英美烟"认为自己利用华商烟草企业的软弱，操纵收购烟叶的中国代理商，乃是轻而易举的事。它要么故意在中国代理商到达之前，就开始收购烟叶，要么在中国代理商收购的时候，在当地蓄意提高收购价格。由于"英美烟"只提高中等和下等烟叶的价格，中国收购代理商不购买上等烟叶，他们既无法按照自己

---

①　一般估计，"英美烟"用于所谓社会活动的费用，每年至少有 300 万元。根据上海市华商卷烟厂业同业公会黄维广（音）先生和青岛颐中烟厂顾仁基（音）先生称，一些中国高级官员和著名士绅并没有到公司上班工作，却领取"英美烟"干薪，而且未付分文便成为股东。

②　上海出版的 1935 年《申报年鉴》称，华商卷烟工厂全部资本为 1991 万元，而"英美烟"资本为 34181761 镑。按当年的平均汇率折算，达 461796000 元。

的目的，得到足够的中、下等烟叶，又没有足够的现款购买提价的烟叶。"英美烟"在中国收购代理商被逐出一个地区以后，往往又将价格压低，垄断了最后的收购。由于这个原因，自从1927年以来，虽然中国美种烟草的生产逐年增长，中国现代卷烟工业却相反地迅速走上了下坡路。十分明显，半殖民地的原料增长，无助于促进民族工业的发展，它实际上只是扩展了外国工业资本的势力。

华商卷烟工厂在1925年以前，为数极少，中国美种烟草的种植，数量也相当有限。当时收购烟叶的，主要是"英美烟"、"南信"、"米星"，以及华商工厂"南洋"和"兴业"(音)。然而，自从1925年以来，华商华成公司开始在山东收购烟叶；"南洋"在许昌和坊子收购的烟叶，也大量增加。中国的其他烟叶代理商开始为上海许多小厂收购烟叶。与此同时，一家名叫"利泰"的新的日本烟草企业设立。它在潍县的工厂也加入了收购烟叶的竞争。

1929年以来，随着美种烟草生产大量增加，外国工业资本迅速扩展了它在中国烟草市场的影响。"英美烟"在山东不再满足于二十里铺的烤烟厂和收烟厂，而是于1930年在杨家庄、1931年在黄旗堡、谭家坊和辛店，设立了更多的收烟厂。在1931年，不仅美商大美(音)烟草公司在杨家庄和辛店设立收烟厂，日本米星烟草公司也在谭家坊增设了另一个收购机构[1]。到1934年，据报告，另一家美国公司计划在黄旗堡、二十里铺、潍县、杨家庄、益都、辛店、坊子和昌乐，设立8个收烟站，并且在坊子和辛店各设一个烤烟厂[2]。

---

[1]　押川一郎，《山东省经济调查资料》，大连，1936年，第3卷，第149—152页。

[2]　《山东民国日报》，济南，1934年11月20日。

虽然大约在这时候，华商"华成"在潍县建立了一个烤烟厂，在谭家访建立了一个收烟厂，但是华商企业烟叶收购的总量，却极其有限。例如，1924年华商全部收购量几乎不及"英美烟"同年收购量的一半。有人曾经估计，山东生产的美种烟草，用于华商卷烟工厂的，没有超过3/10，为"英美烟"收购的却足有6/10，其余则用于日商公司"米星"、"南信"、"山东"和"利泰"，以及美商大美烟草公司。根据张伽陀在山东对产烟区作三个月左右的调查后称，1935年"英美烟"在该省收购了价值800万元的烟叶，而在同年同一省份，华商南洋烟草公司只得到30万元的烟叶，另一家华商华成公司则未超过70万元[①]。

"英美烟"在安徽的垄断地位，比在山东更加明显。南洋兄弟烟草公司原来设在刘府的烤烟厂，1921年后停闭，连厂房基地也在多年前卖掉。现在，南洋兄弟烟草公司只是不经常地从津浦线上的蚌埠站收购若干烟叶。虽然像"华成"、"泰来"之类的华商烟厂也在安徽收购烟叶，但是，这个地区除"英美烟"外其他各厂收购烟叶总量，仅及"英美烟"收购量的1/10。1934年以前，较大的烟厂也在蚌埠附近买美种烟草，它们采取和刨切所谓土种烟草十分相似的方法，用刨刀刨切加工，但是，1934年南京颁布一项政府法令，禁止使用旧式方法加工新种烟叶；亦即美种烟草不得再用刨刀刨切。这当然使安徽美种烟叶的收购更加减少，"英美烟"的收购则不在此例。

河南产烟区从1927年到1934年的情况，却颇为不同。1927年，"英美烟"被农民革命力量驱逐出许昌及其附近地区，随后7年间，河南生产的美种烟叶，几乎全部直接由华商公司或它们的代理商收购。南洋兄弟烟草公司占收购总额的16％；当地烟

---

① 《中华日报》，上海，1936年4月5日。

叶收购商和上海其他华商工厂的少数临时代理商占64％；其余20％则是由"南洋"和其他工厂的代理商通过烟草小贩，从散居各个村庄的烟农那里间接购进。

然而，1933年以来，由于"英美烟"在河南的影响和势力重振，情况全然改观。"英美烟"以"许昌烟叶公司"的名义，开始在河南中部直接收购美种烟叶，1935年以来，"南洋"和其他中国代理商收购的烟叶因而迅速减少。由于政府对许昌烟叶的统制于1936年开始生效，中国美种烟草的最好的来源，实际上为"英美烟"所垄断。事情发展的趋势正是这样，不用多久，华商卷烟工厂就不可能获得数量足够的国产美种烟草。

六　烟农与市场问题

中国卷烟工业的前途绝无光明可言，卷烟工业的基本原料美种烟草的实际生产者的遭遇，自然也不见得会好多少。这些农民出售烟叶，完全受到商业资本和工业资本的控制。山东、安徽或河南，不论什么地区，"英美烟"操纵了烟草价格，它的收购人常常定出由其他收购代理商遵循的标准。烟草生产者从而极少有机会同任何收购者讨价还价。他们接受"英美烟"收购厂极其苛刻的待遇，如果农民交付烟叶时，对他出售任何一部分产品的价格表示不同意，整笔的交易便会受到拒绝。"英美烟"只向那些拥有烤房或至少具有烤烟炉（中国人叫做"炕"）的农家收购烟叶。公司发给他们一种叫做"炕票"的证明，它必须在交售时出示。持有"炕票"的烟农连续三年未向公司交售产品，他的证明就将失效，以后出售任何烟叶，都不会被接受。

一般都认为，在"英美烟"的收烟厂中，划分烟叶等级和决定价格，完全掌握在一个人、即看烟估价的外国人手中，他只要哼一两句，就能够使一个农民家庭全年得以生活下去，或者陷于破产。烟农一进入收烟厂，就依次等候着，并且把烟叶倒在一领铺在木制矮柜台的长竹帘上面。烟叶成堆地堆在竹帘上面，每堆的重量，少则十几磅，多则一百多磅。看烟估价的外国人从柜台这一头走到另一头，他可以随意停在那一堆烟叶前面，拿起一两把检看一下，然后把它们扔回烟叶堆里。同时，他高声喊出"AX"、"H"或"D"，等等，这些都是烟叶等级和价格的代号。

不用说，这样的代号农民是不懂得的。然而只要他们任何人稍露犹豫之色，他那一堆烟叶就会被拒绝收购，看烟估价的外国人也就不给评定等级，甚至连同一柜台上其他几堆烟叶，也置之不理。农民于是只得收起他的烟叶，带到屋外，等待第二次准许进去的机会。如果遇上别的外国人，他也许至多只能得到第一次开给他的价格；但是如果他又遇上原来那个外国人，这个人想起了农民那付不情愿的面孔，那么他就会受到更坏的对待。这时候开给他的价格，就只会有第一次原价的九折。

蚌埠附近门台子的"英美烟"收烟厂，常常预先将入门证发给农民，但是在收购季节，每天只准许800人进去。鉴定烟叶的外国人向农民口定价格，农民毫无置喙余地①。"英美烟"在河南的代理商许昌烟叶公司收购烟叶的手续，与门台子大体相同。一个观察者在1936年报告说，收购烟叶通常分为四等，但是外国烟叶鉴定人一贯把一等烟当作二等烟，把二等烟当作三等烟。无论什么时候，一个烟农提出疑问，甚至敢于讨价，马上就会被场内陪同烟叶鉴定人的中国人赶走。"这种现象每天都有；然而

---

① 门台子所见到实施这种办法的典型实例，在1936年9月29日天津《大公报》刊载的报道中，有详细的记述。

农民也只不过询问一下等级而已……"①

农民很难获准进入收烟厂，或者有权带烟叶来卖。如上所述，以前"炕票"是获准入门惟一必要的证明。这个制度流行于"英美烟"收购烟叶的所有三个产烟区。因为"炕票"是通过中国买办发放的，他们就有许多机会榨取烟农。二十里铺有一个现已退休的买办，在他发放这种证明的几年里，大约收到了 10 万元。

只有取得了"炕票"，农民将烟叶装运到市场售卖，才能感到安全。装载烟叶少，就用独轮小车，一头牲口在前面拖，人在后面推。装载烟叶多，就要用双轮大车，由一到五头牲口拖着。走了一段 10 到 40 英里的路程，到达"英美烟"收烟厂的门口以后，农民还得依次等着获准进去，进去的次序不是按照他们到达的先后，而是按照他们的炕票号码。每天通常只有 400 到 500 人获得准许，星期日和星期六下午全部停止收购。因为农民必须等到喊他们"炕票"的号码才能够进去，所以他们常常要等四、五天，有时甚至要等候八天之久。

收购季节从初冬到冬至左右，持续一个多月，在 1931 年以前，急于脱售烟叶的农民甚至在严寒的夜晚，睡在露天屋外，看守着他们放在"英美烟"收烟厂外面的烟叶。他们常常忍受着刺骨的寒冷，用被单和衣服盖在烟叶上面，以免它变得过分干燥易碎，出售不合格。不用说，他们全都非常想尽早将烟叶卖出后赶快回去。虽然有时收价低得农民简直不能接受，他决意回去等待第二次出售的机会，但是这种机会也许要等到二三十天以后。

如果农民想出售烟叶而又没有收烟厂的入门证，或者他等不

---

① 明洁：《英美烟公司和豫中农民》，刊载于《中国农村》，第 2 卷，第 7 期，上海，1936 年，第 72—74 页。〔应为第 69—77 页——译者〕

及喊到他的入门证号码，他也许可以找到一种向别人转借"炕票"的办法。在山东，借用一次"炕票"的代价为 3 至 10 元。在安徽，或者正确地说，在门台子收购中心，借费的计算方法有所不同。用借来的"炕票"出售烟叶，每值 100 元，必须付给"炕票"的所有主 5 至 8 元。售出烟叶 200 元，借费通常为 10 元。

然而，1931 年以来，"英美烟"对于准许进入收烟厂，采取了一种新的办法。烟农获准进去的次序，不再按照他们的"炕票"号码，而是按照他们到来的先后。烟农现在出示他的"炕票"，以便拿到一张入门券；准许入内的先后是根据入门券的次序。可是，在收烟厂的门口，各式各样大大小小的独轮小车和双轮大车，几乎总是长达三百多码，把路都堵塞了。拥挤的状况并没有因而得此很大的改善；那些十分急于早些进去的人，为了得到一张号码小的入门券，还要付给门卫额外的费用。

继入厂和烟叶列等评价的问题以后，便是烟叶的过磅问题。一堆堆烟叶很快地从烟叶鉴定人那里送到收烟厂内的秤台前，那里也有一个外国人。他常常以烟叶肮脏潮湿必须打折扣为借口，任意扣除每堆烟叶的重量，遇上雨天，这种减扣特别大。根据一般估计，每堆重约 60 或 80 磅的烟叶，农民至少要无偿付给"英美烟"六磅。生产烟叶和出售烟叶的人，在过磅方面是什么发言权也没有的。

烟叶过磅以后，送往堆栈，出售烟草的农民拿到一张纸卡，上面记着重量乘单价的数目。有时候农民必须付给管理收烟厂房屋的中国买办 2% 的手续费。此外，农民还因买办操纵现金付款而损失一部分价款。虽然现在公然索取手续费已经废止，但是通货兑换却仍然为买办所操纵。

关于付给烟农烟叶价款问题，有两点值得注意。首先，因为银元①同经常采取纸币形式的辅币（铜元）保持浮动的兑换比率，所以担任实际付款的买办往往认为，他只能够付出辅币，而不能付出银元②。因此，他每付出一元，就任意扣掉币值的4%。换句话说，农民每收到一元，实际损失4%，到了买办手中。这一段时间，山东当地银元能够换取265枚铜元，每枚当20文，出售烟草的农民每收到一元，就被取去25枚铜元。这意味着每元被扣除了9%之多。买办实行盘剥的另一种形式是，付款在五元以下，即使是四元九角，付给出售烟叶的农民只是纸币形式的辅币。

山东只有一个地区，而且这个地区只是在1934年以后，才取消了非法扣减银元价值的做法。这是因地方官僚同"英美烟"买办之间的利益冲突偶然造成的。1934年夏，潍县以西、益都正北的临淄县县长，要驻在二十里铺的中国买办确定所谓烟草合作社向"英美烟"收烟厂运送烟叶的明确日期。这个要求当然代表富裕农民和一些地主的利益，这些合作社的社员几乎全是这些人。县长十分热切地亲自访问买办田俊川，田俊川实际上拒绝接见，甚至不愿意同他商谈这一建议。这惹怒了当地官僚，十月份收购季节开始时，省政府公布一项法令，禁止在烟叶付款中对银元作任何扣减。这一个纯粹是报复的措施，适用于临淄和辛店的"英美烟"收烟厂。但是即使有这样的措施，也不能完全防止买办操纵通货兑换。付出辅币不按每元合5300文的市场兑换比率，而是按每元5200文计算。这仍然非法扣减了2%左右。

产烟区的日本、美国甚至中国的收购代理商，在索取手续费、操纵通货兑换、任意减扣烟叶重量方面，都以"英美烟"作

---

① 原作文"中国元"，（the Chinese dollar）。——译者
② 原文作"标准元"，（the standard dollar）。——译者

为效法的榜样。这些收购者在"英美烟"巨大的竞争力量的沉重压迫下，十分明白应该怎样把负担转嫁到烟农身上。农民将他们的产品售给"南洋"收购烟叶的代理商时，通常必须交付105至110磅的烟叶，才能得到100磅的钱款。"华成"的代理商往往将105磅作为100磅计算。

除了"南洋"和"华成"，还有其他华商收烟厂或收购代理商，在这方面更有过之而无不及。其中有一些完全失去了农民对它们的尊重，以至不得不更改他们企业的名称。有过这样的例子，一个烟叶收购商为了博得出售烟叶的农民信任，给自己的企业取了外国名字。所谓"意大利烟草公司"和它驻在杨家庄以及附近市场的收购代理商，实际上是一家彻头彻尾的华商企业。

河南的销售情况似乎比山东更差。虽然在襄城，100斤（约133磅）也许只作90至95斤出售，但是对于河南其他地区的烟农，条件却更苛刻得多。在许昌，100斤出售时常常只作60斤至70斤；还有更突出的例子，如临颍的收购者常常把200斤当作不及70斤[①]。此外，河南的收购商同他们来自上海的主顾做生意也不老实——在重量方面上下其手。他们以每斤22两从农民那里买到烟叶，却以每斤18两售给上海的烟草代理商。河南的收购商往往向农民索取3%的佣金，并在银元与辅币的兑换上作某种扣除。临颍的烟叶收购商在兑换辅币时，每元作4500文，而当地兑换比率每元为6000文[②]。出售烟叶的农民仅仅在辅币兑换方面，就损失了整整25%。

在讨论美种烟草的价格时，必须指出两点：（1）产区当地的市场价格同大多数卷烟工厂所在地上海的市场价格之间的差别；

---

① 临颍第三区区长刘君寄来的资料，1935年冬。

② 同上。

（2）出售烟草的农民实际接受的价格同当地市场价格之间的差别。关于第一点，我们已经看到，山东东部、安徽北部和河南中部的当地价格，总的说，只相当于上海市场价格的 60％ 至 90％。例如，1932 年上海市价每 100 磅平均为 33 元，而襄城当地价格每 100 磅平均仅为 29 元。第二年，虽然上海的价格几乎没有变动，而襄城的市价却跌到 23 元。1935 年，"英美烟"在许昌的收购价格，每 100 磅甲级烟叶为 25 元，乙级为 20 元，丙级为 15 元，丁级为 10 元。同一期间，上海市场的许昌烟叶价格，甲级 32 元，乙级 25 元，丙级 18 元，丁级 15 元。

表 11　　　　潍县美种烟草名义价格与实际价格的比较

（每 100 磅，1919 年—1934 年）　　　　单位：元

年　份	收购商所定平均价格	农民所得平均价格	农民所得的百分比
	(1)	(2)	(2) ÷ (1)
1919	20	9	45
1926	24	11	46
1929	17	10	59
1931	15	8	53
1933	10	7	70
1934	14	10	71

　　当地名义价格同出售烟叶的农民实际所得价格之间的差别，甚至比当地名义价格同上海市场价格之间的差别还要大。例如，从 1919 年至 1934 年，潍县实际给予烟农的价格，总的说，仅为当地市场名义价格的 45％ 至 71％。这种当地价格当然是由"英美烟"领导并受它影响下各收烟厂在一定的季节制定的。

　　几年前，凤阳当地烟草的名义价格和实际价格相差高达 50％。1933 年，出售烟叶的农民所得的实际价格为每 100 磅 9

元，而名义价格为 17 元，相差 53％。次年，名义价格降至 10
元，而烟叶出售者得到的实际价格，每 100 磅却未超过 5 元。

至于河南，也可以看到实际价格与名义价格之间类似的差
别。襄城地区提供了一个极好的说明。1931 年和 1933 年歉收年
份姑置不论，以正常年景而言，从调查可以看到，出售烟叶的农
民只能得到当地市场名义价格的 31％ 至 58％。遇上异常的歉收
年份，实际价格下跌到当地名义价格的 12％。烟农歉收时，不
但得不到救济或政府补助，烟叶收购商反而利用这些急需现款的
生产和出售烟叶的农民所面临的艰难时刻和恶劣处境，迫使他们
接受最低的价格。

表 12   襄城美种烟草名义价格与实际价格的比较

（每 100 磅，1929—1934 年）   单位：元

年　　份	收购商所定平均价格	农民所得平均价格	农民所得的百分比
	（1）	（2）	（2）÷（1）
1929	33	19	58
1931	17	2	12
1932	29	9	31
1933	23	6	26
1934	21	10	48

名义价格与实际价格之间的巨大差额，可以确定地说，是虚
报等级、任意扣减重量、收取手续费、操纵通货兑换，以及转嫁
税负的结果——这一切都是商业资本和工业资本的代理人烟草收
购商所实行的方法。

不仅这样，外商企业的收烟厂，为了使收购便于进行，还常
常使用武力的威胁。武装警察就派驻在直通秤台和堆栈的厂房门
口。这些门警常常以维持"治安"为借口，殴打出售烟叶的农

民，恐吓他们。1934 年，"英美烟"杨家庄收烟厂的武装警察，为了"维持治安"，突然迫使挤在门口的双轮大车和独轮小车向后退去。在混乱的人群中，一个农民被独轮小车的把手猛撞致死。在人群和车辆一片混乱之中，许多人受了伤。

尽管这种武装警察如此威胁出售烟叶的农民，他们对聚集在收烟厂门外的流氓无赖掠夺农民却熟视无睹，甚至还怂恿他们这样做。门台子"英美烟"收烟厂南门，每当收购季节，常常有四五十个流氓聚在那里。门警从来不闻不问，不把他们赶走。一个烟农拒绝把烟叶以低得荒谬的价格售出，他带着烟叶走出收烟厂，这些流氓就会尾随着他，把他的烟叶全部抢走。在这样的情况下，那些出售烟叶的小心胆怯的农民，只好按照"英美烟"看烟估价人开出的任何价格，出售他们的劳动产品。

拥有巨额工业资本的英国托拉斯"英美烟"，以英帝国的整个势力与威望作为靠山，配备一批能干的经理和有经验的专家，在中国收购主要原料，在中国制造卷烟，而且在中国不断地扩展它的市场。

这一切的结果，已经将中国重要的民族工业卷烟生产置于极其不利的地位。它排挤了中国的烟叶收购商和收购代理商，并且将全部沉重的负担压在中国烟农身上。"英美烟"可以和华商卷烟工厂共同利用和剥削中国廉价的劳动力，但是它还能够得到华商卷烟工业分享不到的其他特权，亦即在纳税方面特殊益处以及获得原料（不论从国外进口还是从中国产烟区获得的原料）方面的优越地位。"英美烟"通过它在烟叶收购方面事实上的垄断，不但能够迫使中国烟农按照几乎是任何的价格售出他们的烟叶，而且还能够威胁中国农民，使他们不敢拒绝把烟叶出售给"英美烟"收购者。"英美烟"所以能够做到这一点，是由于它在同中国官僚和有权势的士绅密切联系和互相合作中，取得了超经济的力量①。

虽然日本烟草托拉斯已经在满洲和华北迅速扩展它们的势力和市场，因而它们迟早将会威胁到"英美烟"的生存，然而，在外国资本的工业和政治统治下，中国卷烟工业的命运是注定了的。中国烟农的痛苦和贫困是无穷无尽的，整个的烟草市场和日益流行的卷烟的市场正在迅速变成具有殖民剥削的性质。但是，一旦中国人民的民族力量真正坚持自己的权利，一旦政治独立和经济自由全恢复，这种情况一定会宣告结束。

七　烟农的工资

在中国所有商品性的作物中，美种烟草需要程度最高的精耕细作。以一个成年农民一个全劳动日作为劳动单位，每亩烟草所需的劳动单位数量远远超过小麦、高粱、小米，甚至也超过了水稻。

表13　　　　每亩美种烟草所需的劳动单位

（1933—1934 年）

	襄　城	潍　县	凤　阳
育　苗	7.0	6.0	3.0
开沟准备	0.5	1.0	1.0
移　栽	1.5	}7.0	5.0
灌　溉	2.0		
整畦培上	1.0	0.5	0.5
耕　作	2.5	5.0	8.0
施　肥	1.5	2.0	3.0

① 关于这一点，以下所记颇饶兴趣，即：根据济南山东省建设厅第一处处长朱（音）君的意见，"英美烟"的方针若根本改变，势将动摇山东整个的农村经济。对朱君的访问作于1934年冬。

续表

	襄 城	潍 县	凤 阳
掐摘坏叶	0.5	2.5	0.5
打顶抹杈	10.0	5.5	8.0
采收烟叶	8.0	3.5	2.0
搬进烤房	15.0	3.5	4.0
烤后运出	8.0	3.0	3.0
浇 水	2.5	3.0	0.5
装置竹席	2.0	1.5	
烟叶选级	8.0	26.0	9.5
烟叶扎把	8.0		
劳动单位合计	78.0	70.0	48.0

从育苗、移栽到烟叶选级和扎把，每亩美种烟草所需劳动总量，凤阳为 48 个劳动单位、潍县为 70 个劳动单位，襄城为 78 个劳动单位。

表 14　　　　烟草和其他作物所需劳动单位的比较

(1933—1934 年)

	凤 阳		潍 县		襄 城	
	劳动单位	指数	劳动单位	指数	劳动单位	指数
美种烟草	48	100	70	100	78	100
小 麦	6	13	6	9	4	5
高 粱	8	17	14	20	6	8
小 米	—	—	15	21	6	8
水 稻	17	35	—	—	—	—

在凤阳，美种烟草的田间劳动集约程度为水稻的三倍、高粱或小米的六倍，小麦的十一倍。这种对比在襄城更为惊人，那里美种烟草所需的劳动量几乎为高粱或小米的十三倍，恰恰为小麦的二十倍。小米、高粱和小麦，都是这几个产烟区重要的粮食作物。

毫无疑问，美种烟草的引进为农业劳动提供了更多的机会，从而吸收了一些失业的劳动者，但是，即使这样，由于外国金融资本同中国以土地垄断为基础的商业资本与高利贷资本互相结合的作用，烟农的生活水平已经大大下降。一般说来，那些种植美种烟草的人，他们实际上的损失，远大于名义上的所得。

新产烟区的买办和士绅自然对这一商品性作物的种植异口交赞。"英美烟"在山东最著名的代理人田俊川，在 1934 年 11 月 7 日接受访问时，说了下面的事："今年潍县烟草平均亩产约略超过 600 磅。每 100 磅的市价为 14 元，每亩作物平均收入可以达到 84 元。至于生产费用：每亩需要每块重 18 斤、价 0.68 元的豆饼 20 块；煤 600 斤，价 9 元；劳动费用约值 20 元。这样，每亩可以得到净利大约 30 至 40 元。"

虽然 1934 年山东的烟草恰巧逢上罕见的丰年，他的数字仍然多少有些夸大。从潍县一个周密调查的结果可以知道，1934 年每亩平均产量只有 507 磅，每 100 磅实际付给烟农的价格只有 10.2。每亩平均收入因而只有 51.7 元。加上其他次要作物的平均收入 2.6 元，当年全部作物的收入，每亩不会超过 54.3 元。实际支出包括每亩劳动费用 20.1 元①，豆饼 10.5 元，煤 6.9 元。烟农每亩只能用得起豆饼 12 块左右，而不是田俊川所计算的 20 块，但是烟农所付实际价格每块为 0.87 元，而不是 0.68 元。种植烟草的人不使用人造肥料，即化学肥料，但是除了豆饼，他们每亩使用价值一元的粪肥和厩肥。这后一项目并未包括在田俊川的计算之内。他虽然将煤的费用每亩算作 9 元，而不是 6.9 元，但是却没有将烤房的费用计算在内。最普通的烟叶烤房用砖盖造，费用约 160 元，可使用 100 年左右。加上五年至十年间维修费用 5 元，以及每年设备费用约 6 元左右，一座烟叶房每年费用

---

① 此处计算的劳动费用，既包括现金工资，也包括雇主提供的伙食费。

大约 8 元。每二至三亩的烟叶通常需要一座烤房，因此烘烤费用每亩达 3 元。

田俊川计算生产费用，还没有将诸如籽苗、役畜、农具，以及除烤房外的其他建筑物等必需的项目计算在内，但是即使不包括这些项目，以计算三个主要的生产项目——劳力、肥料和烟叶烘烤为限，1934 年潍县每亩生产费用应达 41.8 元，说每亩全部生产费用约达 44 元，也不为过。因此，作物的净收入每亩至多为 10 元，亦即仅及田俊川计算的 1/3 至 1/4。

还必须指出，由于特定的原因，1934 年潍县烟叶价格异常之高。"英美烟"对中国各地美种烟草的生产和收购，有充分的统计调查，它的方针是逐年降低收购价格。另一方面，每当某个地区生产突然猛跌时，收购价格便显著提高，以便阻止生产减退的趋向。潍县就曾发生过这样的情况。1933 年间，潍县许多农民破产，有些人自杀。只要仔细阅读一下省政府机关报《山东民国日报》，便不难看到关于当年绝望的烟农自杀事件的记载频仍。在这种情况下，"英美烟"害怕烟草种植面积突然减少，因而在1934 年将烟叶收购价格提高了将近 80%。

1933 年潍县烟草作物，连同次要作物的收入，每亩共值30.7 元。支出方面，有如下项目：肥料，每亩 13.7 元；烘烤烟叶，11 元；劳力，约 20 元。仅以这三个项目计算，每亩生产费用已超过了作物全部收入 14 元！潍县第二年稍为幸运一些，因为烟草价格提高到使农民能够每亩暂时得到 10 元的作物净收入。凤阳和襄城等其他地区，在这方面便没有这么幸运。

在外国金融资本及其中国的同盟势力控制之下，中国种植美种烟草的人所得到的收入，一般地说，不足偿付生产费用，即使将农民负担的那些对生产无用的其他成本除外，也是这样，这一点应当是十分清楚的。因此，种植者必须牺牲大部分工资，有时甚至牺牲全部的工资。三个产烟区各有两个典型村的统计调查，说明了这个事实。

表 15　　　　凤阳和襄城每亩烟草作物的平均收入和支出

（1933 和 1934 年）　　　　　　　　　单位：元

	1933		1934	
	凤　阳	襄　城	凤　阳	襄　城
主要作物价值	15.9	5.3	10.5	14.4
次要作物价值	1.6	0.3	1.6	0.3
	—	—	—	—
(1)作物总价值	17.5	5.6	12.1	14.7
肥　　料	4.8	4.0	4.2	4.3
烟 叶 烘 烤	3.8	2.3	3.9	2.2
劳 力 费 用	16.9	15.3	16.9	15.3
	—	—	—	—
(2)3 项 总 计	25.5	21.6	25.0	21.8
(1)-(2)	-8.9	-16.0	-12.9	-7.1

上面所述 1934 年潍县的情况与通常迥异，总的说来，烟草种植者得到的工资，可以说不及他们应得的一半。1934 年在凤阳，1933 年在潍县，烟农得到的工资不及应得的 1/5。河南中部襄城的情况最为恶劣；那里的烟农 1934 年只得到 9％ 的工资，而在 1933 年，他们的工资分文未获。那一年，他们的作物收入甚至不够偿付除以工资外的生产费用。

农民不能得到他们应得的工资，这是中国农业普通的现象。的确，当前中国的农业生产是以牺牲工资来维持的。产烟区不能依靠种植小麦和高粱来付足工资，只有潍县是例外。在凤阳，生产小麦只得到工资的40％至50％，生产高粱的工资不超过80％

表 16 **烟农实得工资的百分比**

(6 个村，1933 和 1934 年)

	1933			1934		
	潍县	凤阳	襄城	潍县	凤阳	襄城
(1) 每亩作物总价值	30.7	17.5	5.6	54.3	12.1	15.1
(2) 每亩工资	20.1	16.9	15.3	20.1	16.9	15.3
(3) 其他生产成本	27.2	9.6	7.3	23.2	9.1	7.5
(4) (1) − (3)	3.5	7.9	−1.7	31.1	3.0	7.6
(5) 所得工资的百分比 (4) ÷ (2)	17	47	0	154	19	50

至 90%。在襄城，生产小麦得到 20% 至 30% 的工资，而生产高粱所得工资不及 10%！农民种植这些粮食作物，仅仅是为了自己借以糊口而已。

由于美种烟草的种植比一般粮食作物需要集约程度高得多的农业劳动，农业工资中未付部分也更大。从表 18 可以看到，1933 年襄城烟草工资中未付部分为小麦工资未付部分的 20 倍，为高粱工资中未付部分的 17 倍，1934 年分别为小麦和高粱工资中未付部分的 11 倍和 8 倍。凤阳 1933 年烟草工资中未付部分为小麦工资中未付部分的 7 倍，为高粱的 11 倍，第二年为小麦工资中未付部分的 13 倍，比高粱更大到 25 倍之多。

美种烟草的引进，改变了中国农田的劳动状况，这是显而易见的。从前除非家庭劳动力严重不足，或者无力到外面雇佣工人，这些产烟区中缠足的农妇很少参加农业劳动。然而现在，掐摘坏叶、打顶抹杈、烟叶选级和扎把，都成了妇女的主要工作。甚至连烤房烟叶运进运出，有时也由妇女分担，偶尔还有老人和大孩子帮助她们。不用说，成年男子的劳动强度高得多。首先，由于种植烟草作物，他的全年劳动天数增加了。凤阳产烟区的劳动天数比非产烟区多 14％；同样，襄城多 15％，潍县多 16％。其次，每年强劳动的天数也都有增加。襄城产烟区比非产烟区多 50％；凤阳和潍县分别多 67％和 82％。

表 17   种植烟草和粮食作物的农民实得工资的百分比

(1933 和 1934 年)

		1933			1934		
		美种烟草	小麦	高粱	美种烟草	小麦	高粱
潍　县	(A)*	30.7	17.3	21.2	54.3	17.1	20.3
	(B)	20.1	3.3	5.8	20.1	3.3	5.8
	(C)	27.3	12.8	7.5	23.2	8.7	7.0
	(D)	3.4	4.5	13.7	31.1	8.4	13.3
	%	17	136	236	155	255	229
凤　阳	(A)	17.5	3.1	4.1	12.1	3.2	4.5
	(B)	16.9	2.6	3.2	16.9	2.6	3.2
	(C)	9.6	2.1	1.7	9.1	2.0	1.7
	(D)	7.9	1.0	2.4	3.0	1.2	2.8
	%	47	38	75	18	46	88
襄　城	(A)	5.6	3.3	3.4	15.1	3.3	3.2
	(B)	15.3	2.9	1.8	15.8	2.9	1.8
	(C)	7.3	3.1	2.9	7.5	3.1	2.9
	(D)	-1.7	0.2	0.5	7.6	0.2	0.3
	%	-11	7	27	50	7	17

* (A) 每亩作物价值，(B) 每亩工资，(C) 每亩除工资外的生产费用，(D) 作物价值减除工资以外的生产费用。各个数字都以元为单位。百分比系 (D) 除以 (B) 之商。

我们可以将种植烟草的家庭和非种植烟草的家庭作一个更加严密的比较。已经查明，种植烟草的家庭，每亩的劳动单位，从富裕农户的 15.97、中等农户的 20.79 到贫穷农户的 33.43。但是，非种植烟草的家庭，亦即那些没有种植烟草的家庭，每亩的劳动单位就少些：富裕农户为 13.27，中等农户为 14.21，贫穷农户为 24.81。这些数字得自对六个种植烟草的典型村和同等经

表 18 　　　　　　　　**工资中未付部分的比较**

（以每亩劳动单位数为基础，1933—1934 年）

		1933		1934	
		每亩劳动单位	未付工资指数	每亩劳动单位	未付工资指数
襄 城					
	烟 草	78.0	100	42.1	100
	小 麦	3.7	5	3.7	9
	高 粱	4.9	6	5.6	13
凤 阳					
	烟 草	26.9	100	40.8	100
	小 麦	3.7	14	3.2	8
	高 粱	2.5	9	1.5	4

表 19 　　　**产烟区与非产烟区劳动日数与强劳动日数的比较**

（1933—1934 年）

	劳动日数	指 数	强劳动日数	指 数
襄 城				
非产烟区	240	100	120	100
产烟区	275	115	180	150
凤 阳				
非产烟区	210	100	90	100
产烟区	240	114	150	167
潍 县				
非产烟区	225	100	55	100
产烟区	260	116	100	182

济状况的非种植烟草的村庄实地调查。它们表明，富裕农民种植烟草一般比种植粮食作物，每亩需要多投入 2.7 个劳动单位；中等农民每亩多投入的劳动单位为 6.6 个；贫穷农民每亩多 8.6 个劳动单位。

表 20　　　　　　　　种植烟草与非种植烟草农户劳动
单位的比较①

农　　　　民	种植亩数	劳动单位数	每亩劳动单位
富裕农民			
种植烟草	1122.5	17930	15.97
非种植烟草	1667.2	22131	13.27
中等农民			
种植烟草	2340.0	48656	20.79
非种植烟草	1559.4	22152	14.21
贫穷农民			
种植烟草	1347.1	45037	33.43
非种植烟草	1546.2	38356	24.81

　　就富裕农民说来，种植烟草必要的超额劳动单位数量，可能
而且已经在很大程度上转嫁到受雇的长工和季节短工身上。因为
这些家庭雇工的工资没有同他们的劳动按比例增加，他们完成更
多的工作，却没有得到更多的补偿；但是一般中等农民和贫穷农
民家庭，通常不可能将这种负担转嫁出去，结果是加强利用以妇
女劳动和儿童劳动为主的家庭劳动。在每一片加工过的精致完美
的烟叶上面，我们仿佛看到了那些羸弱的缠足妇女、消瘦白发老
人和脸色苍白、发育不良的儿童的形象，他们全都在持续不断地
劳动。不难想象，这些人不论在炎热的烤房闷得难受的气氛中，
还是在昏黑发霉的土牢似的地窖里，细心地照料烟叶。可是，他
们的劳动工资，却完全听凭外国金融资本家和中国买办与地主——
高利贷者的摆布。

----

　　①　非种植烟草的农户选自 6 个不同种植烟草的村庄；即：潍县的朱口〔音〕和
高陵官庄；襄城的沙王梁〔音〕和潘庄〔音〕；凤阳的许家村〔音〕和蓝家村〔音〕。

八　利率

烟叶市场动荡不稳的性质，烟草种植者不能得到他们应得工资的事实，促使了高利贷的进一步盘剥。在同许多乡村行政人员会晤和私人谈话中，可以了解到高利贷的种种不同形式。例如，根据潍县于家庄村长蔡某称，该村有些富户囤积豆饼。根据董家庄另一个村长称，贫穷农民想得到豆饼，必须向富裕的地主借贷。有些村庄，如潍县武家，现金高利贷比实物高利贷更加盛行①。益都县一些村民说，富户发放的豆饼贷款附有明确的协议，根据这种协议，借债人必须在一定期间内按 20％ 至 25％ 的利率偿还贷款。借期通常定为十个月。在凤阳许多种植烟草的村庄，贷放豆饼和贷放煤炭两者都很普通②。据说，襄城有些村庄收购烟叶的人，十有九人向贫穷农民发放实物贷款。富户在煤价低廉时，直接向生产者购进煤，但是他们却以极高的价格加上至少 20％ 的高利，将它放贷给贫困的农民。

从表 21 可以看到，在所有的产烟区农村中，有 90％ 以上的高利贷资本集中在地主和富裕农户手中。

毋庸丝毫置疑，在中国社会和经济发展的现阶段工业资本控制之下，烟草的种植已经使高利贷得到扩大和加强。除了传统的现金和谷物借贷，还有许多煤和豆饼借贷。这种新的情况已经造成产烟区高利贷的利率普遍升高。

从表 22 揭示的指数可以看到，利率有上升的总趋势，产烟区比非产烟区上升更为迅速。山东东部产烟区的平均利率高出

---

①　1935 年 2 月的会晤与谈话。
②　根据 1935 年 1 月至 4 月收到该县村长和村副的报告。

表21　　产烟区6个典型村债权人财力的比较

（1934年）

债权人	全部农民		富裕农民		中等农民		贫苦农民		雇佣劳动者	
	元	%	元	%	元	%	元	%	元	%
地主与富裕农民	16038.71	91.6	2555.00	87.1	5278.91	89.1	7966.80	96.9	238.00	55.6
城市富户	622.70	3.6	238.20	8.1	100.00	1.7	94.00	1.1	190.00	44.4
商店	831.02	4.7	127.00	4.3	542.73	9.2	161.30	2.0	—	—
合作社	13.00	0.1	13.00	0.5	—	—	—	—	—	—
贷款总计	17504.93	100.0	2933.10	100.0	5921.64	100.0	8222.10	100.0	428.00	100.0

表22　　产烟区与非产烟区利率的比较

（河南中部、安徽北部和山东东部共127个村）

	1934		1929		1934年平均利率指数（1929=100）
	平均年利（%）	比较指数	平均年利（%）	比较指数	
河南中部 产烟区	62.4	133	50.4	117	124
非产烟区	46.8	100	43.2	100	108
安徽北部 产烟区	48.0	91	36.0	88	133
非产烟区	52.8	100	40.8	100	120
山东东部 产烟区	36.0	103	31.2	104	115
非产烟区	34.8	100	30.0	100	116

3%至4%，河南中部则高出17%至33%。虽然1929年和1934年安徽北部非产烟区的利率，甚至高于产烟区，但是这主要是由于那些年份当地到处是水灾和饥荒所致。可是，如果考察一下1929年至1934年利率上升的情况，就会看到，这种上升，产烟区仍比非产烟区更为迅速。非产烟区上升29%——从40.8%上升到52.8%，而产烟区在五年之间上升到33%之多——从1929年的36%上升到1934年的48%。

表23   **各种借贷方式的比较**

	产 烟 区 （6 个典型村，1934 年冬） 借 贷 总 额		非 产 烟 区 （6 个典型村，1934 年冬） 借 贷 总 额	
	元	%	元	%
个人和家庭信用	12779.30	73.00	6204.88	54.21
长期土地抵押	2371.00	13.55	3758.00	32.83
短期土地抵押	1825.61	10.43	857.61	7.49
私人担保	146.00	0.83	489.69	4.28
商店赊购	383.02	2.19	136.40	1.19
总　　计	17504.93	100.00	11446.58	100.00

除此以外，交付利息的方法也受到烟叶种植的影响。不论在产烟区还是非产烟区，农村中取得现金贷款或谷物贷款最常见的方法，是依靠个人或家庭的信用。与借贷有关的土地抵押当然也很多。由人作保和商店赊购的方式，并不普遍。

赊购不必单独付息，因为利率已经计算在价格内。土地抵押也不另付利息，这种借贷的利息由每年实物地租代替。其他形式的借贷采取固定的利率，利息可以用现金或谷物支付。但是，在产烟区，谷物借贷只占全部借贷的0.3%，在非产烟区则占全部借贷的0.7%。河南和安徽非产烟区，在某种程度上仍然以谷物

表 24

各种付息方式的比较

（调查地点与时间同表 23）

	河南中部				安徽北部				山东东部			
	(A)*	(B)	(C)	(D)	(A)	(B)	(C)	(D)	(A)	(B)	(C)	(D)
全部农民												
产烟区	48	—	50	2	93	—	5	2	81	—	7	12
非产烟区	30	21	57	2	65	4	17	14	83	—	3	14
富裕农民												
产烟区	—	—	—	—	77	—	20	3	78	—	8	14
非产烟区	—	—	100	—	64	2	11	23	98	—	—	2
中等农民												
产烟区	35	—	63	2	98	—	1	1	82	—	13	5
非产烟区	23	57	20	—	85	12	—	3	91	—	—	9
贫苦农民												
产烟区	54	—	43	3	91	—	5	4	81	—	4	15
非产烟区	22	21	56	1	54	3	34	9	72	—	5	23
雇　工												
产烟区	92	—	8	—	93	—	—	7	100	—	—	—
非产烟区	4	13	83	—	85	—	—	15	100	—	—	—

* （A）现金付息的借贷在全部借贷中的百分比。（B）谷物付息的借贷在全部借贷中的百分比。（C）土地抵押与交付地租的借贷的百分比。（D）名义上无息的借贷在全部借贷中的百分比。

表 25

不同农户利率的比较
（产烟区 6 个典型村，1934 年）

农户	借贷总计（不包括商店赊购与土地抵押）		年利率低于20%的借贷		年利20—29%的借贷		年利30—39%的借贷		年利40—49%的借贷		年利50%以上的借贷	
	元	%	元	%	元	%	元	%	元	%	元	%
河南中部												
富裕农民	—	—	—	—	—	—	—	—	—	—	—	—
中等农民	453.6	100	23.0	5.1	—	—	—	—	220.6	48.6	210.0	46.3
贫苦农民	816.0	100	43.0	5.3	—	—	66.0	8.1	422.0	51.7	285.0	34.9
雇　工	135.0	100	—	—	—	—	—	—	—	—	135.0	100
安徽北部												
富裕农民	438.0	100	53.0	12.1	—	—	—	—	385.0	87.9	—	—
中等农民	1934.0	100	47.0	3.5	—	—	6.0	0.3	1881.0	97.2	—	—
贫苦农民	863.0	100	64.0	7.5	—	—	3.0	0.3	796.0	92.2	—	—
雇　工	146.0	100	10.0	6.7	10.0	6.9	—	—	126.0	86.3	—	—
山东东部												
富裕农民	2174.2	100	836.2	38.4	840.0	38.7	498.0	22.0	—	—	—	—
中等农民	2103.0	100	130.0	6.2	690.0	32.8	1283.0	61.0	—	—	—	—
贫苦农民	5501.0	100	840.0	15.3	430.0	7.8	4231.0	76.9	—	—	—	—
雇　工	135.0	100	—	—	—	—	135.0	100	—	—	—	—

支付利息；除个别情况外，任何产烟区实际上都不存在这种以谷物付息之类的情况。

现金付息的方式盛行，显然是引进美种烟草的地区货币经济迅速发展的结果，但是在目前的情况下，中国农民无法支配他们的销售，种植烟草的人很少有足够的钱支付借贷的现金利息。

产烟区一个与此有关的意味深长的现象值得注意。由于对高利贷资本的需要日益增长，或者毋宁说对它的需要极其迫切，由于利率日益上升，产烟区的全部借贷中，名义上无息贷款所占的百分比，总的说是日趋减少。山东东部非产烟区，1934年为14％，而在产烟区仅为12％。同一年在安徽北部六个非种植烟草的村庄为14％，但是在六个种植烟草的村庄却仅为2％。名义利息或固定利率逐渐消失，决不能把它当作是高利贷的衰落，恰恰相反，它只是表明高利贷剥削的加强。

烟草种植者作为一个整体来看，对于他们的生活水平最为重要的是如下的事实，即：这种苛刻的高利贷是由占人口大部分的人来负担，这意味着由农民中比较贫穷的阶层来负担。在中国现行的土地制度下，中等农民、贫穷农民和雇农极难取得经济信用借贷，尽管以偿还谷物为条件的谷物借贷，或名义上无息的借贷，都受到这些告贷无门的人们的欢迎。因此，固定利率和以谷物付息的借贷的衰落，必须看作是在目前情况下对农民不利的发展。

关于固定利率的借贷，我们还可以看到，富裕农户只负担极小的部分，而大部分则由其他的农民负担。

鉴于河南中部盛行极高的年利率，当地富裕农民似乎对于任何种类的贷款都不举借。安徽北部最高的年利率为40％至50％，但是在这样高利息的全部借贷中只有8％[①]是由富裕农户举借，

[①]　原文作88％。——译者

而 92％以上的高息贷款则由中等农民和贫穷农民所承借。山东东部最高的利率达到年利 30％至 40％，在富裕农民的借贷中，只有 22％按照这样的利率，而在中等农民借贷中有 61％、贫穷农民借贷中有 77％是按照这样的利率付息。不论在高利率盛行的地区，还是在利息较低的地区，雇农的遭遇都是最为恶劣。他们不能得到任何大笔的借贷，却必须交付最高的利率。高利贷无疑是推动农村阶级分化进程的一个最有效的力量；哪里烟草种植盛行，并向卷烟工厂供应烟叶，那里的高利贷就将得到加强。

九　产烟区地租的增加

人们很快就强烈意识到，美种烟草的种植给农民家庭收支的安排带来不利的影响。这一点清楚地反映在下面的事实上，即不仅居住农村的地主不想种植烟草，而且连有事业心的富裕农民也不敢冒险种植过多的烟草①。相反地，农村中的雇工却相信一次烟叶收获的收入也许抵得上小麦收获两次，因而甘冒种植烟草的风险。但是这些农民既没有耕作的工具，也没有租借土地的机会。美种烟草的种植，只在中等农民和贫穷农民中间流行。

表 26　　　　　　　　　　**每亩生产费用的比较**

（产烟区主要作物，1934 年）

	潍　县		凤　阳		襄　城	
	元	指数	元	指数	元	指数
美国烟草	43.3	100	26.0	100	22.8	100
小　麦	13.0	30	5.6	22	7.0	31
高　粱	13.8	32	5.9	23	5.7	25

①　地主系指主要收入来自地租的人。但是"不在地主"不耕作任何土地，有些在乡地主则耕作若干土地，或者至少在他们自己所有的土地上从事农业经营。

尽管事实表明，烟草是产烟区中费用最高的作物——烟草费用为小麦或高粱费用的三至五倍——中等农民和贫穷农民时常无法充分应付生产费用，但是有 80％ 的烟田却是由他们种植。更有能力提供生产资料的在乡地主和富裕农民，他们种植或经营的烟田，却没有超过烟田总面积的 20％，表 27 清楚表明，在乡地主经营和耕植的烟田几乎不及 1％，富裕农户经营的烟田，也仅占总数的 19％。

表 27　　　　　　　不同的种植者耕种烟田的百分比

（产烟区 6 个典型村）

	1933		1934	
	种植亩数	百分比	种植亩数	百分比
在乡地主	6.0	1	6.0	1
富裕农民	187.1	19	199.9	19
中等农民	464.9	46	479.9	47
贫穷农民	340.6	34	334.0	32
雇　工	0.0	—	8.0	1
总　计	998.6	100	1027.8	100

虽然经营烟田的地主和富裕农民两者都同中等农民和贫穷农民一样，受到同样价格的支配，但是前者却没有或较少受到像商业高利贷和土地垄断之类不利因素的影响。以豆饼借贷为例，富裕农民所用的豆饼只有 14％ 至 20％ 是通过商店赊购得到的。而中等农民所用的豆饼大约不少于 30％、贫穷农民所用的豆饼多达一半，是从商店赊购来的。河南中部极少用豆饼作肥料，实际上谈不上豆饼的高利贷；但是在其他两个产烟区中等农民和贫穷农民使用的这种肥料，大部分是赊购来的。

1934 年潍县富裕农民施肥的烟田，因豆饼高利贷而受到的损失，每亩只有 0.41 元。中等农民受到同类的损失，每亩平均为 0.71 元，而贫穷农民每亩必须牺牲 1.63 元。同一年凤阳富裕农民、中等农民和贫穷农民的这种损失，每亩分别为 0.14 元、0.22 元和 0.33 元。

表 28　　　　　潍县与凤阳购买与使用豆饼的百分比

	潍县 (2 个村，1934 年)			凤阳 (2 个村，1934 年)		
	使用豆饼数量	赊购豆饼数量	百分比	使用豆饼数量	赊购豆饼数量	百分比
	(1)	(2)	$\frac{(2)}{(1)}$	(1)	(2)	$\frac{(2)}{(1)}$
富裕农民	415	60	14	4304	880	20
中等农民	1144	288	25	8537	2811	33
贫穷农民	739	384	52	1750	848	48

表 29　　　　　不同的农民赊购豆饼每亩所受的损失

	潍县 (2 个村，1934 年)			凤阳 (2 个村，1934 年)		
	每亩施用豆肥数量	赊购所受损失	每亩平均损失	每亩施用豆肥数量	赊购所受损失	每亩平均损失
		元	元		元	元
富裕农民	34.3	14.99	0.41	41.0	5.80	0.14
中等农民	101.1	71.62	0.71	90.5	20.37	0.22
贫穷农民	56.1	91.56	1.63	17.0	5.66	0.33

富裕农民的烤房与他们经营烟田的 97% 相适应。贫穷农民的烤房只足供他们种植烟田的 46% 使用。中等农民所有的烤房烘烤烟叶，也不及他们烟田的 87%。不仅如此，有些自己没有烤房设备的富裕农户，时常使用别人的烤房而不付租费，但是在安徽北部，中等农民和贫穷农民几乎毫无例外地必须交付这种租费。

中等农民和贫穷农民使用烘烤设备，他们所付租费不同，这一点很值得注意。在山东东部，中等农民支付烘烤设备的现金租费，如果由对方供煤，通常为烘烤设备总值的 14％，如果由自己备煤，则为总值的 3％。贫穷农民虽然大多数也支付现金租费，但是，对方供煤的租费达到 19％，不供应煤则为 10％。有些贫穷农民以劳役付租，亦即他们为烤房的所有者工作，而不领取工资。这常常意味着承租人必须在整个烘烤季节照看炉火。

表 30　　　　　　　　美种烟叶烘烤设备的所有权

(6 个典型村，1934 年)

	种植烟田亩　数	自有烘烤装备适用烟田的亩数	百分比
富裕农民	199.9	193.9	97
中等农民	479.9	416.1	87
贫穷农民	334.0	148.9	46

河南中部烤房的租费，实物和劳役两种都有。一般说，前者流行于中等农民中间，后者流行于贫穷农民中间。劳役付租没有明确的计算方法，烤房的实物租费，一般为烟叶总收获量的 10％。

富裕农民不但负担生产费用较轻，而且得到的收获与实际作物收入也比较大。一般说，他们的烟叶收获量，每亩要比中等农民和贫穷农民多 10％，作物收入每亩要多 20％。

表 31　　　　　　烟农每亩收获量与收获价值的比较

(产烟区 6 个典型村，1933 和 1934 年)

	烟草收获(磅)		指　数		价　值(元)		指　数	
	1933	1934	1933	1934	1933	1934	1933	1934
富裕农民	154	188	100	100	10.7	19.3	100	100
中等农民	150	170	97	90	9.4	13.8	88	72
贫穷农民	134	160	87	85	8.2	15.3	78	79

富裕农民尽管处于比较有利的地位，由于一般外国金融资本

和工业资本不断威胁，他们宁愿谨慎保守，对于美种烟叶的种植，不敢涉足过深。在调查的六个典型产烟村中，有 32 户富裕农民，其中 28 户经营和种植烟田。他们种植烟叶的平均面积非常小，潍县为七亩半，襄城为五亩，凤阳为四亩半。从表 32 和表 33 可以看到，美种烟草在中等农民和贫穷农民经济中，具有比在乡地主和富裕农民经济中重要得多的地位。

产烟区美种烟草种植面积的最高平均百分比，为作物面积的 13％，为自己所有地的 23％，这表明中国在农业商品化方面仍然远远落后于先进的资本主义国家。然而，中国的根本不同之处只是在于：能够种植这一经济作物更多的人，实际上却种得更少。另一方面，占产烟区人口总数的 45％、占农业土地总面积不及 27％的贫穷农民，却必须种植远非他们财力所能及的烟草。

表 32　　　　　　　　　**烟田在全部所有地中的百分比**

(6 个典型村，1934 年)

	所有地亩数	烟田亩数	烟田在所有地总额中的百分比
在乡地主	148.7	6.0	4
富裕农民	1442.3	199.9	14
中等农民	2851.5	479.9	17
贫穷农民	1441.9	334.0	23

表 33　　　　　　　　　**烟田在耕地总面积中的百分比**

(6 个典型村，1933 年)

	耕地亩数	烟田亩数	烟田所占百分比
富裕农民	1996.5	187.1	9
中等农民	4433.0	464.9	10
贫穷农民	2685.0	340.6	13

在潍县产烟区，一家农户要维持生计，通常必须种植六亩烟

田，但是那里的贫穷农民每户占有土地平均没有超过二亩半。在凤阳种植烟草的村庄，农民供养一户家庭，必须种植三十亩，但是那里的贫穷农民每户平均只有耕地九亩。襄城产烟区的情况甚至更差。维持一个农户的生计，需要二十五亩地，而该地贫穷农民每户平均占地大约五亩左右。因土地分配极端不均而造成的土地严重不足，已经导致农村劳动力大量过剩。

几十年以前，过剩的劳动力大多数吸收到家庭手工业中去。然而，这些家庭手工业已经被中国和外国资本设立的现代工厂工业排除殆尽，山东东部的情况尤其是这样。尽管这种现代的工厂有所发展，以及像编结发网和花边等一些新的手工业勃兴，仍然无法吸收目前失业的劳动力。胶济铁路沿线二十里铺的英美烟草公司的收烟厂，每年吸收季节工到它的烤烟厂。在 1934 年，当收烟季节来临时，虽然每日工作十小时，工资只有 0.20 元至 0.30 元，而且还不供给伙食，却有大群失业的贫穷农民，急切争着到这家工厂去做工。

不久以前，山东农民有机会向人口仍然稀少的中国东北各省移居①。这个出路现在已因日本占领东北而被堵住了。因为过剩的劳动力、特别是贫穷农民受雇的机会极少，种植美种烟草便被看作是惟一的出路。农民倾向于认为，做些事总比什么事也不做好。虽然他们十分明白，他们种植烟草的劳动不会得到适当的、甚至只有一部分的现金或实物的补偿，但是他们仍然种植烟草，仅仅是为了得到足以餬口的收入。

然而，种植烟草需要极大的农田费用，这种费用的主要部分包括那些必须由种植者自己购置的项目。贫穷农民种植谷类作

---

① 陈翰笙，《难民的东北流亡》（Notes on Migration of Nan Min to the Northeast），上海，1931 年。

物，靠家庭劳动获得种子和肥料，使用的工具也非常古老和原始。这真正是当今中国整个农业的一个普通的现象。农民从事烟草种植，必须购买豆饼或芝麻籽饼当肥料，购买煤烘烤烟叶。即使在河南中部，烟农使用豆饼肥不多，栽种烟草的费用也比其他作物高。而且只有煤还不够；烤房还需要蒸气管子和火炉。这些农民出力气并不难，但是要他们拿出现金去购置东西，却完全是另一回事。美种烟草的引进造成的这一情况，促使高利贷利率进一步上涨，地租更加昂贵。

地租增加是由于贫穷农民没有占有足够的土地，为了种植烟草，他们必须从地主、有时也从富农那里租借更多的土地。即使在河南中部、山东东部和安徽北部，租佃制度并不盛行，在这些省份的产烟区，土地出租所占重要的地位，已经远远超过了非产烟区。山东东部租户只占全部农民人口的 10%，安徽北部和河南中部，他们占农民总人口的比重，在 10% 至 20% 之间。然而产烟区租佃的情况同非产烟区完全不同。在非产烟区，贫穷农民的耕地有 14.1% 是向人租来的，而产烟区的贫穷农民租地占耕地的 19.9%。

表 34（A 项）包括产烟区中不种植烟草的农民。如果仅仅考虑产烟区六个典型村中烟草种植者，则 1934 年租地所占的百分比，将如 B 项所示。

表 34   **不同农户租地的百分比**

（产烟区 6 个村，非产烟区 6 个村，1934 年冬调查）

A

	耕地总亩数		租地亩数		租地占百分比	
	产烟区	非产烟区	产烟区	非产烟区	产烟区	非产烟区
富裕农民	1301.3	1667.3	50.0	233.7	3.8	14.0
中等农民	2855.9	2559.4	15.5	6.7	0.5	0.4
贫穷农民	1793.1	1546.2	356.3	222.9	19.9	14.4

B

	耕地总亩数	租地亩数	租地占百分比
富裕农民	1122.5	50.0	4.5
中等农民	2340.0	15.5	0.6
贫穷农民	1347.1	320.2	23.3

　　地主和富裕农民出租土地的百分比，产烟区与非产烟区之间也有类似的差异。非产烟区的地主出租他们土地的 94.5％，而产烟区的地主则从他们的 96.3％ 的土地上面收取地租。同时必须注意到，在非产烟区，富裕农民一般不出租土地，但是在产烟区，他们却宁愿从他们的 13.2％ 的土地上面收取地租，而不是去扩展自己的种植和农业经营。这种情况同 19 世纪下半叶俄国的富农形成直接的对照。俄国农民为了扩充他们的农业经营，必须租入土地，而不是将土地出租。这完全表明，当时俄国资本主义发展得多么迅速，而现在中国的农村生活却仍然停留在前资本主义的阶段。

　　研究生活水平，主要关心的当然是占农村人口中的绝大多数，亦即贫穷农民，而不是富裕农民。产烟区六个典型村烟田和非烟田的周密调查表明，产烟区的贫穷农民必须对他们并不种植烟草的 25.6％ 的耕地交纳地租，此外还必须负担种植美种烟草的 18.3％ 耕地的地租。

　　安徽北部和河南中部交纳烟田地租最常见的方法是由地主和佃户折半对分收获的作物。主要作物中作为地租交纳的部分，必须用现金，而其他次要作物的地租，则是以实物交纳，通常是煤或作燃料用的稻草。安徽也有定额的实物地租，数量达到烟草收获量的 40％，但是定额的货币地租却并不普遍。在绝大多数的情况下，需要有押租；而有时除以现金和实物交纳分租外，佃户还必须以劳役交租。劳役地租以两种方式交纳。佃户或是替地主做家务杂活，或是替他们耕作土地。河南中部，不论产烟区，还是非产烟区，都盛行实物定租制，数额达到主要作物的 51%。河南产烟区除了实物定租，分租也是普遍苛刻的。这种对半折分的分租，往往还伴有某种形式的劳役地租。至于生产费用，烟田的佃户必须交付肥料、烘烤和销售费用的一半。他们当然还要负担农田工作其他项目的费用。

表 35　　　　地主和富裕农民出租土地的百分比

(产烟区 6 个典型村与非产烟区 6 个典型村，1934 年)

	占有土地总亩数		出租土地亩数		出租土地占百分比	
	产烟区	非产烟区	产烟区	非产烟区	产烟区	非产烟区
地　　主	148.7	290.2	143.2	274.2	96.3	94.5
富裕农民	1442.3	1434.3	191.0	—	13.2	—

表 36　　　　　　产烟区出租土地的百分比

(1934 年)

	烟　　田			非　烟　田		
	种植亩数	出租亩数	百分比	种植亩数	出租亩数	百分比
富裕农民	199.9	3.0	1.5	922.6	47.0	5.1
中等农民	479.9	3.0	0.6	1860.1	12.5	0.7
贫穷农民	334.0	61.0	18.3	1013.1	259.2	25.6

以主要作物对半折分的分租，在山东东部产烟区也很普遍。在这种情况下，佃户也交付一半的肥料、烘烤和销售的费用。但是在那里，其他次要作物全部归佃户所有，不必交纳地租。山东东部定额地租，不论是现金定租，还是实物定租，比分租制更为流行；就种植烟草的佃户来说，要求交付现金定租，比实物定租更加常见；就不种植烟草的佃户来说，情况却的确恰恰相反。定额地租通常需要交纳主要作物的 40%，而且在订立租约时，常常需要预付押租。

表 37　　　　　　　烟田和非烟田地租负担的比较

（以非烟田的数字作基数）

	1929		1931		1934	
	每亩地租	指数	每亩地租	指数	每亩地租	指数
茅泽	元		元		元	
烟田	30	250	30	250	25	208
非烟田	12	100	12	100	12	100
大关营	担		担		担	
烟田	0.20	286	0.20	286	0.20	286
非烟田	0.07	100	0.07	100	0.07	100

　　然而，十分重要的是，不论产烟区位于什么地方，也不论地租是以什么形式交纳，烟田的地租，一般说来，总是高于非烟田的地租。胶济铁路沿线著名的益都产烟区，可以为例。对该县两个村进行调查。一个是茅泽，那里通常实行定额的现金地租，另一个是大关营，那里盛行定额的实物地租。表 37 清楚地说明这两个村烟田和非烟田地租负担的比较。

　　茅泽烟区的定租比非烟区高出 108％ 至 150％。大关营高达186％。烟田的分租也比非烟田高。美种烟草在河南中部和安徽北部，通常是和高粱在同一季节生长的早熟品种，而在山东东部，则是和大豆同一季节生长的晚熟品种。由于烟田的分租通常是根据市场价格以现金形式交纳，地租与其说是由作物产量决定，毋宁说是由作物售出所能得到的一部分货币数量决定的。例如，1934 年凤阳烟叶的市价低得连地主和富裕农民也无法收到像其他年份一样高的地租。那一年，襄城烟田的分租比高粱田高出 150％。潍县则比大豆田交纳的分租更高出 200％ 以上。

　　从表 38 可以看出，凤阳种植烟草的佃户必须负担相当于高粱种植者损失的六倍。襄城烟田佃户的损失约为种植高粱的佃户

表38　分租制下地主和佃户损益的比较
（产烟区，1934年）

单元:元/亩

地区与家庭类型	劳动力费用 a	b	肥料费用 a	b	烘烤费用 a	b	销售费用 a	b	杂项费用 a	b	支出合计 a	b	收入合计 a	b	实际增益(+)或亏损(-) a	b
襄　城																
地主	—	—	2.15	—	1.10	—	0.25	—	—	—	3.50	—	7.55	1.70	+4.05	+1.60
佃户	15.30	1.80	2.15	2.10	1.10	—	0.25	—	1.00	0.90	19.80	4.80	7.55	1.60	-12.25	-3.20
凤　阳																
地主	—	—	2.10	—	1.95	—	0.25	—	—	0.10	4.30	0.10	6.05	2.25	+1.75	+2.15
佃户	16.90	3.20	2.10	0.90	1.95	—	0.25	—	1.00	0.70	22.20	4.80	6.05	2.25	-16.15	-2.55
潍　县																
地主	—	—	5.75	—	5.10	—	0.50	—	—	—	11.35	—	25.84	4.90	+14.49	+4.60
佃户	20.10	2.70	5.75	—	5.10	—	0.50	—	2.00	2.00	33.45	4.70	28.46	5.70	-4.99	+1.00

说明：襄城与凤阳的非烟田为高粱田；潍县为大豆田。a为烟田；b为非烟田。

四倍。虽然潍县种植大豆的佃户有可能每亩获得净利一元，但是种植烟草的佃户却必须承担每亩五元左右的损失。因此，不论花费怎样无偿的过剩劳动，美种烟草往往成为外国金融资本的利薮，或者为中国地主、商人和高利贷者提供更多的剥削机会，这点应是不言而喻的。种植烟草的人受到的损失，常常比他们可能获得的更大。这一新作物的引进，已经毫无疑问使中国产烟区农民的生活水平每况愈下。

（原文名《Industil Capital and Chinese Peasants》，

上海别发洋行 1939 年出版。

本文摘自《帝国主义工业与中国农民》，

陈绛译　汪熙校

复旦大学出版社 1983 年版）

三十年来的中国农村

鸦片战争时，中国尚未走进世界市场。到苏伊士运河开凿后，欧亚水运便当，中国之农产品渐渐出口而加入世界市场，不过营业数量到现在为止，仍只占世界贸易的很小部分。这表现中国仍是经济落后而未发展的国家。其理由是因为4万万人购买力低弱，市场表面上大而实际很小。从这点可以明白中国农村是十分穷乏，因为中国人口8/10为农民。

在最近30年内，代表全国经济的主干的农村，已很穷困，而且穷困的情形更日益加深和扩大。约20年前起，主要的农产米、小麦、面粉，开始大批运进中国。经过近年的大水灾，食粮的进口更是增加。

今年（1940年）和上年比较，虽收成并不坏，而今年米的进口，较去年增加几乎一倍。又因为大批的农产品和其他五金原料、煤油等的增加，今年1月至10月底止，我们全国进口的总量，虽仅15400万镑，而进口的入超约等于进出口总额的一半。这样看来，中国所谓"以农立国"的话，是动摇了。15年前，章士钊先生提倡"以农立国"，曾引起一般人对于农工不偏重的争论。但是15年来的历史已使"以农立国"的理论，失去基础。

近代历史上有政治独立而经济作附庸的国家。譬如 19 世纪的美国和革命前的帝俄。但是从没有见过政治不独立的国家，能有经济上的自由和发展的希望。没有一个人能说非洲和亚洲各殖民地，它的经济是真正的发展，人民生活的条件是在真的改好。历史上的事实告诉我们，一般民主的改善，完全要靠对外政治的独立，和对内政治的清明。对外的独立就是抗战的基本观念。而国内政治的清明，亦即建国的根本观念。

近 30 年来，虽专制的帝制已废，民主政体的门面是已有雏形，但因为对内对外在政治上尚还没有积极迅速的根本的改善，所以一般的经济，特别是农村经济，只有崩溃的现象。要将我们 30 年中国农村贫穷化的过程来分析一下，我们可从下述的 5 方面来观察。

一 农产商品化的加速

上次欧洲大战快终了时，我们的棉纱纺织业发展很快，所以我们的棉田扩张很多。先是工业家的推动，后为（北伐后）官厅的积极提倡。所以华北、华中棉田增加很快。因此米麦的种植面积，有相当的减少。这就是 30 年以来农产商品化扩大的第一个现象。这现象对于农村经济的影响甚大。最明显的是一般农民依赖货币以收支。因为中国已经加入世界市场，所以这种商品化的影响比宋朝时我们中国农产商品化的程度高得多。对于农民来说，农产商品化意义，即农民脱离自耕自食或自给自足的地位，而更依靠市场与货币。农民经济独立的地位，很快地损失和抛弃了。

农民如果有充分的耕地，有丰满的收入，那么农产越是商品化，农民的收入越多，而生活应当更好。但以中国的情形言之，则全得相反的结果。因为中国一般的农民，他的耕地是很小又很零碎，不能大量生产。因此各个农家生产品的量很少，没有力量和商人讲价。因此不能抵抗奸商的欺榨。在现有土地制度的情形下，中国的农产越是商品化，人民痛苦越利害。

近年来农产商品化的第二个显著的现象，就是鸦片的种植。有一时期，政府表面上禁烟，实际上是无形中迫得农民多种烟。因为烟田税非常重，而收税的官吏种种腐败舞弊。不种烟的田，也要被征烟税，所以农民不得不种烟。如果种普通的作物，其收入更无法交纳捐税。禁烟的结果，变成无形的推广种烟。（有不少军阀对不种鸦片的农民收懒捐）

抗战以后，政府在西南产烟之地严厉执行铲除烟苗。但因为没有替农民想办法，使其可以改种其他作物，而同时能维持其原来的生活。因此许多农民破产。在滇西一带，因不种烟而破产的农民，许多都跑到缅甸北部作苦力。这种现象，亦即证明在中国现有的土地制度下，农产商品化对于农民生活恶化的影响。

至于因为信用借款的关系，而增加桐油的输出，因此桐油种植的面积，很快地增加。不但四川，湖南，即在浙滇桂，也很快的推广。据说一桶桐油可换两桶煤油。这种商品化的农产，对于经济作战方面贡献甚大。但因为统制价格的关系，种桐油的农民所能得到的收入，远不如他们所应当得的价格。因此大批桐油的种植，和大批桐油的输出，并未使生产农民的生活有所改善。

二 纯封建制渐归消灭

农产商品化的影响，在中国历史上早已使土地商品化。这种历史从商鞅时起，一直到现在已有二千年光景。土地不买卖，是封建制度的基本因素。自秦汉以来，土地可以买卖的区域，是渐渐扩大。也就是说纯封建的逐渐破坏。直到现在只有西南偏僻的边疆地方，因为少数民族保有他们民族利益的关系，故还有纯封建的遗迹。

抗战以来，工商业的资本退移到西南，压倒了少数民族的经济势力。或者利用垦殖的名义去圈地，或者用农业试验场的名义去并吞少数民族公有的茶山，或者用救济战时难民或归国华侨的名义，强制收买少数民族向来不出卖的土地。因为这些所谓抗战建设的办法很快的破坏了原始公社土地公有的制度。

在滇南十二板（版）纳的一部分，可说是中国纯粹封建存在的地方。然而因为农产商品化的关系，和抗战以后外来经济势力的压迫，纯封建制也站不住了。四五年前，南峤，佛海，车里和思茅、普洱一带，情形是不同的。思普一带早经丈量土地，可以自由买卖。而十二板（版）纳各县土地尽归村有。此种村有不是阎锡山氏所说的"村有"而是传统原始公社式的村有。最近几年变化很快。外来的商人和归国的华侨现在已经借用公司的名义，通过县政府的力量，收买土地，南峤，佛海已有这种情形。在不久的将来，车里也将遭遇同样的命运。

以车里来说，商业的影响和官厅的剥削，早已使纯封建社会渐渐地变成一半封建的社会。除了像车里以外，全中国早已脱离纯封建制了。辛亥的春天，招商局的轮船载了贡米从上海到天津。那是最末一次的贡米，也可说是最末一次的封建的田赋。民国成立以后，贡米的制度铲除，封建赋税的形式也就消灭了。现在的赋税和兵差大部分是以钱币的形式来征收。所以性质上虽是封建的，形式上已经不是纯封建的了。在纯封建制度之下，没有出钱雇人代替兵役的，而现在许多地方出二三百块钱可以雇用一个壮丁代替兵役。

在纯封建制下的农村，因为富于自给自足性的经济，所以农民的生活程度虽不高，但生活因为有保障而很稳定。在半封建制的情形下，就大大不同了。一方面忍受封建的余毒，另一方面又逃不了资本主义之剥削。这一种双重的压迫已经够受了。又加上中国沦于半殖民地的地位。农民要改善他的生活起来反抗的时候，又因为外国的政治军事的压力，更加遭遇挫折。换句话说，现在农民的经济地位，还不如在纯封建制之下的经济地位。

十四五年前北伐的时代，有些所谓革命理论家的，以为中国革命的基本队伍是在佃农。所以当时他们以为粤湘赣的革命力量，是建筑在佃农身上的。这话固然是不错。但这些理论家即因此而发出错误的议论，说华北因为佃农的成分太少，所以不能希望有革命的高潮。而抗战以来，这种错误已经很明显的证明了。

华北许多的游击区域，它的力量不是建筑在革命的农民身上吗？华北的自耕农，和华中、华南的佃农，是一样的贫穷，一样的受压迫。所以他们的革命情绪，是没有两样的。在我们半封建半殖民地社会里，地权集中了，耕地分散了，佃农和自耕农经济的比较地位，没有多大分别。华北的一般自耕农，种 30 亩以上的是少数。因此也一样很贫穷。北方自耕农和南方的佃户，在经济上既是同处低落的地位，他们对于革命的要求是没有分别的。现在中国农民不论南北，多武装的加入了民族革命战争，就表现了全国农民迫切地要脱离半殖民地半封建的痛苦。

三　高利贷制变本加厉

据政府最近发表的统计，15 省以内，一年以来，合作社的社数，由 53000 余增加到 82000 光景。社员的总数已达 420 万人。另有 26000 非正式之合作社尚未算在内。目前估计我国合作社的社数，已有 12 万左右。社员的总数大约有 500 万人。至于生产的合作社，或工业合作协会下的两千余合作社，因性质不同尚未曾计入。

过去 7 年中，赈灾会，农本局，建设厅，中央及各省府经济委员会，南北各大银行，一齐努力于农贷。农贷的方式，主要是通过信用合作社。按全国合作事业管理局的分析，本年 5 月 15 日以前，所登记的各种合作社，有 8 万余。可是，全数中 88% 均属信用合作社。生产合作社只占 8%。运输合作社不到 2%。其余有如消费，公用，购买等合作社，只占 1% 的光景。于此可知我国所谓合作运动，大部分实为农贷运动的别名。

目前农贷的制度，虽然拥有合作社的美名，实际确是集团的高利贷。表面上农贷的利率并不高。但通过土豪劣绅和原有高利贷者之手，实际利率，不能算低。好比都市里的二房三房东，免不了把原有的房租增加了。并且信用合作社和原有的农贷制度，并不监督或直接帮助农民的生产。一方面便宜了农村从事于高利贷的分子，另方面不过是使农民得到一时的便利，并不能解除他们的痛苦。

怎样便宜了农村高利贷的分子呢？普通的讲来，20 年以前，一般人没有听到信用合作社的时候，高利贷者，只能用他们自己的资本来剥削农民。现在他们可以自己不费力，转向信用合作社去利用农贷的制度。他们可以拿到一笔款，不是慷他人之慨，而倒是假公济私赤手来剥削农民。况且从前用个人的名义出借款项，有时不容易收回借款，甚至难以索取利息。现在有了合作社的名义。凭借官厅保障，可以用更大的压力，加之于欠债的农民。在个人高利贷穷于应付的时候，得到集体高利贷或变相高利贷的帮助，高利贷自然是更加猖獗了。

最近十余年来因为农民的更加贫穷化，高利贷者利用这种情形，施借农具种子肥料等，甚至于借给食粮。到了收获的时候，拿农产扣还，而又压迫农民出卖这种农产。这样变本加厉的高利贷，是混合商业资本和高利贷资本在一起，而加重的多方面的剥削农民。所以农村中的生产关系一天一天的恶化，而生产方法无论如何不会有切实的进步。

有些政府的机关，名义上何尝不是为经济建设，何尝不是为经济作战。但实际分析起来，不免有破坏经济"与民作战"的嫌疑。一方面大批的施用农贷，另一方面贬价的收买农产自桐油以至于米粮，比市价低了好几倍。统制是应当的，但不应把它变成剥削的别名，许多商人屡次为"政府与民争利"而呼吁。例如最近陈嘉庚先生对于闽省当局也有这样的批评。如果中国大部分的农民能够像陈嘉庚先生一样的有批评能力，中国情形就大不相同了。

至于半官半商，亦官亦商的人们，假公济私，囤积居奇，操纵市场，暗中经营高利贷。虽然他们活动的范围，都大半集中于都市，但影响所及，必然会到农村。所以金融的投机走私的勾当，和资金的外流，不断的在那里抽取农村的血液，而加速的减低了农民的生产。

四　地权集中　农民离散

辛亥革命时代，地主兼商人的，或军人兼地主的，远比不上目前的这样多。自从袁世凯死了以后，军阀割据的局面越来越明显。直到北伐以后，方才逐渐的消失。那十年中间，是军阀最猖獗的时代。因为中国经济的情形不允许迅速的工业化，军阀们暴敛来的财富，大部分是放在土地上，拿田租当作利息。于是大军阀拥有大大土地，东北数省大者数千顷。小军阀有小土地，也是数千亩数百亩。现在广东的南路，云南的迤南，江苏的江北，绥远，四川的全省，都是这样情形。

从前绅士式的地主，没有武装的能力催租逼租。后来他们的土地只能转让给新兴的地主，这些大半是军阀们。他们既有力量，强制收租，他们的田产就更加容易扩大。因此这30年来，后一个时期比前一个时期地权更加集中起来。

失地的农民，随着地主的集中而增加起来。他们因为抢租地主的田，不得不屈服于高额的田租。田租又随着苛捐什税增加。佃农因为不能应付不断增加的田租而沦为雇农。但又因为农场经营面积的狭小，被雇的人数不多。所以破产的农民，大批的离村。10年以前直鲁豫三省的农民们蜂拥到东北去的，每年达100万。自第一次欧战，直到世界经济恐慌开始，闽粤等省，破产的农民也成千成万的流亡到南洋一带去当苦力。许多没有出路无法迁移的破产者，不当土匪便投入军队。他们在军阀制度之下，渐渐失了农民本来的面目而同化于流氓性质的游民。因此造成中国军队的雇佣性质。

这种雇佣性质的军队在抗战过程中，已都被消灭了。然而过去的30年中，他们便是军阀的工具，内战的炮灰。军阀们利用他们来刮削，或造成刮削的地盘。南北都是一样。刮削来的财富，大部分投于地价里面。于是地权的集中，更进一步的制造离村的农民。这些人便又变成后补的军阀利用品。因此军阀制度，地权集中，和雇佣式军队，打成一片而成为中国数十年间经济崩溃的最大因素。以前农村原是生产的渊薮，后来变成流氓的渊薮了。

抗战以来，因为军队性质的改换，军人爱国心的焕发，而事实上也不允许军阀制度的留恋，因此，一般人甚至称军人比文人更是爱国。目前发国难财的文人似乎多于军人。而现在拿资本投放在土地上的也是一些半官半商，亦官亦商的投机而走私者。所以地权的集中者，又已转换性质了。

闽粤两省尚有不同的原因。这里沿海几县，及韩江上游梅县等地华侨素多的区域，抗战以后，地权更加集中。大部分的原因是由于华侨汇款不敢长久存放在银行，而必须收买土地，以变为永远的资产。华侨汇款向来是促进地价，而加速地权集中的一个因素，可是因为目前的状况，这种汇款更易转变为买田的资金。

五　劳力锐减　熟荒骤增

辛亥以后，中国屡次向外国接受大借款。而因关税的抵押，贸易上的税率和条件往往对于进口货予以特别便利，大批的洋货遂继续不断的打击手工业。这个影响，对于农村是很大的。一方面洋货压倒土货以后，农村中靠手工业来过活的，逐渐失业了。另一方面，许多靠手工业为副业的农民也不能维持生活了。农村中劳力当然因此而减少。

同时，地权虽然疾趋集中，因为地主出租而不经营出租的田地，既零碎又分散。农场的经营过于细小，佃农或富农也不能多雇长工。在这种情形之下，地权愈集中，耕地愈分散而缩小。经营面积也很少能扩大。所以劳力的应用愈难，而被雇用的农民愈是减少。

又因田赋和苛捐什税的增加，在内战时加上兵差勒索。有些地方更横遭土匪的焚劫。耕地一批一批的成了熟荒。这在雷州半岛就很明显。熟荒增加是农业生产骤减的最清楚的一个索引。

抗战期中，因为许多地方兵役实施的不得法，不管有用或无用的，有业或无业的人民一概用兵差的旧法，使他们入伍。这对于农场上的劳力，也有很大的影响。许多农民应当免去兵役的，常常因为害怕没有保障而逃避兵役（他们中间很多从事私贩，或其他不生产的工作），因此农民的劳力锐减。这个现象反映在雇农工资的骤增。川东各县壮丁逃避兵役的很多。雇农的工资在两年前，只是 26 到 40 元。去年（1940 年）也只是 40 至 80 元。而今年却非 100 元以上不能雇到长工。长工的工资额并不包括饭食。所以米价的骤增对此项工资的增加倒没有多少关系。许多地方因为兵役关系而劳力减少。这是熟荒扩大的一个主要原因。熟荒尚且增加，当然谈不到切实的去办垦殖，因为目前很多大的垦殖公司所遇到最困难的问题，也是找不到人工的问题。

（原载《中国农村》第七卷第三期，

1941 年 1 月 16 日）

中国的土地改革

最近，土地改革成为很时髦的题目，国民革命成功20年，始终忽视这个问题，今日时势所迫，才又提了出来。作者陈翰笙先生是前北京大学教授，中央研究院社会学组组长，现任美国约翰霍浦金大学研究员，陈氏研究中国土地问题多年，著作甚富，为此一问题之权威。

《世界与中国》编者

历史上大规模的举措，从来不是直接了当用简单方法就能成功的。像中国土地改革这样迫切而显著的问题，它也遭遇到种种的困难和阻碍——有些是改革者自己的错误制造出来的。土地改革已经经过了四个阶段，于今又在步出第五个阶段的门限了。第一个时期，1927—1931年，是减租而不没收土地；第二期，1931—1934年，没收地主的土地同时减租；第三期，从1937年8月到1946年5月，减租并没收汉奸的土地；第四期，从1946年5月到1947年10月，土地所有权再分配，但非平均分配；从1947年10月以后是第五期，以户或家为基础而平均分配。这五个时期里面，第一期是国民党倡导的，其余都是共产党领导的。

金陵大学万国鼎教授说："就理论的观点而言，共产党和国民党的土地政策大同小异，都是根据孙中山的平均地权和耕者有其田的思想。惟一的分别，是国民党对于把地主的土地转移到农民的时候采取和平的方法，而共产党则断然地没收地主的财产，……国民党倡导多于实行。"（1947 年 3 月 17 日《上海大公报》）

中国的土地改革，因为它是从中国的历史和中国的各种问题发展出来的，所以有它的历史上的独特性，与俄国革命后苏联人所推行的土地政策，大有分别。苏联把土地收归国有，分配给人民的只是土地的使用；但是中共分配的则包括土地的所有权和使用。这是中国目前兴起的土地改革，在性质上，和 30 年前俄国革命的土地改革，许多根本不同的成分之一。

中国发展的独特性，地租制度表现的比任何事物都清楚。在中国，富农和贫农都租地耕种，西洋也是这样。在中国以及西洋下面这两种场合是有着根本上的差异的。有相当资金和工具的富农，他租地是为了扩张他的农场管理和尽量使用他的雇工。有少量土地或者一点土地没有的贫农，他租地是为了维持他自己的生存，或者他那农奴似的生计，所以不惜出过高的租金。第一种租户的增加是在农业方面走向资本主义的发展；而第二种租户的流行，则表示前资本主义经济的得势。

根据统计上的比较研究，我们可以看出来，一般的俄国富农多租别人的土地耕种，反之，中国的富农却常常把土地租出去只收租子。（参看 Pacific Relations 研究所编的 Agrarian China59 页，伦敦 Allen and Unwin 书局 1939 年出版）这一点表示两国情形的基本差异，并且说明了中国的封建制度，虽然现在渐渐崩溃，在农业方面如何地阻止资本主义的发展。

巴黎的塞诺包教授（Prof Charles Seignobos）说："中古时代是大规模的占有，而小规模的耕种。"这个封建经济的定义是很确实的（原文见塞诺包教授的 The Feudal Regime，纽约 1902 年出版译本）。这种制度从汉朝到于今行了二千年。这两千年的期间，土地集中和使用日见分散的矛盾，虽然经过若干朝代的变换和一部土地的再分配，但是始终未能解决。过去数百年的经济制度和现代工业社会的经济所发生的冲突，结果把前者的优点的魔力赶散了，而把遗传下来的弱点加重了。

土地垄断和资本垄断一样地涂炭人民。在中国这样的"前工业化的"国家，商业的资本和高利贷的资本主要是从租息堆积而成的。地主认为土地是最保险的金钱投资，专以收地租为谋利，而一般农民就必须抑仗缴租种田的方法为糊口的基本，然而他们没有方法能够增加生产。

地主和贫农的关系可以简略归纳之如下。当地主增加地租的度数时，地价也随着提高。土地价格愈高。农民买地也就愈难；那么他租地种的要求也更加迫切。因为土地都把握在一些地主手里，贫农也就不得不向他们请求租佃权。他们迫于不得已遂出过高的租价，甚至超过土地真正生产量的一半，很少人能逃过这种压榨。高价的地租和小单位的农场，使得租户无法耕种他所需要的大面积的土地，造成一个罪恶的循环，再加上高利贷和商人，使得情形更为加重。在中国，应当特别一提的，是高利贷者，商人和收地租的，往往是一个人——收地租的地主。

孙中山主张平均地权节制资本的经济政策。当 1927 至 1937 年这十年内战的期间（多半在江西打），国民党第一次试行土地改革，命令二五减租，使地租减低至不过总收获的 37.5%。只有广东，湖南，湖北，江苏，浙江五省政府发布这样的命令。这五省之中只有浙江真正试行过。这次政治实验是失败了，因为寄居政府内外的地主们的势力太强，使减租的计划无法通盘实现。在 1931 年春天，浙江忽然发布一个新的命令把法定的租率增加

了一倍。（参看 1932 年 7 月份《新创造》杂志林芷青的《浙江的二五减租》）

共产党，虽然被封锁，巩固其管辖区域，在江西实行了一个有效的二五减租计划。当他们应当结合一切阶级以推进国民的民主的革命时，他们却犯了一种错误，按照计划实行一个社会主义的革命，没收一切地主所有的土地。据最近的报告，毛泽东指出那个政策的特点是"没收地主的土地，分给富农坏的土地"，并且指责那是过左的错误。（见毛泽东去年 12 月 25 日"中共中央委员会"上的报告）这个时期的土地改革，在 1934 年共军开始西北长征的时候才中止的。

将近 1935 年末时，中共决定参加全国反日联合战线，就放弃了过左的计划。因此导引而成战时减租的土地政策，同时实行减息，没收汉奸的土地。在所谓几个省份的边区——一般地认为是游击战的根据地，这种政策即为新成立的地方政权热烈地采行。（参看牛津大学出版部 1946 年出的小册子第 33 种陈翰笙的 The Chinese peasant）没收的土地就分配给没有土地的家庭，土地赋税采累进率，同时贫农组成各种的合作社。用维持并保护私有土地财产的引诱，以这种集体劳动的方法协助克服土地散漫及土地单位太小的困难。于是贫农显著减少，中农和真有进取心的富农也日见增多。许多地方的生产和生产力都增加了。

日本侵略者完全是掠夺，所以能够很快地广阔地把土地所有权集中到他们手内。在他们的占领区内，不论南北，土地被他们无代价地攫夺了做为军用。在后方诸省地主势力也强化了，有钱的官僚，投资购买好多的良田。

在 1942 年顷，田赋改征实粮，国民党统治区域的地主们，很巧妙地把这个负担转嫁到农民身上去，或者提高租价，或者把租钱改为谷物。谷物在战时价格很高。这样一来，苦了租户，他们的经济情形遂更加恶劣。克莱西（George B.Cressey），一个无所为的美国地理学家，在 1943—1944 年那个冬天到中国来，他说在浙赣湘三省米茶区内，耕种土地的人实际所占有的土地不过四分之一而已。（George B.Gressey.Asian Lands and Peoples.New York 1939 年）

1945 年日本投降之后，中共又揭起地主寄生的问题。在 1948 年 5 月 4 日他们制成了口号，"耕者必须有其田；有田者必须耕种它。"这个时候的基本思想是没收地主的土地，而把它们分配给没有土地或短少土地的贫农。又像先前那个时期一样，乡村大会决定一切事情，"像历史上的新英格兰市政府一样"。一切男人女人足 18 岁的都有投票权——不只是家长。他们可以在全部或三个方法之中选择一个。第一，减租可以追溯二年，地主必须返还一个租金的 1/4。第二，大地主必须交纳田赋至其所收租金之半，而贫农只交他收获的 7％。每家有一亩地是完全免纳田赋的。地主返还租金或交纳田赋，可以出卖他的土地。第三，地主必须将其过多的土地售卖给新的政府，政府得发行土地债券给地主作为地价。延安对于这种强迫售卖，在 1946 年 12 月 21 日公布了一种法律。

1947 年 9 月，内战进行已经一年多。共军进至长江流域的中部，而中共的游击队也散布到中国的南部。在华北施行的土地政策，（那里的佃户不很流行）显然不适宜于南方。在这个月中，他们举行了一次全国土地会议，一致承认对于地主租金的清算。在南方是牵制太广而且太复杂而沿海诸省的地价也太高。因为农业上的工资太低，如果地主过多的土地被没收，每年租金收入实际不能给地主相当的赔偿，所以按家按户为基础的平均分配土地，被大家赞成。

十年以前陶尼教授（Pro.R.Tawney）写道："地租法须要改

革，高利剥削者和经纪人紧紧地抓住死扣子不肯松手，要打破他们的势力，只希望用技术改进的方法是不行的，……一个有胆量抓住土地问题的政府，无须乎畏惧国外的帝国主义和国内的不宁。它会得到50万个乡村的依赖和善意做它的盟友。"(Agrarian China)

实际上，自然许多乡村的依赖和善意，非实行有力的土地改革是不能获得的。中共得到土地改革会议的议决，在1947年10月10日宣布了他们的基本土地政策。这样使得每一个乡村的家庭都有他们自己的土地耕种——按照各地的情形和家庭的大小，从三亩到七、八亩不等。

这一次的土地再分配，使贫农的所有增加。除了少数的特别区域以外，土地的占有一定是不够，这也是实情。因为耕者有其田，所以贫农无须再出地租，因此他们的贫困也就常常地可以克服。再者，因有生产合作社和劳工互助的方法，使他们的农场可以多少集中一些，足可胜过现在不集中的土地占有。这样将来一定能增加农业生产——在战时已经有很好的证明——并且可做工业化的基础。等到中国完全工业化了——大约在30年内——就能够生产大机器，载重汽车，打谷机和牵引机，中国就要试行全国集体农场，同时也就要实行土地国有了。

虽然中共研究苏联的土地政策，然而他们施行的土地政策，却是使用国粹的方法解决了他们国家最严重的问题。(译自 Far Eastern Survey)

(录自《世界与中国》再版第一期，
1948年6月15日)

《印度和巴基斯坦经济区域》*序

在社会主义以前的旧社会中，经济发展是不平衡的，而且是不可能平衡的。帝国主义直接统治下的殖民地经济更是一种畸形发展，更谈不到平衡。即便是在摆脱了帝国主义统治的民族主义国家，其经济发展也还是不平衡的。这种畸形状态必然会反映在全国各个经济区域。印度可以划分为 16 个经济区域，巴基斯坦也有 5 个经济区域。如果对这些经济区域的资料加以综合的研究，我们不难得出两国社会经济结构的全貌。资产阶级学者惯于把某些殖民地和前殖民地称为"经济不发达的国家"。其实，这种畸形的落后的不发达状态，不正是帝国主义者统治所造成的恶果吗？本书主要目的在于剖析印巴两国当前的经济问题。

印巴分治不过是十余年前的事。早在英国帝国主义者统治整个印度半岛以前，那里就有很多不同民族、不同语言的王国。在各王国之下又存在着许多自给自足的农村。帝国主义者一贯奉行其"分而治之"的政策。因此在英人统治印度的 200 年期间，各

---

* 本书的原稿英文本《南亚的农业经济区域》（Agrarian Regions of South Asia）于 1980 年在印度新德里出版。

个民族地区原有的特色依然保留，它们之间的隔阂也更加扩大了。

英帝国主义者首先把印度半岛分割为几个英属的管辖区和数以百计的土邦。大小土邦都置在英国统治之下。英国利用印度的各种宗教、种族、种姓制度，来分化印度民族和分割民族地域，从而阻挠它们的团结和增强它们对宗主国的依附。最后，还采取了印巴分治的政策，企图在"撤离印度"以后仍可达到其"分而治之"的目的。

百年以前，印度教徒和伊斯兰教徒高举反英大起义的旗帜，并肩作战。英国用武力镇压起义以后，一面打击勒克脑、德里和拉合尔等内地的信奉伊斯兰教的贵族地主，一面拉拢加尔各答、孟买和马德拉斯等沿海各地印度教商人。19 世纪末，印度教小资产阶级兴起而要求自治的时候，英国又转而袒护伊斯兰教徒，并分别规定两种教徒在行政和立法机构中所占的职位和名额。这些阴谋诡计就使伊斯兰教小资产阶级成长起来。英国从中挑拨，坐收渔翁之利，竟导演了伊斯兰教大地主和小资产阶级同印度教大资产阶级和小资产阶级的愈来愈凶险的斗争。由此可见，帝国主义者早在半世纪前就处心积虑，利用宗教对立，预先布下分治的祸根。

印巴分治对两国的经济发展造成很大的困难。棉纺工厂绝大多数是在印度，但巴基斯坦拥有很多的棉田。黄麻是出产于巴基斯坦的，但制麻工厂几乎都在印度地区。印度工业的发展远过于巴基斯坦。西孟加拉区的城市人口占到全区总人口的 1/4；孟买区的城市人口更多至 30％以上。西巴基斯坦的城市人口仅占总人口的 17.8％；东巴基斯坦的只有 4.4％。产小麦、棉花的西巴和产大米、黄麻的东巴又相隔 1000 英里的陆路或 3000 英里以上的海程。这种经济区域的分布也是两国工业化中的绊脚石。

最近十余年来，印巴两国的政府和人民曾努力去消除帝国主义在它们国家遗留下来的一切畸形发展的现象。两国都实行了合并土邦的政策，都重新划分了行政区域，也都要进行土地制度的改革。但封建势力依然存在，阻碍了工业化的事业。印巴两国的农村经济基本上还没有起多大发展，生产关系基本上还是很少变化。

为了具体地说明帝国主义者在印巴两国究竟遗留下来些什么祸害，并说明两国在争取经济独立、建设一个完整的经济体系方面所面临的现实情况，首先必须明白各个经济区域的特点。印度的资产阶级学者也承认研究区域经济的重要性。例如，阿加华拉博士讲到计划经济时，就着重于区域的差别。他说，只有参酌这一个或那一个地区的情况去设计，才能真正解决当地的经济问题。（阿加华拉著《经济不发达地区经济前进的几个方面》，孟买1958年版。）

经济区域的划分与土改政策的执行有密切关系。只有确定了哪里是经营地主占优势的地区，哪里是永佃农占优势的地区，哪里是雇农或佃农占大多数的地区，才能拟定一个确切可行的方案。印度共产党中央委员会1958年10月关于农村问题的决议中有这样一段话："采取某种阶级联盟的复杂类型，要看问题本身的性质和该区域内阶级关系的主要情况。因为各地区经济发展的程度不同，每邦有它的特殊情况，所以要决定谁是乡村中主要的敌对阶级，就不应当把全印度笼统地混为一谈。"了解区域化的情况是有助于研究政治经济的。有了分区的了解，也有助于对全国得到一个综合的了解。

地理学者丹普、辛姆金斯和斯佩特三个都曾用地形、气候和人口密度为标准，把印巴两国分为若干区域。1951年印度政府的人口普查也按照地形、土壤和雨量这几种因素把全国划分为5

个区域和 15 个分区。印度储备银行所支持的 1951—1952 年农村信贷调查，根据散布全国 75 县的地形、气候及其他自然条件和人口分布情况，把印度划成 13 个区域。这三次区域划分的办法都偏重于地理而忽视了社会经济方面。

研究印度经济史的爽纳教授，从探讨生产力与生产关系的观点出发，把印度分成 16 个经济区域。他所用的划分标准是地权分配、劳力分配、信贷制度和经济近代化的情况。因为他曾参考了我的手稿，他在 1956 年 10 月印度农村经济学会召开的关于经济分区的全国讨论会上把我们两人先后划分的地区作了一个详细比较。他说，我们两人在地区的划分上基本上是一致的。主要的差别是，他把东旁遮普和联合省（现改北方邦）西部并为一区，而我则把它们作为两区。又他把联合省东部、比哈尔和西孟加拉作为一个区域，我则把它们分成三区。在印度南部地区的划分上，我们也不是完全一致的。

我划分印巴经济区域所用的标准是下列五项。第一是地形。山谷和平原，在生产和生产关系上显然有些不同的地方。第二是水利，就是说包括雨量和灌溉。半沙漠地区和河流的三角洲地带就有很大的差别。第三是耕作方法和农作制度，这比前两项更为重要。大家都知道，棉花、烟草、黄麻等经济作物区和小麦、大米、杂粮等产粮区是大不相同的。第四是土地制度。这是区域化的一个关键。土地制度的差别表现在田赋制度、租佃制度和雇农制度等。因此，种植园多的阿萨姆区就和佃农多的孔坎区不同。最后还有第五个标准，那便是当地一般经济发展的情况。有的区域近代工业相当发达，有的就没有什么厂矿企业，因此经济情况就有明显的差别。尽管十余年来工业化有些进展，但原有的区域经济的特点并未发生根本的变化。巴基斯坦的 5 个经济区域，是和 1947 年分治时原有的行政区域相同。印度的 16 个经济区域就和现有的 18 个行政区域有所出入。例如，现在奥里萨邦一部分可同安德拉邦合并为一个经济区域；又如北方邦可分为东西两个经济区域。

本书主要的资料是根据 1927—1928 年出版的《皇家印度农业调查团证词》（Evidences Taken by the Royal Commission on Agriculture in India）14 巨册。其中包括各地对调查团所发出 783 个问题的答案。调查团旅行了 18197 英里，除克什米尔外，遍历所有主要省份。开支总数达 102955 英镑，当时约合 50 万美元。为调查团口头作证的计有 178 人是当地政府官员；其余 217 人包括地主、佃户、长工、临时雇农、商人、店员、小贩和高利贷者。其他原始资料和次要的资料附录于书末。因在短时期内要利用大量英文的资料，本书原稿是用英文写成的。承黄季方和曹婉如两位同志译出，又经商务印书馆编辑部的同志核对，我对他们表示衷心的感谢。

（摘自《印度和巴基坦经济区域》，
商务印书馆，1959 年北京版）

印度国大党土地政策

一

印度国大党今年1月9日至11日在那格浦尔举行了第64届大会，会上讨论了有关国内经济和土地政策以及外交政策等问题。据各通讯社报道，会议中对土地问题的辩论甚为热烈。这的确是关系到印度国民经济发展的方向和前途的一个重要问题。国大党"社会主义论坛"领袖、联邦政府计划部副部长米斯拉说，"如果关于土地改革的决定能够实现，印度将出现一个新的社会。"这话更引起我们对伟大邻邦的关怀，因而我们应了解国大党土地政策的实质。

为了促进土地制度的改革，国大党执行委员会于去年7月指派三人小组去策划一个新的方案。国大党主席德巴，联邦政府内政部长潘特和财政部长德赛是小组的成员。其中潘特先生过去曾任北方邦土改委员会主席，这次在那格浦尔举行的大会上就由他提出关于土改的议案。经过修正后通过的议决案包括下列三个要点：一、各邦须在1959年底以前规定土地占有面积的最高限额；

二、限额以上土地交由乡政府去组织合作社从事耕种；三、今后三年内要尽可能在全国 60 多万乡村中建立这样的合作社。

如果人们回忆 1937 年国大党在联合省（现改北方邦）法兹浦尔举行的大会上所通过的议决案，就会知道合作社这个方案不是什么新闻而是 22 年前的旧事重提了。那时尼赫鲁任国大党主席，议决案中有一段说"要设法创办农业生产合作社"。当时因为国大党要求民族独立，同时通过了这种保护佃农、承认农民协会合法地位的议决案，因此威信大振，在七个省议会的选举中取得胜利。至于规定限额的问题，在潘特 1950 年任国大党执行委员会经济计划小组的主席时，那个小组早就建议："应规定土地所有面积的最高限额，将限额以上多余的土地给农村中合作社去使用"。

在领导印度人民摆脱英国统治的斗争中，国大党曾屡次申明，"彻底地去改革带有压迫性的租佃和税捐制度，同摆脱英国帝国主义者的剥削是密切相关的"。国大党 1931 年卡拉奇大会，1936 年勒克瑙大会和 1937 年法兹浦尔大会的议决案中都着重地指出这一点。但在国大党议员在七个省的议会内占绝对优势的期间（1937—1939 年），因屈服于党内外大地主的压力，连起码的减租法规也未能制定。

第二次世界大战结束的那年，全印农民协会的中央执行部首先提出要规定土地最高限额，并要求将剩余的土地分给贫农和雇农。过了四年，以古马拉巴为召集人的国大党调查委员会也同意规定这种限额，主张限额应等于可以满足三家农户去耕种的土地。再过几个月，以潘特为首的经济计划小组就建议将限额以上多余的土地分给合作社。印度第一个五年计划（1951—1956 年）曾鼓励并协助"小农和中农自愿地去组成"农业生产合作社。联邦政府合作部长德希莫克在印度农业经济学会第 18 届年会致开幕词中也提到这一点。1956 年国大党在阿姆利则举行第 61 届大会时，提案委员会所通过的印度第二个五年计划（1956—1961年）仍强调应当大力推行土地改革计划，并要办工业和农业合作社。

综合说来，国大党政府过去提出的土地改革计划，主要包括四点：一、取消"中间人"；二、规定"公平地租"和调整租佃关系；三、规定土地占有最高限额，将无地的劳动者安顿到剩余的土地上去；四、发展合作社。这个四点计划已慢慢地执行了将近 10 年，都还没有达到预期的功效。

二

英国东印度公司在 18 世纪末至 19 世纪时代用武力侵占印度后，即以田赋的方式急剧进行榨取，将那些替当地封建君主征收田赋的包税商变成类似英国拥有土地的绅士，而实际从事耕种的印度农民则沦为他们的佃户。这些变相的地主（札明达）和原有的贵族地主（茄勾达）都各占几千、几万亩，甚至 10 万亩以上的土地。他们没有不把土地分租和转租出去的，甚至转租给 10 层以上的佃户。国大党的土改方案首先要废除这些旧时代的大地主，认为他们是国家与农民间的"中间人"。

各邦政府以"自耕自有"的准则去规定大地主应否继续占有的土地面积。凡非"自耕"的土地都由政府备价收买后或出租，或出卖，或经营。但是当潘特任北方邦首席部长时所通过的"废除札明达法案"，规定所谓"自耕者"的标准是：（一）在农耕中参加全部或部分体力劳动的；（二）供给"资本"和信贷，包括流动资金的；（三）参加农场经营或管理工作的；（四）担负农场收支不敷的责任的。符合上列四项中任何一个标准的就算是"自耕者"。同时并未规定最低限度的体力劳动。法案甚至允许"经营"的人雇用长工或短工去代耕。这样，不耕的人也被认为"自耕者"了。

在"废除札明达法案"实施以前，大地主早就将土地分给自己的家人或亲戚，以便缩小土地占有面积。待实施的时候，他们又将84％的土地作为"自耕自营"向政府进行登记，其余16％土质较差的土地则作为出租地让政府核价收买。保留大量土地的地主就这样改变了过去"札明达"的身份而称为"白米达"。他们在农村中已成为新地主。旧时在他们下面享有永佃权的那些佃户现在可以依法向政府请求买得"白米达"的身份。政府在这一笔收入中将80％去偿付大地主所缴出的土地价格，而以其余20％充作"废除札明达"的行政费。

新地主仍按旧时"札明达"的低税率缴付地税，仍可雇人经管他们的地产，或租给变相的佃农（"分益农"），或招无地的劳动者来耕种。他们可以自由地出卖土地，还可将土地作非农业方面的利用。在农产品价格不断上涨的期间，新地主中有不少赶走原有佃户，另招无地的劳动者来耕种，而自己变为经营农场的地主。他们顿时成为农村中第一号财主，被称为"巴卡哈佛列华尔"。其他各邦也有这样情况。例如马德拉斯邦称当地的农村新富为"马地维度"，在孟买邦称"马地华尔"，在安德拉邦称"美达鲁冯特伐罗"。

据1958年4月联邦政府计划委员会报告，原来拨作偿付大地主地价的61.4亿卢比仅动用了8.2亿，即13.35％，这反映取消"中间人"的计划也只有部分的成就。

因此，在现在印度农村中，地主阶级不但改头换面地依然存在，甚至比过去还要活跃。过去拥有万亩以上的大地主现在被几百亩、几千亩的地主所替代了。旧时有很多的离村地主，他们居住在城市，不十分明白他们所占有的土地在那里。现在留在农村中的地主较多，包括一些经营地主，这些农村新富比过去的大地主更会剥削佃农（分益农）和无地的劳动者。

三

当"札明达"和"茄勾达"等旧式大地主分散了他们的土地，登记"自营"的面积，把原有佃户驱逐出去，招收无地的劳动者来耕种，并以大部分土地租给"分益农"取得占农产总量60％以上的租价，摇身一变而为新式地主的时候，那些佃农惟恐失了原来租种的土地，如何还谈得到减租的问题呢？因此，国大党要规定"公平地租"和调整租佃关系的企图也落空了。印度政府计划委员会、土改讨论组、租佃关系小组的报告，曾坦白地承认"对佃户与地主关系的规定是失败的"。（58页）

现在从这个报告中译录下列一段文字，读者由此可窥知1950—1956年一般的情况。报告（36页）说：

在安德拉邦，佃农的租期还没有什么保障。在马德拉斯邦，除某些少数地区外，还没有关于租佃关系的法规，佃户被驱逐的高潮最近才算停止。在特拉凡哥尔—科钦"分益农"还没有被认为佃户，占农产总量半数以上的重租依然存在。在奥里萨邦，我们有理由可以相信，尽管有减租25％的法规，但对分租的制度依然是通行的。这种情况普及于多数的其他各邦。从旁遮普邦和昐白苏邦一些农村的调查，我们知道，尽管有法规禁止更换佃户，他们还不时被人驱逐。从比哈尔邦和西孟加拉邦也听到"分益农"被驱逐的消息。在孟买邦"被保护的佃农"人数三年内（1948—1951年）

由 170 万减至 136 万，即减去 20%，同时期内，他们的耕地总面积缩小了 18%。据海德拉巴政府最近的调查报告，四年内（1951—1955 年）佃农曾大批地被驱逐，"被保护的佃农"人数减去 57%，而他们的耕地缩小了 59%。

印度第二个五年计划向各邦建议，要使已被驱逐的佃农回到原来的耕地上去，但迄今还没有一个邦通过这种法案。计划尽管建议要确定"分益农"的佃户身份，但几百万在北方邦、比哈尔邦和西孟加拉邦的"分益农"还是被看作雇农。计划拟定以农产总量 20% 为标准租额，最高不得超过总产量 25%，但现在盼白苏邦的租额规定为 33%，马德拉斯邦为 40%，安德邦为 50%，都比国家计划中所建议的高得多。按印度宪法，这种法案都须在邦议会制定的。法定租额的实施在各地效力不同，许多地区简直有漠视法令、牢守旧习惯的情况。就是法定租额，在多数邦议会中也还没有提出成为议案。

在对一般租佃关系已经成立法规的几个邦内，这些法令往往无法切实执行。这不仅是因为法规的条文漏洞百出，使地主们易于舞弊，更因为佃农不懂得这些复杂的条文，自己也还没有组织力量去和地主斗争。例如，佃农和"分益农"遇到发生讼案的时候，他们就没有足够的旅费赴遥远的法庭。并且值得我们注意的是，在印度主佃间关系常同种姓间关系相符合。种姓是一种死硬化的制度，属于任何种姓的人不得同其他种姓的人们通婚姻或共饮食。地主和乡政府官吏属于一些高级的种姓，而佃农则属于各低级的种姓。因此法官和税吏看不起农民而不予协助。据 1954 年全印农村信贷的调查报告（卷二，227 页），农村中种姓制度对抗拒社会改革还有相当大的力量。

四

自从 1948 年 12 月国大党在斋浦尔举行的大会上议决要规定土地占有的最高限额，并要提倡在农村中大办合作社，到现在已逾十年。在这期间，国大党对这个问题的看法，不是一成不变的。印度的粮仓存储由 1946 年至 1952 年一直是不够的，有些地区已接近饥荒的边缘，年年要花巨款输入粮食。当时以潘特为首席部长的北方邦就反对规定土地的限额。反对的理由：一则说是因为财政拮据，无法拨用关于土改的行政费；二则说是土地如有限额，将更导致粮产下降。在 1951 年编制的第一个五年计划草案中，果然以重视生产为理由，对已经占有的土地不加限额，仅规定今后可能占有土地的限额。后来因国大党于 1951—1952 年冬季大选中部分地遭遇失败，需要挽回人心，故最后通过的第一个五年计划又建议要规定已经占有土地的限额。从此就不应该说是要不要限额的问题，而是限于多大面积和何时实施的问题了。

国大党执行委员会于 1953 年 7 月决议，要各邦政府马上设法调查占有土地面积并从速规定限额。可是，当时联邦政府农业部长德希莫克（现任合作部长）对这个办法似乎没有多大信心。他不止一次地公开主张要保护富农的利益，并认为如果土地有限额，则其他财产和收入也应当有限额（见马德拉斯出版的"印度教徒报"，1953 年 9 月 30 日和 1955 年 6 月 5 日）。农业部和计划委员会合制的、于 1954 年 1 月 8 日分发给各邦政府的调查表格，基本上只是要登记一下"自营"地面积、钱租地面积和物租地面积三个项目，并且这种表格是要各乡政府的会计（拍脱华利斯）去填写的。事实上，这些拍脱华利斯是同农村中财主和地主一鼻孔出气的，通过他们怎样会进行正确的调查呢？

　　除过去海德拉巴政府曾经一度用它自己拟定的表格在某些地区进行过土地调查外，直到现在印度还没有可以用来正确决定限额的土地统计。好些邦议会还没有通过关于限额的法案。各邦提出的限额是不相同的，例如喀拉拉为 90 亩，西孟加拉为 150 亩，旁遮普为 180 亩，阿萨姆为 300 亩。这种限额多数也还不是指现在占有的土地，而是指今后可能占有的土地。

　　资产阶级所搞的法案往往很巧妙地一句进、一句出，或用一个法案对付另外一个法案，把原来法案的内容加以修改了。西孟加拉虽规定以 150 亩为限额，这个限额并不是指一个农户，而是指农户中每个人而言。如果是 8 口人的农户，就可保留 1200 亩。又旁遮普虽规定 180 亩为限额，另外通过了一个农业奖励法案，使土地限额无形中提高。按照这个法案，政府将用各项记分的办法去推进农场的经营和管理。这样，农场水利和土壤保存方面可各得 31 分。作物保护和农场布置可各得 47 分。选种和耕作方法可各得 60 分。施肥可得 94 分，收获成绩可多至 500 分。总分数超过 600 分的农场就可保留额外的土地，等于限额的 50%，即可保留 270 亩。这种办法如果实施的话，不仅大量的地主占有土地可以逃避征购，规模较大的私营农场也要走鸿运了。

　　地主们决不肯坐待损失，早就抢先一步走在限额法规的前面。他们的对策主要是：一、将大片土地化整为零，分给自己的亲属；二、开办农产加工的公司，将全部耕地归公司经理。海德拉巴政府土改委员会 1954 年的报告（14 页）就叙述了这种现象。马德拉斯邦的地主多数把土地分给自己家庭的成员；少数人则创立糖厂，将几千亩稻田改种甘蔗。在安得拉邦的卡马姆县原有 55.2 万亩所谓多余土地，准备分给无地的农民。后来，这个数字缩减到 43.2 万亩；过了几个月再缩减到 31.2 万亩。据邦政府税务部长拉奥说，现在该县的多余土地恐不到 6 万亩（《印度教徒报》，1958 年 1 月 1 日）。

　　历年担任国大党主席的尼赫鲁总理是了解这种情况的。他在 1954 年有一次向国大党议员们说，"我们清除了札明达和茄勾达等大地主，他们已不存在。现今我们要和中号地主打交道。你想要规定土地限额，这些人马上就把土地分给他们的家属，每人可以获得足够经营的农场。你就拿不到什么土地去分给无地的人们。"（国大党全国委员会出版的《经济评论》，1954 年 5 月 1 日）

五

　　孟买大学农业经济学教授阿姆·皮·德赛在印度农业经济学会第 18 次年会上作报告时，列举佃农占优势的合作社和农村劳动者所组成的合作社种种失败情况，并说自耕农占多数的合作社因耕地过于分散和细碎，不易从事集体耕种而徒拥合作的虚名。（《印度农业经济季刊》，1958 年，卷一，67 页）他说："尽管农业生产合作社可以解决我们一些土地问题，现时却还没有成功的气候。"但是他主观地下了一个断语："最近十年来以坚决要建立自耕农制为宗旨的土改政策，势将阻碍农业合作社的发展"。（同上，72 页）事实上，我们知道，印度土改并未真正打开一个"耕者有其田"的局面。在地主占优势的农村里，合作社是难于发展的。这位教授看错了问题，以为合作社的障碍是自耕农而不是地主。实际上，今天反对土改的主要是大资产阶级支持的地主，反对合作社制度的也是他们。

　　印度准备银行的《全印农村信贷调查报告》（1954 年，卷二，277—278 页）提到合作社时，就有这样一个结论。农村中较大的地主往往兼做商人或高利贷者，村长也多半出于这个阶级。地方上低级官吏、收税员和合作社管理者来到村里，在生活和行动上都须依靠他们。政府人员和农村间权威分子如此密切关系，对忠实地执行合作社政策就有很大妨碍。一切应办的事，尤其是同村中权威势力的利益相抵触的，往往由合作社向上虚报而实际始终未曾去办。从这个调查报告中，我们不难推想，只要地主阶级不铲除，任何合作社都很难办得成功。合作社即使存在，也会被地主和他们的朋友们所控制。合作社因此就不能不变质。

按印度政府计划委员会统计，1956 年 9 月全国已有各种农业生产合作社 1560 个，占有土地约 116 万亩。其中有些从事互助式的联合耕作，也有些是在统一支配下集体耕作的。总数的 58％分布在孟买、旁遮普和北方邦。据调查报告，很多合作社有收支不相抵，入不敷出的现象（《全印合作评论》，1956 年 9 月，310—311 页）。原要拨作实验费的 400 万卢比也未全部动用。准备银行乡村经济部研究员希伐马奇曾说，"一般讲来，在合作社社员中 60％确实是到田里去耕作的，其余 40％就没有参加劳动"（《印度农业经济季刊》，1958 年，卷一，148 页）。

1957 年 12 月比哈尔邦农业经济专家西·披·沙斯特利写了一个关于北方邦调查的报告。他说，"总之，如果要问合作组织是否导致农业生产率的增进，答案是否定的。但为要正确地了解这个论断的意义，必须申明我们好像是对不存在的事实加以一个判断。更明确地说，我们所调查的农场名义虽属合作社，却缺乏合作社农场应有的东西，就是合作的精神"（同上，160 页）。准备银行总顾问马坦博士对合作事业的看法也是值得注意的。作为印度农业经济学会会长，他向会员大会报告说，根据过去的经验不应再增加生产合作社，而应多办些信贷和供销合作社（同上，11 页）。

政府的合作官吏自然有不同的看法。各邦政府合作部长

1956 年 7 月在北方邦莫苏利会议上提议要在第二个五年计划期内建立 5000 个合作农场，并拟出协助和津贴这种合作社的方案。但过了一年多，联邦政府才决定在第二个五年计划最后三年办 3000 个农业生产合作社，在 1958—1959 年度只办 600 个。曾来我国考察农村合作事业的印度代表团回去后，曾建议以无地的农村劳动者组织农业生产合作社，到 1960—1961 年度起码要在每 50 个村庄内建立一个这样的合作社。（代表团报告书，1957 年，157 页）国大党第 64 届那格浦尔大会显然采用了这个建议，说要在今后三年内尽可能在全国 60 多万个乡村中建立合作社。

六

国大党内外的地主和他们的代言人反对大办合作社，也反对限期规定土地占有额。去年 2 月，南方各邦地主们召集会议讨论土改问题时，多年曾任迈索尔邦首席部长的哈努曼塔耶，把尼赫鲁所追求的"社会主义"政策譬作莫卧儿王朝阿克巴皇帝在 1579 年试创的宗教。这个宗教名"定伊拉希"，它的教义是从印度教、基督教和伊斯兰教各方面综合起来的。哈努曼塔耶用讥笑的口气说，"但当阿克巴逝世的那一天，这个新的宗教就结束了"（《新世纪》周刊，1958 年 8 月 15 日）。去年夏季印度全国工商联合会开会，也反对目前的土改方案，支持地主们的看法。

在国大党的这次那格浦尔大会上，北方邦税务部长查万·辛格公开说，"如果我们假设农民不是自私的，就会犯基本的错误。如果乡村的人真正重视大众的利益，那他便成为圣人，不再是农民。"他认为"国大党的方案非但不能实现，抑且在政治上有危险。"关于土改方案，大会进行了长时间的辩论，在 16 个修正案被撤回或被否决后，才用举手方法通过了这个议案。虽还有八人或十人举手反对，德巴主席仍宣称是全体一致通过的（《纽约时报》，1959年1月10日）。议案所以能通过，据说是出于尼赫鲁总理向大家说服的功劳。那么，为何一定要通过这个议案呢？

基本原因是出于印度在工业化过程中解决农业问题的迫切需要，人民大众对土地改革的迫切要求。印度失业问题和缺粮问题日趋严重，如果国大党在土改方面再不拿出一个方案，它的威信就会进一步下降。去年，西孟加拉邦一邦就缺少75万吨大米。这是1947年以来最高的数字。邦内日益加深的粮食危机，已使有些绝望的农民不得不卖儿鬻女以维持生活。农民曾游行示威，要求解决农业问题。去年5月，在西孟加拉邦中心的克里斯那加市就有近两千抱着孩子的妇女参加游行。所喊的口号是，"给我们饭吃，否则滚下台去"。这种例子不胜枚举，在北方邦、比哈尔邦和马德拉斯邦也是一样。

自1956年8月至1958年年底，印度曾三次大量输入美国的"剩余农产品"，总值达66420万美元。1958年10月开始起运的第三次输入就有23880万美元，包括280万吨小麦，20万吨高粱和10万吨玉米。此外，印度向加拿大订购了14.1万吨小麦，并准备输入澳大利亚小麦（伦敦出版的《东方世界》月刊，1958年11月）。这些惊人的数字充分地反映着印度粮食问题的严重，使印度实施第二个五年计划和国家财政等方面都遭遇很多困难。

现在印度人民和国大党领袖们都知道甘地的徒弟阿查里亚·维诺巴·巴维八年前所发起的献地运动是不能解决土地问题的。这个运动最初称为"蒲坛"，劝地主捐出土地分给穷人耕种。后来又改称"格兰坛"，就是劝全村有地的共同捐献，把农场联合起来在合作社经营下集体耕种。这种甘地式的办法实行起来很慢。自1951年至1957年的六年内，地主共捐出1260万亩，大部分为不毛之地。直到现在只有11%已分给117562户无地的农民。但在这些已经分给的土地上，竟有 80％因为没有种籽、耕具和其他必需的流动资金而根本未曾耕种（《印度时报》，1957年 12 月 24 日）。至于最近参加"格兰坛"的 2500—3000 个村庄，其中 72％是在奥里萨邦部族耕种制通行的地区。除了孟买邦和马德拉斯邦内少数村庄外，在其他各邦迄未收效。马德拉斯邦内的"格兰坛"村共有 30 万亩土地，但都是不毛之地或因讼案未决而不能获得贷款去从事耕种的（同上，1957 年 12 月 28日）。

印度人民知道这种献地运动，无论出于个人或全村都是无济于事的。他们迫切地要求国大党拿出一个切实可行的方案来解决土地问题。国大党这次议决的方案能否实行，还要看国大党内外的进步势力如何团结起来，共同合作，去同一切阻碍土改的反动派作斗争。

（《国际问题研究》1959 年第二期）

印度农村阶级

印度 1947 年独立以来始终没有摆脱对帝国主义国家的经济上的依赖。从 1948 到 1952 年粮食进口总值就超过 75 亿卢比，几乎等于平均每年国际收支逆差的 60%[①]，第一个和第二个五年计划的实施也没有扭转这严重局势，1960 年 5 月签订的印美粮食协定更说明印度对美国的依赖。美国驻印度大使馆的负责经济事务的公使伍德曾在去年宣称，从 1951 年以来的十年中，印度所获得的"美援"已达166.6亿卢比，其中粮食就占106.8亿卢比。成群的美国专业顾问，徒然掩饰问题的乡村发展计划和决而不行的土地改革，都不能真正提高和扩大全国粮食生产。要扭转现在的恶劣局势，必须消除地主制度的毒瘤。

14 年前甘地在北方邦一个避暑地方同外国新闻记者谈话时说，"英国人通过印度城市来剥削印度，城市又转而剥削农村，整个城市建立在农村的血液上面。我要求膨胀于城市大动脉的血

---

①　兰格纳卡:《贫穷和资本在印度的发展》，伦敦，1958 年，第 5 页:"最近几年来，这个国家必须输入比独立前任何时期更多的粮食。自 1948 至 1952 年间输入的粮食共值 75 亿卢比，几乎平均每年占这个国家国际收支差额的 60%。"

液再流入农村的毛细管。"① 由此可见帝国主义侵略只有促使农村阶级斗争日愈加剧。过去如此，现在还是一样。印度全国大小70万农村还是遭受着帝国主义和封建主义的严重剥削。农村问题不解决，就无法争取民族经济的独立和农民生活的改善。

封建地主阶级的由来

英国统治者改变了莫卧儿王朝的征税制度而在整个印度培植封建地主阶级。16世纪中叶所建立的莫卧儿王朝原有三种同时并行的收税办法。在东部孟加拉、比哈尔和奥里萨等地区，田赋征收由备有武装而世袭其业的柴明达尔包办，田赋的征额等于一个地方除去一切费用和消费所剩余的年产量。凡是柴明达尔征收超过这数额的收入一概纳入私囊，但因土地是村有，故不许拍卖土地以抵偿欠税。② 在北方邦、拉贾斯坦、安德拉和马德拉斯等地区，田赋由没有武装而占有封地的茄勾征收。他们虽然不是世袭的包税者，但也超额征收而坐享中饱。③ 在西部孟买等地区，田赋征收一直是农村公社中潘查雅特即村议会的职责。耕种世代占用的土地的农民将田赋交由村议会转缴王室。这三种制度先后全被英国东印度公司废除了。

孟加拉总督康华里1793年公布"关于承认印度柴明达尔永久为世袭土地所有者"的法案，把田赋数额永久固定下来，准许柴明达尔开垦新地，但解除了他们的武装。同时举办土地册即一

---

① 坦杜尔卡：《圣雄》，孟买，1951年，第3卷，第145—155页。

② 英国下议院1812年7月28日发行的《东印度公司事务特别委员会第五次报告》，第80页。

③ 哈比：《莫卧儿帝国覆灭的土地原因》，载《调查》杂志，德里，第2期，1959年，第87页。

种证件称为"波塔"发给农民，注明使用土地的条件。马克思说，这样"孟加拉的土地被认作是柴明达尔的私有财产"①。茄勾达尔地区不久也实施了固定赋额法，这就使暂时管理田赋的贵族也变为永久的土地私有者和包税人。1818 年英国统治者更在潘查雅特管理田赋的地区派官吏直接去征收，每 30 年重订一次田赋数额，故称为暂时赋额法。总之，在英帝国主义者统治下，占全国土地 43% 的固定赋额法地区农民已变为包税人的佃户，而包税人则是各拥有几千、几万，甚至几十万亩土地的大地主，即印度独立后国民大会党的土地改革方案首先要废除的国家与农民间的"中间人"。此外，在占全国土地 57% 的暂时赋额法地区，即当时称为赖约特华地区，原来占用土地者，无论自耕与否，都变为每年缴纳田赋的土地私有者。他们绝大多数是中、小地主。这就是印度地主阶级的由来。

当时在印度的英国统治者从未了解到印度农民世代占用的土地全为农村公社所公有，他们中间有像格兰德那样认为一切土地都属国有，也有像约翰·萧旭那样认为包税者就是地主。但东印度公司因急需征用现款去做进出口生意和维持庞大的雇佣军队，又怕农民反抗税捐的压迫，故不得不在公司与农民间树立一个屏障，就是使城市的商人和高利贷者变为包缴税款的地主阶级。这种一石二鸟的政策既在财政上巩固了税收，又在政治上豢养了一群买办和走狗。在中国历史上很多大地主曾兼做商人和高利贷者；在印度则很多大地主原来就是城市的商人和高利贷者。地主阶级在印度出现后，世代占用村有地的农民就大批沦为随时可被地主驱逐的佃户。那时地租随着田赋也由实物很快地改为货币，促进了农产商品化而破坏了农业同手工业的结合。租额也随着田

———————————

① 马克思：《印度史编年稿》，人民出版社 1957 年版，第 114 页。

赋的辗转征收而不断地层层增加。同时土地已成为地主的商品，完全可以买卖，地价也不断地上升，穷人无力买进土地。

赖约特华地区的土地私有者，很多在税捐、商业和高利贷几层剥削下无力维持他们自耕的地位，只得把土地出让而自己沦为永佃农、暂佃农或分成制下的佃农，向地主缴纳占农产总收获45％至80％的租额。他们的土地大部分是卖给半封建半殖民地的城市新富亦即商人和高利贷者，也只有这些人买得起价格日愈昂贵的土地。但在赖约特华地区，如孟买、旁遮普、马德拉斯南部和阿萨姆一部分，这些新地主绝大多数是中、小地主，不像柴明达尔和茄勾达尔地区那样的大地主除耕地以外还拥有山林、池塘和河道①。

柴明达尔在 19 世纪既从英国统治者手里取得垦荒的权利，就召集农民进行开垦，允许他们在新的耕地上充当永佃农或暂佃农。垦事完毕后，柴明达尔竟违反自己的诺言，把垦荒者驱逐出去，或把他们变成分成制佃农或农业佣工。今天西孟加拉邦南部大批贫农和农业佣工的老祖宗，曾因参加垦荒同猛虎、毒蛇和鳄鱼斗争而牺牲了生命。但饱食终日的柴明达尔则不举一手，不花一文，坐观他们的所有地日愈扩大了。孟加拉邦农民协会 1938年给邦政府田赋调查委员会一个备忘录中说，"长期以来无可否认的事例已证明，在扩大和改进农业方面，柴明达尔所做的事很少甚至没有作什么，而农民作了一切已做的事。"

英国统治者在赖约特华地区曾稍稍做了一些水利工程，因此印度的西部和南部有更多的农民发展成为富农而雇佣更多的佣工。但在固定赋额法地区，柴明达尔和茄勾达尔尽管拥有包括山林、池塘和河道的大面积土地，却没有在他们的地面上兴办农民

① 孟买邦自 1960 年 5 月后分为古吉莱特和马哈拉施特拉两邦。

所需要的水利。当地政府也忽视此事。所以一般农民就谈不到农业上有什么盈利，因而在地主剥削下的分成制大为发展。这无非说明两种地区里的地主性质稍有不同，他们对于生产关系的影响也就有些不同。

封 建 地 主 的 势 力

印度的土地改革并未削弱地主阶级的势力，封建土地关系还普遍地继续存在。地主阶级把土地卖给国家而获得的现款和债券总值达 62.7 亿卢比，其中国家已支付了约 9 亿卢比[1]。地主阶级可以合法的或用各种变通办法保留大量的土地。阿萨姆邦的法案准许柴明达尔保留 13 英亩为"自耕地"，西孟加拉邦和其他各邦更未限制"自耕地"面积，"自耕地"也不必真正自己耕种或经营，只要用农业佣工或分成制佃农去代耕，地主就可以保留他所有的土地。在拉贾斯坦邦灌溉最好的地区，大地主（即中间人）竟将 55% 至 72% 的耕地变为"自耕地"[2]。

印度各邦规定的土地限额，大小很不相同，办法也不一样。例如奥里萨和曼尼普同是多山的地区，前者以 66 英亩为限额而后者仅为 25 英亩。又如西孟加拉和喀拉拉同是人口稠密的稻作地区，前者以 25 英亩为限额而后者仅为 15 英亩。所规定的土地限额在查谟和克什米尔、西孟加拉、比哈尔、中央邦、旁遮普等邦是以一个业主为单位，不论其一家有多少人口，但在其他各邦则大多数是指五口之家而言。

---

[1]　贾特尔吉：《印度的农业佣工、农业和土改》，载《调查》杂志，第 3 期，1960 年，第 101 页。

[2]　《新世纪》周刊，1959 年 3 月 1 日。

按五口之家规定土地限额的法案准许五口以上的地主家庭每多一人就多保留一份土地。法案中所说业主，照印度教四代同堂大家庭习惯法，显然是指全家每个男子而言。例如中央邦规定每个业主得保留28英亩上等地，56英亩次等地，84英亩下等地；如果一家大地主有四个儿子和五个孙子，那么，连他本人就可保留280英亩上等地，560英亩次等地或840英亩下等地。在保留下来的土地上，一切永佃权都被取消，从此地主更易迫使佃户增缴租额。超过限额的土地则由政府收买，其价格无不等于田赋额的十余倍，在拉贾斯坦甚至达30倍。此外，还不追究不久前地主所转让、隐匿或分散的土地，并且往往规定菜园、牧场、种植园、糖厂的蔗田、农业合作社和"经济完善的机耕地"不在土地限额的范围内。地主尽管过去未曾分散或隐匿土地，现在也不难用变耕地为牧场或用组织假合作社等方法来保留超额土地，甚至超过最高限额十倍或数十倍的土地。在地主们中间办假合作社已成为一个风气。

法案准许某些农民备价购买土地。但因一次就要付出等于十年地租的地价，很少农民买得起田地。北方邦政府原来预计从出卖土地可收入17亿卢比，但三年内土地出售价值仅有3.5亿卢比[1]。据印度储备银行调查，1950至1956年间北方邦佃农们赎得的土地仅占从柴明达尔手里所征用的19%，而这种佃农也只是佃农中15%罢了[2]。其他各邦农民赎地的情况更不如北方邦，全国被地主借口要收回土地作"自耕地"而驱逐的佃户超过了从政府手里赎买土地的佃户。

法案规定凡不收纳定额地租的人就在他的土地上作为"自耕

---

[1]　浦旺尼·森：《印度的土地制度和土地改革》，德里，1955年，第90页。

[2]　《印度储备银行公报》，1957年6月。

者"，故地主仍取得分成地租而保留他的土地所有权，不但转租制度依然存在，租额不但没有减低而且还在增加。农民的永佃权不但没有得到保障，反而被取消，地主时常大批撤佃而更换佃户。孟买邦在 1948 至 1952 年间"有保障"的佃农竟失去了他们租种地的 40%[①]。地主强迫夺佃的事至今还不断发生。

目前，印度的封建地主正加紧他们对农民的残酷剥削，而且成为社会政治上最反动的阶级。尚待成立的喀拉拉邦土改法案规定 15 英亩为五口之家的最高限额，超过这限额的土地竟占邦内耕地总面积 42%，而超过限额的 86000 户地主平均每户拥有 40英亩。在目前租额很高、耕地分散、农耕机器很少的情况下，这些大地主自己经营耕地是绝少数，他们大多数把耕地出租而坐享封建地租[②]。其他各邦情况也是如此。例如在北方邦，无论东部小农场或西部大农场各地区，地主自己经营 60 英亩以上农场的也不多见，而82000 户平均每户拥有 60 英亩的地主所有地几占全邦耕地 1/10[③]。拥有 500 英亩、600 英亩或1000英亩的大地主在比哈尔邦是常见的事[④]。邦内詹谢浦尔地方，塔塔家族占有 18个村庄，除建立工厂以外，出租很多耕地，但当局硬说塔塔既是一个公司就不在废除柴明达尔的范围以内[⑤]。又如在拉贾斯坦，据邦政府土地限额委员会 1958 年 2 月 10 日报告，560 户地主平均每户拥有1964英亩的土地。最后，如按 1955 年全国 704 村抽

① 但德卡兰德和苦但普尔：《孟买租佃法的实施情况》，浦那，1957 年，第 39页。

② 喀拉拉邦税务部长古里的报告，1957 年 12 月 18 日。

③ 《新世纪》周刊，1960 年 3 月 20 日。

④ 桑纳尔：《印度的土地改革》，载《印度经济杂志》，德里，第 2 卷，1954 年7 月，第 30 页。

⑤ 《比哈尔政府支持塔塔的柴明达尔》，载《新世纪》周刊，1960 年 2 月 14日。

样调查的数字推算，则印度有 10 万户地主平均每户占地超过 100 英亩，其中几千户每户占 250 英亩以上[①]。说印度现在还有 10 万户封建大地主，是符合于事实的。

整个封建地主阶级在印度是由各地区高级种姓组成的。婆罗门和锡克两大种姓占东旁遮普邦拥有土地的人家的 79% 就是一个例子。又如在奥里萨邦，40% 的刹帝利和 71% 的婆罗门是地主，在中央邦北部 84% 的婆罗门和 89% 的刹帝利是地主[②]。北方邦阿格拉地区包括印度教和伊斯兰教两派的塔加种姓，比哈尔邦的巴白汉（或称浦英哈），奥里萨邦的康台特，拉贾斯坦邦的拉普特和罗地，安得拉邦的推拉迦和卡浦（或称雷狄，亦称莫拉苏），马德拉斯邦的马拉雅里，喀拉拉邦的纳雅尔和南姆勃特里，都是拥有土地的高级种姓[③]。这个地主阶级仍然拥有全国大部分耕地，使用最好的房屋，享受大量物资，获得最高教育而盘踞各级政府重要职位。他们维护种姓制、贱民制和使妇女处于从属地位的落后制度，提倡阶级特权，加紧剥削农民，而成为今天印度社会中最反动的阶级。

富 农 的 发 展

印度富农是在 19 世纪中叶农产商品化促使农村公社崩溃后产生的。经营地主则直到 1870 年代和 1890 年代历次大饥荒中土

---

①　全国抽样调查，第 8 次，第 10 号，《关于农村土地占有状况的首次报告》，印度政府，德里，1958 年，马哈拉诺比斯作序，第 5 页。

②　《农村劳动力和职业构成》，印度劳工部出版，德里，1954 年，第 135、407 和 408 页。

③　赫登：《印度的种姓》，剑桥，1946 年，第 9、12、29、250、252、258 和 260 页。

地大批转移到商人和高利贷者手里才陆续诞生。一般说，赖约特华地区先有经营地主，但自第一次世界大战开始直至第二次世界大战结束因农产品价格不断高涨，柴明达尔和茄勾达尔地区少数封建地主也转变为经营地主。印度独立后的土地改革，更加速了经营地主和富农的发展。

过去英国资本家急需从殖民地印度搜括原料并在那里推销工业产品，因而在1840年代开辟了由大西洋经南非洲达印度的航路，又在1850年代建筑了分布印度的铁道。同时，处于租税交迫下的印度农民因急于用钱也不得不多种棉花、黄麻、油料作物等商品，英国资本家并在印度直接经营橡胶、咖啡和茶叶的种植园。农产商品化如此发展，自1893—1956年的63年间全国农产总值中粮食作物由78%下降到56%，而非粮食作物则由22%上升到44%[①]。近年来棉花产区从马哈拉施特拉延伸到古吉莱特和旁遮普，甘蔗产区也从北方邦延伸到中央邦和安得拉，非粮食作物的面积已占全国耕地近20%，就是说1/5土地上所有收获是全部抛到市场的。此外，小麦总产量的一半以上和大米总产量的28%也在市场上流转[②]。在这农产商品化扩大的过程中，不难设想，原来耕种10—25英亩的上中农雇佣了一些长工或很多临时佣工而转变为经营25英亩以上的富农。更多的富农是出身于高利贷者，据印度储备银行1954年调查，农村中高利贷者千分之八是同时兼营农业的富农[③]。

---

① 贾特尔吉：《印度的农业佣工、农业和土改》，载《调查》杂志，第2期，第48页。

② 《印度农产品销售情况：关于印度大米销售情况的报告》，印度政府，德里，1955年，第20页。

③ 印度储备银行：《全印农村信贷调查总报告》，孟买，1954年，第2卷，第101页。

以放款给土地占有者的方法取得土地的富农，往往一身兼商人、高利贷者和封建性收租者。这是在印度常见的事。在这个民族经济尚未独立而封建势力依然普遍的国家里，资本主义并不迅速地蓬勃发展，因而从地租、商业和高利贷所得收入反远超过农业生产中所获利润。田租一般占收获的一半，货币贷款年利通常为12％—24％，而实物贷款的利率更高至50％—100％，利率的高低有时按照借方的种姓高低而规定。列宁阐述过去俄国资本主义发展的过程时，曾说："中世纪制度的残余……沉重地压抑着我国农村，大大地阻碍了小资本投入生产，用于工农业生产。它的必然后果就是资本的最低和最坏的形式——商业资本和高利贷资本——极端盛行。"[①] 这也是今天印度的情况。

马德拉斯信贷委员会1952年报告中所提到的康布梁帕蒂村一个富农，可说是使用半封建剥削方法的典型例证[②]。这个富农用自己全家人力耕种了10英亩土地，此外还出租了6英亩。他一年全部收入达866卢比，其中400卢比出于所收地租，250卢比来自出卖棉花，56卢比由于其他农产品，100卢比来自出卖犊牛，而60卢比是借给邻村一家农户500卢比年利12％的利息。喀拉拉邦北部古鲁瓦优尔村的85家富农是同时采用两种剥削方法的例子[③]。这些富农从一个简米种姓的大地主租进了全部土地。他们把1200英亩椰子田转租给种姓更低的二佃户而实行封建地租的剥削，同时留下了314英亩较肥沃的土地雇佣长工和零工从事耕种而进行资本主义式剥削。

---

　① 《书评，罗·格沃兹迭夫〈富农经济——高利贷及其社会经济意义〉》。《列宁全集》第4卷，人民出版社版，第53页。

　② 《马德拉斯邦银行调查委员会报告》，第5卷，第50—54页。

　③ 汤麦司和拉马克利希南：《南印度一些农村：一个再调查》，1940年，马德拉斯，第149—150页。

位于恒河上游的东旁遮普南部和北方邦西部有很多富农。这是以翁巴拉和密拉特为两个中心，盛产小麦和甘蔗而被认为农业最繁荣的地区。联合省（现时北方邦）农业厅副厅长巴尔博士曾于 1927 年证明，耕种小麦的净利每英亩可达 50 卢比。出卖甘蔗的收入也不小。因需要大批畜力捣碎甘蔗，富农就饲养了很多水牛。据调查，每 100 英亩播种面积平均要养 78 头牛。[①] 富农种植的饲料面积往往超过甘蔗面积。这里的富农大多数每户拥有 25 英亩以上土地，雇佣长工和零工而付给货币工资，同时也放款做高利贷继续进行前资本主义方式的剥削。

在恒河流域上游地区从事高利贷的富农大部分属于婆罗门、刹帝利和马尔瓦利几个种姓。马尔瓦利向为印度北方著名的商人兼高利贷者，大资产阶级比拉尔家族也由此出身。现在比哈尔、西孟加拉、阿萨姆和安得拉四个邦内很多富农是属于这个种姓。中央邦的富农统称为马利克或马克布沙。西部古吉莱特邦的富农一部分是施罗佛种姓，另一部分是德汗尼阿姆；马哈拉施特拉邦的富农很多是科马特种姓。南部的富农种姓，有买索尔的林加雅特；马德拉斯的吉地和巴蒂达尔；喀拉拉邦的卡纳姆达尔。在上中农中也往往有属于上述各种姓的农民，他们在社会上的地位被认为不是低级的。其中吉地种姓的农民曾大批移殖于缅甸、锡兰和马来亚各地，有些也采取高利贷办法获得耕地而成为富农。

经 营 地 主

远在第一次世界大战以前印度就有经营地主出现。马哈拉施特拉的贝拉尔，在 19 世纪即以产棉著名。赖约特华制度占这个

---

① 《皇家印度农业调查团报告书》，伦敦，1928 年，第 185—186 页。

地区的 8/10 以上的面积。有一个拥有 2000 英亩上下的大地主在 20 世纪初期出租了大部分土地收取等于产量 1/3 的实物地租，同时使用雇工和耕畜在小部分土地上种植棉花。他经常付出占棉价 12% 的铁道运费和联络孟买市场的各种用费。有时因观察和躲避市价的趋势，他竟不惜把棉花扣压一年而耐心等待以高价出售。[①]

在第一次世界大战时期农产价格突飞猛涨，这不但使赖约特华地区的经营地主扩大他们企业，并且鼓舞了柴明达尔和茄勾达尔各地区为数不少的地主也收回出租的土地而自己经营农业。

在北方邦柴明达尔和茄勾达尔地区，第二次世界大战时期又出现了 400 家拥有 40 至 200 英亩之间或更多土地的经营地主[②]。例如北方邦西部尼果利地方一个大地主拥有约 20 个村的地产，自营 188 英亩的麦田。在他的农场上设有 20 口井和一架抽水机，每小时可供水 14000 加仑，他所雇佣的长工每天工资是一个半安那到 4 安那（即 1/4 卢比），而当地通行的工资则是每天 4—6 安那。在收获季节，长工可得到等于收获 1/17 的谷物，但他们所得的实物工资是未经改良、价格较低的小麦而不是他们所收获的改良小麦。收获的改良小麦则由地主以高价出售给政府的农业厅。这个经营地主从农业中所得利润竟达 75%。[③]

极少数的经营地主还兼办了工厂，主要为农产加工的制造业。北方邦东部哥拉克浦尔地区一个属于拉其普特种姓的大地主拥有 1 万英亩土地，其中约 600 英亩是他用雇工来耕种的，并有

----

① 《皇家农业调查团证词》，第 1 卷，第 1 部，第 17 页。

② 《联合省柴明达尔制废除委员会报告书》，阿拉哈巴德，1948 年，第 1 卷，第 10 页；第 2 卷，第 4 页。

③ 《皇家农业调查团证词》第 7 卷，1927 年，第 136—154 页，第 127、143 页。

拖拉机和耕牛。雇工所得工资全部是货币，每天 4—6 安那。灌溉是用抽水机和深达 260 英尺的管井。甘蔗占农场面积几乎一半，小麦、大米和鸡豆也是主要作物。这个经营地主在他的农场附近建有糖厂，全年开工 90—100 天，年产白糖 650 万磅。糖厂在开工时期每天需用 400—600 吨甘蔗。① 大资产阶级瓦尔昌德家族在浦那附近所办的农场，可说是印度私营的、最大的资本主义农场。这个大农场有 3500 英亩甘蔗田、2000 英亩左右粮食作物、一个糖厂、一个植物油厂、一个肥皂厂、一个榨油坊、一个酿酒厂、一个造纸和铅笔厂、一个牛奶场。整个农场的各部分都有铁道和公路运输的便利，1945 年全部雇员 1 万人左右。②

但应该说，这样大规模的、十足的资本主义农场在印度是个别的例外③。很多的经营地主现在还逗留于半封建半资本主义的经营方式。在国大党土改政策的影响下，他们从佃户手里收回土地以后用分成制的办法雇佣农业佣工进行耕种。曾一度担任印度政府顾问的法国农业经济学家雷纳·杜蒙教授在他的关于印度农业的文章中说，印度分成制下的农民只付出劳力而不管田间生产资料，因而与西欧各国的分成制有所不同④。这个论断是错误的。印度各地区早就有两种分成制，一种是农民作为佃户而供给田间生产资料和工具，另一种则是地主供给田间生产资料和工具，而农民沦为佣工。随着农民的不断贫穷化，以及封建地主走上资本主义道路，农民就从一种分成制下的佃农转变为另一种分

---

① 《皇家农业调查团证词》第 7 卷，第 234—244 页。

② 那那瓦提和安查里亚:《印度的农村问题》，孟买，1951 年，第 161 页。

③ 现在印度最大的国有农场也是十足的资本主义式的。它在苏拉特加地方占29000英亩面积，其中约14000英亩已经播种。每英亩产小麦在1600磅以上，比印度一般的收获几乎高三倍。这个国有农场每年可得净利 50 万卢比。

④ 杜蒙:《印度农业的失败》，载伦敦《新政治家》周刊，1959 年 12 月 19 日。

成制下的雇农。这是由封建主义过渡到资本主义，农民完全无产阶级化的一个最后阶段。[①] 这也反映了印度农村经营地主的一种情况。

在英帝国主义统治时代，印度就同时有佃农的分成制和雇农的分成制。属于前一种的有古吉莱特邦的屈利雅拜克、班支拜克和阿达拜克三个租佃制度。这三个制度下，地主只担负田赋而不供给田间一切直接生产费用。屈利雅拜克地主径取收获的 1/3 为地租而留其余 2/3 给佃农，班支拜克地主先除去佃户所出生产费然后取其余 3/5 为地租，阿达拜克地主也先除去佃户所出生产费然后取其余 1/2 为地租。拉贾斯坦邦的巴塔伊分成制也是属于这一类的，地主取收获的 1/3 为地租；还随时要佃户供应差役而付以低廉的工资。此外，奥里萨邦的杜利卜克，西孟加拉的巴迦达和马德拉斯的瓦拉姆都是对分制，佃户担任耕种和灌溉的全部费用，包括种子、肥料、农具和耕畜，地主仅缴纳田赋而取得一半的收获和田间副产品。反之，后一种的分成制可以用马德拉斯的巴来瓦拉姆和西孟加拉的克利商觉特为例子。巴来瓦拉姆农民从地主那里领取种子和其他生产资料去耕种，只取收获的 16.5%，作为低廉的工资。[②] 克利商觉特地主供给种子、肥料、犁、耕牛等而取 2/3 的收获为"地租"。农民尽管留下 1/3 的收获还不够生活，不得不替地主做些额外劳役以求得每月几个卢比的收入[③]。这后一种的分成制，便是最近十年来柴明达尔和茄勾达尔各地区大地主所采用的。它既回避了不准收租的法令，更以半封

---

①　参见《俄国资本主义的发展》。《列宁全集》第 3 卷，人民出版社版，第 173 页。

②　汤麦司和拉马克利希南：《南印度一些农村：一个再调查》，1940 年，马德拉斯，第 69—71、187 页；《皇家农业调查团证词》第 3 卷，第 617 页。

③　苏德希尔·森：《土地和土地问题》，加尔各答，1945 年，第 92 页。

建、半资本主义的方式对站在完全无产化边缘的农民进行剥削。

新兴的经营地主势力，一般讲来，最大是在西部和西北部，尤其是东旁遮普，北方邦西部，古吉莱特和马哈拉施特拉；其次是南部的安得拉、买索尔和马德拉斯三邦；再其次是中央邦和北方邦东部；而在比哈尔、奥里萨和西孟加拉三邦为最小，印度官方统计反映了这个情况。据调查，全国农村中支出工资而不收入工资的人家占到总户数 25%，但西部多至 36%，西北部多至 35%，南部则为 29%，中部不到 23%，北部不到 22%，而东部更不到 20%[①]。这里所谓支出而不收入工资的人家，当然包括不少中农在内，其主要部分却是富农和地主。他们的势力尽管在地区上有些差别，但还是到处在发展，这从他们使用农业机器的逐渐增加便可推测。

印度农业机器的使用[②]

年　度	拖拉机台数	灌溉用的柴油机	灌溉用的电气抽水机
1951	8533	82213	25137
1956	17729	122230	54804

农村资本主义的发展使乡间贫富愈加悬殊，阶级矛盾因而更形尖锐。印度政府计划委员会联合秘书泰洛克·辛格认为："土地所有权的不平等现象虽因土改而近年来有所减少，但减少得还不够，……从社会习惯来看种姓的差别似乎不比过去更显著，但有些种姓因为没有独立的生产资料又没有其他谋生出路，尤其是低级种姓和落后阶级，在经济上愈来愈站不住了。耕地生产率固然有增加的现象，但还远谈不到对解决乡村贫穷问题有什么影响。

---

① 从 1951 年《农业劳工调查报告》第 1 卷和 1954 年《农村信贷调查》第 1 卷的数字统计出来。见沙蒂勃拉打·森：《农业佣工和其他农民之间的关系》，载《调查》杂志，第 1 期，第 67 页。

② 《第八次人口普查统计报告》，新德里，印度政府 1956 年出版。

在这情况下，农村中利害冲突继续发生，必然没有一个共同的意旨。很多新法和新制对于某一部分人有利，就对另一部分人有害，地主的拖拉机和乡间碾米厂和面粉厂等电力就是例子。某些人的企业和发展是在另一些人的日益贫穷化中进行的。"①

新兴的经营地主"拥有上等土地的大农场，雇佣为数众多的农业佣工，并采取比较近代化的生产方法；他也是对农民提供大部分借款的高利贷者和在囤积居奇中粮食黑市的操纵者。他往往同碾米、榨油、制糖等农产加工的工业有密切联系，也同统治阶级和行政机构有密切联系"②。这种经营地主在南部安德拉邦就占有全邦耕地面积的 1/5—1/4③。

中 农 的 地 位

耕种足够维持一家生活的土地而经常能保持货币收支平衡的中农，在印度乡村中也占有重要地位。因阶级矛盾的迅速发展，他们正在不断地分化。他们以全家人力终年投入农田，农忙时节还需雇佣一些零工；货币周转不灵的时候必须设法借贷，但并不经常负担债务。他们的收获大约有 8/10 留作自用，而以 2/10 出售给当地商人④。在土壤肥沃或有灌溉的地区占用 5 英亩耕地的人家即可成为中农；在土壤较坏或水利较差的地区则一家中农需

---

① 泰洛克·辛格：《村社和农村发展的式样》，载国大党全国委员会《经济评论》，1955 年 12 月 1 日。

② 印度共产党全国委员会 1958 年 10 月《关于农村问题决议案》，见《新世纪》月刊，1958 年 11 月，第 19 页。

③ 普拉萨德·拉奥：《安德拉农业中的新发展》，载《新世纪》月刊，1960 年 10 月，第 46 页。

④ 兰格纳卡：《贫穷和资本在印度的发展》，第 12 页。

用 10 英亩甚至 25 英亩[1]。据 1952 年印度政府的调查，自耕农平均每户占用的耕地在东部和南部大米产区为 7 英亩多，在北部不到 11 英亩，在西部和西北部小麦产区 13—14 英亩，而在中部约为 17 英亩[2]。这里所称自耕农有时还租进一小部分土地，他们实际就是中农。1951 年占西孟加拉村户 20％ 的中农平均每户有耕地 5—10 英亩，而占奥里萨村户 14％ 的中农平均每户有耕地 8 英亩多[3]。这两邦都位于印度的东部。在北方邦印度共产党曾提议以每户 12 英亩半—20 英亩为将来分配土地的标准，这也反映邦内一般中农所占用的耕地面积[4]。在拉贾斯坦耕种 10—15 英亩的农户通常被认为是中农，一年的收入总值约为 1200 卢比[5]。孟买是中农最多的地区（现分为马哈拉施特拉和古吉莱特两邦），那里耕种 5—25 英亩的中农占有全部耕地总面积的 40％[6]。但从全国一般说来，下中农每户有耕地 5—10 英亩，而上中农每户有 10—25 英亩。

印度中农最普遍的种姓在孟买称为孔姆别，在东旁遮普为迦特，在查谟为杜克拉。在北方邦中农中以鲁达、平特、奇罗和哥拉普拉勃四个种姓为最多。在南方最普遍的中农种姓，是马德拉斯的比达尔、巴利（或称凡尼扬）、费拉拉、卡兰和马拉凡，买索尔的马拉、荷利雅、巴拉伊扬和哈尔伐基伐卡尔，以及安得拉邦的卡马梵。在东部最普遍的中农种姓，还有奥里萨的杜玛尔、

① 雷迪亚尔：《土改和平等的经济》，马德拉斯政府 1948 年出版，第 7 页；那那瓦提和安查里亚：《印度农村问题》，孟买，1951 年第 4 版，第 49 页。

② 《农村劳动力和职业构成》，第 22 页。

③ 《1951 年印度普查统计》，第 6 卷，第 479 页；第 11 卷，第 116 页。

④ 泰华里：《北方邦土地限额的滑稽戏》，载《新世纪》周刊，1959 年 10 月 18 日。

⑤ 维亚司：《讨好富人的倒退措施》，载《新世纪》周刊，1960 年 4 月 3 日。

⑥ 《饥荒调查团最后报告书》，马德拉斯和德里，1945 年，第 86、257 页。

查沙和卡尔塔，西孟加拉邦的巴克蒂、巴乌利、卡巴塔、沙特搞泼和南姆马苏特拉，比哈尔邦的杜里、卡瓦尔、戈密，以及阿萨姆邦的苏特、巴达加、卡利塔、古丑、卡西和迦罗。[①] 在分化的过程中，有些种姓的人家由下中农而沦为贫农或农业佣工，有些种姓的人家则由上中农而升为富农。

税捐增加、价格波动和高利贷利率构成了迫使中农沦落的主要因素。农民为要及时以货币缴纳田赋，免受重罚，通常把一部分农产品卖掉。但在税收时期，商人或高利贷者支配着市场而对农产品压价。处于入不敷出的农民因而不得不屈服于高利贷者。负债的中农往往付出年利 37％—75％ 的利率。在这情况下中农早有逐年减少的趋势。例如古吉莱特邦苏拉特地区占有 5—25 英亩的中农由 1904—1922 年的 18 年内就减少了 26％[②]。又如旁遮普在 1924—1939 年的 15 年间占地 20—25 英亩的农民减少 0.5％，占地 15—20 英亩的减少 0.7％，占地 10—15 英亩的减少 0.9％，而 5—10 英亩的下中农减少 1.1％[③]。近年来在税捐重重压迫下，中农的破产更加普遍了。

印度经济学家塞雅那曾研究第二次世界大战以后赖约特华地区的土地关系。他所得的结论是，"现行田赋征收制对大土地占有者说来十分温和，但对小土地占有者说来即非常繁重"[④]。拉贾斯坦邦的农业收入税原来是从 4000 卢比起征的。邦政府借口每年收入不超过 4000 卢比为土地限额，已将此项农税从 1960 年

---

①　赫登：《印度的种姓》，第 17、23、24、26、27、30、31、38、43、50、60、243—245、247—250、252、253、255、258—261 页。

②　丘克拉引自《孟买省统计地图》，第 2 版及第 3 版，见《饥荒调查团最后报告书》，1945 年，第 86 页。

③　卡尔佛特：《旁遮普的财富和福利》，拉合尔，1936 年，第 172 页。《饥荒调查团最后报告书》，德里，1945 年，第 256 页。

④　塞雅那：《马德拉斯省的土地问题》，马德拉斯，1949 年，第 79 页。

4 月起取消。可是又在补充税收的借口下，加重了田赋的附加税①。叶拉曼达·雷狄曾在安得拉邦议会中抗议说，"邦政府所征田赋由 1955 年的 1.1 亿卢比增加到 1960 年 1.3 亿卢比，五年内增加了 18%。此外，还有 19 种苛捐杂税也加重了农民的负担。即以乡村改良计划的附加税而论，已使每英亩总的税捐负担高达 50 卢比"②。印度第三个五年计划草案规定要增加 25 亿卢比的"改良捐"和灌溉税。全印农民协会在 1960 年 5 月召开的第 17 届年会上曾一致通过议决案反对这种加税的政策。无疑地税捐的不断增加对中农是一个很大威胁。

在农民运动中，中农，尤其是占地 5—10 英亩的下中农，有重要的地位。印度共产党全国委员会 1958 年 10 月关于农村问题议决案曾指出："当组织农民群众运动时，应该记得农民不是一个单纯的阶级。农民包括好些部分，部分之间有矛盾。农民同农业佣工也有矛盾。按照运动发展的力量必须消除这些矛盾，或通过利害关系的调整而加以限制。最难消除的是小土地占有者和佃农之间的矛盾。小土地占有者在农村中有重要地位，他们的态度从各方面影响着农民运动。"③ 这里所说的小土地占有者主要为中农。而一般讲来佃农就是贫农，或大部分为贫农。中农与贫农间关系以及他们与农业佣工的关系，确是农村阶级斗争中取得胜利的关键。

---

① 维亚司：《讨好富人的倒退措施》，载《新世纪》周刊，1960 年 4 月 3 日，第 7 页。
② 马德拉斯《印度教徒报》，1960 年 3 月 6 日。
③ 《新世纪》月刊，1958 年 11 月，第 59 页。

贫　农　的　破　产

如果说耕种足够维持一家生活的土地而经常能保持货币收支平衡的农民是中农，那么，耕种不足以维持一家生活的土地，经常依靠副业或借贷来补救的农民就是贫农。孟买大学农业经济学讲师沙阿在该邦阿迪那地区所调查的结果，证明了农场愈小则单位产量愈少的普遍事实。耕种 5 英亩以下的贫农平均每英亩的收获比中农的低 7.2％，比富农的低 12.3％[①]。一般说来，贫农仅有自耕地 3—5 英亩，往往租进一些土地来耕种。这样贫农中间多佃户或兼佃户，而中农则多自耕农。因所缴纳的租额很高，贫农每年的收入就远不如中农。在拉贾斯坦中农一家每年收入平均为1200卢比，而在比哈尔一家贫农每年所得还不到 400 卢比[②]。从其他各邦情况看来，贫农的收入一般不及中农的一半。中农和贫农之间富力相差是很明显的。基本原因就是贫农所有的土地太不够耕种了。

自耕 3—5 英亩的农家在马德拉斯占村户总数的 17％，而自耕 2.5—5 英亩的在孟买和德里两邦分别占村户总数的 16％ 和 14％[③]。这些农家肯定都是贫农，但此外还有自耕 2.5 英亩以下而同时租种土地的贫农。耕种 5 英亩以下自有地的农家所占村户总数，在喀拉拉为 38％，在北方邦南部为 40％，在比哈尔为

---

①　沙阿：《小农的问题》，孟买，1958 年，第 7 页。

②　鲍斯：《比哈尔的农业收入及其分配》，载《印度农业经济杂志》，孟买，1953 年 8 月，第 40 页。

③　马拉维亚：《印度的村社》，第 408 和 612 页；《农村劳动力和职业构成》，第 81 页。

47%，而在买索尔达 55%①。这些农家还包括一些保留了 1 英亩或 2 英亩土地的农业佣工在内。从各邦情况估计，贫农要占到印度全国村户 1/3 以上。他们的种姓大多是同中农一样的，因为他们原来就是败落的中农。

现在印度全国耕地 24% 是出租或转租给佃户去耕种的，东旁遮普邦内租出的耕地达 37%②。佃户大多数是贫农，因为负担高额地租竟无法摆脱他们的穷困生活。封建的租税一开始就是高额的。公元 300 年左右所编写的《利论》一书中说："须要建立一些村庄，每个村庄由不下于 100 户和不超过 500 户的首陀罗农人家庭组成。他们除上缴租税外可保留不到一半的收获。"③ 近年来各邦的邦议会先后通过了法定租额：在古吉莱特和拉贾斯坦为收获的 17%，在阿萨姆、奥里萨、安得拉、德里和马哈拉施特拉为收获的 25% 或少一些，在比哈尔为收获的 29%，在北方邦、中央邦、东旁遮普、马德拉斯和买索尔为收获的 33%，而在西孟加拉和查谟克什米尔则达收获的 50%④。但是，这些法定租额往往是有名无实而不被人遵循的。今天各邦实际租额通常还是等于收获的 1/3—1/2。在古吉莱特邦的勃鲁溪地方，佃户甚至必须负担田赋的一半⑤。

---

① 《农村劳动力和职业构成》，第 303 和 415 页；比哈尔《统计季报》，1953 年 1 月，第 2 页；马拉维亚：《印度的村社》，第 572 页。

② 全印农民协会主席高普兰在该会 1960 年 5 月在北方邦加齐普尔召开的第十七次年会上演讲中说，"按照全国抽样调查（第八次）报告，耕地的大约 24% 是在各种租佃制下出租的，事实上在旁遮普等邦出租的耕地高达 37%"。见《新世纪》周刊，1960 年 5 月 22 日，第 3 页。

③ 《利论》第 2 卷，第 24 章。

④ 贾特尔吉：《印度的农业佣工、农业和土改》，载《调查》杂志，第 3 期，第 103 页。

⑤ 穆马：《印度的小农经营》，载伦敦《农业经济杂志》，1942 年 8 月。

如同旧中国一样，现在印度的地租也有钱租、定租（定额谷租）和分租（分成制下谷租）三种。一般说来，以分租的租额为最高，往往等于收获的一半以上。各邦亦已通行地主不供给田间直接生产资料和工具的佃农分成制。分成制占耕地的总面积在比哈尔为 16.2％，在北方邦 10.7％，在马德拉斯 13.2％，在东旁遮普 21.5％，在西孟加拉 22％，而在孟买邦竟达 30.6％[①]。据 1951 年的普查统计，西孟加拉邦 5 英亩以下的贫农 16％ 以上都是缴纳分租的。在奥里萨和马德拉斯等邦很多印度教寺院拥有大批土地。大部分也租给贫农以收取高额分租。在印度某些大米产区，日本技师曾指导农民采用施肥新法，但因所能增加的产量必然白白地送给地主，贫苦的佃农即便能投下新的生产资料也不肯轻于尝试。实际上贫农是无法增产的，因为增产反而更便宜了地主。

威胁贫农的不只是地租昂贵，并且还有物价高涨。第二次世界大战时期孟加拉地主和奸商操纵粮价而造成大饥荒。战后物价的上涨也不断地危害了农民。据印度财政部《经济调查报告》，自 1955 年 5 月至 1960 年 1 月的四年零八个月中批发价格的指数上升了 33.7％，食品价格的指数上升了 44％，粮食的价格更上升了 52％。以大米而论，加尔各答市上每扪（82 磅）中等大米的价格 1957 年 7 月为 23 卢比，次年 7 月涨至 26.5 卢比，1959 年 7 月更涨至 33 卢比，即两年之间上升 43.5％。通常一般物价随着粮价而上涨，这固然有利于有粮出卖的地主和商人。但同时增加了贫农和佃农在生产上和消费上的开支。贫农到了入不敷出的时候，只得投奔于高利贷之门。

占印度全国村户 1/3 以上的贫农，在租税、物价和高利贷各

[①]　见《曼彻斯特经济社会研究院杂志》，第 23 卷，第 2 期，第 184 页。

种压迫下，大部分成为"男子疾耕不足于糟糠，女子纺织不足以盖形"①。这种情况加速了农村经济的危机。1960 年 3 月印度共产党议员范卡塔斯瓦拉劳和夏克拉伐蒂，以及某些国大党议员、人民社会党议员和无党派议员异口同声地批评粮食部长对粮价高涨的旁观态度，并指出他妄想利用美国粮食来压倒奸商抬价的失策，同时国大党议员旭克拉报告了中央邦官吏拒不收购农民的粮产而专向商人采买粮食的怪事②。

全印农民协会早就呼吁，要求政府规定公平的农产品价格，减轻税捐和债务负担，减低租额至收获的 1/6，发还 1952 年以来被夺的佃农土地，并禁止地主借口驱佃③。对贫农来说，保持已占有的土地是最重要的问题。但目前，贫农的租佃权还是毫无保障地随时被地主收回，地主往往串通法官或税务官吏驱逐佃户，或者强迫他们的佃农改变为分成制下的农业佣工。在孟买和安得拉两邦，过去法律上得到保障的佃户估计竟有 42%—57% 陆续被地主驱逐。比哈尔邦 120 万佃农同样地失去了租种地。世袭的分成制佃农在西孟加拉邦也成千上万地被取消了。④

即使在已经颁布过禁止驱佃法令的某些邦内，贫农还是不断地失掉他们所耕种的土地。近年来贫农破产的户数一直在增加。1960 年 5 月 20 日 6000 农民在北方邦东部加齐普尔曾举行大会和游行，高呼要求土地等口号。4 天后拉贾斯坦邦内 500 名农民协会会员包围移民管理局，要求把土地分配给无地耕种者，而反对政府拍卖过去茄勾达尔所有地。同年 6 月 7 日在东旁遮普邦翁

---

① 这里借用司马迁描绘秦朝统治下我国农村情况的字句，见史记《淮南衡山列传》。
② 《各党派对粮食政策的批评》，载《新世纪》周刊，1960 年 3 月 27 日。
③ 《新世纪》周刊，1959 年 3 月 1 日。
④ 夏克拉伐蒂：《粮食状况》，载《新世纪》月刊，1958 年 2 月，第 32 页。

巴拉地区的贫农，因反对法院驱逐佃户的裁决同地主展开斗争；他们并未屈服于警察的镇压，而组织了"佃农行动委员会"以继续抵抗。8 天后东旁遮普邦甘加纳加尔地区又有成万的农民向政府申请要求分配土地，当他们举行示威的时候，也遭到当局镇压，被捕者达 75 人。这些斗争，很明显地反映着贫农要求土地的迫切。

当英帝国主义者在 19 世纪 60 年代开始全面榨取殖民地印度时，农产更大批地商品化了，货币经济把耕地所有权更集中起来了，处于封建和资本主义双重剥削下的农民不但丧失自己的土地，并且也难于租种人家的土地，有些贫农甚至丢掉了他们原有的耕牛和农具等生产资料而沦为雇农。但在封建势力的压迫下，印度农民无产化并不是迅速的，必须经过一个较长的时期。有些佃农通过分成制而变为雇农，也有些雇农还竭力保持了 3 英亩以下的耕地。孟买大学农业经济学系调查的结果，说明在孟买邦柯迪那地区的小土地所有者中间 64% 的男子、34% 的妇女和 11% 的儿童必须出卖他们的劳力，以维持最低限度的生活。出外工作的时间在三个月以上者，男子中占 51%，而妇女中占 40%。[①] 这就是拥有很少土地的雇农。据 1951 年印度政府统计资料，农户中有地的雇农在孟买邦为 9.6%，西孟加拉 10.5%，中央邦 14.9%，海得拉巴（即安得拉邦）19.5%，喀拉拉 20.8%，奥里萨 25.8%，比哈尔 25.6%，买索尔 27.4%，马德拉斯 28.3%[②]。这种雇农所得的收入，出于在人家耕地上工作的多至 64%，而来自自己耕地上的还不超过 14%[③]。

---

① 沙阿：《小农的问题》，孟买，1958 年，第 10 页。

② 《新世纪》月刊，1959 年 2 月，第 50 页。

③ 浦旺尼·森：《印度的土地制度和土地改革》，第 111 页。

雇 农 的 性 质

　　贫农丢掉他们大部分或全部分土地后成为农业佣工的后备队，但这并非雇农的惟一来源。第二个来源是出于破产的农村手工业者。英国机器纺织业的兴起加速了对殖民地的剥削。早在1834—1836年间英国商人在孟买、孟加拉和马德拉斯等地就组织商会，一方面推销由英国输入的纺织品，另一方面钳制由印度输出的纺织品。从此印度生产的各种棉纺、毛纺和丝织品既失去了国外市场又不得畅销于国内。[①]原来在农村公社中从事手工业的成员，以及失去土地而转为手工业纺织的村户，至此无法避免破产。在英国工业品大批涌入的时代，其他农村手工业者如马德拉斯属于卡马朗种姓的铁匠、铜匠、木匠、石匠，喀拉拉邦属于瓦尼扬种姓的手工制油者，以及北方邦和旁遮普属于洽马尔种姓的手工制革者，也遭到同样的命运。很多破产的农村手工业者被迫而沦为雇农。

　　成为雇农第三个来源的，是一般被称为"不可接触的"最低级而从未有过土地的种姓，他们大多数出于古代的家庭奴隶，以及农田和矿山中的佣工[②]。当时这些佣工被称为巴蒂卡，印度早期农村公社中巴蒂卡的社会地位还不如家奴。喀拉拉邦的巴拉扬种姓在19世纪末年对人讲话时，还不敢自称为"我"而必须说"你的奴隶"，不敢提"我的子女"而必须说"你奴隶的猴子"或"你奴隶的牛仔"，不许说"我要去吃饭"而只能说"你奴隶要去喝水"，不敢称自己吃的为"大米"，而只能说是"污粥"，说话

---

　　① 辛哈：《百年前印英经济的研究》，加尔各答，1946年，第6页。
　　② 里斯台维：《佛教时期的印度》，加尔各答，第1版，1950年，第40页。

时还必须把手扪挡自己的口，恐怕通过空气也会"亵渎"或"污辱"较高的种姓[1]。

如同巴拉扬一样低贱的种姓在安得拉邦有马拉和马蒂加，在马哈拉施特拉邦有马哈尔，在马德拉斯邦有帕兰，在喀拉拉邦还有切鲁曼和纳雅蒂。这些和其他"不可接触的"种姓曾提供了大批农业佣工。马德拉斯邦内雇农的34％就出于这一类低级的种姓。低级种姓的成员变为农业佣工的，在古吉莱特邦占46％，在奥里萨邦占53.4％，在比哈尔邦达65％左右，而在喀拉拉邦更达80％以上[2]。他们居住于农村附近地方的草棚内，不许同别的种姓混在一起，也不许有好的住所。他们往往为村中雇主们做各种营造工作，但如果自己筑起房屋来就会被高级种姓所拆毁，根本上他们也无力自建房屋。他们中间有不少的男子因急需支付结婚费用而向富农或经营地主乞借若干现款，这种债务关系终于使他们成为农奴式的、不能随便离开雇主的农业佣工。

雇农第四个来源是印度中部、南部和东北部山林地区的各小部落和部族，其中一部分曾先后成为"不可接触的"种姓，但另一部分早已加入农业佣工的队伍。中央邦的冈特和拜加、拉贾斯坦邦的兰姆拔蒂、古吉莱特邦的皮尔、喀拉拉邦的伍拉利和卡达尔、买索尔邦的马拉吙旦、奥里萨邦的萨瓦拉、比哈尔南部的黄格、西孟加拉邦的蒙大和山塔尔，以及阿萨姆邦的卡西、柯支和高卢，都是著名的这种小部落和部族。他们原在山坡上游牧或在森林中打猎，有的还在野草地区从事火耕，但移殖到谷地或平原以后被贫困和饥荒所逼迫，不得不出卖自己的劳动力。大约110

---

① 麦梯尔：《慈善的国度》，伦敦，1871 年，第45 页；洛甘：《马拉巴》，马德拉斯，1887 年，第85 页。

② 《农村劳动力和职业构成》，第135、282 和296 页；《比哈尔邦杜尔旺村农业佣工状况调查报告》，印度劳工部出版，德里，第2 部分，第6 节。

余年前他们就成批地被靛青种植园招去耕作。后来靛青被欧洲人造染料所替代，他们又成批地到印度北部茶叶种植园和南方咖啡及橡胶种植园做工。在 1901 年时，茶叶种植园内的长工已有606835 人，而短工也达90946 人。[1] 有些部族也被富农和经营地主所雇佣而同低的种姓一起成为普通的农业佣工。

印度经济学者西瓦斯瓦米在他所著《土著民族中的农奴劳动》一书中曾说，全部"土人"的半数以上约 1200 万人受到不同形式的奴役[2]。这里所说的奴役应分为国内和国外两方面。如以上所述，国内方面是指种植园和普通农场而言。国外方面则是低的种姓和落后部落被英帝国主义者利用"契约苦力"的制度大批招运到亚非和拉丁美洲各殖民地去做苦工。"苦力"这个名称出于古吉莱特邦山区一个小部落"柯列"的译音。远在 19 世纪30 年代英商通过契约方式招运了这个部落的人到赤道以南、马尔加什以东的英属毛里求斯岛去种植甘蔗。从此创立了曾把印度穷人和中国穷人分配到印度洋和太平洋各地去的非常残酷的"契约苦力"制度。由西海岸孟买和柯钦以及东海岸加尔各答、庞迪契里和马德拉斯 5 个港口输送出去的、向来没有一寸土地的印度"贱民"和部族不下数 10 万人。留在国内的这些"不可接触的"种姓和落后部落的人民很多参加了农业佣工的队伍。据 1951 年印度的普查统计，在北方邦、比哈尔南部、奥里萨、安得拉、中央邦、马德拉斯和喀拉拉等邦他们占到农业佣工总数的 25%—50%，而在全国雇农中他们竟占到 39.3%。

在印度雇农中资本主义生产关系正在发展，但它的势力还不如各种前资本主义的残余，印度进步的经济学者苏仁特拉·巴推

---

① 杜德：《维多利亚时代的印度经济史》，伦敦，1950 年，第 7 版，第 523 页。
② 西瓦斯瓦米：《土著民族中的农奴劳动》，德里，1951 年，第 59 页。

尔曾根据政府统计资料将 1931 年印度和巴基斯坦（很大部分是印度）4200 万无地的农村佣工分为下列三类：1. 不能随时离开雇主的 300 万人（7.2%）；2. 可以随时离开的长工 400 万人（9.5%）；3. 一年工作不到五个月的短工 3500 万人（83.3%）[①]。由此可见，半农奴式的佣工所占比重不大，资本主义式的农业工人所占比重也不大，而无地的农业佣工中竟有 8/10 以上是半封建、半资本主义式的。最近 30 年来，资本主义在印度农村有更进一步的发展，雇农的生产关系在向着资本主义方式过渡。但这种过渡不是短期的，也不是很迅速的。

今天在印度农村中到处还可以发现前资本主义的残余。半农奴式的农业佣工甚至有被出租或抵押的，也有被出卖的。1948年喀拉拉邦还盛行过抵押及出租雇农，使债权人奴役他们的制度[②]。1951 年 4 月 14 日新德里国会会议上曾宣布比哈尔邦达尔布汉加地区出卖 10 户农业佣工而得价 150 卢比的事实[③]。无论长工或短工，现在还有不能随时解雇的情况。例如属于北方邦哈尔瓦哈种姓和奥里萨邦穆里亚种姓的农业佣工，通常获得雇主所分给而不必缴租的半英亩或 1/4 英亩的土地，就必须随时为雇主做各项短工。小块土地上所用的种子也由雇主供给，收获时照数扣还。这种依附关系自然使被雇者不能自动地解雇。[④] 又如奥里萨属于哈利阿种姓的许多长工也占用了小块土地，粮食和农具都给予雇主，一年所得工资很少一部分是货币而大部分则为实物，总计仅值 60 卢比，往往因向雇主借了几十卢比就连年还不清而

①　苏仁特拉·巴推尔：《近代印度和巴基斯坦的农业佣工》，孟买，1952 年，第 148 页，有俄文译本，莫斯科，1956 年。
②　《国大党土地改革委员会报告》，德里，1948 年，第 131—132 页。
③　《十字路周报》，孟买，1951 年 5 月 4 日。
④　《奥里萨邦喀洪土尼村农业工人情况调查报告》，德里，1951 年，第 6 页。

成为不能脱身的债奴[①]。

奥里萨邦梅约办尼地区的农村雇主们通常给予不计利息的一笔小贷款,而使负债者成为他们可以随时差唤的短工。比哈尔邦农村有预付工资 50 至 100 卢比的制度,款项未扣尽以前被雇者不能随意离开。在喀拉拉、买索尔和北方邦有些雇主以高利贷借出200—400 卢比,使负债的人做了他们的长工,还另外分给不到一英亩的土地而不收租。在这种情况下,工资尽管以货币支付,半封建的剥削依然存在。[②] 种植园佣工的本质也是如此,他们一部分应当说属于"契约苦力"的范畴,其余也是通过坎加尼(经纪人)而招募来的。他们往往取得一些预付工资而处于被奴役地位,债务未清以前不能脱离种植园的工作。尽管工资是按日、按件计算的,女工和童工的工资不到男工的一半,并且在严厉的惩罚制度下必须常常做超额工作。

据印度劳工部的调查,古吉莱特有些农业工人既没有分得不缴租的土地,也未接受雇主的预付工资,工期订为一年,但随时可以自动脱离工作,工资以外还有衣食住行的供应[③]。其他各邦如马哈拉施特拉和东旁遮普等地也有同样的雇农。如果说这种资本主义式的农业工人在 30 年前已占全国农业佣工总数的 10% 左右,那么现在这百分比当然提高了。研究印度农村经济的贾特尔吉曾说,全国所有零工、短工和长工的总人数中,在以雇农为主体的农场上工作者恐不会超过 16%,但因很小的农场也在农忙时雇佣人力,还不能说这 16% 的雇农完全属于资本主义农业的

---

① 马拉维亚:《印度的村社》,第 351 页。
② 印度劳工部:《印度的农业工资》,1952 年,第 1 卷,第 68、136 和 166 页。
③ 同上书,第 275 页。

范畴①。由此也可见全国农业佣工中长工不占最大比重。

农村中所谓自由的短工或零工，据印度劳工部1951年调查，竟占全国农业佣工的89%②。他们人数所以如此之多，是因为既包括一大部分无地的"不可接触的"种姓和落后的部落或部族，又包括那些拥有3英亩以下耕地而还没有完全无产化的农民。拥有少量耕地的农户迫于贫穷而不得不出卖他们家中多余的劳动力以取得很低廉的工资。从未拥有土地或已失去全部土地的人家更不得不在农村中寻找雇主。印度农村资本主义发展既不够迅速，则雇佣长工的农场是有限的，当长工的机会也远不如做短工或零工那样多。农忙时节大多数农场雇佣短工或零工来播种、插秧、除草或收割。短工一年只做三个至四个月的农田工作，最多不超过五个月，而最少的还不到一个月，因此他们必须另外找些采柴、砍草、运输、编篮或做绳等副业以维持生活。这种短工表面上是自由而可以随时脱离工作的，实际因为人多事少而大家竞相找工，很大一部分就成为无业游民。他们在无法餬口的悲惨情况下宁愿做不自由的债奴，即半农奴式的农业佣工，以免饿死。③

印度各种农业佣工中经济情况较好的是长工，最坏的是种植园的苦力。但长工的生活也很恶劣。全印农民协会主席高普兰在1959年5月该会第16届年会上曾说，全国3500万长工每人每年平均有将近四个月无工作可做，他们家庭中45%是负债的，他们在饮食上所得营养比正常需要还缺少1/4④。据印度劳工部

---

① 贾特尔吉：《印度的农业佣工，农业和土改》，载《调查》杂志，第2期，第52页。

② 印度劳工部：《关于农业劳动的详细调查报告》，德里，1955年，第1卷，第19、22页。

③ 汤麦司和拉马克里希南：《南印度一些农村：一个再调查》，第351、421页。

④ 《新世纪》周刊，1959年5月3日。

调查，西孟加拉邦长工的家庭通常有4人，其中有一个半劳动力是出雇的，所得收入很难维持全家生活[①]。长工虽然比短工能多得几个月的工作，平均每日工资却比短工还低24%[②]。尽管1948年印度联邦政府曾颁布"最低工资限度法"，在北方邦名义上实施于50英亩以上的农场而实际还是付出每天两个安那的工资；在安得拉邦更只限于14个没有真正农业的山村；其他各邦则从未试行过这个法案。而东旁遮普邦反而规定了比现行工资还要低的所谓最低工资[③]。

无论何种农业佣工，他们的工资既很低，一年又难在农场上做满8个月工作，他们的收入就必然很少，生活也非常悲惨。1951年印度全国人口平均每人收入270卢比，而据劳工部的调查，农业佣工平均每人收入仅104卢比。由此可知，农业佣工所实得的只及于平均收入的38.5%罢了。又按各地不同情况而论，农业佣工平均每人收入仅有厂矿工人平均每人收入的24%—59%。[④] 更应注意的是，农业佣工的生活比其他农民阶级还要坏。全印农民协会总书记勃华尼·森曾根据政府统计资料而作了这样一个比较：农业佣工一年的开支平均每人只是107卢比，但整个农村人口平均每人一年的开支则有204卢比。农业佣工的生活程度也显然低于其他农民，衣食两项在前者的开支中竟占到91.5%，而在后者的开支中则不超过87.4%。[⑤] 勒克瑙大学经济系巴尔杰特·辛格教授曾经调查了北方邦西部三个农村和东部三

---

① 印度劳工部：《关于农业劳动的详细调查报告》，德里，1955年，第3卷，第37页。

② 印度储备银行：《农村信贷调查》，第1卷，第1部分。

③ 拉奥：《印度农业的中心问题》，新德里，1957年，第14页。

④ 浦旺尼·森：《印度的土地制度和土地改革》，第116页。

⑤ 在富农的开支中食物仅占34%。见杜比著《印度农村》，伦敦，1955年，第77—79、167页。

个农村，在这些村里农业佣工一年的开支平均每人也仅有 105 卢比[①]。在物价高涨的趋势下，他们必然更加贫困化。

根据印度劳工部 1951 年调查统计的官方数字，全国各地区农业佣工的收支可列表如下[②]：

印度农业佣工 1951 年平均每人的收支　（单位：卢比）

	收　入	开　支	不　敷
西北部	139	143	4
东　部	118	123	5
北　部	131	130	1
西　部	91	91	0
南　部	91	95	4
中　部	91	93	2
全　国	104	107	3

这里必须说明，东部包括奥里萨、西孟加拉和阿萨姆三邦，因奥里萨的调查并不完全，故表中东部的平均数显得低于西北部，实际上西孟加拉佣工的平均收入是全国各邦中最高的。

西北部平均收入所以较高，主要原因出于小麦和乳产品都有较高的市价，雇主能付出较高的工资。东部和北部平均收入所以也较高，主要是由于柴明达尔各地区有永佃权的雇主所缴地租较低而能多出些工资。西部和南部赖约特华各地区一般的地租较高，平均工资因而较低。至于中部则工业更落后，地租也较高，平均工资自然就较低了。

可是，为了建立一个对地主、富农进行斗争的贫农、雇农、中农联合阵线，必须克服由于种姓分歧而造成的各种困难。全印

①　见新华社新德里 1959 年 5 月 20 日电。
②　此表从查特尔哥所作统计表中摘出，见《关于印度农村经济区域性的讨论会》，孟买，1956 年，第 85—88 页。

农民协会主席高普兰在该会 1951 年第 16 届年会上曾经很清楚地说过，乡村中有关种姓和教派的情感是不利于农民运动的，种姓往往阻碍了农民同农业佣工的团结[1]。下列表中 53 个种姓和部族构成全国农业佣工的最大部分[2]。

印度无地的农业佣工种姓和部族

邦　名	种姓和部族
1. 北方邦	洽马尔、阿希尔、哈尔瓦哈
2. 比哈尔	黄格、卡米阿、罢尔
3. 阿萨姆	高卢、柯支、卡西、希拉、童姆、那迪雅尔
4. 西孟加拉	蒙大、山塔尔、鲍里
5. 奥里萨	萨瓦拉、穆里亚、哈利阿
6. 中央邦	冈特、拜加
7. 安得拉	马拉、马蒂加、班洽马
8. 马德拉斯	帕兰、帕提亚尔、卡马朗、帕利亚
9. 喀拉拉	巴拉扬、切鲁曼、纳雅蒂、瓦尼扬、伍拉利、卡拉尔
10. 买索尔	马拉吠旦、霍列雅、吠杜范、吠坛
11. 马哈拉施特拉	马哈尔
12. 古吉莱特	皮尔、夺特、哈利、柯列
13. 拉贾斯坦	米那、梅奥、兰姆拔蒂
14. 东旁遮普	山希、马兹别
15. 查谟和克什米尔	达斯、白特、卡加、丘亨、古德雅、腊塔尔

农业佣工占村户的百分比多少呢？印度 1951 年普查统计中所称农业佣工仅限于没有土地的村户，而未曾包括占有少量土地的自耕农兼佣工或佃农兼佣工。按同年劳工部关于雇农的专门调

---

① 《新世纪》周刊，1960 年 5 月 3 日。
② 《农村劳动力和职业构成》，第 221 页；赫登：《印度的种姓》，第 17、18、20、21、30、34、60、69、243、246、248、253、256、257 和 261 页。

查，则无地和有地的农业佣工共达17659000户，占当时全国农村
总户数57976000户的30％，农业佣工显然以南部为最多而以西
北部为最少，马德拉斯邦农业佣工竟达村户的53％。

印度农业佣工 1951 年占村户总数百分比[①]

南　部	50.1
中　部	36.7
东　部	32.7
西　部	20.4
北　部	14.3
西北部	9.8
全　国	30.4

这里又必须说明，印度劳工部 1951 年的调查并未包括居住
小城市近郊的雇农和全国种植园全体佣工。若将这两项补入，则
如同列宁所说的"永远生活在无产阶级状况的边沿"的雇农，约
占印度农村总户数40％左右，其中45％固然还拥有三英亩以下
（大多数只一英亩以下）土地，55％是毫无寸土的农业佣工[②]。

地　权　的　集　中

土地的有无和拥有的多少，显然是今天印度农村各阶级间的
基本关系和主要矛盾。举喀拉拉邦为例，就可以看出地权十分集
中的现象。据 1957 年 12 月 18 日该邦政府公布的土地统计，拥
有 5 英亩以下的村户占村户总数的 87.85％，而他们所有的耕地
仅为该邦耕地总面积的 32.31％；拥有 5—15 英亩的村户占

---

①　《农村劳动力和职业构成》，第9和506页。

②　《新世纪》周刊，1960 年 5 月 22 日；贾特尔吉：《印度的农业佣工，农业和
土改》，载《调查》杂志，第 2 期，第 49 页。

8.9%，而他们的耕地有 25.79%；15 英亩以上的地主和富农虽只占村户的 3.25%，却拥有 41.9% 的耕地①。全国地权分配的情况迄今仅见于印度财政部 1954 年下半年所作 704 村的抽样调查。当 1958 年这个调查统计编成报告时，统计学者马哈拉诺比斯教授在序言中曾说明，1955 年初印度有 6600 万村户，他们拥有约 3.1 亿英亩土地，这等于全国土地总面积的 38%，或可耕地的 61%，其余土地则是国有或公有的。他指出：（1）村户总数的 75% 是无地的或有地在五英亩以下的，他们的所有地占耕地全面积 1/6；（2）1/8 的村户有 10 英亩以上土地，占土地总面积 2/3；（3）村户的 4% 有 25 英亩以上土地，约占土地总面积的 1/3；（4）村户的 1% 有 40 英亩以上土地，占土地总面积的 20%②。根据这个全国抽样调查关于地权分配的报告，可作出下列统计表而说明地权集中的情况。

1955 年印度农村阶级的地权分配（%）

等　　级	所占村户	所占耕地
无地的农业佣工	22	—
有地 3 英亩以下的农业佣工	18	6
有地 3—5 英亩的贫农	35	11
有地 5—10 英亩的下中农	12.5	16.5
有地 10—25 英亩的上中农、富农及经营地主	8.5	32.5
有地 25—40 英亩的封建地主、经营地主及富农	3	14
有地 40 英亩以上的地主和富农	1	20

上表最后一项包括拥有 100 英亩以上的大约 10 万户大地主，其中几千户更是各有 250 英亩以上的大地主。

---

①　《新世纪》月刊，1958 年 2 月，第 61 页。
②　《全国抽样调查》（第 8 次，1954 年 7 月至 1955 年 3 月），印度财政部，德里，1958 年，马哈拉诺比斯作序。

正在进展的农村土地斗争，主要表现为两个方式。一个是地主大批驱逐佃户，本文前已有所叙述。另一个是贫农和农业佣工日益迫切地要求取得可耕的荒地，他们认为垦荒就可以解决没有土地和没有工作的双重问题。印度第二个五年计划的头三年期间（1956—1959）新垦土地确有些增加。可是远不如大批无地的和地少的农民所需要。现在全国还有 8800 余万至 1.2 亿英亩熟荒地和生荒地[①]。东旁遮普的雇农协会曾于 1959 年 12 月 15 日向计划委员会提出政府应将可耕的荒地和乡村公地长期出佃给农民的要求[②]。

荒地占马哈拉施特拉邦全部土地的 13% 左右，几千无地的农民要求邦政府租给他们耕种，在合作社名义下他们并已储存了几千卢比准备开垦，但邦政府不许他们取得使用权。即连在上次大战时代粮食增产运动中租到政府土地的佃农现在要求获得永佃权，邦政府也不肯答应[③]。3000 户孟加拉难民 1950 年流亡到阿萨姆，在地方政府许可下他们同当地 2000 户农民从事开垦并建立起两个农村。两年后已垦地被并入另一自治县管辖。受大地主操纵的这个县政府，根据外人不得占有土地的法律条文，企图驱逐这 5000 户农民。虽经邦政府、自治县政府和难民协会三方面屡次会商，几年来仍无结果。1959 年大地主就利用一群大象来破坏这两个农村，当时农妇们卧地抵抗，受伤者无数。1960 年 3 月 8 日大地主更进一步，策动 100 名武装警察来驱逐农民，由于

---

① 高普兰在全印农民协会上演讲中说全国有生荒 5650 万英亩和熟荒 3180 万英亩，见《新世纪》周刊，1959 年 5 月 3 日。苏联农学家杜鲁泊尔可夫 1959 年 12 月 20 日在新德里公开演讲中说，印度还有 9700 万英亩的荒地可以开垦（见《新世纪》周刊，1960 年 1 月 3 日）。人民院议员印共党员夏克拉伐蒂则说可耕的荒地不下 1.2 亿英亩（见《新世纪》月刊，1958 年 2 月，第 34 页）。

② 《新世纪》周刊，1960 年 3 月 27 日。

③ 《新世纪》周刊，1959 年 10 月 25 日。

警察开枪，死伤百人左右，妇女和 60 岁以上老人多被枪托击伤，房屋也被焚毁了不少①。这些惨案无非是目前土地斗争中一个鲜明的例证。

印度共产党全国委员会 1958 年 10 月关于农村问题议决案曾说："十年痛苦的经验完全证明，如果整个土地关系不彻底改变的话，什么问题都不能真正得到解决。除非土地重新分配，除非数以百万计的中小农获得他们的地权，除非他们从价格、税捐、地租和高利贷的压迫下解放出来，除非他们获得在较大农场上发展生产的资料，粮食危机也就永远不会终止。"② 迄今印度的土地改革并未削弱地主阶级的势力。表面上地权好像趋于分散，实际却更加集中了③。印度大资产阶级和封建地主从他们的贪得无厌的阶级本性出发希望农业增产，但他们一面要求增产、一面又残酷地加重对农民的剥削，这充分反映了当前农村阶级关系中正在向前发展的矛盾。

解决直接涉及大多数居民利益的农民问题，是具有头等重要意义的。正如 1960 年 11 月各国共产党和工人党代表会议声明所说："不进行深刻的土地改革，就不能够解决粮食问题，就不能够清除束缚农业和工业生产力发展的一切中世纪残余。"④

（原载《经济研究》1961 年第 11 期）

---

① 《新世纪》周刊，1960 年 3 月 27 日。

② 《新世纪》月刊，1958 年 11 月。

③ 谈唐：《北方邦土地占有方式的改变》，载《新世纪》周刊，1961 年 1 月，第 48—49 页。

④ 《各国共产党和工人党代表会议声明》，人民出版社 1960 年版，第 27 页。

印度的土地改革

　　甘地和尼赫鲁的言论，历年的国大党决议，和在国大党政权下各邦所提出或已通过的法案，都很清楚地反映国大党土地政策。更重要的还要看各邦怎样实行土改，从而看出这个政策的本质。

　　甘地早懂得印度农民的要求。他在 1917 年领导抗英运动时同前任印度总统普拉沙德等利用了比哈尔北部种靛青的农民反抗地主。当新闻记者美国人路易·费晓 1942 年 6 月在瓦尔达附近一个村庄访问他的时候，甘地谈到"国大党在各省执政时代（1937—1939 年）通过了关于改革农村和改良教育等议案，但后来都被英国人废止"①。费晓接着就问，"印度独立以后，你对改善农民的生活有何政策"？甘地马上回答，"农民将获得土地，不必由我们指使，他们就会这样做的"。费晓再问，"对地主们是否要补偿地价呢"？甘地又坚决地说，"不要。因为那是国库所不允许的"。但甘地不过是这样说说罢了，他并未有把土地归人民集体所有的主张。

　　国大党 1929 年 9 月在勒克瑙召开大会，通过要求印度完全

――――――――――

　　① 路易·费晓：《同甘地过一周》，纽约，1942 年，第 53—54 页。

独立的决议时，出席代表一致拥戴甘地为国大党主席，但甘地坚辞而推举青年尼赫鲁以自代。尼赫鲁被选为国大党主席后，于1936、1937、1946和1951—1954年又历任此职，1939年被推为国大党全国计划委员会主席，而自1947年8月起他一直是印度联邦政府总理。国大党土地政策可说是在他的指导下形成的。

在尼赫鲁兼任国大党全国委员会秘书长时期，全委会1929年宣言中就有一段话说："全国委员会认为印度人民的贫穷和苦楚不仅是因为外国人在印度的剥削，而且也由于本国社会的经济结构。外来的统治者支持这样的结构便可继续进行他们的剥削。因此为要消灭这种贫穷和苦楚而拯救印度广大群众，就必须用革命的手段改变目前社会的经济结构，必须铲除极端的不平等现象。"①

但直到1931年春季，即国大党成立后46年，在卡拉奇召开的大会上，才宣布了土改政策的具体措施。大会通过的"人民基本权利和经济纲领"第10项提出减租、免租和必要时得津贴因免租而受损失的小地主；第11项规定对法定最低额以上的农业收入征收累进税；第12项又规定征收累进的遗产税。同年秋季在孟买召开的大会所通过的"人民基本权利、义务和经济纲领"就采用了上述三项，并制订了可以免征遗产税的最低额而将农业收入税改为农业纯收入税②。

减租、免租以及累进的农业纯收入税和遗产税引起了印度地主们的纷纷抗议。国大党全国委员会的工作委员会怕开罪于他们，竟在1932年1月发表声明，大意是：兹因联合省（即今北

---

① 国大党全国委员会编：《经济政策和纲领的决议》，新德里，1954年，第3页。

② 《经济政策和纲领的决议》，第5页。又，夕塔拉马雅：《印度国大党史》第2卷，孟买，1947年，第5页。

方邦）和其他各省的柴明达尔误以为国大党减租和免租的提议是准备进行阶级斗争，本工作委员会对有关的柴明达尔要郑重声明，上述提议原非有害于他们而只是反映半饥饿的农民们所遭遇的空前灾难。两年半后工作委员会更肯定地对地主们安慰一番。1934 年 6 月的声明书说："卡拉奇和孟买大会上所通过的原则性决议既不提倡阶级斗争，也未有对私有产业进行不公平或无补偿的没收的企图。何况本工作委员会认为产业没收和阶级斗争是同国大党非暴力的信条互不相容的。"①

但改善农村经济的迫切需要依然存在，1936 年春季国大党勒克瑙大会所通过的有关农村问题纲领不得不指出："国大党认为全国最重要而迫切的问题是农民的贫穷、失业和负债，这根本是由于过时而不适合的、且带着压迫性的租佃制度和赋税制度。近年来农产品价格大跌，把问题变得更加严重。最后解决的办法无可避免地将是取消英帝国主义剥削，彻底改变租佃制、赋税制和让国家来负担使农村民众就业的责任。"②

这个纲领并具体地说明："因为各地区情况有所不同，故工作委员会要求国大党各省委员会，于当年 8 月底以前，根据下列 9 项原则向全国委员会提供切实可行的详细方案。（一）保证农业佣工和其他农民有集会和组织的自由。（二）保障中间人（大地主）以下的耕种者应有的权利。（三）公平合理地减轻农民的债务和所欠租税。（四）取消向农民征收的封建和半封建税捐和杂税。（五）减低租额和赋额。（六）在财政开支中公平地拨给有关农村的社会、经济、文化等事业费。（七）保障农民利用当地自然资源的权利。（八）保护农民使他们不受官吏和地主的欺侮

---

① 《经济政策和纲领的决议》，第 10 页。

② 同上，第 12—13 页。

和压迫。（九）促进能救济农村失业者的工作。"

甘地竭力提倡国大党员接近乡村人民，并主张国大党应在小城市而不在大城市举行大会。因此为迎接 1937 年各省议会选举而召开的 1936 年 11 月至 12 月国大党大会就在联合省一个小城市法兹浦尔召开。下面就是这次大会所通过的有关农村问题纲领①。

多数省委会尚未交出关于农村经济改进的具体方案，但全国委员会认为有 13 项是必要措施。1.减租和减税；2.免去不经济的小农场的租税；3.对超过最低限度的农业收入征收累进税；4.减轻灌溉税的负担；5.铲除封建的力役；6.确定租期，俾佃户在占有地上可以筑屋或造林；7.提倡创办农业合作社；8.准许农民缓期还债，并组织特别法庭以豁免无力偿还的农民债务；9.旧欠地租一般地应豁免；10.设立公共牧场并保证农民可以使用当地的池塘、水井和森林地等；11.处理欠租应同处理欠债一样，不许采取逐佃的办法；12.以法律规定农业佣工最低限度的工资；13.承认农民协会为合法组织。

国大党在 1937 年省议会选举中因说了好些农民喜欢听的话而获得胜利，党员在马德拉斯、比哈尔、中央省、奥里萨、联合省、孟买和西北边省七个省议会的席位占多数。马德拉斯议员几乎 3/4 是国大党党员，在该省政府部长中国大党占到 10 席②。但他们所通过的关于改革农村和改良教育等议案正如甘地所说，都未曾实施。直到 1940 年国大党在各省执政的时期已经结束，以尼赫鲁为首的国大党全国计划委员会又宣布了一个欺骗性的土地政策。

---

① 《经济政策和纲领的决议》，第 15—16 页。
② 夕塔拉马雅：《印度国大党史》第 2 卷，第 39、53 页。

国大党全国计划委员会是由 1938 年 10 月国大党主席苏巴希·浦斯所召集的各省工业部长联席会议所产生，直到 1949 年 3 月才宣告结束。尼赫鲁始终担任这计委会的主席，孟买经济学教授开·地·夏始终是秘书长。在计委会 29 个分组中有以 10 人组成的"土地政策、农业劳动和保险事业组"，该组所提方案于 1940 年 6 月 30 日由计委会全体通过。这个土改方案包括下列四点[①]。1."农田、矿山、河流和森林都是天然财富，必须归印度人民集体所有"；2."开发天然财富应用合作的原则。农业生产合作社和集体农庄既可提高生产效率和增进农业生产，同时又能发扬集体合作的精神而铲除私人谋利的愿望。国家应在可耕的荒地上从速组织集体或合作农场，把这些农场串联起来"（在这里小组书记拉·开·莫克杰声明小农经济暂时仍然可以存在）；3."必须废除像柴明达尔之类的中间人，必要时可给以相应的补偿金。禁止耕地的转租或转佃。本组将讨论并报告如何组织适合于印度的集体农庄和农业生产合作社，但庄和社都必须置于国家的监督和管理下"；4."本组也将讨论并报告在计划实施初期不能马上组织集体农庄和合作社的地区所应采取的办法"。

除柴明达尔制于 1951—1958 年间基本上被推翻外，上述土改方案从未见诸实施。迄今全国耕地面积 8% 左右也还在所谓中间人的地主手里[②]。过去的柴明达尔和茄勾达尔又摇身一变而为新地主。现在情况离"农田必须归印度人民集体所有"还远得很，而这个方案的本身竟早被遗忘了。

自 1940 年计委会通过了土改方案，国大党土地政策就显然

①　开·地·夏编：《全国计划委员会报告》，孟买，1949 年，第 209—210 页。

②　寇塔勒·麻哈尔编：《1959—1960 印度经济年鉴》，阿拉哈巴特，1959 年，第 66 页。

逐步退化。1945 年 12 月工作委员会所制订的竞选纲领关于农村问题仅提到取消中间人和兴办合作社。竞选纲领说："为要完成非常迫切的土地制度改革，必需铲除站在农民与国家之间的中间人。取消他们的时候，应给予公平的补偿。在继续小农自耕制的同时，可以进行适合于印度情况的农业合作制。这种合作制当然必须从农民的自愿出发。在全国各地区国家可以帮助建立试验性的合作农场，也可以组织示范性的大规模国有农场。还要提倡组织信用合作社，通过他们进行农贷。"[①]

随后全国委员会发表的经济纲领也未提及农田国有化，而只是要求制订土地占有的最高限额。经济纲领的农村部分第 13 项说，"制订土地占有的最高限额。超额的土地应交给农村合作社处理。小农场应设法逐步合并，并应防止土地的分散使用"[②]。

国大党土地政策制订于印度独立以前，1947 年独立以后并无什么新的方案。这个政策主要包括四方面：1. 1931 年提出的规定"公平地租"和调整租佃关系；2. 1940 年提出的废除"中间人"；3. 1945 年提出的规定土地占有最高限额；4. 以及早在 1936 年就倡议的兴办农业合作社。现在我们就从这四方面来考察最近十余年来土地政策执行的情况。

一　减租和调整租佃制

1947 年 12 月各邦税务部长在新德里开联席会议时，一致要求国大党主席拉金德拉·普拉沙德指派一个委员会担任草拟土改方案的工作。当时任全印农民协会主席而现已成为"自由党"首

---

① 《经济政策和纲领的决议》，第 17—18 页。
② 同上，第 25—26 页。

领之一的兰迦教授也参加了这个八人组成的委员会。土改方案是1949年7月宣布的。一面说"不应给阶级剥削留余地"，但另一方面又说"应在可能范围内进行改革"[1]。"委员会认为地制改革是农业改进和农业增产的基础。各邦已通过的废除柴明达尔法案仅为地制改革的初步。即便柴明达尔废除了，仍然存在拥有土地而不自耕的问题。因此委员会认为业主除非自身是寡妇或残废者不得将土地转租，农民继续耕种六年者得在该耕地上取得永佃权。业主不许任意索取高额租金，更不许驱逐佃户。佃户在政府协助下得以法定价格买进所耕土地"[2]。

但接着于1950年4月国大党主席塔拉马雅在新德里所召开而由国大党各邦委员会主席和各邦政府首席部长参加的经济计划会议，又作出另一个关于土地政策的决议[3]。这个决议比上述土改委员会方案显然倒退了一步。1947年12月那个方案中所说的"不许任意索取高额租金"已被削改为"应规定租额"。同样地，方案中所说"农民继续耕种六年者得在该耕地上取得永佃权"也被削改为"应肯定佃户的租期"。土改方案明明指出"不得将土地转租"，而现在决议却只规定"转租限于五年以内"。至于佃户买进耕地的权利，决议中根本未曾提到。

当时国大党内部在土地政策上已发生争论，既有倾向于进行改革的，也有要维护地主利益的。全国委员会1951年1月阿麦达巴德的决议中就说"全国委员会抱着遗憾而注意到某种倾向正在发展，而这种倾向势必要削弱并部分地分裂这个全国性的伟大组织"。决议更进一步而警告，"国大党内形成特种集团，无论是

---

[1]　《经济政策和纲领的决议》，第43页。
[2]　同上，第41—42页。
[3]　同上，第55—56页。

出于多数人或少数人，总不是一个好现象，这势必会造成敌对的派系而破坏团结"①。

国大党 1951 年 10 月德里大会，1953 年 1 月海得拉巴大会和 1954 年 1 月卡尔雅尼大会曾历次核准印度联邦政府计划委员会所制订的"第一个五年计划（1951—1956）"。这个计划中关于土地政策的措施显然是对地主们的妥协。保障永佃权和佃户权利的规定就类似 1950 年经济计划会议的决议，而不及 1949 年的土改方案。

第一个五年计划提到公平地租，保证租期以及佃户得买进土地等，并规定"凡在收获 1/4 或 1/5 以上的租额须具有超额理由的说明"。又规定"凡在地主不得收回自耕的土地上耕种的或在地主可以收回而五年尚未收回自耕的土地上耕种的佃户都有权买进耕地。地价须以租价为基数，得分期缴付"②。事实上这是反映了借口提倡自耕而企图发展经营地主的政策。

印度各邦关于租佃的法规，是按照第一个五年计划的原则，由各邦政府自行制订的。因而内容各有不同，可分别为四类。（一）北方邦和德里邦等不许地主收回耕地，只许佃户变为自耕农。（二）孟买邦和拉贾斯坦邦等准许地主收回耕地但不得超过法定最高限额，同时授权佃户保留最低限额的耕地。（三）阿萨姆邦和西孟加拉邦也准许地主收回在法定最高限额内耕地，但不保证佃户保留耕地。（四）马德拉斯邦和买索尔邦等法规则授权地主驱逐佃户以收回其所有的耕地。应注意的是，对佃户已取得的永佃权各邦法规没有具体予以保障，以致永佃农同普通佃农一

---

① 《经济政策和纲领的决议》，第 70—71 页。

② 印度政府计划委员会：《土地改革各组联席讨论会报告》，新德里，1958 年，第 6—7 页。

样横遭地主的驱逐。

德里邦 1953 年土改法以相等于田赋 4—40 倍的地价授给地主作为偿金，分期在 10 年内付清，而以取诸新自耕农的租税充作此项偿金，法令并规定耕地不得出租，只允许无劳动力的农户或因残废而不能耕种的业主出租耕地，租期不得少于五年。可是，德里邦以及北方邦等土地法规有一个主要漏洞，那就是经营地主也被认为自耕者而自耕者准许雇用帮工（当地称萨杰达利）。这样，地主就不难强迫自己的佃户，特别是最贫穷的分成制下的佃户，向政府登记作为帮工，而自己却成为自营自耕者，亦即新地主（当地称布米达尔）。在所谓土改时期地主曾普遍地利用业主同佃户分取田间收获的分成制，北方邦分成制面积自 1950—1954 年的四年间竟增加约 90%，全国同期内增加约 50%[①]。这是反映了曾有大批新地主出现，也表现着永佃制的没落。

孟买邦规定地主收回耕地时，佃户得保留所耕的一半土地[②]。但事实如何呢？即便在过去受到法律保护的永佃农也无法保留耕地，往往大批被地主驱逐。因此孟买邦 1948 年有永佃农 170 万户而到了 1951 年就减至 136 万户，三年间减少 20%，同期内他们所耕的土地面积也减少 18%。在海得拉巴邦的永佃农也遭遇同样命运。该邦佃户 77% 被地主所驱逐。故自 1951—1955 年的四年间永佃农由 211436 户减至 90279 户，减少 57%，同期内他们所耕的土地面积竟减少 59%[③]。永佃农尚且被驱逐，普通佃户更不用说了。印度所谓土改期内驱佃的风气大盛，国大党工作委员会 1954 年 5 月的声明也不得不"认为各邦有必要采

---

　　① 爱·皮·巴塔尼阿利：《第三个五年计划与土地改革》，见《新世纪周刊》，新德里，1960 年 8 月 14 日，第 12 页。

　　② 《土地改革各组联席讨论会报告》，第 23 页。

　　③ 同上，第 36、38 页。

取停止驱佃的切实可行办法"[1]。但既然准许地主收回耕地，就给予他驱逐佃户的好机会。既然可以驱逐佃户，又使地主有提高租额的好机会，因而减租法令也变为行不通的空文。

各邦规定地主收回耕地的最高限额，大多数以终年得到灌溉的水浇地为标准面积。1英亩的水浇地等于一年仅有一季灌溉的1英亩半，也等于旱地2英亩或4英亩。在印度通常假设一家农民能耕种4英亩水浇地。但孟买邦曾规定收回耕地最高限额为12英亩标准面积，拉贾斯坦为30英亩，奥里萨为33英亩，北方邦为40英亩，而阿萨姆多至50英亩，还有几邦规定地主家中每个成年人可以收回土地的最高限额。例如西孟加拉邦准许每人收回25标准英亩，而马德拉斯、比哈尔和旁遮普都准许30标准英亩。

最高限额尽管有详细的规定，地主还是作弊，法令往往因而失效。1955年出席政府计划委员会土地改革各组联席讨论会的委员们也说，"有些地方地主事先将土地出卖或分给家人，使他所有耕地大为减少，然后再驱逐佃户以收回更多土地"[2]。事实是地主收回土地的面积愈大，则受到压迫的佃户更多。"旧时租额尽管为法律所不允许，实际仍然有效"。委员们自己不得不承认："一般说来，租佃关系的规定是失败的。"[3] 在1948—1954年所谓土改期间，海得拉巴邦多数区域内，租额不但没有降低，反而增加19%[4]。

在分成制下耕种的大批佃户，如奥里萨邦的阿地亚，又如比哈尔和西孟加拉的巴迦达，未曾被法律承认为佃户。他们一方面

[1]　《经济政策和纲领的决议》，第87页。
[2]　《土地改革各组联席讨论会报告》，第37页。
[3]　同上，第39页。
[4]　爱·姆·寇斯路：《海得拉巴土地改革和废止茄勾达尔制的经济和社会的影响》，海德拉巴，1958年，第103—104页。

没有资格买进土地，不能获得法律的保障，另方面反遭地主们的进一步压迫。土改法规是对这种佃户最不利的。以工业化为重点的印度第二个五年计划（1956—1961 年）尽管继续要求各邦政府调整租额和改革租佃制度，甚至参加讨论这个计划的委员还提议要把租额减至收获的 1/6，即近 17％[①]。最近公布的第三个五年计划（1961—1966 年）草案尽管说要各邦继续施行已经成立的法案，并尽早完成第二个五年计划中未完成的部分。这都是一些"酌奇而失其真、玩华而坠其实"的废话罢了。现在马德拉斯邦的租额规定为收获的 40％，安得拉邦为 50％，都比国家计划中所建议的高得多。

就是法定租额，在某些邦内还没有提出成为议案。法案成立的邦内，又往往无法切实执行，这不但是因为法律条文中漏洞很多，使地主们不难舞弊，也因为佃户不懂得这些复杂的条文，不知如何去同地主斗争。计划委员会土改各组人员在实地调查后曾说"法律颁布以后，从未帮助佃户去了解这些条文。即使佃户了解他们应得的权利，他们因为要靠兼商人和高利贷者的地主借债度日，又因自居于低级种姓的地位而不敢同地主们对抗，故无从取得他们应得的权利"[②]。

印度村庄中种姓制度还是对抗社会改革的一个力量。地主和乡政府官吏属于一些高级的种姓，而佃户和其他农民则属于各低级的种姓。因此法官和税吏看不起农民而不予协助。此外，有些邦内的村庄没有可以证明佃户地位的档案，即使有档案的地方，佃户的姓名也未曾登记。遇到发生讼事的时候，贫穷的佃户又无足够的旅费去遥远的法庭出席。保障租期或减轻租额的法案，因

---

① 《土地改革各组联席讨论会报告》，第 64 页。
② 同上，第 38 页。

此往往被各种事实所否定而无从生效。

二 废除中间人制度

18世纪后半期英国东印度公司用武力侵占印度后，即以田赋的方式急剧进行榨取。在公司统治的时期就把原来替当地封建君主征收田赋的包税商变成类似英国拥有土地的绅士，而把实际从事耕种的印度农民作为他们的佃户。因此这些被称为柴明达尔的变相地主和原来的名为茄勾达尔的贵族地主，都各占几千、几万、甚至10万英亩以上的土地。很自然地，他们把土地分租和转租出去，甚至转租给10层以上的佃户。这样，地租是层层增加了，但柴明达尔所缴纳的田赋一直是一个不变的定额，有些地方每20或30年才有所增加。国大党的土改方案要废除这些旧时代的大地主，认为他们是国家和农民间的中间人。中间人所占土地约为全国耕地的43%。

1947年印度独立的时候，旧时代的大地主还保留着大片土地者是绝少数，而因为历代分家析产或破家荡产早变成中小地主者占绝大多数。北方邦的情况就是一个显著的例子。邦内有柴明达尔1898000户，其中拥有25英亩以上的土地者仅占2%，拥有10—25英亩者不过是5%，而占10英亩以下的土地者竟达93%，柴明达尔原有留作自耕或自己经营的土地，这就是可以承继而永远占用、但不能转让的苏尔地，和可以承继、可以永远占用并且也可以转让出去的古特卡希地。这两种未出租的耕地在北方邦有165万英亩，为32000户柴明达尔所占有①。换言之，柴

---

① 姆·昌德：《北方邦实施租佃法的情况》，见《印度农业经济季刊》，孟买，1957年第2期，第115页。

明达尔保有自耕或自营的土地者不到 2%，而每户保有的苏尔或古特卡希平均是 51 英亩。国大党的政策无非要柴明达尔和茹勾达尔等地主扩大他们的自耕或自营的土地，同时把出租的土地在得到补偿的条件下交给政府。名义上是取消中间人制度，实质是要奖励经营地主。

在印度独立以前，国大党计划委员会 1940 年 6 月底所决定的土改方案中就说："必须废除像柴明达尔之类的中间人，必要时可给以相应的补偿金。"但独立后，1949 年 11 月所成立的印度共和国宪法又从两方面保障了地主的权利。宪法第三编"基本权利"包括平等权和财产权。第二章第 14 条说："在印度领土内，国家不得拒绝给予任何人法律上之平等，或法律上之平等保护。"第七章第 31 条又说，"任何财产，无论为动产或不动产，不得为公共目的，根据任何准许占有或取得之法律而占有或取得之，除非该法律对于此项占有与取得之财产规定补偿或确定其补偿之数量，或列举决定与给予补偿之原则与方法"。

在柴明达尔较少的各邦首先通过了取消中间人的法案。马德拉斯、孟买和海得拉巴 1949 年和 1950 年就成立废除中间人的法规。比哈尔、北方邦、中央邦和阿萨姆，中间人地主最多的地方，到 1951 年才有这样法规。随后奥里萨、拉贾斯坦、旁遮普等邦于 1952 年，贝白苏、文得雅和蒲巴尔等于 1953 年通过了同样法规。德里、买索尔和西孟加拉邦直到 1954—1955 年也通过了。但法案尽管成立，柴明达尔地主往往根据宪法所给予的权利对法律条文多方争辩而拒不接受。因此从法案成立至实施，还拖延了几年的时间。比哈尔就是最显著的例子。

取消中间人的提案，1946 年早出现于比哈尔议会，屡经辩论而未通过。1950 年法规的草案公布以后，柴明达尔地主又向邦内高等法院起诉而获得法院的支持。次年邦议会根据 1951 年

5月印度宪法的修改，才通过了土改法案。柴明达尔经向印度大理院起诉而遭失败。1952年土改法快要实行时，柴明达尔再一次上诉于大理院，虽再遭一次失败而仍以不交出田赋养册为抗拒。过了两年，他们竟又第三次向大理院起诉而遭第三次失败[①]。比哈尔的土改法，从提案时起经过九年之久才于1955年开始实行。

拉贾斯坦的土改法案虽于1952年通过也是久未实行。1959年邦议会又将其大加修改，经由印度联邦政府总统批准。但现在实际取消中间人的地方还只限于古塔、阿尔瓦、巴拉特坡几个地区。甘加纳加是邦内最肥沃的地区。1959年12月这里的柴明达尔，在自由党人和部分的国大党人支持下，向支配补偿金的当地税务官吏申请暂停执行土改法。邦政府竟允如所请而声明将于1960年1月15日在该区开始收买土地[②]。甘加纳加的柴明达尔便趁此机会上诉于拉贾斯坦最高法院，根本否认土改法的法律根据。从这种情况看来，就难怪废除中间人的法案虽已闹了十余年而他们现在还掌握全国耕地面积的8%左右。

按常理来讲，土改法案既准许柴明达尔、茄勾达尔和其他类似的中间人保留他们自耕自营的土地，又准许他们收回出租地作为自耕自营的农场，他们尽可无补偿地放弃其余的土地了。但根据印度宪法则对地产的补偿是必要的。事实上，这笔土地补偿金和土改行政费，全部出于原来在柴明达尔下的佃户，柴明达尔向政府交出自耕地以外的土地时，原有的佃户须承担过去所出的田赋，并转向政府缴纳旧时租额的半数。因此政府的税收大为增

---

① 爱处·西·古普塔：《不发达国家经济计划的问题和程序》，阿拉哈巴特，1958年，第184—185页。

② 爱处·开·费雅斯：《地主们抗拒土改法》，见《新世纪》周刊，1960年1月17日。

加。佃户如要买进他所耕的土地则须向政府备价购取，一次或分期付清。政府往往以这一笔收入的 8/10 作为给予柴明达尔等的补偿金，而以其余的 2/10 拨为废除中间人的行政费。

从柴明达尔征收土地时，邦政府所付补偿金各有不同的标准，但大都为依据当地柴明达尔原出赋额和其一年中从该地所得的纯收入。依据纯收入而订定补偿金者最为复杂。例如在比哈尔，柴明达尔从土地的纯收入 500 卢比以下者其补偿金等于纯收入的 20 倍。但纯收入 10 万卢比以上者则其补偿金等于纯收入的三倍。北方邦更将赋额同纯收入放在一起作为一个混合的标准。在这里柴明达尔在该地的纯收入中纳税 25 卢比以下者可得补偿金等于此项纯收入的 28 倍。纯收入中纳税 1 万卢比以上者，可得补偿金等于纯收入的 8 倍[①]。补偿金的支付或以一次付清、或分期付出的现款，或以 10 年—40 年兑现的票据，或部分为现款而部分为票据。

据政府计划委员会估计，必须付给中间人的补偿金将超过43 亿卢比，其中比哈尔为 16 亿卢比而北方邦为 15 亿卢比，这两邦要占总数的 71％，如加上利息则补偿金的本利将达 62.7 亿卢比，但值得注意的是，直到 1960 年初为止，政府已支出的补偿金本利，无论现款或票据，还没有超过 9 亿卢比，即14.35％[②]。从补偿金支付得这样少，也可以看到政府征收的土地远不如预期的那样多。

政府向中间人征收的土地一般为原来的村有地、林地、荒地和小部分耕地，而中间人仍能保留的是大部分甚至全部耕地、鱼

---

① 《土地改革各组联席讨论会报告》，第 18—19 页。

② 皮·贾特尔吉：《印度的农业佣工，农业和土改》，见《调查杂志》，1960 年 4 月第 3 期，第 101 页。

塘、牧场和建筑基地。被征收的土地愈少即反映能保留的土地愈多。中间人有什么秘诀能保留大量的土地呢？这是由于土改法案在名义上要求中间人变为自耕农，实际却使他们继续能把土地出租。

各邦政府以"自耕自有"的准则规定了中间人应否继续占有的土地面积。凡非"自耕"的土地都由政府备价收买后或出租，或出卖或经营。但所谓"自耕"都准许雇用帮工。孟买邦、买索尔和中央邦等规定帮工须受业主家中的人监督。拉贾斯坦则规定帮工得由业主的经济或代理人监督。贝白苏邦就未规定任何人去监督帮工。原有的佃户往往被迫而登记为帮工，事实上仍为分成制下的佃户，这样一来出租地在名义上就成为自耕地而新地主也被称为自耕农了。

当现任联邦政府内政部长的潘特在北方邦担任首席部长的时期，该邦通过的"废除柴明达尔法案"规定"自耕者"的标准是：（1）在农耕中参加全部或部分体力劳动的；（2）供给"资本"和信贷，包括流动资金的；（3）参加农场经营或管理工作的；（4）担负农场收支不敷的责任的。符合上列四项中任何一个标准的就算是"自耕者"。法案既准许"经营"的人找长工或短工去代耕。同时并未规定最低限度的体力劳动。不耕的人也就被认为"自耕者"了。

分成制的租佃关系也被利用而造成假自耕农，假自耕农就是新地主。这是因为在分成制下耕种的大批佃户，如同上面已提到的，没有被法律认为是佃农；他们既非"佃农"就成为"帮工"了。土改法案都准许中间人保留帮工的，于是中间人驱逐永佃农和普通佃户而找用帮工。帮工即分成制下实际耕种的农民。佃农被驱逐或被迫而改称"帮工"，分成制面积扩大而同时贫农和农业佣工不断增加，中间人名义被取消而转变为新地主，可说已成为三位一体。现在支给农业佣工所需的大米已占全国大米产量的 1/5[①]。这就反映着分成制的盛行和新地主的众多。

在法律上伪装成自耕者的中间人和向政府买进耕地的佃户都被称为新地主。新地主在各邦具有它当地的名称：例如德里和北方邦的"布米达尔"，比哈尔的"巴卡哈佛列华尔"，马德拉斯邦的"马地维度"，孟买邦的"马地华尔"，安德拉邦的"美达鲁冯特伐罗"。但由佃户而变为新地主者为数很少而中间人变为新地主者则很多[②]。据北方邦政府的报告，通过土改法规而转化为新地主的柴明达尔竟达 98.2%，在拉贾斯坦邦有沟渠灌溉的肥沃地区，72% 的耕地都已变为茄勾达尔的所谓自耕地[③]。

法国著名的农业经济专家雷纳·杜蒙教授曾在印度当了经济计划的顾问四个月，回返欧洲时发表一篇以《印度农业失败》为题的文章。他说"大地主成功地保存了他们的大部分土地，而由于大地主的威胁，佃农已经放弃了他们所得的土地"[④]。这里所说大地主就是过去的中间人。印度独立的初年中间人的佃户很多已取得继承的永佃权，有的还取得土地转让权，但自从中间人收回所谓自耕地以后，佃户或被驱逐，或被迫而降为分成制下的耕作者。过去受法律保障而现在失掉耕地的佃农，在安德拉邦 1951—1955 四年间就达 34% 以上；在孟买邦 1948—1952 年四年

---

① 坦尼尔·汤纳：《印度土地制度》，莫斯科，1959 年俄文译本，苏联东方学研究所序言，第 6 页。

② 古普塔：《不发达国家经济计划的问题和程序》，第 191 页，又见《经济政策和纲领的决议》，第 92 页。

③ 费雅斯：《拉贾斯坦的土改》，见《新世纪》周刊，1959 年 3 月 1 日。

④ 杜蒙：《印度农业失败》，见《新政治家》周刊，伦敦，1959 年 12 月 9 日，第 871 页。

间也多至 40%①。

过去在国大党同英国统治者进行斗争的时期，柴明达尔和茄勾达尔等封建地主一向站在英帝国主义方面，同被印度人民称为敌人的走狗②。但印度独立后他们参加了联邦政权，并且控制了各地邦政府。因此在所谓土地改革中名义上虽然为自己废除中间人的称号，实际却获得很多便宜。他们在改变名称以后，大多数还是继续出租耕地，提高租额，扩大他们的商业、高利贷活动，少数人就成为经营地主并兼办工厂。与其说废除中间人制度是为农民造福，毋宁说是有利于地主。

三　规定土地最高限额

在印度土改呼声中，规定土地占有最高限额往往同废除中间人的口号并提的。但规定土地限额的创议不是出于国大党，也不出于第二次世界大战结束以前。全印农民协会 1945 年 9 月在孟买召开的中央理事会最早提出这个问题。次年 11 月全印农协中央理事会加尔各答开会时，才有具体决议，规定以 25 英亩为土地占有最高限额。国大党 1945 年 12 月 19 日所宣布的选举纲领也提到要"制订土地占有的最高限额，超额土地应交农村合作社处理"③。随后，国大党 1947 年 11 月所发表的经济纲领，1948年 12 月齐浦尔大会的决议和 1949 年以库马拉巴为首的国大党土

---

①　爱·姆·苦司罗：《海德拉巴废除茄勾达尔和土地改革的经济和社会后果》，海德拉巴，1958 年，第 42 页；但德卡兰德和苦但普尔：《孟买租佃法的实施情况》，浦那，1957 年，第 39 页。

②　《东方经济学家》周刊，新德里，1958 年 1 月 3 日，第 59 页。

③　《经济政策和纲领的决议》，第 25—26 页。

改委员会报告无不赞同土地限额的政策①。自从国大党在齐浦尔大会上议决要实行这个政策，到现在已有 12 年了。结果如何呢？

　　土地限额的政策一开始就遭国大党内部人士的反对。当时以潘特为首席部长的北方邦，也就是国大党势力最强大的一邦，拒绝通过这样的政策。反对的理由：一则说是因为财政拮据，无法拨用关于这项土改的行政费；二则说是土地如有限额，将导致粮产下降。印度的粮食存储由 1946—1952 年一直是不够的，有些地区已接近饥荒的边缘，年年要花巨款输入粮食。大地主们和他们的代言人就借此为反对土地限额的理由。果然在印度第一个五年计划草案中，以重视生产为理由，对已经占有的土地不加限额，仅规定今后可能占有土地的限额。后来因国大党于 1951—1952 年冬季大选中部分地遭遇失败，需要挽回人心，故最后通过的第一个五年计划又建议要规定已经占有土地的限额，原要规定一个家庭能耕种的三倍面积为最高限额，但最后仍让各邦自己去决定什么是一家或一个法人能耕种的面积。

　　国大党主席 1954 年 5 月写给各邦国大党委员会的信中，提到“要逐步地限制土地占有额，因各地区情况有差别故限额一时难于确定。我们也应时刻不忘不能使生产减少”②。同时国大党全国委员会工作委员会声明说：“对土地占有最高限额问题，工作委员会曾有长时间的讨论。限额的高低虽将按照各邦情况而决定，工作委员会再一次声明全国应实施土地限额的政策”。尽管如此，当印度政府计划委员会土地改革各组 1955 年举行联席讨论会时，对此问题还不免一场争论。

---

　　①　可注意的是当时日本已执行这个政策。1946 年日本土改时曾以 7.15 英亩为限额，北海道因地广人稀最高额为 30 英亩。日本还有出租地的限额 2.5 英亩，北海道则为 10 英亩。

　　②　《经济政策和纲领的决议》，第 86—87 页。

在这联席讨论会上，赞成规定土地限额的印度史名教授拉达·库默特·莫克杰说，"印度有数百万农民在一至三英亩的、不经济的小农场上从事耕作，因此制订 30—50 英亩为占有最高限额就成为目前必要的措施。只有把地主和佃户的限额以上土地分配给农民耕种，使不经济的农场变为足够大的农场，才能增进印度的农业生产"①。站在对立面的，曾任旁遮普邦农业局长的拉尔·辛格就认为小农没有经营农场的经验，也无农业资本，故他不赞成分配耕地给他们。他还说，"只是坐收租税而对农业无贡献的柴明达尔式大地主现在已经废除了，租佃关系也有明确的规定了，如果还要制订 30 英亩为土地占有最高限额而分配剩余的土地给许多小农去耕种，那就在农业上会犯很大的错误"②。

资产阶级自然不会放弃剥削，他们制订的法案往往巧妙地一句进，一句出，或用一个法案对付另外一个法案，把原来法案的内容加以修改了。邦议会所提出或已通过的法案，少数的规定了每户占有土地最高限额，多数则规定了平均每人土地最高限额。西孟加拉虽以 25 英亩为限额，但这是指一家的每个成员而言。如果是 8 口之家，就可保留 200 英亩。同样地，在比哈尔、安德拉、买索尔和孟买等邦，一家竟可保留 200 英亩以上，甚至多到 500 英亩③。旁遮普邦虽规定 30 英亩灌溉地为限额，另外又通过了一个农业奖励法案，使土地限额无形中提高。按照这个法案，政府采用各项记分的办法去推进农场的经营和管理。例如农场水利和土壤保存方面可各得 31 分，作物保护和农场布置可各得 47 分，选种和耕作方法可各得 60 分，施肥可得 94 分，收获成绩可

① 《土地改革各组联席讨论会报告》，第 142 页。

② 同上书，第 138—139 页。

③ 白万尼·森：《土地占有的限额》，见《新世纪》月刊，新德里，1960 年 4 月，第 6—7 页。

多至 500 分。总分数超过 600 分的农场可以多保留等于限额一半的土地，即共保留 45 英亩。很多地主就这样保留了他们全部土地而逃避了政府的征购。

确定和调查土地占有的面积也不是简单的工作。国大党全国委员会工作委员会于 1953 年 7 月决议，要各邦政府从速进行这样的调查，并规定土地占有限额。可是，当时联邦政府的一位部长对这个办法似乎没有多大信心。他不止一次地公开主张要保护富农的利益，并认为如果土地有限额则其他财产和收入也应当有限额①。农业部和政府计划委员会合制的、于 1954 年 1 月分发给各邦政府的调查表格，基本上只是要登记一下所谓自营地面积、钱租地和物租地面积。这种表格是要各乡政府的会计（拍脱华利斯）去填写的。实际这些拍脱华利斯是同农村中地主和财主一鼻孔出气的。通过他们怎样会进行正确的调查呢？直到现在，除海德拉巴政府曾经一度用它自己制订的表格在某些地区进行过土地调查外，印度还没有可以用来正确决定限额的土地统计。

印度第二个五年计划（1956—1961）规定了土地限额的几个例外。凡经营得好的农场，企业公司所有的土地如果园、蔗田、牧场、牛奶坊或种植园，以及合作社经营的农场都不在限额以内②。上述在旁遮普可得总分数 600 分以上的就算是经营得好的农场了。事实上地主决不肯坐待损失，早已抢先一步走在限额法规的前面。他们或将大片土地化整为零，分给自己家庭的成员，或开办农产加工的公司，将全部耕地归公司经理。马德拉斯邦的地主多数把土地分给自己的亲属，少数人则创立糖厂，将几百英亩稻田改种甘蔗。海德拉巴政府土改委员会 1954 年的报告也叙

---

① 《印度教徒报》，马德拉斯，1953 年 9 月 30 日和 1955 年 6 月 5 日。
② 《土地改革各组联席讨论会报告》，第 105 页。

述了这种现象。在安德拉邦的卡马姆县，原来估计有92000英亩限额以上所谓剩余的土地，准备分给无地的农民。后来，这个数字缩减为72000英亩，过了几个月再缩减为52000英亩。邦政府税务部长拉奥说，据1957年底估计，该县剩余土地恐不到1万英亩[1]。据联邦政府计划部长南达的报告，西孟加拉邦原估计有60万英亩可以作为剩余的土地，但实际转到政府手里的仅有67000英亩[2]。

尼赫鲁总理是了解这种情况的。他在1954年有一次向国大党议员们说："我们清除了柴明达尔和茄勾达尔等大地主，他们已不存在。现今我们要和中号地主打交道。你想要规定土地限额，这些人就马上把土地分给他们的家属，每人可以获得足够经营的农场，你就拿不到什么土地去分给无地的人们。"[3]当这位总理在1960年8月11日举行记者招待会时，新闻记者问他说："你对土改法的完成曾否规定期限？因为据说到了完成的时候就不会有剩余土地可以分配了。"尼赫鲁回答："大概是这样吧。显然在你谈到限额的时候，土地就开始被分散了。"他又加上一句，"在印度实际并没有太多的田地"[4]。他似乎忘却了印度没有田地的人实在是太多。

但在国大党1959年1月那格浦尔大会上，尼赫鲁坚决地要求通过土地限额的决议。当时在大会内外反对的声势不小。不仅是联邦议会中至少有108位国大党议员代表地主的利益而企图拖延土地限额，反对这决议的还有北方邦税务部长查万·辛格，前

---

① 《印度教徒报》，马德拉斯，1958年1月1日。

② 贾特尔吉，见《调查杂志》，1959年第2期，第77页；又见国大党全国委员会：《经济评论》，新德里，1958年8月。

③ 《经济评论》，1954年5月1日。

④ 印度新闻处1960年8月11日电。

任印度总督国大党元老拉贾戈帕拉查理，前任全印工商联合会主席巴布邦·秦纳，前任买索尔邦首席部长哈努曼塔耶等重要人物①。哈努曼塔耶曾将尼赫鲁所追求的"社会主义"政策譬作莫卧儿皇帝阿克巴在 1579 年试创的宗教。这个宗教名"定伊拉希"，它的教义是从印度教、基督教和伊斯兰教各方面综合起来的。哈努曼塔耶用讥笑的口气说，"但当阿克巴逝世的那一天，这个新的宗教就结束了"②。那格浦尔大会对土改方案进行了长时间的辩论，在 16 个修正案被撤回或被否决后，才用举手方法通过了"土地的组织模型"决议。虽还有 8 人或 10 人举手反对，德巴主席仍宣称是全体一致通过的③。那么，为何一定要通过这决议呢？

基本原因是出于印度在工业化过程中解决农业问题的迫切需要，人民大众对土地改革的迫切要求。印度失业问题和缺粮问题日趋严重，如果国大党在土改方面再不拿出一个方案，它的威信就会更进一步下降。1958 年内北方邦、比哈尔、马德拉斯和西孟加拉等邦都闹过粮荒，西孟加拉一邦就缺少 75 万吨大米。粮食危机已使很多绝望的农民不得不卖儿鬻女以维持生活。很多地方农民游行示威，要求解决农业问题。位于西孟加拉中心的克里斯邦加市 1958 年 5 月就有近两千抱着孩子的妇女参加游行。所喊口号是"给我们饭吃，否则滚下台去"。那格浦尔大会开幕前两天，首都德里有 3000 人游行，要求政府以贱价出售粮食。这种缺粮情况也使印度在实施第二个五年计划时和平衡财政收支上遭遇到严重困难。那格浦尔决议因此就起了一时安慰人心的

① 《印度斯坦时报》，新德里，1959 年 2 月 16 日和 10 月 16 日。
② 《新世纪》周刊，1958 年 8 月 15 日。
③ 《纽约时报》，纽约版，1959 年 1 月 10 日。

作用。

自从国大党那格浦尔大会通过了"土地的组织模型"决议，到现在已近两年，各邦执行土地限额的政策是怎样情况呢？最近两年内，除查谟和克什米尔早就执行了土地限额的政策而且在执行的过程中并未大批驱逐佃户以外，其余各邦或修改了旧的法案，或不久前通过新的法案，或正在讨论提案，还没有实施那格浦尔的决议[1]。值得注意的是，最近通过的法案显然违反了这决议的精神。例如，中央邦对土地限额竟规定了16种例外，一家之内每人准许保留若干土地。这样，拥有1000英亩的大地主也不会超过最高限额的规定，而邦内100万户无地的农民就分不到一寸土地[2]。

最近拉贾斯坦邦修改了1958年的法案，把土地限额提高到400英亩，把地主组织的所谓合作社也作为例外，并准许地主们在法令开始实行以前转让、隐匿或分散他们的土地。结果就没有多少土地可满足全邦200万无地和少地农民的要求[3]。安德拉邦修改1954年法案时，把土地限额提高了3—4倍，所准许的很多例外包括所谓经营得好的农场。有一位名拉贾查拉帕利的大地主把他所有的2000英亩土地租给他自己所办的糖厂，就安然回避了限额[4]。1959年6月奥里萨邦的新提案竟保留过去土邦领袖的地产而要创造新的"中间人"，并把所谓自耕地划出限额以外，

---

[1]　《新世纪》周刊，1960年5月22日所载高普兰在全印农民协会第十七次年会上报告。

[2]　见中央邦农民协会书记伍班特雅耶的报告，《新世纪》周刊，1960年5月1日。

[3]　拉贾斯坦印共邦委书记维雅斯的报告，见《新世纪》周刊，1960年1月3日。

[4]　普拉沙德·拉奥：《评安德拉邦土改法》，见《新世纪》周刊，1960年7月10日。

"自耕地"的大小也未有限制。最奇怪的是，凡有任何建筑或农事设备的土地，尽管没有什么种植，也算是一个农场，而地主可以拥有几个农场。又限额以外的剩余土地将由地主直接分给农民或佃户去耕种[①]。

印度政府的计划委员会于1960年8月召开了两天的联组讨论会，根据"耕地调整"、"土地限额"、"无地佣工"及"租佃法"四组的提案初步商讨了土地占有最高限额、地价补偿和安插无地农民三个问题。四组联席会议决定提出关于土地限额的几个要点，即要规定土地最高限额为一家能耕种的三倍面积，要规定一家的意义是五口之家，以一家而不以一人为业主；要规定自土地限额法公布之日起不准有任何地权的转移[②]。呜呼，这是闭着眼睛说空话。各邦地主们拥有若大势力，如何肯听从计委会的决议？他们早就隐匿了、出让了或分散了他们的土地以便回避限额，决议岂非等于放马后炮吗？

四　推广农业生产合作社

回忆1936年年底，离印度独立还有10年半光景，国大党在法兹浦尔大会上所通过的有关农村问题纲领就包括提倡创办农业生产合作社一项。后来再过22年，那格浦尔大会的决议又要求三年之内尽可能在全国70万村庄中建立这样的合作社。目前印度农业生产合作社的情况是怎样呢？

据印度储备银行的调查统计，全国各种合作社总数，截至

---

① 巴得那以克：《奥里萨的土地改革》，见《新世纪》月刊，新德里，1960年7月。

② 《印度斯坦时报》周刊，新德里，1960年8月7日。

1958 年 6 月底，约达 258000 个，社员总数约为 2100 万户即 1 亿左右的人口[1]。但半数以上都是有名无实的组织，大部分是信贷合作社，实际还是资金贫乏而管理很差的借贷协会[2]。印度储备银行的全印农村信贷调查报告提到合作社时，就有这样一个结论。农村中较大的地主往往兼做商人或高利贷者，村长也多半出于这个阶级。地方上低级官吏、收税员和合作社管理者来到村里，在生活和行动上都须依靠他们。政府人员和农村间权威分子如此密切关系，对忠实地执行合作社政策就有很大妨碍。一切应办的事，尤其是同村中权威势力的利益相抵触的，往往由合作社向上虚报而实际始终未曾执行[3]。从这个调查报告，我们不难推想，只要地主阶级不铲除，任何合作社都很难办得成功。合作社即便存在，也会被地主和他们的朋友所控制。合作社因此就不能不变质。

农业生产合作社只是印度 10 多万个合作社的一小部分。政府计划委员会合作耕种小组 1960 年 2 月 16 日所发表的报告中提供了下列统计数字：1958 年全国共有 1440 个农业生产合作社，其中 1098 个即 76％是在进行工作的，其余的可推想是名存实亡了。社员总数虽达 39075 人，但确实下田工作的不过是 24637 人，即 63％罢了。合作社共拥有 30 万英亩的土地，但在 1957—1958 年度中只有 7/10 的土地播种了。农业生产合作社 6/10 以上是分布于旁遮普、孟买和北方邦三邦；旁遮普有 541 社，占 37％；孟买有 223 社，占 15％；北方邦有 161 社，占 11％，其

---

① 印度储备银行：《印度合作运动 1957—58 年统计》，孟买，1959 年。

② 大林：《有关印度合作运动某些方面的报告》，孟买，1957 年，第 21 页；南纳伐蒂：《研究中笔记》，见《印度农业经济季刊》，孟买，1958 年第 2 期，第 57 页。

③ 印度储备银行：《全印农村信贷调查报告》，孟买，1954 年，第 2 卷，第 277—278 页。

他各邦则社数更少,例如德里 13 社,曼尼普尔 8 社,马德拉斯
4 社,喜马偕尔仅 1 社[①]。最近两年来农业生产合作社并没有增
加。

印度实际上有三种性质不同的农业生产合作社。第一种是各
自经营的佃农耕种社。社员曾以社的名义向政府租进土地。所租
进的土地按地段分配给佃农去各自耕种,甚至各自销售其农产。
耕种社只经管和调整土地并分配借款,而耕种者又是耕种社的佃
户。马德拉斯和安德拉在 1942 年就有这种组织。中央邦在 1949
年和孟买邦在 1950 年也有这样的佃农耕种社出现。这并非真正
的合作社。第二种是统一经营的联合耕种社。社员将自有土地加
入社中,如耕种社不解散则无权收回。也有将自有土地在一定期
限内租给耕种社的。有许多社员是地主,他们虽然入了社仍以雇
农代耕。因此这也不是真正的合作社。中央邦在 1958 年就有这
样的联合耕种社。喀拉拉、西孟加拉和孟买等邦 1950 年也同样
有了。第三种是统一经营的集体耕种社。社员曾向政府领到土
地,或曾向政府买进土地。农场是统一经营,社员对土地无私有
权。这种合作社,它最初是在孟买邦于 1948 年出现的。后来,
买索尔和奥里萨也有了这样的合作社[②]。

孟买大学农业经济学教授阿姆·皮·德赛在印度农业经济学会
第 18 次年会上作报告时,列举佃农占优势的合作社和农村劳动
者所组织的合作社种种失败情形。并说自耕农占多数的合作社,
因耕地过于分散和细碎,不易从事集体耕种而徒拥合作社的虚
名。他竟断言,"最近十年来以坚决要建立自耕农制为土改政策,

---

① 印度新闻处新德里 1960 年 2 月 17 日电。

② 《土地改革各组联席讨论会报告》,第 210—226 页。

势将阻碍农业合作社的发展"①。可是，我们知道，印度土改并未打开"耕者有其田"的局面。在地主占优势的村庄里，合作社是很难发展的。这位教授看错了问题，以为合作社的障碍是自耕农而不是地主。实际上今天反对土改的，主要是为大资产阶级所支持的地主。反对合作社制度但利用合作社名义回避土地限额的也是他们。

政府计划委员会土改各组1955年举行联席讨论会时，一位委员曾这样说过："现在有些人家拥有较多耕地，有些人家拥有较少土地，还有些人家一寸土地也没有。农村中地权如此分歧，以致合作社的收入不易分配而合作事业遭遇不少困难，因而无法扩大农业生产。"② 除这种经济的困难以外，合作社当然也有无可避免的社会困难，即农民在各种种姓组织之下不易毫无顾忌地互相往来而发展合作制度。这就难怪1957年比哈尔邦农业经济专家西·皮·沙斯特利在他的北方邦调查报告中说："总之，如果要问合作组织是否导致农业生产率的增进，答案是否定的。但为要正确地了解这个论断的意义，必须声明我们好像是对不存在的事实加以一个判断。更明确地说，我们所调查的农场名义虽属合作社，却缺乏合作社农场应有的东西，就是合作的精神。"③ 事实已普遍地证明，封建生产关系没有改变以前，印度农民是不可能在合作社里同地主和富农合作的。

五　国大党政策的本质

农业生产合作社在印度已经办了10年以上，总数也不过

---

① 《印度农业经济季刊》，孟买，1958年第1期，第67、72页。
② 《土地改革各组联席讨论会报告》，第43、47页。
③ 《印度农业经济季刊》，1958年第1期，第160页。

1000 余，而且基本上是伪装而非真正的合作社。印度农民依然
处于无地或少地的状态。据估计，无地和少地农民在印度还占农
村人口总数的 3/4，看下列一表便不难明白。

1955 年印度耕地的分配情况[①]（%）

等　　级	所占村户	所占耕地
无地者	22	—
占 3 英亩以下的	18	6
3—5 英亩的	35	11
5—10 英亩的	12.5	16.5
10—25 英亩的	8.5	32.5
25—40 英亩的	3	14
40 英亩以上的	1	20

上表最后一项包括拥有 100 英亩以上的大地主 10 万户左右，其
中几千户更是各有 250 英亩以上的大地主。在这种地主占绝对优
势的局面下，根本就谈不到什么合作化运动了。要想很快地促进
农业生产和增加国民收入也是没有希望的。

　　封建土地所有制的铲除是土地改革的中心问题。印度国大党
秉政十多年来并未使农民获得多少耕地。现在柴明达尔仍然保留
他们的一部分土地，分了一部分土地给新的地主，只是将其余一
部分交给政府。印度土改无非是统治阶级内部重新分配土地，对
于农民来讲则是一个未兑现的、也可以说是欺骗性的谎言。

　　旁遮普大学伐希学院经济系主任古普塔对国大党的改良主义
政策曾表示过这样的意见："我们土地改革的许多措施，表面看
来好像很凶猛，实际并不如此。这些措施也证实了农民的地位并

---

　　① 　根据印度联邦政府财政部 1954 年下半年所作 704 村的全国抽样调查和其他
地区的局部调查，可参阅印度财政部，全国抽样调查第 8 次，1958 年德里出版，有
马哈拉诺比斯所作序言。

未因此而有任何改进。……土地改革并没有做到它所应当做的事，因而就让农村原有情况拖延下去。……国大党政府也许以为更有效的土地改革会引起共产主义的嫌疑，它丝毫未曾认识到农村广大群众的福利全靠这一个改革。"[①] 这种意见不是没有根据的，而且还应该说，这是代表印度一般民众的看法。

（原载《新建设》，1962 年 7 月号）

[①] 爱处·西·古普塔：《不发达国家经济计划的问题和程序》，阿拉哈巴特，1958年，第 192 页。

历 史 学

好心的对外政策*

　　伟大的美国人率先无私地尽力帮助地球上最不被理解、受歪曲最多的民族，为近百年来的历史做出了极大的贡献。一般说来，美国愿意公平地对待中国，给我们的人民留下了一个非常有利的印象。在因其现状而引人注目的中国人身上有一种值得称赞的品质，那就是，中国人不会忘记别人对自己的好处，美国的帮助现在及未来许多年中都会受到我们的感激。

　　我们怀疑日本人，尊重英国人，而喜欢美国人。但是，或许正是由于我们的喜欢，我们已经对美国人感到很多的失望。美国与中华民国之间的外交关系显示出不容误解的善意，但是，它也表现出某些看来不够明智、缺乏远见的方面。推迟承认中华民国政府、在为重建中国提供财政援助方面犹豫不决、《蓝辛—石井协定》和威尔逊总统对山东问题的态度都只能使我们失望——令人不解的强烈的失望。由于美国的东方政策肯定会成为这个国家基本历史的一个组成部分，所以应该弄清真相，并适时进行补救行为。

---

* 本文是陈翰笙 1919 年在美国波莫纳大学毕业时的学士论文。

1913 年初，C.C. 王博士，一位当年中国出席国际商会会议的代表，说道："在过去 7 个月中，中国以令人震惊的速度和冒险，抢先演出了她伟大的（革命）戏剧。她跑完了历史上已知最艰难的马拉松。在上气不接下气地跑到终点后，她紧张而自信地期待世界给她以每个这样的运动员都应该获得的承认。她首先向美国伸出了她的手，因为她愿意让她最好的朋友首先给予她这一应得的奖励。"鉴于使中华民国得以成立的革命的特点，她一开始就应该得到迅速的承认。这一革命以最小的流血换取了最大的自由。与其说它是一次革命，不如说是一次进化。它最有力的因素是和平的而不是战争的。这些因素是对外贸易、现代发明的引进、在外国大学中受过教育的中国学者和致力于在中国建立共和政府的学者的影响等造成的结果。比较一下西方世界争取自由的那些划时代的战争——法国大革命、英国捍卫议会权力的战争或美国七年独立战争——中国的革命几乎是不流血的。

此外，满族统治者并不是被非法推下御座的，他们自己放弃了皇位，用他们最后的行动使民国合法化。既然中国下台的政府本身已承认了新政府，其他国家有什么理由推迟这一承认呢？

在承认与否上不仅有原则问题，也有一些策略和利益方面的问题。美国的迅速承认本来会加强中国政府的力量；本来会增加中国政府的威望，从而加速秩序的完全恢复；本来会为商业企业的安全提供保证；最重要的是，本来会阻止那些心存觊觎的国家的干涉，后者一直在等待时机分割中国的领土。北京大学前校长 W.A.P. 马丁博士就是为此而想到了适时承认太平天国政府的重要性。1912 年，中美两国很多国际法专家和学者迫切要求美国立刻承认这一新的共和国，美国的中国社团最初就是为了促进承认的目标而成立的。

为答复美国公众的意见，国务卿布赖恩于 1913 年 4 月 3 日宣布，美国政府打算在 4 月 8 日承认中国。然而由于这位国务卿基本上是在国内从事政治活动，对于在对外政策方面采取独立行动显得过于胆怯。为了清除由美国脱离六强银行团造成的任何痛苦，他建议在承认新的共和国方面采取一个共同行动。尔后来自一些强国的反对，使美国将承认中国推迟到了 5 月 2 日。巴西，南美洲最大的共和国，在此前 3 个星期承认了中国。

　　可曾有美国对外政策专家怀疑过，如果海约翰 1912 年在国务院里，中华民国会在 4 月 8 日以前长时间得不到承认吗？如果这样一项政策在满清王朝退位之后立即实行，中国本来可以避免 1913 年春天威胁着她的大部分危险。大部分美国人从一开始就一直对中国争取自由的斗争满怀真挚的同情，但由于伦巴第人街或华尔街的意见或者说是命令，承认确确实实被推迟了。在美国正式承认 8 天以后，我们在《展望》上看到了如下的批评性的社论："中国在任何情况下都需要我们的帮助，但她特别需要这一帮助是由于其他强国看来无意于承认她的新政府。……如果我们能够与其他强国一致行动来为中国的将来作计划——我们愿意认为这是无私的——那么也很好。但是，如果英国、俄国或日本自私自利地退缩了这不能成为我们改变态度的理由。无论一个人多么希望中国能有更好的环境，政府能够更为稳定持久，都必须承认，中国已经充分显示出她具有建立一个立宪政府的能力，在君主制统治下，这是应该受到称赞的，而在共和制统治下就更值得称赞。"

　　建立如《展望》的编辑所说的这样一个"值得称赞"的政府，意味着开创一场新的改革运动，这一运动要深入到中国社会经济生活的本质。然而，巧妇难为无米之炊，没有钱不可能重建一个国家的全部社会、政治和工业生活。美国向密西西比河的发展是由欧洲资本提供资金的，日本过渡为一个现代工业国家得到了英国银行家的帮助。为了自己的重建和发展，中华民国也必须要求外国金融家的帮助。美国本来能够在一开始就对中国的需求做出坚定的回应，因为美国已经发动了一场以"金元外交"而著称的运动。

尽管"金元外交"并不限于中国，但这一政策最重要的还在于中国。它是美国国家发展的一个合理的表现形式，美国出口贸易持续增长，国外市场对制造业者来说正在一年比一年更为必要。这一新政策致力于确保美国资本分享中国资源开发的机会。因而，在中国革命尚在进行时，国务卿诺克斯1913年发出一个照会，建议对中国采取不干涉政策。他的"金元外交"在1910年使他实现了南满铁路中立化的意图。这一有远见的政策来源于对中国日益增加的经济兴趣。"为在新中国的发展中成为经济领袖而进行的斗争很可能是本世纪历史的一个推动力。美国企业和美国商人的组织能力，加上美国工程师和工人的技术能力，应该赢得这场斗争。"

1909年春天，国务院迫切要求采取行动使美国资本参与湖广铁路贷款协议，美国为此组成了一个财团，其成员有 J.P. 摩尔根公司、库恩·洛比公司、第一国家银行和国家城市银行。这一财团对中国贷款事宜极感兴趣，正是在执行塔夫脱和诺克斯政策时，就在中华民国建立之后，美国财团与英国、法国和德国银行团出于向中国提供财政援助的目的，签订了一个协议。

出于政治原因，日本和俄国银行团尽管以前没有贷出过款项，在1912年2月被接受加入债务重组的会谈。与其他人相比，尊敬的威拉德·斯特雷特一直保持着乐观的态度，认为六强贷款是"海约翰的'门户开放'政策在财政上的体现"，是保存中国完整性的一个担保，而不是毁灭它的工具。但哈佛历史学家阿尔伯特·B. 哈特在他的论文《为中国成立的新神圣同盟》中说：

"当前这一神圣同盟是个商业组织，本质上是个欧洲人和美国人从中国挣钱的运动。作为一个赢利企业，六强的财政计划超出了我们国家利益的合理范围。"

把原则上的争论暂时搁置不论，事实真相是，中国当时极为需要外国贷款，需要一笔由六强共同提供的贷款。由于极端不合理的条款，中国于 1912 年 6 月 22 日拒绝了这笔贷款，希望列强会重新考虑它们。这一犹豫"可能造成拒绝承认中华民国，以便能够对其施加压力"。当然，如果美国是无私和聪明的，她本可以利用她的斡旋来影响其他强国；即使做不到，她难道不能立即退出六强吗？威尔逊总统和他的国务卿的所作所为比让中国失望更甚。这位总统不但没有单独承认中华民国，并在可能的情况下由美国单独提供一笔贷款，而且莫名其妙地忽略了远东的危急局势；甚至当他已经明白美国银行家应该从六强银行团中撤出时，他也没有在其他强国得到满意之前先行正式承认中国。中国人会记住，在五强银行团贷款条约签字，或者说是中国被迫签字之后6 天，E.T. 威廉宣布了美国对袁世凯政府的承认。

美国从六强贷款中撤出，引起了各种不同的评论。很多欧洲报纸认为美国的逃跑就像奥立佛从贼窝中跑出来一样。H. 罗森塔尔先生说："尽管很明显美国在中国的商业中没有占有对他们合适的应有的份额，对于其他强国用既不人道又不文明的手段建立'势力范围'的行为，美国还是不可能加入也不可能对抗。"H. 罗森塔尔先生在这里所表述的看法，我以为，可能是美国公众普遍的意见。但是，如果美国不能与其他强国一起在中国建立金融统治，她也决不会允许任何一个大国建立自己的"势力范围"。日本 1916 年试图使美国相信她可以用美国资本来建设中国，但美国资本家对日本人的思维过程没有太大的信心。涩泽男爵对美国的访问没能实现其目标。

　　随着世界大战的结束，国际银行团的重建看来势在必然。美国人现在要自己行事了。他们知道中国迫切需要协同一致的财政援助，而他们现在正处于给中国以财政帮助最好的位置上。美国、英国、法国和日本的银行家们一直在为这种局势而努力；据说在 J.P. 摩尔根公司的托马斯·W. 拉蒙特参与之下，已经达成了一项与和平会议有关的理解。芝加哥对于安排美国几年以前的贷款的兴趣并没有丧失其活力。约翰·J. 阿博特，大陆商业信托储蓄银行的副董事长，目前正在北京为美国银行家组团参与这笔 1 亿美元贷款的情况进行调查。

　　这里，"国家"看来是在批评美国政府的前后矛盾。"1913 年它（政府）从规划好的中国贷款团中退出，是由于，用总统自己的话说，贷款条款'极为接近于触犯中国的行政独立'。而现在的贷款显然是在用来保证让不情愿的中国人在一个包含了不公正的山东条款的和平条约上签字，还有国际联盟，其联合军事力量可以作为协约国在中国和其他任何地方的财经安排的后盾。在这种安排之下的'中国的行政独立'可能还不如一个影子。"

　　我不打算评论这种批评是否公正。但中国必须前进；为加速发展步伐，外国资本是极为需要的。中国政府宁愿从一个列强的联合体手中获得贷款，而不愿从像日本这样的单个强国手中获得，如果能够保证贷款来自一个真正的名副其实的国际联盟，那就更好。如果未来的贷款存在任何与 1913 年的行动不一致的地方，那么它与 1913 年后的"金元外交"却可能完全一致。

　　中国人不得不同意托马斯·F. 米勒德先生 4 月 5 日所说："在中国问题上，一个不包括美国在内的国际财团，或没有得到美国赞同与合作的计划，是不能让中国人接受的。"米勒德说，他知道"大部分中国人现在正充满希望地期待着美国在和会上为中国的利益进行友好斡旋；如果我们（美国）的政府没有负起这一责任，它将失去中国人的信任和尊敬，并在未来的很多年中降低它对于远东事务的影响。"令人吃惊的是，他的预言很快就显示出了其正确性，因为在著名的山东问题上，威尔逊总统的诚意不仅受到中国也受到全世界严重的怀疑。即使总统确是真诚的，而且一直坚持实行一种善意的外交政策，也无法说他对远东局势有透彻的了解。他可能以为日本会尊重中国的独立和领土完整。著名的《蓝辛—石井协定》肯定也落入了同一范畴。

1914 年 11 月 16 日，德国人放弃了青岛市，德国在远东的陆军和海军部队被清除。日本此时有了一个机会审视受到战争影响的世界局势，以及东方与它的关系。到那年年底，显然战争不会很快结束：国家的结盟正在发生重大变化；看来日本面前出现了一个满足其形形色色的领土野心和经济野心的不均等的机会。如后来的事实所证明的，这些野心和目标是：继承德国在山东的地位和利益；巩固日俄战争中赢得的满洲领土并把蒙古的一部分加在一起；取得对中国钢铁生产的部分控制；不允许对中国任何海港或沿海岛屿订立租约，以保证日本的军事安全；如果可能的话，与中国建立紧密的经济、军事和政治联系，直到使中国，带着她所有丰富的资源，成为日本的属国！这五个目标都在 1915 年 1 月 18 日提交中国的"二十一条"中表述出来。

除去极少的目光短浅的记者外，大部分作者都强烈主张美国外交已经到了该对美国的姿态做出公平合理的说明的时候了。但是，由于美国除了发出一个照会外什么都没做，中国被迫把某些具体的特权和利益转让给日本。日本在山东和满洲的地位完全推翻了原有的势力平衡，强烈地预示出，在日俄战争之后的年代里出现的投机、恐惧、竞争和随之而来的发展等等，完全可能在欧洲战争结束之后卷土重来。这种状况引起了关于日本对中国的最终意图的各种各样的猜疑，看来有必要作出某种正式的评论以澄清真相。

在二十一条提出时，如前所述，美国是惟一反对对中国的权益有任何侵犯的国家。在试图推翻民国恢复满清王朝的骚乱时期，还是美国对中国提出了明确的劝告。在 1917 年 8 月 14 日之后的一个月，中华民国追随美国采取的步骤。正式对德奥帝国宣战。美中两国间形成的最紧密的联系，看来对日本的远大前程生死攸关，在这样一个计划中，任何障碍都会受到忧虑的眼光的关注。一位资深的日本记者足立金之助说过："在日美关系中，中国——而不是加利福尼亚——一度是个火药桶。"因此，日本极为需要美国做出保证，使它目前与中国的关系得以继续下去。此外，俄国退出协约国造成的损失，加强了美日之间实现目的和手段的明确统一的需求。看来有理由相信，美国受到了一定的压力，要求它承认日本对中国的野心。在石井子爵和蓝辛国务卿在华盛顿进行了一系列会谈之后，于 11 月 2 日签订的协议，使美国明显的以牺牲中国和它自己的利益为代价而屈从于日本。该协议中有两项重要条款：美国承认日本在华的"特殊利益"；美日双方重申他们自己遵守"门户开放"原则和中国的领土完整。

这两个条款自相矛盾。"特殊利益"意味着商业特权或政治特权，这些特权直接与"门户开放"相抵触。英日之间 1905 年关于朝鲜问题的条约中存在着同样的矛盾。该条约签订三个月后，日本就对朝鲜行使了保护国的权力；五年以后朝鲜正式被吞并。《蓝辛—石井协定》引起了历史是否会重演的巨大忧虑，特别是中国方面更是如此。"特殊利益"这一术语相当含混，对日本来说它可以代表一切。在这种含糊其词中存在着今后对其歪曲解释的可能性。

协议中提出了"领土的邻近产生国与国之间的特殊关系"，因而日本有资格提出"特殊利益"的名目。我们知道美国和加拿大之间也存在领土的邻近；前者要求建立互惠的特别关系；但当加拿大不愿意建立这样的关系时，并不存在用武力强迫建立的问题。看来领土的邻近并不是违背相关民族的意愿获得特权的充足理由。进一步说，如果领土的邻近被其他强国普遍承认为建立特殊关系的理由，那么"菲律宾与中国领土的邻近和日本及其附属岛屿与中国领土的邻近只在程度上略有差异，没有本质上的不同。如果后者的领土邻近是特殊利益的基础，前者的领土邻近又会成为什么呢"？

或许这里最大的问题在于中国没有参加这些会谈。美国，尽管对中国满怀善意，却严重地忽视了中国的主权。中国一知道这一有争议的协定，就向美日两国政府发出了一个正式的声明以避免误解，该声明明确了一个观念，即，中国对特殊利益的承认，只限于在中国是签约一方的那些有生效能力的条约和协议中所规定的。

关于日本保证不允许对中国领土完整或独立有任何侵犯，"中国通讯社"，如1917年10月6日的《密勒氏评论报》所引述的，说："石井男爵声称，日本'准备抵御任何入侵以保卫中国的独立。'"这真是好事。世界上仅有一个国家对中国有威胁，如果日本愿意保卫中国抵抗那个国家的入侵，中国就得救了。如果日本，坦率地说，会保卫中国抵抗日本的入侵，那就再好不过了。

《蓝辛—石井协定》在阻止日本对中国的侵略方面没有一点实效。正如卡尔·克朗在其发表于《日出》上的文章中所说，"我们完成了中国墙"，"这样一来可以看到，当我们在欧洲为小国的权利而战斗，为使世界民主体系安全而战斗时，我们却为了太平洋现时的安全，抛弃了捍卫中国的权利的政策，撤除了使这个世界上人口最多的共和国不受侵略的最后一道防线"。

对于美国对中国的善意来说，《蓝辛—石井协定》的精神几乎无法说是正当的。这一协定已经并继续令中国人极为失望和沮丧。很多美国人也感到了这同样的失望。但人们很容易会被引导产生一种并不真实的乐观情绪。中国尽力忘掉这种失望，怀着对协约国用作正义和世界持久和平的基础的崇高原则的无上信念参加了和会。啊！在山东问题上她再度感受了惨痛的失望。如同米勒德先生3个月以前所指出的，中国对一个新时代的曙光的信念被粗暴地打碎了。

无论是用公认的国际法的原则来检验——这次战争的目的就是为了维护这些原则的神圣性——还是用和会上公开宣布的14条指导原则来检验，胶州和德国在山东的利益都应该无条件归还中国，然而，在日本退出"国联"的威胁下，三巨头会议，包括怀有一切善意的总统本人，提出了一个解决山东问题的建议，把以前由德国拥有的一切权利转移给日本；日本则承诺把山东半岛的主权完整归还中国，同时保持在青岛建立租界的权力，并保有以前德国所享有的经济特权。这些特权指288英里长的胶济铁路，铁路两侧的矿山和两条待建的铁路，这两条铁路将把山东和从北京到长江流域的两条大干线连接起来。

因而，最后的结果是，在山东的一个外国势力被另一个取代。这有什么不同？确实，日本以其名誉担保，承诺把山东半岛归还给中国。在最近几年中，日本许下了许多诺言，以名誉担保答应做许多事情，全世界都应该知道这意味着什么。我不得不佩服日本人的机敏，他们用"承诺归还"这样一个简单的句子，至于在什么时候，怎样归还，则留给世界去猜测——是无条件还是有另一个二十一条。

确实，中国没有派出士兵到欧洲国土上参战，但她至少派出了1750名劳工上战场，他们冒着战争的危险，为减轻协约国的军事负担尽了自己的一份力量。而日本士兵在哪儿呢？难道让全世界寄予如此大的希望的和平会议，就只是一个瓜分战利品的会议吗？即使假定事实如此，当较强的盟国获取利益时，并非牺牲共同的敌人，而是以牺牲较弱的盟国的利益为代价，这样的分配能说是公正的吗？全世界一直被要求相信，这次战争是一次伟大的为道义的斗争，同盟国奸诈残忍，没有任何意义上的公正；但是，当一群朋友中的一个成员得到许可割断另一个成员的咽喉时，我无法想象还会有比这更坏的东西。

　　用中国出席和会的代表之一顾维钧的话说，"由于三巨头会议对山东问题采取的行动，中国人民不仅大吃一惊，而且受到了很深的伤害"。2月份在伯尔尼任命的国际社会党委员会，于今年5月16日谴责山东问题的"解决"是对征服者权力的公开承认。威尔逊总统的14条很奇妙，但这14条却是如此奇妙地被迅速忘掉。这位像他本人一再宣称的那样，代表真正伟大的美国人民的伟大的总统，在山东问题上没有尽力保持坚定的立场。这件事和其他一些事使民主党和共和党，他的朋友和敌人，都对他的真诚产生了怀疑。

　　威尔逊总统对日本的态度可能仍然像他在《蓝辛—石井协定》中所相信的一样，认为日本将真正维护"门户开放"政策。他在山东问题上的误解看来是出于他对日本在远东贪得无厌的野心的忽视。他的行为就好像他从来没有听说过住在卢特利亚酒店的中国代表团的王正廷先生。他与英法一起搞了一个解决山东问题的草案，就好像他有意识地忽略众多美国资深记者的看法。1916年，乔治·B.李先生写了一篇很有分量的论文，标题是"结束门户开放"。同年7月，乔治·哈维先生写了一篇社论，"关闭中国的门户"。B.W.弗莱舍先生在他1919年4月17日论"日本广告商"的社论中说："上议院在不止一个方面成为日本国家机器中最重要的因素，那些在《时事》（一家日本报纸）上发表看法的贵族议员们对种族歧视引起的不安不屑一顾，把注意力集中到了远东事务上。'种族问题'他们说，'与中国问题相比是不重要的'……这些议员们显然把日本的特殊地位看作独一无二的……事实上，这些议员们在他们的需求表中似乎忘了一件事——门户开放。"王正廷博士4月4日在巴黎对《纽约先驱报》的一位记者说，"过去，在一个军事国家的剥削和控制下，世界无法充分看清中国和她的巨大的自然财富和力量。这个国家过去25年的历史提供了明确的证据，证明他们关闭了打开的门户，抓住了所有的机会和特权，仅仅是为了他们自己国民的利益……在他们势力范围内的每一扇开放的门户上，他们都对所有其他国家贴了一个通告：'退出'"。

现在，如果山东被割让给日本，东方大普鲁士主义将受到鼓励，世界和平将被破坏还会有什么疑问吗？怀疑论者可能还会要求西方必须与东方合作。看来很难相信文明会使所有国家成为一个大家庭。但是，5年以前难道不是很容易就可以看到美国本来可以在欧洲战争中放手行事吗？战争用了3年时间显示出这场战争是两种原则之间的战争——独裁和民主。在看到一个大普鲁士主义的行为和另一个大普鲁士主义的扩展之后，我希望我们用不着重复同一个过程。由于缺乏道德勇气阻止在欧洲的非正义的作法，美国被迫以数百万的生命为代价参加战争以纠正错误。美国会从美国付出了如此高昂代价的这场战争中吸取教训吗？我们是否要信奉那句格言"一盎司的预防胜于一镑的治疗"，亦或我们已经准备好再打一场战争？我们仍然能够看到许许多多母亲眼中的泪水，许许多多情人手臂上的金星（美军阵亡后，军方颁发金星徽章——译注）。还有成千上万的家庭无家可归，数以百万计的人民饥寒交迫。

　　创造未来是世界强国的责任，如果要保证民主世界的安全，未来的幸福将主要取决于一个民主的中国。如果全世界所有人口排成一列，每 4 个人里就有一个是中国人，大部分美国人在听说这一点时，都可能会大吃一惊。中国领土面积超过了整个欧洲大陆。仅仅是煤这一种产品，中国的产量就占了亚洲的 5/6。中国丰富的资源的开发和建设将给全人类带来好处。它们能够帮助那些饱受蹂躏的地方，那些受战争破坏的地方复苏。这就是使中国成为一个独立的民主国家的强有力的理由；这就是阻止东方大普鲁士主义，即侵略成性的军国主义日本的威胁的强有力的理由。

　　重新考虑山东问题的解决还有一个充分的可能性；美国必须毫不犹豫地拒绝日本的征服权。犹豫不决总会引起麻烦。我们希望诸如推迟承认中华民国这样的迟缓软弱的政策将不再重现。软弱和摇摆会损害国家的声誉。如果美国政府不打算让《蓝辛—石井协定》引起任何危险的误解，它应该设法废除这一协定，或者至少对其做出一个限制性的补充。代替退出银行团的消极政策，美国现在看来对中国采取了一种强硬的、积极的、有活力的、有进取心的对外政策。美国不再口头谈论"门户开放"，而是要实行它。她开始尽力使对外政策变得真正明智，而不再仅仅是一种善意的政策。

　　美国人可以宣布，历史使他们有权自认是中国最好的朋友，这并非过分的骄傲。在过去威尔逊执政的几年中，很可能这一友好"勋章"挂"颠倒"了，我们肯定不能把它再正过来吗？

（原载《陈翰笙文集》，商务印书馆 1999 年版

史建云　徐秀丽译）

1912—1913年的伦敦大使会议，暨阿尔巴尼亚的独立：外交研究[*]

导　言

　　巴尔干问题，这个"历史的实验室"，在最近的15年中，一直是长在欧洲背上的一个毒疮。阿尔巴尼亚问题就是那可怕的痈疽的最明显的炎症；巴尔干同盟是它在化脓；而1912年的巴尔干战争则使它溃疡穿孔。欧洲有个江湖医生，即伦敦大使会议，他随身只有膏药和碘酒，根本不能治毒疮；只能加速致命的腐烂过程。从历史的观点看，1914到1918年的世界大战间接的起因于阿尔巴尼亚炎症的变化。

　　庸医就是庸医，外交界的江湖医生有他们的共性。后来，1919年在巴黎召开的四国会议并不比伦敦大使会议更好，两者都是遮遮掩掩的达成妥协，两者实现和平都是违背正义和自由原则的权宜之计。至少，对于历史学家来说，有一点应该是很清楚

---

　　* 陈翰笙美国芝加哥大学硕士论文，1921年。本文的部分注解，因年代久远，已无法查找出完整的名称，故保持原貌。——编者注

的：膏药和碘酒决不可能消炎。除非杀灭所有细菌，炎症不可能消失。外交看起来好像只不过是自大狂的阴谋诡计；但它们有它们的根源，它们代表着人类最广泛的永恒的组成部分。如果政治争端曾经得到过正确的解决，它们的起因、详情细节和结果都应该认真研究。只有江湖医生才会让自己受形式和现象的欺骗。

起　　因

即使是现在（1921 年），阿尔巴尼亚问题也还远未解决；火种在孕育，在爆发成熊熊烈火，但已不再只是解决问题的一个方面，而是诞生了一个新的因素，带来了更复杂的局面。问题的复杂性是由众多综合力量引起的。实际上，1912 到 1913 年伦敦大使会议的原因和结果就有很多不同的方面，有国内的也有国际的，有外在的也有隐藏的。

当然，如果我们知道阿尔巴尼亚是土耳其欧洲领土的一个组成部分，而土耳其欧洲领土又是破坏欧洲外交均衡的政治病的一个软弱的易攻破的环节，我们应该很容易的估测到这一问题的深度。大使会议导致阿尔巴尼亚的建立并不仅仅是一个历史事件，更不能说是个偶然事件。就在 20 世纪初，还曾有一封地址直接写着"阿尔巴尼亚"的信被从纽约的阿尔巴内退回来，信封上盖着"试投欧洲"的戳记。① 但在 1912 年，阿尔巴尼亚炎症开始显现出来；当时流行的观点是，"要想满意的解决阿尔巴尼亚问题，就必须解决土耳其欧洲领土的未来；而为土耳其问题规划的任何解决方案，如果忽视了阿尔巴尼亚就必然会失败"。② 由于

---

① 皮科克：《阿尔巴尼亚》，第 5 页。
② 《当代》第 275 卷，第 810 页。

其国际关系，阿尔巴尼亚忽然之间变得名声显著，而它的国际关系之所以重要是由于阿尔巴尼亚的地理位置。由于距意大利仅有39英里，占据着亚得里亚海的战略要地，阿尔巴尼亚成为塞尔维亚、希腊、奥地利和意大利争夺的筹码。发罗那、都拉斯、卡瓦尼等良港与意大利一侧沙质的、污泥缓慢蠕动的沼泽海岸形成鲜明的对比。发罗那就是亚得里亚海的直布罗陀，如果有一支强大的海军，就能够控制沿岸所有的国家。这就是为什么奥地利不愿意看到塞尔维亚控制阿尔巴尼亚；意大利决不能容忍希腊得到科孚的北部。这也是为什么俄国支持塞尔维亚在阿尔巴尼亚的要求，而法国则支持希腊。①

如果我们研究一下《圣斯特法诺和约》，就能够很容易地看出保加利亚的扩张计划。这一和约把阿尔巴尼亚的重要城市如斯特鲁加、奥赫里德、科尔察和迪布拉置于保加利亚的控制之下；它非常可能为保加利亚打开通往亚得里亚海的道路。塞尔维亚在阿尔巴尼亚的宣传与在马其顿的宣传没有什么不同。通过普克和贾科瓦这样的宗教中心，塞尔维亚的牧师们指导了一场正式的系统的战役，以使阿尔巴尼亚塞尔维亚化。塞尔维亚的学者们毫不迟疑地支持了某种远比感情激动的号召要敏锐得多的理智的宣传。新帕扎尔的桑贾克和严格意义上的旧塞尔维亚从历史范畴上讲完全应该属于1912年的阿尔巴尼亚，然而贝利茨、康德切夫和茨维克等先生却坚持塞尔维亚应该拥有它们。②

正如塞尔维亚进入北部一样，希腊渗透进了南部。希腊的利剑带着宗教和商业这两面锋刃，不仅刺入了伊庇鲁斯，而且刺入

① 利希诺斯基，第6页。
② 国际委员会报告，第158页。

了科孚以北的地方。① 泛希腊主义是对泛德意志主义或泛斯拉夫主义的更激烈的竞争。但它太过于自负了，完全无视阿尔巴尼亚民族的自决权。希腊精神欺骗了自己，认为那些讲着普通希腊语的伊庇鲁斯人就是希腊人，而他们中占压倒多数的一直是弗拉赫人和阿尔巴尼亚人。②

如果说希腊对阿尔巴尼亚的兴趣至少还是从爱奥尼亚的商业立场出发的话，意大利与阿尔巴尼亚的紧密的商业联系则是越过了亚得里亚海。按照 P. 龙兹先生在巴黎《时代》上所说，③ 阿尔巴尼亚在土耳其人统治下时，从这个皮鞋王国进口了 600 万美元的商品，其中大部分是谷物、酒、香料、干果和印花布。每年 40 万美元的毛皮、50 万美元的橄榄油和 50 万美元的木材，大部分输往意大利。意大利想要从可怜的阿尔巴尼亚身上咬下一口肉的渴望，绝不在塞尔维亚、保加利亚和希腊之下。为了她的商业和商人，她对阿尔巴尼亚事务必然有着急切的兴趣。

但国际竞争和国际纠纷并不限于阿尔巴尼亚周围与其直接交界的国家。所有强国对巴尔干半岛——这一通往近东和远东的通道——或多或少都有着经济或战略利益。奥匈帝国不满足于在亚得里亚海顶端的几个二流港口，她希望，强烈地希望，在蓝色的爱琴海边有一座不比萨洛尼卡小的城市。在她力所能及的范围内，桑贾克和旧塞尔维亚，阿尔巴尼亚人的居住区，必须成为她的踏脚石。多年以来，奥地利不断在北阿尔巴尼亚的一些重要中心城市建立领事馆，目的在于安排并保持对于奥匈帝国的宣传。④ 奥匈帝国政府特别对泛斯拉夫或泛塞尔维亚运动感到愤

---

① 国际委员会报告，第 38 页地图。
② 霍格思：《地理杂志》第 41 卷，第 330 页，1913 年 4 月。
③ 引自《文摘》第 47 卷，第 5—18 页，1913 年。
④ 《当代》第 275 卷，第 809 页，1912 年；西顿—沃森，第 21 及以后诸页。

慨，按照他们最好的看法，塞尔维亚永远不应该被允许占据阿尔巴尼亚海岸。

德国，由于加入抢夺殖民地较晚，不得不通过巩固中欧、巴尔干和安纳托利亚地区来寻找一条新的通往东方的道路。在与布加勒斯特和君士坦丁堡保持友好的同时，她与奥匈二元帝国为进行一场泛德意志运动，更重要的是为向土耳其的和平"渗透"，结成了实体和精神的同盟。如果没有法俄同盟或英法俄三国协约，德国本来会修筑巴格达铁路；德国的学者和科学家们本来会遵循这一方针，开发小亚细亚和美索布达米亚的丰富资源；德国在君士坦丁堡的政治影响，会基本上把英国和法国的金融家们排除在由各种各样的特许权带来的巨大利益之外；而我们必须记住，德国的金融家们在世界的其他部分一直受到排挤，如果英俄之间的猜疑继续下去，俄国关于君士坦丁堡的政策就会像以前一样被终止；罗曼诺夫的掠夺欲望可能会采取一种新的形式；俄国可能会发展成为一个名副其实的立宪政体，这一政体将能够比哥萨克和军队更为有效的把乌克兰人、爱沙尼亚人、立陶宛人、芬兰人和波兰人统一起来。然而，所有一切中最有可能的结果，应该是更好的调整经济和清除政治危机。如果三国协约没有形成，同盟本来会消亡；1912 年也根本不会有全面的欧洲大战的危险。

吉尔伯特·默里爵士[①] 似乎认为，只要有一方就能挑起战争，而和平则必须双方努力。但其实这场欧洲大战本来是有可能不发生的，确实是不大可能发生的，如果德国向东方挺进的道路上没有俄国的泛斯拉夫主义的话。正如 1914 年所发生的情况那样，全面的欧洲战争，在很大程度上，是由斯拉夫人的政治抱负

---

① 默里：《E. 格雷爵士的对外政策，1906—1915》。

和德国人的经济野心之间的致命的冲突引起的。[①] 即使是在克里米亚战争时期和《圣斯特法诺和约》中，俄国都没有实现她的君士坦丁堡政策。但自 1870 年保加利亚的东正教区独立以来，俄国再也不能把"东正教信仰"用作她的面具了；从戈特恰可夫亲王时代起，泛斯拉夫主义就被用作了俄国的征服计划。1912 年，在亚得里亚海出口问题的争端中受到了俄国的袒护，她尽力以泛斯拉夫主义的名义支持塞尔维亚。尽管这一争端是个民族、政治和地理争议的混合物。

或许与俄国对塞尔维亚的抱负的支持有同样的强烈和确信，法国对希腊的感情也是异乎寻常的强烈。"法国总是觉得她对希腊欠下了一笔永远无法还清的智力债务，把希腊，这一文学和艺术的母亲，所要求的一切都给予她，远非出于对希腊的温情；这就是法国反对一个强盛的阿尔巴尼亚的最重要的原因。所有其他原因——对于奥地利在近东占优势的恐惧、与俄国目标一致行动的愿望——对法国来说都只是第二位的。"[②] 尽管如此，法国态度的一个更为历史性的理由可以与她在地中海的影响及其海军力量联系起来加以研究。她在海上的对手是意大利，与意大利进行迂回斗争是法国的国策。自从 1878 年的柏林会议以来，法国就一直支持希腊对阿尔巴尼亚南部的要求。[③]

根据当时的国际局势，在法国和俄国的影响之下，阿尔巴尼亚本来有可能被希腊和塞尔维亚瓜分；她也有可能被意大利和德国支持下的奥匈帝国瓜分。为什么当时在伦敦的大使们，看来正在联合和妥协，却没有忽视阿尔巴尼亚的独立？肯定是由于阿尔

---

① 布雷斯福德，第 7 页。
② 奥布里：《亚洲评论》第 6 卷，第 247 页。
③ 达科：第 153 页。

巴尼亚的民族主义。没有民族主义，阿尔巴尼亚的自治在当时的环境下就不会得到支持，也不可能最终得到实现。与马其顿不一样，阿尔巴尼亚的领土不只是一个地理名词。[①]

大使会议必须承认阿尔巴尼亚的独立国地位，这一直是她无可争辩的权利。只有那些对她被瓜分抱有自私自利兴趣的国家才会对此提出疑问。[②] 有些人无法区分民族自决的意义和一个民族此时此地有无自我治理的能力之间的不同，他们可能会对阿尔巴尼亚成为一个独立国家抱有怀疑。但无论其能力如何，都不能影响阿尔巴尼亚民族统一和建立独立的国家机构的不可取消的权力。作为一个历史名词，什奇普塔，如同阿尔巴尼亚人喜爱自我称呼的那样，是巴尔干地区最早的居民的后裔。因为直到公元550年之后，塞尔维亚人才越过了多瑙河；又过了129年以后，保加利亚人才来到半岛。此时阿尔巴尼亚人已经拥有这块土地约10个世纪。[③]

这是一个保持了纯粹性的民族。在十几个世纪中，尽管其居民移民到了希腊、马其顿、意大利和塞尔维亚；尽管曾多次被罗马人、拜占庭人、诺曼底人、保加利亚人、塞尔维亚人、意大利人和土耳其人相继征服，阿尔巴尼亚的人口，与马其顿的人口不同，在整体上是同质的，紧密结合在一起的。长颈窄脸的盖格人住在什库姆毕河以北；爱尔巴桑就坐落在河上。他们讲一种与生活在南方的托斯克人所讲的不同的方言。总的来说，托斯克人是基督教正教徒，而盖格人是天主教徒；因而盖格人通常使用拉丁文为书面语言，托斯克人则使用希腊文。

---

① 格雷，下议院辩论，第55册，第1404页。
② 伍兹：《战争的摇篮》，第154及以后诸页。
③ 皮科克：《阿尔巴尼亚》，第178—179页。

但从 1908 年的莫纳斯提尔会议时起，阿尔巴尼亚的表音法就得到了很好的解决。据霍尔格·彼德森说，这两种方言之间的差异要比大部分其他语言内部的方言差异小得多。[①] 大部分伊庇鲁斯人和下阿尔巴尼亚人，甚至包括维奥萨河以南地方的人，用希腊语经商；用希腊语作祈祷；阅读希腊文的珍本书。但他们用阿尔巴尼亚语谈情说爱、吵架和歌唱；他们用阿尔巴尼亚语向妻子求爱、教育他们的子女、与他们的长辈进行商谈。在土耳其人的偏执的重压下，可怜而又高尚的什奇普塔人尽力成功地使他们的民族特征和民族意识保持完整。一个阿尔巴尼亚人永远是一个阿尔巴尼亚人。无论他是东正教徒还是穆斯林，或者仍然是一个天主教徒，他永远被他的同族人当作一个阿尔巴尼亚人。在半岛上没有一个地方有像阿尔巴尼亚人中存在的这样根深蒂固的民族特性；[②] 如果说他们在很多方面还不够文明的话，那是因为他们作为腐朽的奥斯曼帝国的一个组成部分，生活在那个帝国遥远的角落里一个一直不稳定不安全的地区，因而经历了双重的损害；奥斯曼帝国从来没有强大到足以征服他们。

当时机到来时，这个诞生了皮洛士和亚历山大的民族，诞生了斯坎德培和列克·杜卡吉因的民族；这个在现代历史中为土耳其以至希腊和意大利提供了杰出政治家、航海家和战士的民族；这个以其勇敢、诚实和勤奋而著称的民族，不能容忍《圣斯特法诺和约》的条款是在人们意料之中的。该和约显示出了俄国对于斯拉夫族人的同情的最高音。但它剥夺了阿尔巴尼亚领土的一半，给了其他的巴尔干国家。另一方面，它无可抗拒地引起了阿尔巴尼亚人的爱国主义。从全国各地召集了 300 名代表来到普里

---

① 达科，第 230 页。
② 见《评论季刊》第 228 卷，第 147 页。

兹伦；在沃斯·帕夏和普雷姆克·比布·多德、奥多·贝和阿布杜尔·贝·弗拉舍里的领导下，阿尔巴尼亚民族同盟于 1878 年 6 月 17 日成立。当时正在这个国家旅行的 E.F. 奈特，描写了阿尔巴尼亚的同盟运动，他说："同盟正在发展得十分强大，政府已无法镇压它，即使政府十分渴望这样做。同盟成员们感觉到了他们的力量，发展了他们的纲领。保卫他们家乡的土地不受外国的侵犯现在不是他们惟一的要求，人们就在驻有军队的城镇的市场上大胆的讨论民族自决和摆脱土耳其的束缚。抵抗奥地利在北部和希腊在南部的推进，是同盟公开宣布的两个方针计划。"①

由沃斯·帕夏撰写的同盟的纲领宣布，阿尔巴尼亚国土一寸一分都不能被其他任何外国吞并；斯库台、科索沃、亚尼纳和莫纳斯提尔等省应该组成为一个自治省。英国知道这些要求是正当的，在柏林会议上对此表示了支持。如果戈申勋爵和 E. 菲茨莫里斯勋爵的想法获得成功，后来的许多混乱、流血和苦难都应该可以避免；巴尔干痈疽会在适当的发展阶段受到扼止。但遗憾的是列强无法达成一个协议；于是他们仅仅满足于对土耳其人的各省提出建议，进行某种行政上的改革，这些改革从来没有实行过。柏林会议为保加利亚人建立了一个公国，把波斯尼亚和黑塞哥维那移交给了奥地利，使塞尔维亚和门的内哥罗得到更大的领土，并加强了它们的独立，让罗马尼亚自治；但阿尔巴尼亚一无所得。

阿尔巴尼亚人必须为他们自己建立一个新的国家！这就是他们当时决心要做的事。以 1908 年的"再保证计划"著称的英俄方案，目的是在土耳其实行有效的欧洲人的监督，因而使青年土耳其党比以前任何时候都更为惊慌。土耳其革命党人许下丰厚的

---

① 达科引用，第 57 页（注）。

诺言，邀请阿尔巴尼亚人一起推翻苏丹哈米德。起义在阿尔巴尼
亚开始，当 10 万阿尔巴尼亚人[1] 起来要求一部宪法时，苏丹不
得不屈服。青年土耳其党没有帮助阿尔巴尼亚人；是他们自己帮
助了自己。阿尔巴尼亚人自己举行了 4 次全国性的会议，建立了
66 个全国性的俱乐部、34 所全日制学校和 24 所夜校；组织了 15
个文学团体和 3 家音乐俱乐部；建立了 4 个印刷厂。发行了 11
份报纸。"经过 5 个世纪的斗争之后，人民开始自由的呼吸，并
给予他们自己受教育的幸福。"[2]

　　不幸的是，青年土耳其党背叛了阿尔巴尼亚人，结果也欺骗
了他们自己。冷酷无情而又强大的土耳其化的"团结和进步委员
会"，所作的惟一的事情就是竭尽全力抑制阿尔巴尼亚人的民族
主义。一次起义不可避免的爆发了，起义由爱国领袖伊萨·布列
提尼领导，外国的钱不能收买他，外国的枪炮也永远不能吓倒
他。1911 年春天，青年土耳其党不得不妥协；但当他们逃避问
题时，阿尔巴尼亚人的起义在下一年，巴尔干各民族关键性的一
年，再度爆发。那确实是半岛生死攸关的一年；在年底以前，土
耳其人被赶到了米迪亚—埃布诺斯一线以东，马其顿和阿尔巴尼
亚濒临无政府状态。阿尔巴尼亚革命的胜利和青年土耳其党的垮
台，肯定间接促进了第一次巴尔干战争。另一方面，正是第一次
巴尔干战争使阿尔巴尼亚问题产生了国际纠纷；正是那场战争向
欧洲发出了警报，直接导致了大使会议。

　　巴尔干同盟的形成将对战争的根源和可能性作出结论性的解
释。还应该叙述一下阿尔巴尼亚纠纷的潜在的可能性和巴尔干国
家在阿尔巴尼亚的彼此冲突的野心的背景。早期建立一个同盟的

---

① 达科，第 76 页。
② 达科，第 78 页。

无效尝试，显示出列强几乎没能提供什么帮助，除非同时巴尔干各民族能够帮助自己。1901 年以后，奥匈帝国曾暂时几乎使拟议的同盟成为一个极为模糊的现实。为抵消《圣斯特法诺和约》，她已经在 1881 和 1889 年与塞尔维亚缔结了秘密条约，以保护她自己的亚得里亚海岸线；并驱使塞尔维亚与保加利亚在瓦尔达尔平原和马其顿西部发生冲突。[①] 她与罗马尼亚举行了一次会谈，因而促成了希腊—罗马尼亚恢复友好关系，最终对保加利亚在阿尔巴尼亚的地位造成了威胁。但是，对于巴尔干同盟的未来幸运的是，1903 年，罗马尼亚和希腊在马其顿的宣传发生冲突，引起了外交关系的破裂，结束了友好关系。在同一年，塞尔维亚国王亚历山大一世遇刺。随着卡拉乔尔杰维奇王朝的复位，奥地利在塞尔维亚的影响开始衰落。1908 年奥地利大胆地吞并了波斯尼亚和黑塞哥维那，她同时激怒了俄国。俄国所作的使塞尔维亚和保加利亚结成同盟的努力，使巴尔干人相信她支持一个面向多瑙河而不是博斯普鲁斯海峡的同盟。但尽管有俄国人的帮助，1910 年圣彼得堡的塞尔维亚—保加利亚会谈没有产生任何结果。[②]

单凭感情不可能建成同盟；严格的必然性必须从事实出发。由于阿尔巴尼亚人的起义，并利用土耳其军队衰弱的机会，阿尔巴尼亚和马其顿冷酷无情的"土耳其化"的基督教徒，才有适当的能力把一个巴尔干同盟从理想变为现实，从可贵的信念变为可以预见的曙光。在 1911 年 9 月底，保加利亚首相格绍夫与国王斐迪南在维希度假。在回索非亚的路上，格绍夫在贝尔格莱德车站会见了塞尔维亚首相米洛瓦诺维奇。在两个小时的会谈中奠定

① 《报告》，第 39 页。
② 《报告》，第 42 页。

了同盟的基础；在那个冬天漫长的谈判之后，1912 年 2 月 29 日
到 3 月 13 日缔结了条约。[①] 没有任何理由能说明为什么保加利
亚会与塞尔维亚而不是与希腊结成同盟。希腊早在塞尔维亚之前
很久就提出了结盟的建议，希—保同盟则于 1912 年 5 月 16 至
29 日缔结。[②] 4 月份门的内哥罗与保加利亚签订了一个协议，后
来又与希腊签订了协议。但仅仅是通过保加利亚的中介，塞尔维
亚—门的内哥罗同盟才于 1912 年 9 月缔结。这之前一些年中，
门的内哥罗和塞尔维亚一直由于他们渴望扮演"皮蒙特"的角
色，由于王朝的阴谋，由于尼古拉国王的反动政府而彼此怀
疑。[③]

这时，巴尔干同盟已建成，并即将敲响土耳其在欧洲的统治
的丧钟，但它也危及了阿尔巴尼亚民族主义的生存。由于塞尔维
亚和保加利亚之间的秘密条约将分配战利品；有争议的地区甚至
涉及到了俄国人的仲裁，包括阿尔巴尼亚的迪布拉和斯特鲁加
市。[④] 后来，当"团结和进步委员会"，如我们所知，允许阿尔
巴尼亚人在马其顿和旧塞尔维亚的 4 个省实行自治时，引起了塞
尔维亚的警觉，并提出建议，要把土耳其的欧洲部分在巴尔干国
家间分割，成为 4 个势力范围。[⑤] 作为对结盟的补充，巴尔干同
盟之间缔结了一系列经过绝密筹备的军事协定。

欧洲对这些脓液一无所知，它是由巴尔干的脓肿引起的；欧
洲也不了解阿尔巴尼亚的炎症；欧洲过于无知，没有帮助和促进
以人种和种族原则为基础的自治省的形成。如果"及时"对发炎

---

① 《报告》，第 43 页。
② 《报告》，第 46 页。
③ 《报告》，第 47 页。
④ 《报告》，第 45 页地图。
⑤ 《报告》，第 47 页；切克雷兹，第 60—69 页。

部位动一点儿手术，本来是会有足够的机会治愈炎症的。如果伦敦大使会议在1912年举行，在5月，当土耳其给予阿尔巴尼亚自主权时举行，边界确定的问题本来会更容易解决；两次巴尔干战争肯定能够受到阻止。但欧洲那时在睡觉，欧洲没有"自我感觉"。奥匈帝国没有认真行事，俄国甚至打算使保加利亚离开塞尔维亚，使塞尔维亚离开保加利亚。俄国是斯拉夫大哥；他总是劝说同盟者应该避免任何种类的侵略行为。①

但突然之间，巴尔干同盟，包括俄国的小兄弟们，宣布了对土耳其苏丹的战争。一个月之内，令所有的旁观者大吃一惊，巴尔干同盟的军队越过了土耳其边界，击败了他们的军队，夺取了厄斯库和萨洛尼卡，占领了爱琴海上的许多岛屿，严密封锁了阿德里安堡，只是在要占领君士坦丁堡时才被查塔尔加防线所阻止。进展相当迅速，阿尔巴尼亚永远不可能有希望抵抗她的和平邻居们的征服激情。当1912年12月2日宣布停战时，塞尔维亚占领了桑贾克、旧塞尔维亚、库普鲁、佩尔列佩、莫纳斯提尔、爱尔巴桑、都拉斯和圣胡安。② 在停战期间，希腊的炮艇没有停止炮击发罗那的未设防地区。③ 事实上，在全部阿尔巴尼亚领土中，发罗那和培拉德及这两个城市的郊区，是1913年4月底仅有的未被希腊或塞尔维亚或门的内哥罗士兵占领的地方——当时伦敦会议已经进行了4个月。④

阿尔巴尼亚人知道，塞尔维亚一直在反对一个"大阿尔巴尼亚"⑤，一直在为其通往亚得里亚海岸的出路而斗争，为其与希

---

① 《报告》，第47页。
② 扬，第229页。
③ 《泰晤士报》，1912年12月13日，第987页。
④ 《报告》，第55页地图。
⑤ 《报告》，第47页。

腊相邻的一片领土而斗争。另一方面，他们也不能容忍土耳其人的胜利，因为那只可能意味着他们与自主权"永别"。他们"进退维谷"。在战争刚开始时，他们为发表一个正式的隆重的独立和中立宣言作了必要的准备。民族英雄伊斯梅尔·凯末尔·贝·弗洛雷本人对所有这些详情细节作了很好的描述。[①] 完全可以说，在 1912 年 11 月 28 日，在发罗那成立了一个临时政府。伊斯梅尔·凯末尔·贝，一位阿尔巴尼亚穆斯林，前土耳其议会中代表该省的议员，被选为总统兼外交部长。一个有 18 名成员的参议院由普克的泽内尔·贝主持。[②] 伊萨·普里提那兹，一位反抗土耳其的起义的阿尔巴尼亚领袖，被任命为国民军的司令。马利索拉部族是信仰天主教的阿尔巴尼亚人，他们曾与门的内哥罗人一起与土耳其人作战，现在与穆斯林阿尔巴尼亚人一起加入了国家独立运动。[③] 拜伦勋爵和加里波第是会愿意在这样一场运动中站在阿尔巴尼亚人一边的。

在 1878 年的柏林会议上，俾斯麦告诉阿尔巴尼亚的代表，"阿尔巴尼亚没有独立国地位"。1912 年的问题是，阿尔巴尼亚是否应该像塞尔维亚的解放那样，建立一个没有列强势力的国家；她是否能像希腊那样幸运，得到列强慷慨的帮助；还有，这个新的国家，是否会像罗马尼亚统一的过程那样，在列强的轻蔑之中取得独立地位。事实是，现在，这个巴尔干所有民族中最古老的民族明确地宣布了独立，因而，门的内哥罗、塞尔维亚和希腊的瓜分梦想破灭了。分别支持塞尔维亚和希腊对阿尔巴尼亚领土要求的俄国和法国，也都吃了一惊。奥匈帝国担心塞尔维亚将

---

① 《评论季刊》，第 228 卷，1917 年，第 140 及以后诸页。
② 《泰晤士报》，1912 年 12 月 13 日，第 987 页。
③ 《年鉴》，1912 年，第 356 页。

不去进攻阿尔巴尼亚，而是去占领亚得里亚海岸。H.W. 斯蒂德先生当时担任《泰晤士报》驻维也纳记者，一位奥地利高级官员交给他一份来自总参谋长巴龙·康拉德·冯·赫岑多尔夫的邀请，告诉他说，"解决棘手的南部斯拉夫问题最有把握的方法"是联合进攻塞尔维亚和俄国。当英国人指出奥匈帝国的泛斯拉夫主义态度很可疑，这样一种政策会产生巨大的风险时，这位奥地利贵族简单地评论说，这种冒险在最坏的情况下会导致"光荣的死亡"。① 奥匈帝国和俄国之间的对抗立即尖锐化，两个国家都动员起来。②

一旦俄国加入战争，在巴尔干战胜国的帮助下，她本来有可能轻而易举地击败奥匈帝国。但由于德国从来不会容忍对其盟国的公开攻击，俄国不得不与中欧同盟作战。德国的军事优势一般说来是可怕的；而英法为了他们自己的目的，不能容忍"权力平衡"遭到破坏。欧洲大战本来有可能不是在 1914 年，而是在两年以前的冬天偶然爆发。它没有在 1912 年爆发这一事实，迫使历史学家们考虑阻止了欧洲大战的独特的外交方式的可能性。看来战争得以避免是由于阿尔巴尼亚的国家独立；因为她不可能伤害任何人，仅仅由于她的实际存在，她就能够站在那些想要彼此伤害的人之间。但是列强出席大使会议的原因远比我们大多数人所想象的要微妙隐蔽得多。当然，这些"国际社会主义者"并不希望战争，至少当时不希望。这位《泰晤士报》记者从柏林写道，M. 若雷斯和麦克唐纳先生，与一位奥地利代表一起，将于 1912 年 12 月 16 日发表声明，反对对欧洲各国政府的事务进行

---

① 西顿—沃森，第 24—25 页。
② 《泰晤士报》，1912 年 12 月 29 日，第 941 页。

和平威胁，反对一切干扰巴尔干事务的自私企图。① 无论如何他们的影响没有达到能够改变政府政策的程度。伦敦大使会议的真正原因是出于列强把战争限制于局部并推迟解决亚得里亚海问题的普遍的共同的愿望。他们一致同意用江湖医生的办法治疗阿尔巴尼亚炎症，就像如今外交界的庸医仍在走红一样。

列强参加大使会议的动机常常被曲解，并且总的说来更经常的被模糊的描述而对人产生误导。甚至一位阿尔巴尼亚爱国者也不加限制和保留地宣称："英国支持阿尔巴尼亚的要求的动机是真诚的，意大利的动机是自私的，奥地利和德国的动机则是可耻的。"② 如果客观地研究历史，人们将会看清，在伦敦大使会议开幕时，所有列强已经达成了对于暂时和平的真正的期望。对于这一期望，他们或多或少都是真诚的，没有什么可耻之处。列强只在达成这一临时调解政策的方法和论据方面存在微妙的分歧。研究列强政策的发展和变化将能够解释使这次会议得以召开的那些遥远而又真实的问题。

我们首先从奥匈帝国开始。像任何其他君主国一样，二元君主政体的对外政策完全受王朝的利益和野心控制。那里存在着一种可怕的民族混合，这个坚忍的山地王国是包容了所有欧洲各民族在内的一个沸腾的蓄水池。德意志人占据了西部，捷克人和斯洛伐克人从西北逼近，波兰人和屈特尼安人来自北部和东北。罗马尼亚人住在东南边界。克罗地亚人和斯洛文尼亚人一直向着北方推进。意大利人正在从西南方向前进。在中部是人数众多的匈牙利人与这些民族斗争以求发展。如果现存的二元体系，从而王朝的影响想要为了它自己的原因保存下来，为此而实行的有效的

---

① 《泰晤士报》，1912 年 12 月 15 日，第 906 页。
② 达科，第 120 页（注）。

政策会要求德意志人支配奥地利的斯拉夫人，马扎尔人支配匈牙利的斯拉夫人和其他非马扎尔人。建立在这一基础上的对外政策必然是反斯拉夫和反俄的，即使不是在欧洲，也是在巴尔干半岛。尽管如此，对于奥匈帝国的政治家们来说，明显的是，为了统治帝国内的大部分斯拉夫臣民，必须把帝国置于德意志人的照料之下。当巴尔干大部分民族一个接着一个独立时，局势变得对哈布斯堡王朝不利。对外政策和国内政治是否应该更密切的与各民族的实力在数量上的平衡协调一致？亦或仍然遵循传统方针继续反对斯拉夫人？

任何传统的东西总是在求助于一种王朝精神。哈布斯堡精神很少表现出灵活性。有先例暗示出这一王朝会固守传统。俾斯麦和加富尔知道，哈布斯堡愚蠢的想要支配意大利和德国，而她国内的臣民却在专制主义的支配下，濒临经济崩溃的边缘。1859年法国和山地人结盟的结果是把伦巴第输给了哈布斯堡。如果弗朗西斯·约瑟夫通过那次结盟变聪明了，他就会用适时割让威尼斯的方法，收买意大利人与之结盟。没有意大利人的帮助，奥地利不可能抵抗俄国人在德国的优势。哈布斯堡人在对外事务中一直是侵略性的，但他们从来没有考虑过优先安排好自己家里的秩序。正相反，他们的国内问题时不时地按照王朝对外政策的利益所需来处理。

即使是在1859年粗暴的教训之后，皇帝也没有把君主政体放在国内联邦一体化的基础上，以便消除由二元王朝体系所引起的反复动摇的均衡而促进国家的发展。在制度上进行这样一种新的国内改革，使帝国有一个更好更独立的外交基础，超出了老皇帝的守旧思想。在失去威尼斯之后，他变得更害怕战争。当巴尔干的斯拉夫人在1912年取得对土耳其的胜利时，他肯定对他自己的斯拉夫臣民的蒸蒸日上感到十分恐惧。由于受到国内不安定局势的威胁，他自然而然倾向于尽可能地避免与外国发生冲突。这就是为什么乔治·扬似乎认为弗朗西斯·约瑟夫皇帝有和平主义倾向。[①] 此外，与 1908 年的情况不同，当时对波斯尼亚—黑塞哥维那的吞并是与德国对圣彼得堡的最后通牒同时发生的，而在 1912 年，激进派的强权政治家已不再掌权。

奥地利的"教士—军人党"与犹太人自由党和财阀利益的结合不再控制政府，他们也不能成功地进行战争煽动。当总参谋长巴龙·康拉德·冯·赫岑多尔夫将军在埃伦塔尔及其追随者的压力下辞职时，战争阴谋使他们受到了打击。正如埃伦塔尔 1911 年渴望与意大利的友情那样，他的继任者，1912 年任职的贝希托尔德伯爵，迫切希望与俄国人友好交往，同时仍然坚持三国同盟。[②] 弗朗西斯·约瑟夫皇帝致沙皇的亲笔信反映了这两个宫廷之间的友好情绪，并由戈特弗里德·冯·霍恩洛厄·希林斯弗斯特亲王送往俄国首都。[③] 看来当时作出了一切可能的努力，以使这位斯拉夫兄长忘掉由吞并波斯尼亚—黑塞哥维那而引起的不快。

奥匈帝国自己国土上南部斯拉夫民族的显而易见的危险，或许无可避免的加深了对来自俄国人的威胁的恐惧。考虑到塞尔维亚人 1912 年的胜利，和此前几年中奥地利政治家们以自我为中心的态度，帝国要按照自己的利益解决南部斯拉夫问题几乎是太晚了。1912 年年底，奥地利的很多地方和匈牙利的一些地方给人们的普遍印象是，哈布斯堡的盲目的政策使它达到了毁灭的边缘。十分明显的是，如果帝国的生存受到威胁，危险应该来自于内部而不是外部。为了挽救二元体制使其霸权永恒不朽，奥地利

---

① 扬，第 227 页。
② 《泰晤士报》，1913 年 1 月 3 日，第 22 页。
③ 《泰晤士报》，1913 年 2 月 7 日，第 111 页。

的德意志人和匈牙利的马扎尔人必须摒除他们之间的分歧。匈牙利迫切希望控制克罗地亚—斯洛文尼亚，她通往亚得里亚海的惟一通路，和阜姆，她仅有的港口。匈牙利无论如何都要尽力阻止南部斯拉夫民族妨碍她的海上交通。她没有与他们联合起来去控制帝国内的德意志人，而是粗暴的对待克罗地亚—斯洛文尼亚、波斯尼亚—黑塞哥维那和达尔马提亚。

现在，皇帝看来没有什么特别的方案来满足这样一种植根于种族疑忌的各州政治独立的要求和地方主义。他的态度是消极的，他希望避免战争，拯救王朝。但弗朗西斯·斐迪南大公并非如此。这位大公更多的是一种个人的态度而不是代表哈布斯堡家族。与皇帝的观点相比，他的观点是积极的、新的甚至是激进的。他被怀疑有亲斯拉夫情绪；他的妻子、大公夫人霍泰克不是德裔。据说匈牙利政府不喜欢他，因为他与著名的"实验主义"政策有关。① 实验主义者们建议在哈布斯堡帝国境内建立第三个政权，南部斯拉夫国，以征服达尔马提亚、波斯尼亚和克罗地亚爆发的可怕的亲塞尔维亚运动。自然，这样一个第三国，如果建立的话，会把匈牙利与亚得里亚海隔离开来。

斐迪南大公在军队中最受爱戴，众所周知他支持对塞尔维亚的镇压，因为后者可能会发展得过于强大，不能被局限在哈布斯堡帝国之内。塞尔维亚人正确地把他视为他们的头号敌人。与其他任何一种原因相比，二元王朝的战争鼓动更可能是由于大公。这位奥匈帝国的首相于 11 月 12 日向尼古拉国王提交了外交抗议，并宣称要把卡瓦尼和阿莱西奥保留给一个自治的阿尔巴尼亚。门的内哥罗国王对此给予了明确的否定回答。4 天以后，门的内哥罗人占领了卡瓦尼。又过了两天，他们与一些塞尔维亚军

---

① 拉芬，第 169 页。

队一起，占领了阿莱西奥。[①] 那前后正在贝尔格莱德的奥匈帝国首相访问了布达佩斯，在回程时，他要求会见了塞尔维亚总理。在维也纳，大公主持召开了一次内阁会议，然后斐迪南去了柏林，显然是为了与德国皇帝磋商。[②] 有奇怪的报道说，奥匈帝国驻普里兹伦领事普罗哈茨先生受到了该市塞尔维亚占领区的塞尔维亚人的严重侮辱，后来，普罗哈茨先生本人承认，那纯粹是官方指示下伪造的消息。[③] 但这一传奇激起了公众舆论，据说动员起了 7 个武装军团。[④] 有谣言流传说，"持过激政策的奥地利支持者正在得到柏林的赞助"。[⑤]

如果当时要避免欧洲的全面冲突，列强就必须锻炼他们的敏锐和精明。而最重要的是，结局无疑要受到德国的影响。无论德国支持奥匈帝国的入侵与否，都能够很容易的从德—奥—匈的一般关系和皇帝与大公的特殊关系中看出来。一旦我们理解了德国当时为什么不像后来她在 1914 年那样强有力的支持二元王朝，我们也就会明白，为什么普里兹伦领事普罗哈茨在 1912 年 11 月底被发现平安无事；为什么奥匈帝国和德国不再坚持在解决由战争引起的其他巴尔干争端之前，先解决奥地利和塞尔维亚的分歧。[⑥]

塞尔伯恩伯爵直到 1904 年一直是英国海军大臣，他说过奥匈帝国正在发展成一个真正重要的海上强国。[⑦] 然而，二元王朝没能在对外政策方面独立行动。大公对此确实作了努力。在

---

① 《泰晤士报》，1912 年 11 月 15 日，第 907、923 页。
② 《泰晤士报》，1912 年 11 月 15 日，第 906 页。
③ 西顿—沃森，第 25 页。
④ 达科，第 107 页。
⑤ 《泰晤士报》，1912 年 11 月 29 日，第 942 页。
⑥ 《泰晤士报》，1912 年 11 月 29 日，第 943 页。
⑦ 上议院辩论，第 12 册，第 303 页。

1911 年摩洛哥危机的几个阶段，他坦率的把他本人的立场与德国的立场分别开来，因为，如同人们所相信的，他一直希望能够自由进入法国货币市场。尽管如此，法国政府没有批准奥匈帝国在巴黎市场上的信贷。众所周知，二元王朝在政治上是从属于德国的。[①]尽管根据二元同盟的条款，德国不会帮助奥匈帝国公开地攻击第三者，二元同盟还是达成了一个中欧体系的政治基础，经济上对东部的渴望和极为感情用事的泛德意志主义。此外，二元王朝在外交界所相信的范围内从属于德国。国际关系通常都是我们想要相信的样子。

　　奥匈帝国的外交政策，特别是对巴尔干的政策，长期以来从属于德国的外交政策。在 1914 年，"仅仅是来自柏林的一个暗示，就会使贝希托尔德伯爵决定满足于一次外交上的成功，并接受塞尔维亚的答复。这一暗示没有发出，相反，他们（德国的军国主义者们）有强烈的战争倾向"，[②]战争也确实爆发了。1912 年，在科诺皮什杰，斐迪南大公与威廉二世举行了一次会谈；没有制定积极反对塞尔维亚的政策计划，也没有针对塞尔维亚的实际的战争。[③]很难说清为什么大公死后立刻发生了这样一种政策上的变化，除非由于大公不仅仅受匈牙利人仇恨，也令德国人畏惧。他在情绪上亲斯拉夫，或许在政策上也如此。就像斯拉夫人不喜欢德国人那样，他们也不希望回到德国人的统治下，即使是由一位哈布斯堡—洛林皇帝作其元首。南部斯拉夫人一直在争取以国家的形式成为奥匈帝国的一个联邦。这明显是一种挑衅，但亲斯拉夫的弗朗西斯·斐迪南没有满足德国人的愿望。利希诺斯

---

① 斯蒂德，第 66 页。
② 利希诺斯基，第 35 页。
③ 亚戈，第 139 页。

基说，他是在流星号上知道他的死讯的，他评论说，"陛下（威廉二世）感到遗憾的是他为了战胜他的思想方法所作的努力由此而变得徒劳无功"。①

　　奥匈帝国必须在 11 个小时内放弃它的入侵计划。没有得到德国支持的这样一种方针的明显危险，巴尔干的胜利在南部斯拉夫激起的反匈牙利人的狂热，伴随奥芬贝格退出战时内阁而来的流言蜚语，这一切都起了阻止与塞尔维亚和门的内哥罗发生公开冲突的作用。但是，开战还是不开战，一个目的是要制止塞尔维亚的扩张。一条塞尔维亚通往亚得里亚海的通路被认为对奥匈帝国十分危险。现在，波斯尼亚和达尔马提亚，由斯拉夫人居住的长长的海岸线，已经在奥匈帝国掌握中。留给塞尔维亚的到亚得里亚海的惟一出口要穿过阿尔巴尼亚北部。这就是让阿尔巴尼亚自治的陷阱政策的原因。在 1912 年 10 月 24 日的库巴诺沃战役以前，塞尔维亚可能会被认为无足轻重，那以后马其顿的土耳其人被消灭，解决亚得里亚海问题不是依靠塞尔维亚就是反对塞尔维亚。奥匈帝国可能了解阿尔巴尼亚的民族主义原则，但她坚持对阿尔巴尼亚自治却是受到了她对意大利和俄国的"外交"疑忌的强烈唆使。② 奥匈帝国的阿尔巴尼亚政策从她的立场看实际上是非常成功的。伊斯梅尔·凯末尔·贝在他回发罗那主持国民议会之前 10 天，在布达佩斯与贝希托尔德伯爵进行了会谈，他回阿尔巴尼亚时经过了的里雅斯特。③

　　当奥匈帝国使阿尔巴尼亚成为一个缓冲国时，她当时满足了意大利的政策。她也不得不给俄国沙皇一个有礼貌的答复。就在

---

① 利希诺斯基，第 31 页。
② 扬，第 228 页。
③ 《泰晤士报》，1912 年 11 月 22 日，第 923 页。

阿尔巴尼亚宣布独立和中立的前一天，沙皇用了整整一个小时时间召见奥匈帝国大使。据报道，双方对这次召见都感到满意。[①]后来，在下一年的 2 月，霍恩洛厄亲王的使命在圣彼得堡留下了良好的印象；这部分解释了加利西亚前线和波斯尼亚—黑塞哥维那的军队复员，以及 3 月份从波兰召回奥匈帝国的舰队。[②]

塞尔维亚自身在二元王朝与阿尔巴尼亚人的谈判中也无法被忽视。1912 年 11 月中旬，奥匈帝国的部长们已经分别在里耶卡与尼古拉国王，在贝尔格莱德与尼古拉·帕希奇首相举行了会谈。1912 年 11 月 12 日，奥地利首相提出"塞尔维亚应该给予奥匈帝国的商品和工业以特惠权，放弃她对一个亚得里亚海港口的要求，承认阿尔巴尼亚的独立。作为回报，奥匈帝国将乐于承认塞尔维亚扩张领土的权力，并运用她的影响保证塞尔维亚在爱琴海的一个港口的安全。"[③] 但是，塞尔维亚加入对土耳其人的共同作战只有两个目的：解放她在"旧塞尔维亚"的斯拉夫兄弟和获得一条到亚得里亚海的通路。看来，亚得里亚海的一个港口是塞尔维亚国家发展和经济独立的最低限度的要求，奥匈帝国的提议对塞尔维亚来说是太难答应了。10 天以后，帕希奇首相宣布："塞尔维亚拥有从阿莱西奥到都拉斯约 50 公里的海岸线是必须的，这段海岸线将与以前的旧塞尔维亚连接起来，旧塞尔维亚的版图大致位于从都拉斯到南部的奥赫里德湖的一条线和从阿莱西奥到北方的贾科瓦的一条线之间……实际上，阿尔巴尼亚在被土耳其征服之前是属于塞尔维亚的。"[④]

塞尔维亚这一毫不妥协的绝对性的态度使奥匈帝国处于一种

---

① 《泰晤士报》，1912 年 11 月 29 日，第 924 页。
② 《泰晤士报》，1913 年 3 月 7、21 日，第 192 和 230 页。
③ 《泰晤士报》，1912 年 11 月 15 日，第 901、906 页。
① 《泰晤士报》，1912 年 11 月 29 日，第 943 页。

困难局面，后者希望克制目中无人的塞尔维亚人，却受到了多种同样难以对付的因素的阻止。奥匈帝国骑虎难下。伦敦大使会议及时拯救了她，不仅使她避开了与塞尔维亚的战争，而且还在阿尔巴尼亚自治问题上避免了一次外交失败。当时德国的外交政策肯定要比奥匈帝国的更高明。二元王朝偏好军事征服，而德国的政策却是经济渗透。即使在必须进行战争时，对德国人来说，首要的目标也是经济扩张。既然和平对于经济繁荣是必须的，战争就只能是第二位的考虑，或许是最后的手段。德国皇帝自己所说的话极好地表明了 1898 年以来德国外交政策的这一基本特征。对于 1898 年 3 月 6 日的《胶澳条约》，他说，德国一直致力于"发展与中国的经济关系，从经济观点看，这种关系将一年比一年重要，德国也一直致力于保证德国的臣民们在导致远东对欧洲开放的活动中享有充分的份额"。[①] 关于远东所说的话用在德国的近东和中东政策上更为真实。20 世纪德国外交政策连贯和永久的目标，是在经济上支配奥斯曼帝国和德国与奥匈帝国边界之间的地区。

　　向东方挺进是理解德国外交政策的关键。在这个大目标前面，所有其他目标或多或少都成为次要的。这一关键可以解释很多在其他情况下很难识破的东西，特别是德国在支持二元王朝方面表现出的强烈兴趣。对于浪漫主义的威廉来说，东方有一种巨大的不断增长的魅力。像弗里德里希·豪曼那样的热衷者把近东指为德国希望的终点，德国最有前途的努力对象。当然，由于德国人的自大狂，把哈布斯堡与奥斯曼帝国分离开来是不能容许的。他们必须在德国的势力范围之内保持完整。海洋殖民化已经不再存在，至少没有严重的战斗。这使陆地殖民得到了良机。在

---

① 亚当，第191页。

腐朽的奥斯曼政权徒有虚名的统治之下的陆地人口稀疏。德国的过剩人口可以移民到这里来；德国资本可以在这里的铁路和灌溉工程中获利，在采矿和农业中获利。棉花、牲畜、矿产品能够大量的供应国内制造业；日益繁荣的美索不达米亚会为德国工业提供不断发展的市场。

确实，在德国企业支配下的土耳其帝国中的可能性事实上是无限的。但为了达到这样一个经济发展的仙境，必要的条件是，二元王朝不仅要生存下来，而且要支配巴尔干半岛——通往近东的踏脚石。二元王朝政治局势如此之不稳定是由于众多民族之间总是争执不休，与这样一个王朝紧密结盟，对德国是相当不利的。有些政治家包括利希诺斯基认为，和平扩张政策应该在得到英国和法国的充分理解下实行；"三国同盟政策"支持奥匈帝国可能会挑起争端，坚持这样一种政策是令人讨厌的①。但是，大部分德国作家似乎认为与奥匈帝国结盟是必要的。他们把维也纳看作德国的巴格达铁路上必须的一站。

在利希诺斯基看来，由于土耳其的欧洲领土在巴尔干同盟成功的运转之后已无可挽救，德国应该停止把她的对外政策与奥斯曼帝国纠缠在一起。他支持这样一种理论，即，德国应该宣布她对于划定边界完全不感兴趣，所以这一问题应留待巴尔干同盟自己解决。②但德国外交部看来对此不同意。亚戈精确地从逻辑和心理两方面解释了德国为奥匈帝国作调解人的必要性。"我想要说的是"，亚戈说，"如利希诺斯基亲王所鼓吹的这样一种对巴尔干问题的广泛的不感兴趣在我看来是不可能的。如果我们完全忽视了我们的盟友的真正生死攸关的利益，那是与结盟的根本原则

---

① 利希诺斯基，第12、6页。

② 利希诺斯基，第5页。

相冲突的……对我来说更加不可能的是，在同盟国的利益彼此影响的事务中不实行'三国同盟'。如果不实行这种政策，意大利就会被迫在东方问题上完全站到协约国一边去，奥地利就会任凭俄国人摆布，三国同盟因而就会真正分裂，我们由于缺乏任何支持，也就会无法保卫我们在东方的利益。甚至利希诺斯基亲王也并没有否定我们在那里曾有巨大的经济利益，但在今天，经济利益已不再能与政治利益分割开了。"①

　　正是亚戈的这种态度使得有权势的海尔·冯·荷尔斯泰因在冯·比洛总理之前申辩说，不应在 1908 年的吞并运动中把奥匈帝国丢弃不顾。② 还是根据这同一种态度，1912 年 12 月 2 日贝特曼—霍尔韦在国民议会作了发言。③ 那一发言中提出了三个要点：(1) 德国不受巴尔干事件的直接影响，在很多方面她的兴趣远不如其他国家大；(2) 但是她的一个盟国受到了攻击，德国受条约义务的约束要支持她；(3) 此外，为了土耳其债务的安全，德国参加重新安排和平是正当的。

　　与任何其他单独的现象相比，正是德国对三国协约的怀疑帮助巩固了德国和二元王朝之间的友谊。在南非战争之后，英国放弃了索尔兹伯里勋爵的"光荣的孤立"政策。1904 年 4 月 8 日英法关于埃及和摩洛哥的协议令德国人大吃一惊。日俄战争后的英俄关系得到了极大改善；德国人怀疑正在尽力与其在大陆上的对手加强理解的英国人很快就会使德国遭包围并受到孤立，1907 年 8 月 31 日发表的英俄协定证明了德国人的这一怀疑。三国协约与其说是削弱不如说是加强了三国同盟。一般说来，施加于同

---

①　亚戈，第 131 页。
②　斯蒂德，第 261 页。
③　《泰晤士报》，1912 年 11 月 6 日，第 962 页。

盟者的外力压迫会比任何内部的凝聚力更能使他们牢固地团结在一起。这种怀疑的力量极为深远，它肯定不利于英德之间达成真正的理解。对协约国的这种怀疑情绪有助于雷文特洛形成这样一种态度：德国应该把英国的友谊看作一个陷阱；裁军和仲裁条约是肥皂泡；因而德国应该既有海军又有陆军。[①]

不幸的是，雷文特洛公爵的理论在德国逐渐获得了说服力。在 1911 年摩洛哥危机激起的狂热情绪的压力下，下一年 5 月通过了新的《陆海军法案》。为了对应法国的 3 年兵役制，德国把她和平时期的兵员增加了两个新的军，共 29000 人。海军中成立了一个第三分遣舰队；建造了军舰、巡洋舰和很多潜水艇。[②] 只要德国看不到英国的信任，德国就会认为培养与意大利和奥匈帝国的友谊是必要的。"一个不再适应所有条件的正在松散瓦解的旧同盟只有在新的星座能够形成时才会维持良好状态……只要这种政策（与英国恢复友好关系的政策）没有可靠的保证，我们就不能牺牲原有的保证——甚至包括对他们的义务。"[③]

然而，德国仍然希望与英国达成充分的理解。因为除了德国不愿意讨论的军队问题外，英国人的友谊，即使只是口头上的，在任何情况下都不会伤害德国及其盟友。甚至早在德意志帝国刚建立时，就在寻求英国的友谊。俾斯麦曾几次直接主动向英国提出结盟的建议，较明显的是在 1878 和 1887 年。如果这些建议中有一次被接受，就有可能改变欧洲和世界的命运，在 20 世纪，使这两个国家能够更好的理解的努力还在继续，至少消除了某些小的误解。1906 和 1908 年，爱德华国王和哈丁勋爵访问了德

---

① 雷文特洛，第 78、219、280—285、296 页。

② 《泰晤士报》，1913 年 1 月 3 日，第 22 页。

③ 亚戈，第 144 页。

皇。作为霍尔丹勋爵访问柏林的特殊使命的一个成果，也作为地方性团体，如工人协会之类，有组织的互访的一个成果，这两个国家之间的关系在 1912 年有了稳定的改善。甚至德国国务大臣亚戈，后来自己承认，他也执行过旨在与英国互相理解的政策。他的敏锐足以使他看清巴尔干的胜利和由此引起的土耳其的失败在同盟国和协约国之间造成了失衡。他认为与英国互相理解是使德国避免第一次巴尔干战争造成的不利地位的惟一方法。[①] 因而，当大使会议在伦敦外交部召开时，如果柏林的皇宫中举行皇家盛宴也是毫不奇怪的。1913 年 5 月，维多利亚·露易丝公主和坎伯兰的欧内斯特·奥古斯塔斯亲王结婚，乔治国王和玛丽王后十分喜悦的出席了这一俄国皇室婚礼。[②]

确实，自从 1906 年的阿尔赫西拉斯会议和法国向俄国贷款以来，德国比以前越来越怀疑协约国的行动。到那时为止，历史上还没有订立过数量更大的贷款合同。最重要的是，那笔贷款使俄国避免了在革命期间和战后行政管理的厄运。[③] 法国在俄国的军事和金融利益对亚戈"法国和俄国推动了战争"的观点来说本应该是合情合理的。[④] 尽管如此，威廉二世仍然是一位反对德国某些党派的好战趋向的和平斗士。至少我们从 M. 朱尔斯·康邦给他本国政府的信中知道，德皇在 1913 年 11 月不再是和平之友，[⑤] 但我们有理由相信，一年以前他是赞成和平的，并因此一直对俄国友好。1912 年的情况似乎证明了这一点。这次没有重复 1908 年送往圣彼得堡的最后通牒。在下一年的春天，尼基政

①　亚戈，第 143 页。
②　《泰晤士报》，1913 年 5 月 23 日，第 409 页。
③　《维特公爵回忆录》，第 304—305、307—308 页。
④　亚戈，第 143 页。
⑤　《法国黄皮书》，第 6 册。

府在伦敦大使会议中表现出了和解和友好的精神。威利描写并赞扬了这一出色的外交政策。[①] 1913 年 5 月 22 日早晨，沙皇到达柏林参加皇室婚礼，据报道威利—尼基的会见是异乎寻常的兴奋和热诚。[②]

1912 年，德国并不希望与俄国开战，尽管她对协约国有怀疑，为了保护她在奥斯曼帝国的经济特许权，她一直在寻求与英国的理解。她与奥匈帝国的关系十分棘手，因为帝国正处于局部的或种族的内战边缘。三天以前阿尔巴尼亚宣布了独立和中立，因而，海尔·冯·基德伦-韦希特尔公报非常严厉的宣布，列强不同意他们自己对任何一个巴尔干问题作出事先的承诺；认为阿尔巴尼亚和亚得里亚海问题只应该与其他问题合并讨论与解决。[③] 确实，德国宁愿看到一个自治的阿尔巴尼亚，而不愿阿尔巴尼亚被希腊和塞尔维亚或意大利和奥匈帝国瓜分。阿尔巴尼亚自治在奥斯曼政治家的眼睛里可能只意味着德国对土耳其的外交胜利。此外，即使像亚戈这样的人也还对大使会议的发起人爱德华·格雷爵士保持着信任。"我相信，"亚戈说，"爱德华·格雷爵士对和平的热爱和他想要理解我们的真挚的希望。"[④] "我们像爱德华·格雷爵士一样不希望用战争来改变阿尔巴尼亚，因而，尽管我们不喜欢在阿尔赫西拉斯的经历，我们同意举行一次会议。"[⑤]

爱德华·格雷爵士的和平愿望确实是真诚的，但真诚仅仅是为了英国，尽管英国的帝国主义者们可能会争辩说，英国和平就是世界和平。或许胜利者的心理与失败者的不同只不过是极为自

---

① 莱文，第 255 页。
② 《泰晤士报》，1913 年 5 月 23 日，第 413 页。
③ 《泰晤士报》，1913 年 2 月 7 日，第 111 页。
④ 亚戈，第 144 页。
⑤ 亚戈，第 133 页。

然的事。在任何竞争中，胜利者总是害怕自己会失败，而失败者则是嫉恨并继续斗争争取再胜利。英国是 1912 年的胜利者，德国则是殖民扩张和海上防卫竞赛的失败者。如果说德国想要和平，英国就越发如此。但在友谊的外衣下面，英国必须促使德国缩减军队。因为对世界和平造成威胁的不是英国的海上霸权而是德国的海上霸权。摩洛哥危机之后德国通过了海军法案，法国则实行了 3 年兵役制。几乎同时克鲁侯爵建议霍尔丹勋爵访问德国并"驱散任何有可能存在的国内的误解"。①

按照这一建议，霍尔丹勋爵 1912 年初被派往柏林，以弄清德国建立第三分遣舰队的计划是否不能更改。当他对此失望时，他提出了一个"海上休战"的建议。德国用一个反要求来回答，要求与英国订立一个正式条约，万一发生战争时英国要绝对中立。当然，绝对中立可能使英国海军多少变为一种摆设。英国永远不会停止坚持她的海上霸权。同年 7 月，爱德华·格雷爵士本人说，如果没有一支海军，即使是巧妙的外交和对外政策也不可能保证英国在地中海的地位安全。② 吉尔伯特·默里争辩说，由于缺乏一支强大的陆军，英国海军不可能成为一种威胁。③ 但是，就在英德两国名流显贵在伦敦举行会议以促进两国关系的改善之前，罗伯特伯爵在民族同盟会议上关于义务兵役制的演说引起了德国的巨大怀疑。④

对于这一阶段的英德关系极为幸运的是，德国驻伦敦大使是一位亲英的外交官。很少有人像他那样相信，尽管存在"所有问题中最棘手的"海军问题，还是有可能达成一种友好的和睦关

---

① 上议院辩论，第 11 册，第 39 页。
② 下议院辩论，第 40 册，第 1993 页。
③ 默里，第 109 页。
④ 《年鉴》，1912 年，第 225 页。

系。"海军"这个词汇永远不会在爱德华·格雷爵士和利希诺斯基之间消失。① 在大使会议之前4个月，阿斯奎思先生断定英德之间的和睦友好关系可能会持续下去。② 但是当然，德国人民还没有忘记南非战争期间英国海军对"联邦议院"的占领。从那时起国民议会就时刻准备着对建立强大的海军，并定期使之扩大的计划投赞成票。③

英国有理由担忧德国的海军优势，但不仅如此，她对德俄结盟也怀着纯粹的恐惧。全世界都相当清楚，如果这样一种结盟牢固地建立，英国尽管有海上霸权，也几乎无法击败德国向东方挺进的计划。英国声称"权力平衡"——英国狡猾的外交口号——是世界和平的基础；而对英国来说世界和平只不过是保持英国的霸权和英国的商业繁荣。英国首先害怕的是俄国的扩张，因而1895、1898、1899年与德国结成某种同盟的建议又在1901年重复提起。迟至1901年秋天，英国还迫切的想要制止法国对摩洛哥的企图。按照德国政治家们——荷尔斯泰因是其中著名的一个——的看法，英国想要德国人为他们火中取栗。那不只是单纯的怀疑，因为英国几乎不可能同时既在非洲打败法国，又在亚洲打败俄国。由于没能保证德国人的帮助，英国越发渴望制止中欧的强国。所以她开始着手与法国缔结一项海军协定，以便建立一个针对德国势力的联合阵线。利用了俄国1905年在亚洲失败的机会，英国有礼貌地试探了俄国人的友情。1912年初，韦尔代尔勋爵访问了圣彼得堡和莫斯科。几个月以后，M.萨格诺夫访问了伦敦并与爱德华·格雷爵士举行了长时间的会谈——就在巴

① 利希诺斯基，第21页。
② 下议院辩论，第41册，第1393页。
③ 布雷斯福德，第256页。

尔干战争爆发之前。波斯和近东面临的困难因而得到了消除。在回俄国的途中，萨格诺夫与普安卡雷，当时的外交部长，举行了会谈。1912 年这一巴黎—伦敦—圣彼得堡会谈无疑极大地加强了三国协约的力量。[①]

正如罗纳德谢伯爵即爱德华·格雷爵士所宣称，三国协约是当时英国外交政策的拱石。[②] 这位英国外交大臣值得赞扬的是，他把协约仅仅看作他的外交政策的起点。他要通过与协约国之外的其他强国建立最可能的良好关系来维护世界和平，因为和平对英国来说是最合乎需要的。所以他说，"我一直认为，尽管可能有一些单独的团体，他们不一定就必然属于敌对的外交阵营"。"权力的平衡"肯定是英国召集大使会议的主要动机之一。除了阿尔巴尼亚自治问题外，爱琴海岛屿问题也有待解决。当会议即将结束时，爱德华·格雷爵士对下议院讲了如下的话："由于我们在地中海的位置和海军的重要性，我们有一种特别的利益，这就是：没有一个强国应该对这些（爱琴海中的）岛屿中的任何一个提出要求或占有它。如果这些岛屿之一成为一个强国的长期财产，它一定会引起严重的问题和巨大的困难。"[③]

在其《对生命的回忆与政治思考》中，埃卡德斯坦讲述了关于索尔兹伯里勋爵的建议的令人惊奇的故事，勋爵在 1895 年建议奥斯曼帝国应该由英国、德国和奥匈帝国瓜分。如果这一建议实现，17 年后就不会有这样一个伦敦大使会议了。自从格拉德斯通的时代以来，英国的近东政策逐渐用"巴尔干人的巴尔干"代替了"土耳其人的土耳其"。1912 年以前很久就开始放弃在 34

---

① 《泰晤士报》，1913 年 1 月 3 日，第 22 页。
② 下议院辩论，第 40 册，第 1934、1994、1995 页。
③ 下议院辩论，第 56 册，第 285—286 页。

年以前的柏林会议上表达的理论。用阿斯奎思的话说，"事情可能永远不会再像以前那样了，承认和接受既成事实是所有地方的政治家应该干的事……即使是奥斯特利茨战役也没有发生像上个月（1912 年 10 月）巴尔干同盟所作的事情一样如此突然的变化，如此令人吃惊和势不可挡的结束。"[1] 鉴于第一次巴尔干战争的结果，当时没有人打算反对巴尔干国家有权在他们认为合适的时间提出结束战争的条件。列强没有放慢调整他们自己对事件进程的看法。充分认识到协约国和同盟国之间的潜在的冲突，爱德华·格雷爵士不准备采取海军大臣的意见。他宣称英国的政策是"促进所有有关的人民的幸福"。[2] 在大使会议以前约一个月左右，他要求下议院不要宣布英国对巴尔干问题有单独的政策，而应把与其他列强保持接触以促成所有强国之间的一致当做主要宗旨。[3]

除了爱琴海问题外，会议还必须处理自治问题。但是，甚至阿尔巴尼亚的独立也丝毫不能伤害英国在近东的政策。它只意味着对斯拉夫人或日尔曼人在亚得里亚海的统治的一种有效的阻止。到 1912 年为止，奥匈帝国和意大利都成为地中海上强大的海军力量。如果不让任何爱琴海岛屿变成这两者之一的永久性财产正是大不列颠的利益，那么看到阿尔巴尼亚海岸在三国同盟之间分割肯定也是不可容忍的。

意大利也充分意识到了阿尔巴尼亚港口和海岸的价值。如同蒂托尼伯爵所看到的，对于意大利或奥匈帝国来说，占有它们就意味着在亚得里亚海上无可争议的优势。"这就是意大利永远不

---

① 《泰晤士报》，1912 年 11 月 15 日，第 903 页。

② 下议院辩论，第 45 册，第 449 页。

③ 下议院辩论，第 43 册，第 528—529 页。

会允许奥地利，奥地利也永远不会允许意大利获得的东西；结果是这两个国家中无论哪一个企图为自己占据这一地区，另一个都应该用尽一切可能的方法去反对。"[1] 早在 1897 年，戈卢霍夫斯基和维斯孔蒂·韦诺斯塔之间就已缔结了禁止接触条约；两国政府决定通过一个自我克制法令约束他们自己远离阿尔巴尼亚，只要奥斯曼帝国能保持对那里的支配就维持现状。1900 和 1905 年这两个大国两次保证在土耳其欧洲领土上的阿尔巴尼亚自治。不知道伊斯梅尔·凯末尔·贝是否对这一协议有所了解，但全世界都清楚，在三国同盟的这两个成员之间关于阿尔巴尼亚港口问题存在着猜疑。1911 年埃伦塔尔对意大利的的黎波里政策表示了极为友好的态度。但在秋天，当意大利开始在阿尔巴尼亚海岸附近进行一次海上演习时，奥匈帝国毫不犹豫地提出了抗议。[2]

　　第二年，前首相巴龙·悉尼·索尼诺在意大利议会发表的演说和消息灵通的议员托里教授的电讯，揭示了奥匈帝国和意大利之间在亚得里亚海上塞尔维亚的一个港口问题上潜在的对抗。[3] 这两个强国间的和平缔造者主要并不是伦敦大使会议，而是 1912 年 12 月 7 日三国同盟的续延。根据 1902 年的条款，同盟各国有权在 5 年过去后废除同盟；1912 年的续延将使这些同盟国成员消除疑虑，并唤起他们的责任感。贝希托尔德伯爵对意大利的访问和圣朱利亚诺侯爵对柏林的访问，还有赠给意大利外交部长的圣斯蒂芬大十字架勋章和黑鹰勋章，是同盟续延的前导。这无疑十分有助于消除这两强之间苦涩的感情；因而有助于两国对伦敦会议的支持。

---

①　切克雷兹，第 81—82 页。
②　斯蒂德，第 277 页。
③　《泰晤士报》，1912 年 12 月 13 日，第 982 页。

意大利王国和奥匈帝国王室在南部斯拉夫问题上的确有共同的兴趣。除了在阿尔巴尼亚沿海的海上势力外，对达尔巴提亚和伊斯特里亚的可贵的意大利人的同情，极大地影响了意大利对于亚得里亚海问题的看法。在那些地方南部斯拉夫民族在数量上占了压倒优势，意大利人是站在他们自己与南部斯拉夫民族的斗争立场上判断所有问题的。此外，意大利在阿尔巴尼亚的政策看来是一种经济渗透。《洛桑条约》刚刚缔结，意大利无论如何不愿与一个强国公开冲突。自加富尔以来的意大利外交一直是谨慎狡猾的，与法国、俄国和奥匈帝国较为愚蠢的骑士气概完全相反。目前，意大利仅仅要求在她自己和二元王朝之间有一个缓冲国。正是一个自治的阿尔巴尼亚会默认意大利的扩张；正是通过这种自治，不只是塞尔维亚和希腊，还有奥匈帝国对亚得里亚海的威胁有可能受到制止。这就是为什么伦敦会议开幕的第二天，意大利外交部长发言称赞三国同盟是对欧洲和平和同盟三国安全的一个保证。"意大利和奥地利都同意阿尔巴尼亚问题可以按照一贯奉行的民族独立原则解决，使该国在列强的保护下中立。"①

阿尔巴尼亚民族党的主席和议员达科先生在解释法国和俄国的和解态度时说，这是由于他们没有合法的权力要求得到英国无条件的支持。② 确实，就像三国同盟最初只是与德国的利益相关一样，三国协约一直是对英国的目标有利。在皮特使权力平衡学说重新复活以前，米拉博和整整一代革命家梦想着法国、英国和德国人为了欧洲和世界的和平而在道德上联合起来。甚至迟至1914年，在阿纳托尔·法朗士和让·饶勒斯访问伦敦时，他们两

---

① 《泰晤士报》，1912年12月20日，第1001页。
② 达科，第130页。

人还极力呼吁英国作这两个大陆国家之间的调解国和共同朋友。[①] 现在，既然英国在 1912 和 1913 年希望和平，她的盟友们就更有理由要求阻止战争了。

法国和俄国为和平担忧的另一个更明显的理由是他们事实上毫无准备。1910 年时大部分法国作者都是平庸的，没有人像社会党领袖饶勒斯那样，把法国军队的虚弱及其迫在眉睫的危险看作透彻而痛苦的警告。[②] 就在伦敦大使会议开幕前一天，法国试图举行一次 24 小时的总罢工，以抗议一次欧洲战争。[③] 1913 年 5 月 5 日，当《人类自由》的第一期出版时，M. 克列孟梭在他的社论中提出，必须作好准备维护"武装的和平"。[④] 法国自己知道她完全没有应付德国进攻的准备。她一直希望由俄国军队来阻止德国人；因而她与沙皇保持着良好的友谊。自阿尔赫西拉斯会议的危险之后，法国全神贯注于俄国 1906 年的贷款。然而，这笔 22.5 亿法郎的巨额资金直到 1912 年还没有产生其最大的效果。无知的官僚们使利益被贬低了，他们没有受到启发，并且慷慨到诚实地坚持 1905 年十月宣言的原则。[⑤]

1906 年，威特伯爵告诉沙皇说，万一发生全面的欧洲战争，英国不能在陆地上帮助法国；俄国也没有能力给法国任何重大的军事支持。[⑥] 在斯库台落入尼古拉国王的军队手中之后，一位俄国武官对著名的写阿尔巴尼亚问题的英国作家 M.E. 德拉姆小姐说："1914 年我们（俄国人）将准备好我们的巴尔干战争；但现

---

① 布雷斯福德，第 295 页。
② 饶勒斯，第 135 页。
③ 《年鉴》，1912 年，第 41 页。
④ 《泰晤士报》，1913 年 5 月 9 日，第 372 页。
⑤ 《维特公爵回忆录》，第 310 页。
⑥ 同上书，第 298 页。

在是不可能的。"①

俄国的无准备状态应该是她与法国、奥匈帝国、塞尔维亚和德国关系的最后解释。她的和解态度使她欢迎大使会议。在派恩塞雷总统就职典礼之后不久，沙皇就把俄国最高级的勋章圣安德列勋章颁发给了这位法国元首。即使与法国有这样亲密的友好关系，俄国还是不得不警告塞尔维亚不要惹麻烦。M.萨左诺夫早在1912年11月就通知塞尔维亚驻贝尔格莱德的公使，俄国不会为了塞尔维亚在亚得里亚海上的一个港口作战。当德国驻圣彼得堡大使布塔勒斯公爵就俄国对塞尔维亚的支持向M.萨左诺夫提出质问时，后者再度坚持了这一说法。这次会谈内容实际上再度通过塞尔维亚驻俄国首都的公使传达给了塞尔维亚政府。② 伦敦大使会议开幕的第二天，俄国首相科科夫佐夫在杜马发表了一个标准的热烈讲话，赞扬了爱德华·格雷爵士建议召开大使会议的创始精神。"俄国"，他说，"在盟国和朋友们的支持下，将尽最大的努力使会议成功。"③

会 议 的 进 程

尽管欧洲列强中的每一个，如我们所见，出于或多或少的自私动机，都希望和平，还是需要有某一个有足够的创造性的政治才能的强国，提出一个至少能够避免战争危险，达到某种令人满意的程度的解决方法。当巴尔干战争爆发时，当德国不能确信土耳其的失败，奥匈帝国对塞尔维亚的命运发生怀疑时，协约国和

---

① 《当代》第302卷，第386页。
② 《泰晤士报》，1912年11月15日，第901、906页。
③ 《泰晤士报》，1912年12月20日，第1001页。

同盟国的任何共同行动都不是一个适当的时机。法国关于发表一个无偏无倚的联合宣言的建议自然被拒绝了。[①] 但是，一个月之内，当门的内哥罗人占领了贝拉奈普克，希腊人占领了普雷韦扎；塞尔维亚人占领了新帕扎尔、库马诺沃、于斯屈布和伊斯蒂布、普里兹伦和莫纳斯提尔时，同盟国既愤怒又惊慌。官方统计显示出，11 月份，由于战争恐慌造成的德国储蓄银行的提款甚至超过了一年以前摩洛哥危机时发生的情况。[②] 列强在 12 月初举行一次会议的建议因而正合乎时宜。据说最初提议以巴黎为会址，但是奥匈帝国为了某种不可知的个人理由宁愿在伦敦开会。[③]

爱德华·格雷爵士的想法是让大使们在伦敦举行一次圆桌会议互相讨论问题；以便列强可以更紧密的接触，当发生意料之外的困难时，可能会减少任何一方游离于其他各方之外的危险。无可疑问，大使会议第一的和主要的目标是使巴尔干战争局部化。为了防止战争扩散，列强之间任何可能破坏他们自己之间的和平的争议必须消除。当然，列强感兴趣的程度是随着他们的传统政策和他们的地理及经济上的联系而变化的。所有强国在一起很难达到高度的一致。但如果君士坦丁堡和土耳其亚洲部分不被列入战争区域，如果这些问题不在战争进程中提出，那么列强以他们在爱琴海岛屿和阿尔巴尼亚问题上的互相理解为条件，有可能会找到他们自己的一致之处。会议的目的就在于此。会议没有像马克·赛克斯所担忧的那样打算讨论塞浦路斯的地位。[④] 它要为爱

---

① 利希诺斯基，第 10 页。

② 《泰晤士报》，1913 年 2 月 7 日，第 112 页。

③ 《泰晤士报》，1912 年 12 月 6 日，第 962 页；下议院辩论，第 45 册，第 451 页。

④ 下议院辩论，第 44 册，第 2455 页。

琴海岛屿的地位和减轻阿尔巴尼亚炎症可怕的外观寻求一个暂时的解决方式。无疑，会议还有一个目的是，帮助缔结巴尔干同盟与土耳其正在伦敦会议上谈判的和约。早在1912年12月9日，伦敦《泰晤士报》驻圣彼得堡通讯员报道说："保加利亚期待着直接与有关政府打交道；和平谈判的难点或分歧将随着它们提交到大使们面前而得到陈述。"①

大使们在伦敦参加了在英国外交部举行，由英国国务大臣爱德华·格雷爵士主持的会议，他们是俄国的本肯多夫公爵，法国的 M. 保尔·康邦，德国的利希诺斯基亲王，意大利的因佩里亚利·迪·弗朗卡维拉侯爵和奥匈帝国的 A. 门斯多夫-普莱-迪特里斯坦公爵。康邦和弗朗卡维拉从未被认为是反英的，而门斯多夫、本肯多夫和利希诺斯基都因帮助安排一些事务，使会议如爱德华·格雷爵士所希望的那样获得成功而著称。俄国新闻界由于本肯多夫公爵的德国血统和罗马天主教信仰，他与门斯多夫公爵和利希诺斯基双方的关系，而把他作为德国的朋友去攻击他。但本肯多夫从来没有表现出粗暴的态度，他一直同情和支持英国与法国。②

门斯多夫肯定是一个爱好和平的天主教徒，从来没打算成为任何救济金公文的作者。1912年11月27日，《泰晤士报》驻维也纳通讯员写道："我认为局势的改善和军备步伐的放慢，原则上都可以归因于德国皇帝在他与弗朗西斯·斐迪南大公于斯普林会谈时提出的忠告，但部分原因也在于从奥匈帝国驻伦敦大使那里收到的一份报告。"③ 尽管利希诺斯基对门斯多夫在会议上代

---

　　① 《泰晤士报》，1912年12月13日，第987页；下议院辩论，第46册，第2265页。

　　② 利希诺斯基，第11页。

　　③ 《泰晤士报》，1912年11月29日，第942页。

表三国同盟的领导地位不满，他一直以亲英派而著称。当同盟会议于 1913 年 1 月 26 日结束时，大使会议仍在继续它的议程。利希诺斯基赢得了英国的同情；大不列颠和德意志帝国之间关系的明显改善极大地安抚了由同盟磋商失败引起的恐慌。①

　　大使们的商谈是非正式的，不作任何许诺。这肯定是一种暗示，即列强还不能确定眼前已有了解决所有困难的方法。另一方面，列强已经能够同意开始讨论更具体的问题，这一事实可以用来证明他们中没有一个认为这样一种解决是不可能的。六强之间通常的外交联络方式包含了 6 个外交部长和 30 名大使——一个令人讨厌的、行动迟缓的 36 人团——我们现在有了一个伦敦大使会议代替它。伦敦是列强和巴尔干同盟对欧洲危机发表意见和进行讨论的干净场所。与会者并不真的是全权代表。爱德华·格雷爵士在需要时全权代表英国；但其他国家都要把在会议上提出的建议和推荐提交给各自的政府去解决。② 因而会议记录不能具体化为任何正式的文件；大使们的议案只是他们政府所同意的观点的记录。阿尔巴尼亚自治的协议并没有签字，但边界议定协议是一个书面文件。③

　　按照切克雷斯先生的观点，加上某种理由充分的推测，"这次会议文件留下了连续争吵的痕迹，这些争吵是通过妥协或讨价还价偶然结束的。大使们会坐上几个小时或几天来分析一些日常琐事；俄国或法国的代表会严厉反对给阿尔巴尼亚一英寸的领土，尽管他知道那片土地属于阿尔巴尼亚。在很多情况下会有人故意阻止形成协议"。④ 大使会议的秘密性也使它自身在某种程

---

①　《年鉴》，1913 年，第 40 页。
②　下议院辩论，第 56 册，第 2284 页。
③　下议院辩论，第 65 册，第 6 页。
④　切克雷兹，第 88 页。

度上成为 1919 年巴黎和会的模型。爱德华·格雷爵士无法使公众舆论变成大使们的观点和决定，除非通过共同的默认才有可能这样作。①

直到 1912 年 11 月 21 日，应否举行一次会议的问题还没有得到列强的明确决定。② 12 月 10 日，爱德华·格雷爵士告诉下议院，所有列强都诚恳地赞成下面的建议：驻某一个欧洲国家首都的大使们应该进行非正式的、不作承诺的会谈，以使列强之间交换意见更容易。③ 但在第二天他就报告说，伦敦就是大使会谈的地点。

伦敦大使会议于 1912 年 12 月 17 日正式开幕；爱德华·格雷爵士，在这前一天已被选为在圣詹姆斯宫召开的和会的名誉主席，在英国外交部主持了大使会议。会议开始时，列强通过了一个自我克制条例，以便维护他们的内部团结，他们中谁都不能利用巴尔干战争为自己提出新的领土要求。④ 12 月 20 日是他们为圣诞节而休会之前的最后一次会议，但那时塞尔维亚已撤出了都拉斯，所有列强原则上接受了阿尔巴尼亚自治。

当会议在下一年，1913 年复会时，1 月 3 日讨论了同样重要的爱琴海岛屿归属问题。爱德华·格雷爵士一直注意着另一个和会——土耳其和巴尔干和会的议事记录。就在大使 1 月 6 日会议前一天的下午，陶菲克·帕夏和 M. 达内夫两人拜访了外交部。这样就直接了解了交战国的最新观点，第二天，当大使们再度聚会时，对交战国施加压力以保证和平的可能性构成了讨论的主要

---

① 下议院辩论，第 46 册，第 976 页。
② 下议院辩论，第 44 册，第 452 页。
③ 下议院辩论，第 45 册，第 224 页。
④ 下议院辩论，第 55 册，第 2286 页。

内容。① 1 月 15 日，列强向土耳其发出他们的共同备忘录的前两天，大使们开始讨论在欧洲保证下的自治的阿尔巴尼亚的边界确定问题。②

大使们 3 月的会议几乎完全致力于解决边界问题。在亚尼纳落入希腊人手中不久，阿尔巴尼亚在伦敦的代表向大使会议递交了一封信，控诉土耳其士兵的欺压、塞尔维亚军队的掠夺和希腊对海岸线的封锁给阿尔巴尼亚人带来的苦难。③ 到 3 月 10 日，解决了亚得里亚海岸线的问题。通过一条国际铁路轻而易举打通了塞尔维亚到亚得里亚海的经济通路。④ 16 天以后，就是塞尔维亚和保加利亚占领阿德里安堡的那一天，阿尔巴尼亚的北部和东北边界确定下来，并由奥匈帝国政府正式承认。斯库台毫无争议的属于阿尔巴尼亚；塞尔维亚的入海口再度得到保证；普瓦、贾科瓦、普里兹伦和迪布拉割给了塞尔维亚。由于这一边界协议，俄国和奥匈帝国军队撤到了加利西亚边境地区。

在 4 月，残忍的巴尔干战争继续到 16 日，那天战争行动在查塔尔加前面停了下来。22 日，斯库台向门的内哥罗投降；第二天，在大使会议上，决定向切蒂尼埃发出一个撤退的要求。当时还讨论了同盟国对列强的和平建议的答复；莫列勋爵、亚瑟·尼科尔森爵士和阿斯奎思也出席了这次会议。⑤

斯库台是对大使会议力量的一个检验。因为在会议之外，俄国泛斯拉夫主义的煽动和奥匈帝国的军备使欧洲外交发生了一个危机。在 5 月 1 日星期四的会议上，意大利支持奥匈帝国的要

---

① 《泰晤士报》，1913 年 1 月 10 日，第 30 页。
② 《泰晤士报》，1913 年 1 月 24 日，第 69 页。
③ 《泰晤士报》，1913 年 5 月 14 日，第 213 页。
④ 下议院辩论，第 50 册，第 33 页。
⑤ 《泰晤士报》，1913 年 4 月 25 日，第 329 页。

求，即由列强立即采取共同行动迫使尼古拉国王撤出斯库台。英、法和俄国认为，只要有时间和耐心，尼古拉国王可能最终会服从欧洲的意愿，但不能通过武力的强迫。那次会议没有产生明确的结果。[①] 欧洲有幸看到尼古拉国王在 11 时放弃了斯库台。他答复了列强通过英国驻策蒂涅公使迪·札利斯公爵提出的要求。爱德华·格雷爵士在 5 月 5 日的大使会议上宣读了电报。当时的建议是从封锁门的内哥罗港口的军舰上派出一个国际性的分队，占领该市并在阿尔巴尼亚政权建立之前维持治安。大使们还讨论了土耳其和巴尔干同盟之间的和平前景；爱德华·格雷爵士甚至在会议上读了条约的初步草稿。5 月 8 日的会议讨论了阿尔巴尼亚的政体。意大利和奥匈帝国赞成建立一个由一位欧洲亲王治理的公国，当不再需要欧洲的监护时，阿尔巴尼亚就得到完全的独立。俄国更欣赏在土耳其领主权下的自治；她应该在一个规定的年限内，由一位列强任命的"省长"统治。[②] 7 月 28 日到 8 月 1 日连续举行了会议，在那一阶段，大使们同意在 6 个月内推荐一位阿尔巴尼亚亲王；派出一个监督委员会去组建政府。在瑞典人的要求下也创建了一支宪兵队。[③]

显然，结束巴尔干战争的条约初稿在 5 月 5 日宣读时就已经由大使们通过了。由于同盟国一方推迟缔结它，列强必须采取某些说服措施。因而，在 5 月 27 日的大使会议上，明确决定要促进伦敦条约的签字，3 天以后在爱德华·格雷爵士的劝说下签订了该条约。[④] 在所有列强都认为大使会议获得了成功的情况下，8 月 11 日举行了最后一次会议，这次会议上，对阿尔巴尼亚南

---

① 《泰晤士报》，1913 年 5 月 2 日，第 349—350 页。
② 《泰晤士报》，1913 年 5 月 9 日，第 369 页。
③ 《泰晤士报》，1913 年 8 月 1 日，第 610 页。
④ 《泰晤士报》，1913 年 5 月 30 日，第 429 页。

部边界的确定总的说来取得了一致。会议两天以后，保尔·康邦和利希诺斯基离开伦敦度假，弗朗卡维拉侯爵和爱德华·格雷爵士下一天早上离开。[①]

阿尔巴尼亚自治问题在会议之前的一个月，甚至在 1912 年 11 月 28 日阿尔巴尼亚独立和中立宣言之前，就已经被预料到了。伦敦《泰晤士报》11 月 15 日报道说，列强之间一般来说已同意必须有一个自治的阿尔巴尼亚，总而言之，要包含这个国家中完全由阿尔巴尼亚人居住的大片区域。如我们所知，对阿尔巴尼亚自治的正式承认仅仅是在大使们 1912 年的最后一次会议之后。在 12 月 20 日，那一次会议开了两个小时，还决定了塞尔维亚入海口问题。"阿尔巴尼亚领土上向塞尔维亚开放的港口将是自由和中立的，将有一条同在欧洲监督下的国际铁路为其服务，所有商品过境免税，包括战争用品。此外塞尔维亚还将享受免除海关税的利益。"[②] 由于大使们的劝告，列强也接受了阿尔巴尼亚自治的原则。它将受苏丹的领主权支配，但也要受列强的监督。直到下一年 4 月底斯库台陷落以后，使阿尔巴尼亚从土耳其独立出来的想法才在会议上得到发展。

因此，在土耳其和巴尔干同盟和平谈判期间，巴尔干国家宣称土耳其应该放弃阿尔巴尼亚，但阿尔巴尼亚的未来要按照列强的意愿来决定。[③] 土耳其在 1912 年 12 月 28 日提出的反建议是，阿尔巴尼亚将成为一个自治省，有自己的议会，但在 5 年或更长的期限内应由一位被任命为总督的奥斯曼亲王领导她的政府。[④] 1913 年 5 月 30 日签订的《伦敦条约》没有承认这一建议。而阿

---

① 《泰晤士报》，1913 年 8 月 15 日，第 649 页。

② 《泰晤士报》，1912 年 12 月 27 日，第 1021 页。

③ 《泰晤士报》，1913 年 12 月 27 日，第 1021 页。

④ 《泰晤士报》，1913 年 1 月 3 日，第 1 页。

尔巴尼亚临时政府当时甚至还不知道大使会议上所作的决定。伊斯梅尔·凯末尔·贝说:"希腊舰队切断了电缆,这是我们与外界联系的惟一通道,这使我们完全孤立,而且无法了解我们边界之外发生的所有事情。"①

然而,在阿尔巴尼亚之外,欧洲新闻界的评论相当丰富,它们中的一些肯定不代表它们政府的政策。圣彼得堡的《新时代报》提出把阿尔巴尼亚在与俄国友好的同盟国之间进行分割。它夸大了阿尔巴尼亚内部的敌对势力;以便使自治显得更加无法实施。英国的《周六评论》把自治看作愚蠢无聊的事,评论说:"阿尔巴尼亚人可能是很高贵的野蛮人,但本质上他们还是野蛮人,他们实际上在阿卜杜尔·哈米德领导下享有自治,因此这个国家保持了人们预期一个野蛮国应有的样子。一个土著统治者永远不会被所有部族接受;惟一存在的组织是家族组织和部落组织,没有国家或任何近似于它的东西,尽管可能有一种模糊的反对外来者的共同感情。"② 这家英国报纸希望由奥匈帝国统治阿尔巴尼亚,把这种作法想象为是最令人满意的最终的解决办法。相反,罗马的一家报纸《现代意大利》认为,阿尔巴尼亚有巨大的一致的民族感情,它完全有能力组成一个严密的强有力的国家。"意大利对于在亚得里亚海、塞尔维亚和马其顿之间建立一种良好的、安全的、实际上的联系肯定有极大兴趣。它的兴趣无疑不小于塞尔维亚对这种联系的兴趣……意大利的公众舆论会谴责阿尔巴尼亚与外国的任何合并,因而支持我们的政府努力避免任何这类偶然性,因为一个自治的阿尔巴尼亚会证明是奥特朗托海峡的一个活警卫,是保护交通的一个可靠的哨兵,为了意大利

---

① 《评论季刊》第 228 卷,第 148 页。
② 《当代》第 275 卷,第 810 页。

和巴尔干国家的共同利益，东西方之间的大部分商业将重新经由
亚得里亚海。"①

　　阿尔巴尼亚的岛屿领土有着巨大的意义，因为如果阿尔巴尼
亚变得太小，它在将来就不可能单独生存。另一方面，如果它大
到不正当地蚕食马其顿、塞尔维亚或希腊的合法的期望和目标，
一直支持这些国家中任何一个的列强则无法容忍。伦敦的大使们
绝对的明白这点；因而他们全体一致同意阿尔巴尼亚定界是只有
列强才有资格处理的一个任务。但毕竟这是一个暂时妥协而不是
相互调整的会议，《年鉴》说，正是一次列强的大使会议"负有
调和殖民地及其需求的任务"。② 一个江湖医生主要的工作就是
包扎发炎的皮肤而不是尽力彻底地治好它。贴膏药的目的通常是
掩盖丑陋的肿块并欺骗病人本人。阿尔巴尼亚定界的目的正是如
此。它为了推迟一场全面的欧洲战争而准备牺牲真正的相互调整
和真正的人间正义。"我完全明白，"爱德华·格雷爵士说，"当所
说的这一切来临时，任何一个仅仅是站在地方性的功过立场上，
对地方性事务有所了解的人，都会在很多方面提出严重的批评。
应该记住的是，在达成这一协议的过程中，首要的一点是要在列
强内部保持一致，如果在阿尔巴尼亚问题上能够确保一致，为欧
洲和平而作的最根本的努力也就得到了成功"。③

　　不管怎样，在所有列强间即使仅仅要达成一项协议也不容
易。奥匈帝国决心要为新的阿尔巴尼亚夺回斯库台，因为这个天
主教中心，这个教会学校的大本营所作的事业既对本地的发展有
利，又对奥匈帝国的目标有用。在这一问题上，花了两个月时间

---

①　《文摘》第 46 卷，第 124 页。
②　《年鉴》，1912 年 12 月，第 274 页。
③　下议院辩论，第 56 册，第 2285 页。

才最终取得了俄国人的同意。但俄国人的作为根本不是由于阿尔巴尼亚的缘故；她坚持必须割让足够的领土给两个讲塞尔维亚语的国家：塞尔维亚和门的内哥罗。此外，她要求这些领土中包括普克、普里兹伦、迪布拉和贾科瓦。[①] 另一方面，奥匈帝国不打算用达尔马提亚海岸补偿塞尔维亚，意大利也不打算放弃爱琴海的某些岛屿。奥匈帝国欣然同意了普克和普里兹伦；不久以后也同意了迪布拉。

贾科瓦是北部和东北边界线上有待解决的最后一点。自治的塞尔维亚声称此地从 14 世纪到 17 世纪末一直有塞尔维亚人居住，对任何这类情况不加考虑的妥协是最不公平的行为。但事实是，到 1912 年，占压倒多数的常住人口是阿尔巴尼亚人，尽管在这个城市中仍然有一座东正教教堂。迟至 1915 年，贾科瓦人口的 97% 以上是阿尔巴尼亚人。[②] 这个地理学上的论据理所当然击败了塞尔维亚—俄国人的要求。但奥匈帝国由于在阿尔巴尼亚自治问题上赢得了重大的外交胜利，可能是想到，毕竟巴尔干的政治重建只不过意味着一个过渡政权。她可能认为，多半确实认为，当时战争是不受欢迎的，果若如此，未来的利益对她自己来说就不那么迫切了。因而维也纳受到了德国外交政策的稳健态度的影响。[③] 无论如何，对这一阿尔巴尼亚城市意义深远的割让，解决了北部边界漫长的谈判中惟一未解决的问题。

普克、普里兹伦、迪布拉和贾科瓦——都是主要的阿尔巴尼亚镇市；它们现在都归属了塞尔维亚，塞尔维亚对阿尔巴尼亚土著当然不会有多少容忍和同情。前一年起义反对土耳其的霍蒂和

---

① 《泰晤士报》，1913 年 3 月 28 日，第 250 页。
② 斯坎杜，第 9 页。
③ 亚戈，第 133—134 页。

格鲁尼部族及 5 个马利索拉部族，现在被纳入了门的内哥罗境内，这是一种极为违背人道的作法。划定的阿尔巴尼亚的新边界紧靠山脚。阿尔巴尼亚得到的是岩石和峡谷，还有山洪。夏天，丘陵可能会成为很好的牧场；但在冬天，当大地被白雪覆盖时，绵羊肯定会挨饿，无论它们如何耐寒。商业镇市普里兹伦、迪布拉、普克和贾科瓦周围是肥沃的平原，那里岩石被开采变成了房屋和城市，峡谷展宽成为河谷，河谷又成为农田，山洪到那里变成了河流，——阿尔巴尼亚失去了这一切。"形成了这样一种局面，"伍兹先生说，"即山区的阿尔巴尼亚人实际上是无法生存的。以前习惯于自由自在地从他们在山区的家出发到邻近的市场上去做买卖的男人和妇女，现在为了到仍然属于阿尔巴尼亚的市场上去要被迫走很远的路，这些路程夏天通常要花四五天时间，冬天则不可能成行；或者要在现在属于塞尔维亚或门的内哥罗的镇市里冒被害或受辱的危险"。① 除了商业意义和经济意义以外，这些城市还是这个国家重要的文明媒介。当它们按照自然的和人种学的权利都应属于阿尔巴尼亚时，对阿尔巴尼亚人来说，夺走它们是更为不公平的。

在大使会议签订了北部边界的协议之后，阿尔巴尼亚临时政府不再与世隔绝。三四天以后，1913 年 4 月 1 日，伊斯梅尔·凯末尔·贝为了与列强会谈，乘迪尤·德·蒙庞西耶号游艇离开了阿尔巴尼亚。他从布林迪西出发依次到了罗马、维也纳、巴黎和伦敦。直到 6 月他才回到发罗那。② 在他离开阿尔巴尼亚期间，大使会议和那一年欧洲最大的危机转向了斯库台问题。

斯库台，公元前 10 世纪古伊利里亚王国的首都，只是在克

① 伍兹：《双周评论》第 101 卷，第 462 页。
② 《评论季刊》第 228 卷，第 159—161 页。

里米亚战争之后才受到君士坦丁堡的直接统治；其邻近的山区则一直或多或少是独立的。[①] 斯库台湖附近的肥沃平原是阿尔巴尼亚领土天然的和真正的边界。安南·布赖斯认为，门的内哥罗应该放弃斯库台而从别的什么地方得到补偿，而另一位议员，戴维·梅森，建议门的内哥罗可以仿效奥匈帝国处理波斯尼亚—黑塞哥维那问题的先例；门的内哥罗应该从阿尔巴尼亚手中购买斯库台。[②] 无论如何，斯库台的命运成了列强之间均衡和解与均衡一致的一个组成部分。当民族自治原则恰巧可以为权力平衡的目的服务时，列强一致宣告斯库台完完全全是一个阿尔巴尼亚市镇。

交战各方心意一致的忽视了 1912 年 12 月 4 日的停战；因而，甚至直到 1913 年 2 月初，斯库台的战斗还在继续。与大使会议就阿尔巴尼亚边界问题进行磋商的同时，土耳其在斯库台的指挥官，有部分阿尔巴尼亚血统的侯赛因·勒扎，打算宣布该城属于阿尔巴尼亚。这个计划受到了艾沙特·帕夏·托普塔尼的阻挠；艾沙特并策划了对侯赛因·勒扎的暗杀。[③] 在对阿尔巴尼亚北部边界取得一致意见后，摆在列强前面的任务就是把斯库台从塞尔维亚和门的内哥罗人手中解救出来。发自策蒂涅的一份官方电报表达了门的内哥罗人对列强的态度："为了对门的内哥罗公正起见，应该说明，门的内哥罗的指挥官在三个不同的场合给了外国人离开斯库台的机会；但他们宁愿留下来，就像奥匈帝国的领事决定留在他的职位上一样。尽管门的内哥罗现在实现了奥匈帝国关于非交战人员撤出的希望，她还是对列强宣布，她只能把

---

① 皮科克，第 35 页。
② 下议院辩论，第 52 册，第 2310、2316、2326 页。
③ 《当代》第 302 卷，第 386 页。

奥匈帝国的要求看作对中立的破坏。门的内哥罗希望欧洲记住，
她一直在与土耳其作战，她不明白列强对阿尔巴尼亚边界的任何
决策怎么能改变这一客观事实。"[①]　4 月初,, 当塞尔维亚应列强
的要求把她的部队从斯库台城下撤回时，门的内哥罗继续独自包
围着斯库台。

　　俄国也对尼古拉国王发出警告，如果门的内哥罗继续妨碍斯
库台问题的解决，他就要承担重大的责任。门的内哥罗人的答复
把某些争执归之于"完全忽略了俄国的外交政策"。[②]　门的内哥
罗是一个高傲的巴尔干极端民族主义的孩子；它正打算扎扎实实
地向列强学习。它必须被迫服从他们；为执行领土问题的决定和
使门的内哥罗顺从所采取的措施是一次国际海军的远征。1913
年 4 月 2 日，阿克兰在下议院宣布英国军舰（战列舰"爱德华国
王七世"和巡洋舰"喷射口"）已准备好加入这次海军示威，只
要其他强国也作好了准备。[③]　终于，这一计划得到了决断。甚至
俄国，既是一个大斯拉夫和东正教强国，又在地中海没有战舰，
也在公报中向伦敦解释她的政策说："考虑到伦敦大使会议宣称
在门的内哥罗水域进行一次海军示威是绝对必要的这一事实，俄
国——尽管自己不参加……示威——的看法是，这次示威应该是
国际性的，法国和英国军舰都应该加入。"[④]　五强国的军舰于 4
月 10 日晨 8 时开始封锁门的内哥罗海岸。两个小时后，9 艘军
舰向南出发开往杜尔奇尼奥。还有两条留在安蒂瓦里，即"喷射
口"和"弗朗茨·斐迪南"号。[⑤]

---

①　《泰晤士报》，1913 年 3 月 28 日，第 250 页。
②　《泰晤士报》，1913 年 4 月 18 日，第 309 页。
③　下议院辩论，第 51 册，第 365 页。
④　下议院辩论，第 51 册，第 817 页。
⑤　《泰晤士报》，1913 年 4 月 11 日，第 293 页。

爱德华·格雷爵士声称这一封锁的目的是支持自治的阿尔巴尼亚；制止门的内哥罗的战争征服；解救斯库台的天主教徒和穆斯林。① 但是，半个月以后，那个阿尔巴尼亚城市落入门的内哥罗人手中，变成了整个会谈的一个笑柄，并成为对于所有参与其事的强国的一种斥责。该市在半夜向门的内哥罗人投降。消息于凌晨两点左右到达策蒂涅，是通过王储发给国王的一封电报传来的。消息立即就被公开了，并受到了枪炮齐鸣和教堂钟声的欢迎。但列强的焦虑加重了。欧洲纠纷的前景曾失去其重要性，现在再度引人注目。在各种舆论动向中，有些人认为局势比以前更坏；因为现在只能通过武力驱逐门的内哥罗人，如果奥匈帝国打算单独这样作的话，就很难指望欧洲和平。另一批人认为，由于这一胜利，门的内哥罗人现在可以比较容易不失面子的达成妥协；因而局势有所改善。然而，最普遍的看法是，这一戏剧性的行动没有改变真实的情势，至少列强仍然坚持斯库台不应该脱离自治的阿尔巴尼亚这一想法。人们期待列强施加足够的压力以实现他们的愿望，而完全不必要借助于武力或鲁莽的行为。②

斯库台屈服的原因并不完全为人所知。伦敦《泰晤士报》报道了食品的短缺，特别是面粉。当这个城市被占领时，土耳其人的军火几乎消耗殆尽。③ 后来确定，艾沙特·帕夏是把放弃这个城市作为与尼古拉国王讨价还价的一个条件。根据某种协议，门的内哥罗将得到阿尔巴尼亚德里纳河以北的全部国土，作为回报，尼古拉国王将承认艾沙特为阿尔巴尼亚国家元首。④ 5 天以后，艾沙特在阿莱西奥实际上宣布了他自己是阿尔巴尼亚国王。

---

① 下议院辩论，第 51 册，第 817 页。
② 《泰晤士报》，1913 年 4 月 25 日，第 329 页。
③ 《泰晤士报》，1913 年 4 月 25 日，第 231 页。
④ 达科，第 98 页。

第二天早上，伊斯梅尔·凯末尔·贝离开巴黎前往伦敦，"为了在大使们面前强烈主张他的观点"。[①] 列强现在肯定由于发罗那和阿莱西奥之间存在的不和而为难，并被迫为这一新的情势建立了一个机构。

同时，更为紧迫的事情是把门的内哥罗人赶出斯库台。因为如果要通过战争把这一城市从他们手中解救出来，那肯定是一场欧洲大战，无论列强是团结一致还是互相反对。当然，可能最好的出路是，如果门的内哥罗屈从于列强的共同要求，就不需要战争。为了实现这一最好的调整，不仅必须对这个欧洲的"继父"施加足够的压力，还必须对奥匈帝国施行微妙的外交策略。就在斯库台刚一陷落之后，维也纳所有的报纸都表达了一种观点，即政府应该立即针对尼古拉国王采取积极的步骤，无论有没有其他列强的帮助。[②] 4 月的最后 3 天，人们看到"从维也纳（到柏林）关于紧急军事行动的电报如洪水泛滥"。[③] 德国要求维也纳不要介入，除非与意大利一起行动。俄国驻奥匈帝国大使"乞求"二元王朝避免战争，同时发誓俄国会为门的内哥罗人的撤退而尽力。[④]

另外，据说意大利政府竭尽全力说服她的盟友采取忍耐政策。但是如果真的发生战争，奥匈帝国不会被允许单独行动。意大利把她的利益视为与哈布斯堡王朝的利益同等重要。意大利的公众舆论迅速地转向反对门的内哥罗。艾沙特被描绘为一个"叛国者和普通的罪犯"。当奥匈帝国把她的部队集中到波斯尼亚边境时，意大利向距阿尔巴尼亚最近的意大利港口布林迪西派出了

---

① 《泰晤士报》，1913 年 5 月 2 日，第 350 页。
② 《泰晤士报》，1913 年 4 月 25 日，第 333 页。
③ 《泰晤士报》，1913 年 5 月 2 日，第 350 页。
④ 达科，第 100 页。

整整一个军团，再加上4艘巡洋舰和足够多的其他运兵船。如果哈布斯堡的军队打算经由黑塞哥维那进攻斯库台，意大利一定会让她的军队越过海峡占领著名的发罗那。[①] 这种在阿尔巴尼亚进行的即使不是联合的也是平行的行动看来在这两个国家间达成了默契。甚至最好战的奥匈帝国政治家们，也准备认可意大利的核心地位，而把她排除在这一地位之外，此前一直是哈布斯堡战略家们的目标。如果当时实现了对阿尔巴尼亚的瓜分，意—奥—匈在巴尔干的边界就会是什库姆毕河。

按照利希诺斯基的看法，这次危机本来有可能导致一场世界大战。[②] 但对于门的内哥罗和那一年的世界和平来说，幸运的是，尼古拉国王最终屈服了。就像气候在一周内突然从盛夏变为严冬一样，在哈布斯堡帝国，公众感情状态从狂热的好战转到了极端的热衷于和平。波斯尼亚和黑塞哥维那的戒严令很快就撤消了，"向阿尔巴尼亚进行一次远征的想法已被视为古代历史"。[③]

5月以前，大使们向策蒂涅发出了一份联合公报，要求门的内哥罗撤出斯库台。5月1日得到了反对的回答。在门的内哥罗驻伦敦全权大使M.波波维奇提出正式抗议的同时，俄国驻策蒂涅公使提出了立即从斯库台撤军的要求。俄国人劝告说，假如奥匈帝国进行干预，这个山地小国可能会看到它自己的灭亡。[④] 此外，门的内哥罗迫切需要外国的贷款，不服从列强就意味着得不到财政援助。[⑤] 尼古拉国王不顾其内阁和人民的期望，决定屈服。门的内哥罗人都应该感谢上帝让斯库台落到他们手里，即使

---

① 《泰晤士报》，1913年5月2日，第350页；《展望》第104卷，第132页。
② 利希诺斯基，第10—11页。
③ 《泰晤士报》，1913年5月9日，第372页；5月16日，第393页。
④ 达科，第101页。
⑤ 《泰晤士报》，1914年1月2日，第19页。

只是这样一个极短的时间。他们国家的荣誉和军队的尊严甚至由于这一"无可挽回的国家的损失"而得到提高。5 月 15 日早晨，阿斯奎思在下议院，莫利勋爵在上议院宣布了尼古拉国王的决定。9 天以后的下午，海军中将伯尼开始对斯库台行使权力；由此结束了对门的内哥罗海岸的封锁。①

斯库台问题是 1913 年欧洲最大的危机，因而代表了大使会议最高的最后的努力。"对于斯库台事件我所能表达的惟一情感"，阿兰德先生说，"是一声欣慰的叹息。上星期日（5 月 4 日）对于一位即使只是像次长那样间接有关的人来说，也并不是一个愉快的日子，而我们目前对于斯库台只感到，如我所说，巨大的欣慰，因为关于这个城市的问题不再是欧洲列强间具有威胁性的分歧……门的内哥罗政府应该为了他们自己所得的利益并不少于欧洲的利益而极大的庆幸。如果我可以这样说的话，他们是在大树由于突然爆炸而起火之前爬下了树，这场爆炸本来可能使全欧洲燃起烈火，而不仅是对他们自身不利。"②

斯库台撤军之后，大使会议认为阿尔巴尼亚北部边界问题已完全解决。在大使会议闭幕那天所作的决议确定了南部和东南边界。由一个国际委员会所划定的边界线从斯蒂洛斯角以南的一点出发，划到了奥赫里德湖，把科尔察地区留给了阿尔巴尼亚。这只不过是对希腊所要求的国境线和意大利及奥匈帝国所支持的国境线之间的一个妥协。为了使发罗那不落入希腊之手，希马拉地区割让给了希腊。奥匈帝国，尽管在斯库台问题上施加了压力，却没有做出同等积极的努力来使阿尔巴尼亚保有南部的一片辽阔领土，这是由于一个奇妙的理由，即南方的天主教派是东正教，

---

① 《泰晤士报》，1913 年 5 月 16 日，第 389 页。
② 下议院辩论，第 52 册，第 2326 页。

而占支配地位的外国势力是意大利人。阿尔巴尼亚南部领土的每一点增加，在某种意义上，都会是对高度排他的奥地利势力的一种补偿。无论如何，希腊的注意力绝大部分时间都被吸引在萨洛尼卡；而土耳其在伊庇鲁斯，特别是在亚尼纳的抵抗则是长期的。所有这些共同解释了希腊和意大利在阿尔巴尼亚的冲突为什么不像奥匈帝国和门的内哥罗的冲突那样明显的尖锐。

尽管科尔察、莱斯科维奇、阿吉洛卡斯特朗和德尔维诺等重要城市和著名的港口圣奎兰塔归了阿尔巴尼亚，但阿尔巴尼亚失去了肥沃的希马拉。南部和东南边界的确定并不比北部和东北部更公正或更不公正。在英国议员中，奥布里·赫伯特和瓦尔特·吉尼斯对这一不公正的定界提出了抗议。后者说："事实上，阿尔巴尼亚的人口远远超出了具有希腊民族感情的人口。单单是阿尔巴尼亚族的人口就有225万，加上他们永恒的民族感，足以形成一个强大的、坚实的国家；但如果实施希腊的提案，这225万人口中只有50万会居住在这个新国家的境内。"[①] 那些议员中部分人的争论会使人想起参议员约翰逊、洛奇和诺克斯1919年在所谓的（中国）[②] 山东问题上的言论。雷明顿勋爵说："即使是一个软弱的阿尔巴尼亚也要比完全没有阿尔巴尼亚好得多。"[③]伍德罗·威尔逊看来对"国际联盟"有同样的想法。

1919年巴黎和会收到的成千上万份请愿和抗议电报看来有它们的参照物，模仿了6年以前阿尔巴尼亚人发给大使会议的那些电报。美国各地有3万阿尔巴尼亚人抗议大使会议对于阿尔巴尼亚北部和东北边界不公正的决议。他们驳斥"通过公民投票规

---

① 下议院辩论，第52册，第2304页。
② 括号内为编者所加。
③ 上议院辩论，第14册，第365页。

定南部边界的可耻的希腊提案，因为这样一种投票表达的将不是阿尔巴尼亚人的自由意愿，而是把希腊人的意志用刺刀强加给阿尔巴尼亚人"。[①] 他们请求大使们重新严肃地通盘考虑阿尔巴尼亚问题，给它一个公正的解决。他们的想法表达的很明确，"如果属于我们已五千多年的土地被剥夺，巴尔干将不会有和平"。朗斯代尔、罗得岛、加里、印第安纳、路易斯顿、缅因州、伍斯特和林恩、麻省，还有布法罗和锡拉丘兹以及纽约的阿尔巴尼亚人打给爱德华·格雷爵士的电报，是 1918—1919 年从几乎地球上的每一个地方发给伍德罗·威尔逊以影响他实行自己的"十四条"的电报之先驱。或许爱德华·格雷爵士在毫无正义可言的利己考虑方面不会落后于伍德罗·威尔逊。不顾来自布加勒斯特、发罗那、索非亚和美国许多地方的抗议，[②] 亚尼纳根据"征服权"割给了希腊。

1913 年大使们肯定很难对付富有外交手腕的希腊人。在征服之后，希腊的军官们在阿尔巴尼亚施行了高压和强制手段，以迫使土著居民签署假宣言。外国报刊的记者常常被邀请出席严密安排好的群众集会。事先由希腊官方准备好这些会议的决议，向完全不懂希腊语的听众宣读。天真的外国记者们证实了这些决议，然后把决议作为土著阿尔巴尼亚人的真实意见发往伦敦。[③] 当时头脑简单的德国大使会上了狡猾的希腊人的当是不足为奇的。在他看来，"大部分阿尔巴尼亚人是希腊人。南部的城市完全如此；大使会议期间从重要城市到伦敦来的代表是为了实现与希腊的合并"。[④]

---

① 斯坎杜，《伊庇鲁斯的人口》，第 53 页。
② 同上书，附录。
③ 切克雷兹，第 95—96 页。
④ 利希诺斯基，第 6 页。

　　尽管会议的结果并不公正，但必须说，爱德华·格雷爵士在会议上取得了个人的成功，他与大使们的友情和他克服困难的技巧都应该包括在内。由于和平在当时既是对英国的最高要求，又是英国本身所需，由于英国不喜欢为了阿尔巴尼亚的争端发生战争，爱德华·格雷爵士把他的全副精神集中到会议事务上。他如此忙忙碌碌地把时间花费在大使们身上，以至多次不能在议会亲自回答问题。[①] 他有足够的聪明，以会议主席的身分采取了相当中立的立场。由于他对自己是一个"诚实的中间人"的说法没有引起其他列强的怀疑，它们允许他维持和平，只要和平也合它们的意。此外，爱德华·格雷爵士有全体国民的同情和支持。他可以作为一个由团结一致的人民授权的全权大使在会议上发言。全世界都知道，他不是代表这个国家的一个党派说话；这种权力使他打算做的每件事都受到了重视。博纳·劳先生说："从来没有一个外交大臣在危机时刻受到更少的国内发生的事情的妨碍……总的来说，我认为他从他的国家所得到的支持几乎要比过去任何一位外交大臣得到的都多。"[②]

余　　波

　　大使们的会晤在列强关系发生危机的时刻确实有很大的作用。但是，由于这些会晤所提供的便利，在有争议的问题上达到的一致中，可能有一些根本没有达成一致，或者可能没有及时达成一致。大使们当然会催促签署结束第一次巴尔干战争的伦敦和平条约。他们只是暂时解决了阿尔巴尼亚问题，他们也没有帮助

---

①　下议院辩论，第52册，第2324页。
②　下议院辩论，第56册，第2298页。

维持巴尔干同盟。不仅第二次巴尔干战争随即爆发，而且就在一年以后爆发的不可避免的欧洲战争，也主要是由于塞尔维亚和哈布斯堡王朝之间的失调。大使会议对阿尔巴尼亚所做的安排带有主要对亚得里亚海问题感兴趣的列强的私利痕迹。只在很短的时间内，实践的检验就揭示了这些安排的虚伪性和肤浅性。伦敦会议仅仅是个江湖医生；大使们和爱德华·格雷爵士没有彻底治疗阿尔巴尼亚痼疾，反而造成了一种急性败血症，这就是 1914 年欧洲的命运。

江湖医生提供给阿尔巴尼亚的东西只不过是具有独特的国际委员会形式的无用的膏药。1913 年 9 月，共有 4 个委员会。分别为北方和南方设立了两个边界委员会。海军委员会由海军中将塞西尔·伯尼爵士主持，管理斯库台及其郊区。9 月底，就在希腊和塞尔维亚的边境地区开展一场传道煽动，塞尔维亚人向到他们原有的市场上交换商品的阿尔巴尼亚人开枪射击的时候，为全阿尔巴尼亚设立的国际监督委员会在发罗那召开了第一次会议。① 它实际上只是一个领事委员会。M. 克拉伊维斯基是法国驻斯库台的前领事；哈里·H. 兰姆是同一地方的前英国副领事，后来是萨洛尼卡的总领事；海军准将 A. 莱昂尼是前巴斯蒂亚的意大利总领事；J. 温克尔博士是前的里雅斯特的德国总领事；俄国的 M. 佩特雷耶夫是俄国驻伦敦大使馆顾问，但也是驻莫纳斯特的前领事。奥匈帝国迟迟任命的代表，何·亚里士多德·彼得罗维奇，是驻发罗那和亚尼纳的前领事和驻亚历山大的总领事。②

英国于 12 月提出了一条妥协线；以此为基础，经其他列强

---

① 《年鉴》，1913 年，第 356 页。
② 《泰晤士报》，1913 年 10 月 3 日，第 793 页。

同意，边界委员会结束了它们的工作。这样确定的阿尔巴尼亚从北到南只有 180 英里，从西到东 85 英里，一共 11000 平方英里，约 80 万人口。[①] 半年以前，就在门的内哥罗交出斯库台之后，阿兰德曾在议会宣布，阿尔巴尼亚将"完全独立的与所有其他强国共处，像其他强国一样独立的生存，并且能够实际上以我们所希望的与其他巴尔干国家同样的方式享受未来的发展和未来的文明进步"。[②] 现在，阿尔巴尼亚领土相当大的一部分和其人口中的大部分被从树干上如此切割下来，可以说，嫁接到了门的内哥罗、希腊和塞尔维亚上面。这就是欧洲人的手艺，用诱惑刺激侨民促进这个新国家的福利。这只不过是列强在柏林会议上的阴险行为的一个重复。当然，同样有害的结果很快就会出现。

与柏林会议十分相像，伦敦大使会议采取了江湖医生的手法。它努力获得仅仅一瞬间的和平；它不打算根治溃烂的伤痕。正如爱德华·格雷爵士所说："欧洲会议为它自己树立了一个目标，即使战争局部化，一般说来，我认为，这次欧洲会议是明智的，它使自己达到了这一目标而又不超出这一目标。"他采用江湖医生手法的理由，如他所提出的，是"更多的努力有可能危及整个会议"。[③] 有一个关于新的阿尔巴尼亚边界的书面协议；但甚至英国对维持阿尔巴尼亚的法律和秩序也不承担任何责任。[④] 列强没有做出任何努力去研究居民的利益，而只是为这个新国家寻求一个统治者，对这个统治者的选择应该使来自他们自己内部的任何反对降到最低程度。最后，他们同意接受一位有着无可非议的名望，出身于一个非常古老的家族，但一点头脑也没有的亲

---

① 伍兹:《战争的摇篮》，波士顿，第 156 页。
② 下议院辩论，第 52 册，第 2325 页。
③ 下议院辩论，第 56 册，第 2294 页。
④ 下议院辩论，第 63 册，第 1965 页；第 65 册，第 6 页。

王。让威廉·维德亲王作为阿尔巴尼亚的统治者，这一选择于
1913 年 11 月 23 日正式通知在发罗那的临时政府。[①] 这位漂亮
的、身材高大的、威严的亲王，对于他未来的治理一点也不担
心。他似乎认为一旦他戴上了王冠，他会凭着本能了解阿尔巴尼
亚人。1914 年 3 月 7 日，他几乎是未经宣布就溜进了他的新王
国。他就像一个希望避开警察注意的政治流亡者一样悄悄进入这
个国家。在塞—奥—匈战争宣战之后，作为另一场阿尔巴尼亚暴
动的结果，他被赶出了都拉斯，他作那个国家的名义元首没有超
过半年。

　　实际上，从 1913 年 8 月大使会议结束，到第二年欧洲战争
爆发，阿尔巴尼亚历史上这灰暗的一章正是动荡不安的政治局势
中国际阴谋所犯的罪行。作为对 1912 年 11 月阿尔巴尼亚独立
和中立宣言的回应，土耳其首席大臣警告说："如果阿尔巴尼亚
想要依靠奥地利或意大利，让她不要忘记……克里米亚的先例，
后者的独立成为完全隶属于俄国的序曲。"[②] 这个微不足道的小
国一方面受到被希腊和塞尔维亚瓜分的威胁，另一方面又有被意
大利、奥地利和匈牙利分割的危险。大使会议没有帮助她为她的
民族独立建立一个强壮坚实的基础。给予阿尔巴尼亚的选择是羊
羔式的选择：她必须决定是应该去找羊毛商人，还是直接到狼那
里去！从一开始，意大利的政策就显示出是一柄双锋宝剑：分裂
塞尔维亚和门的内哥罗，并使奥匈帝国受挫折。不知为什么她宁
愿让斯库台归门的内哥罗，也不愿让它落入奥地利或塞尔维亚之
手。事实上很可能意大利是让那个阿尔巴尼亚城市投降的首席设
计师。艾沙特·帕夏和尼古拉国王之间的谈判是通过意大利领事

---

① 《泰晤士报》，1914 年 1 月 2 日，第 19 页。
② 《评论季刊》第 228 卷，第 157 页。

馆进行的。几个月以后，当艾沙特被荷兰宪兵拘捕时，又是意大利要求释放了他。在罗马他被授以勋章。他是意大利阴谋的一个工具。[①]

艾沙特也是塞尔维亚阴谋的一个工具。塞尔维亚人通过他向来自迪布拉的难民许愿，作为驱逐威廉·维德亲王的报酬，将会把迪布拉还给他们。与希腊在法国的支持下进攻科尔察的同时。意大利和塞尔维亚发起了反对维特的暴乱，可怜的阿尔巴尼亚人在列强的虚伪面前茫然不知所措，被各种相反的命令弄糊涂了。单纯的阿尔巴尼亚人不懂得列强通过国际监督委员会表达出来的意图。克拉伊维斯基在斯库台陷落之后，立即告诉 M.E. 德拉姆小姐，法国不会允许阿尔巴尼亚存在。[②] 一位意大利上校参加了所谓的都拉斯革命。当艾沙特进入那个城市时，由于他直接从塞尔维亚来，他受到了意大利的代表海军准将 A. 莱昂尼的当众拥抱。

伦敦大使会议没有帮助维护巴尔干同盟的远大目光。通过对阿尔巴尼亚的贬低、剥夺，使其不完整，他们做了一件每个人都最希望的事——即，巴尔干的均衡和稳定——非常难以做到的事情。没有经济上的解放和自由，大使会议之后的阿尔巴尼亚仍然是欧洲脚下的足球，是国际阴谋的温床。大使会议也没有对萨洛尼卡事务作出安排，对于它的所有权的争议实际上破坏了巴尔干同盟，并且导致了自相残杀的第二次巴尔干战争。欧洲关于巴尔干的外交决非有效和有力的。1878 年的柏林会议和 1912—1913 年的伦敦会议都只不过是对在巴尔干建立一个联邦的希望不利的工具。欧洲列强从来不会克制他们自己的利益；除了少数例外，

---

① 《当代》第 302 卷，第 386 页。
② 《当代》第 302 卷，第 387—388 页。

他们在缔结或帮忙缔结一个以后会引起国家之间无穷无尽怨恨的单方面的和平方面也从来没有失败过。

阿尔巴尼亚问题并没有正当地解决，所以实际上也没有根本地解决。在 1913 年 5 月 5 日门的内哥罗国王放弃斯库台之后，大使会议上的紧张气氛立即得到了缓和。但在海尔·冯·亚戈预言性的评论中，威胁着欧洲的危机只是暂时消失。他告诉当时法国驻柏林大使 M. 朱尔斯·康邦，列强是在一个山地区域旅行。他们刚刚到达一条困难的小径，他们已经看到了他们眼前矗立的其他山丘。① 在第二次巴尔干战争之后，巴尔干同盟，能够保证巴尔干一方面独立于奥匈帝国，另一方面独立于土耳其的惟一力量，受到了令人绝望的损害。不共戴天的仇恨和渴望复仇的种子已经在巴尔干播下；这使欧洲有了进一步的机会玩弄阴谋诡计和进行干涉。此外，塞尔维亚此时增加了巨大的权力；南部斯拉夫民族主义日益威胁着二元王朝的生存；萨洛尼卡，很久以来就是奥匈帝国政治家的目标，现在成了希腊人的财产。如果巴尔干战争的结局不能改变，泛德意志主义对于一条柏林—拜占廷—巴格达铁路的所有梦想都会淡化为稀薄的空气。从那一刻起，扭转这些状况肯定就成为奥—德政策的主要宗旨。

塞尔维亚和奥匈帝国之间的战争在 1913 年不只尝试了一次。② 就在布加勒斯特条约签订后仅 3 天，哈布斯堡王朝就向意大利试探了与塞尔维亚进行战争的可能性。这一建议被拒绝了，理由是三国同盟没有进行这样一个入侵行动的企图。③ 如果意大利联合哈布斯堡不许塞尔维亚人共享亚得里亚海，M. 焦利蒂自

---

① 《法国黄皮书》，第 3 册。
② 《泰晤士报》，1913 年 10 月 24 日，第 851 页。
③ 《塞尔维亚蓝皮书》，第 2 册。

然是不能容忍的，而且更大的忧虑是，奥地利人会取代塞尔维亚人在阿尔巴尼亚的影响。尽管如此，简单地说，在11月底，德国皇帝对战争的态度发生了转变，军方在柏林大获全胜。[①] 威廉二世一直使德国的火药保持干燥，但现在他以德国人特有的保密、守纪律和固执的性格加速了备战。德国一直在期待一个好机会，一个令人满意的战争借口；当第二年6月这一机会终于出现时，当斐迪南大公和他的妻子在萨拉热窝遇刺时，德国为了向东方挺进这惟一的原因毫不迟疑的支持二元王朝。当这个糟糕的消息到达阿尔巴尼亚时，都拉斯即将被叛乱分子占领，希腊正在涌入南阿尔巴尼亚，在他们所到之处杀人放火。在阿尔巴尼亚的战斗根本不是阿尔巴尼亚的战斗，它只是列强为占有近东和通往远东的通路的大战役的一个组成部分。

（原载《陈翰笙文集》商务印书馆1999年版

史建云 徐秀丽译）

---

① 《法国黄皮书》，第6册。

日本在中国南端省份的渗入

南 进

日本的扩张力量渗入中国南端省份悄悄地进行着，虽无日本势力侵入整个华北和东北明火执仗的声势，但现在已经到了不容忽视的阶段。有关日本国民权益问题和中国当局征收各种捐税问题的争端事件不时爆发，如最近在厦门、汕头及北海发生的事端均非孤立的现象。他如有关邻近的台湾岛及东南亚各国的活动也并非无一定目标的。凡此种种综合观之均暗示日本已在发动旨在以一种或另一形式扩张其势力于日本帝国之南的整个各区域。

所谓"南进"的目标迄今尚不如在华北的动向明确。但过去几年中的事件，尤其是今年年初日本发生内部骚乱以来，颇使人有理由作出结论，即日本的北向和南向扩张正得到几乎相等的重视。满洲国的发展未能如当初策划者鼓吹循此方向扩张所预期的那样顺利。① 为了抵消这项失策并为满足日本国内某些人长久以

---

① 见《远东研究》，1935 年 11 月 20 日，第 182—186 页；1935 年 12 月 18 日，第 198—205 页；1936 年 3 月 12 日，第 51—58 页。

来感觉日本作为强国的国运要求广泛得多的扩张宏图，已采取多种步骤一方面将华北纳入日本的轨道，另方面向南伸展其经济和政治势力。

在这里我们不需研究所谓"南方"究竟含义为何。许多人认为这个词包括整个马来半岛，荷属印度，菲律宾，新几内亚和梭（所）罗门群岛——这广袤的热带地区生产的麻约占世界产量的94％、橡胶约占85％，除拥有大量的食糖、锡、茶叶和烟草外，还拥有巨大的原油和铁的储备。这种原料资源，加上满洲国生产的小麦、纤维、煤炭、羊毛和华北的棉，将使日本从自给自足和掌握自然资源的观点来看成为世界上最强大的国家之一。

对 中 国 的 威 胁

不论所谓"南进"究含何义，至少日本在目前的主要表现是在中国南端省份进行活动。而就中国本身来说，这类活动将给它的国民经济带来灾难性的后果，其终极目的不外于征服或瓜分这个国家。来自北方的冲刺之外，再加上在南方获得立足地的企图——以福建省作为渗入点，以邻近的台湾省作为行动基地。

更具体地说，日本渗入——从这个词的广义来说——中国的东南部分的行动表现在以下各方面：（一）将台湾发展为行动基地；（二）在福建利用治外法权获得土地，保护罪恶行为，伸张日本的警察系统，进行高利盘剥；（三）最近计划从日本和台湾向福建和广东移民十万人；（四）图谋获取有特殊战略价值的中国领土；（五）为攫取福建和广西矿产资源控制权的部署；（六）沿东南海岸线增进航运权益的活动越加频繁；（七）扩大有组织和大规模的走私活动；以及（八）对自治运动的利用。前四种表现可列为主要是政治性的活动；后三种是经济性的；而最后一种则是为巩固前七种渗入作法所获致或可希冀的成果。

基 地 台 湾

发展台湾成为在大陆上进行活动的基地之事已载早先一期的《远东研究》(1935 年 12 月 4 日,第 195 页)。早在 1935 年 9 月据悉台湾十年发展计划的三个目标之一已被直率地宣称为"协助发展日本在华南和南海利益的政策"。从那时起发展极为迅速。最近的报道指出,整个岛屿正在迅速军事化,或至少是将发展的重点放在军事方面。除已有现代化的公路系统外,又在建造双轨铁道,密集的能容纳整个空军中队的飞机场,和在岛的南端的新港。台湾将配备一支 25000 人的防卫部队和日本第二、第三舰队联合组成的海军力量。目前该岛的经济和军事中心正由北部移向南端。

最后一点值得注意的是,几周以前小林海军大将被任命为台湾总督,同时此岛的首脑级别已提升到与朝鲜总督和派驻满洲国的大使相等。据官方解释这次升格是为了促进集权并使殖民当局在此岛的经济发展方面行使更广泛的权力的一个必要措施。但日本国内的报界和许多著名作者的解释都说这一措施的目的是使南向扩张运动与入侵北方处于同等重要的地位。以后这一总督职位必将由一位海军大将来充任自不待言了。

利用治外法权作为间接而极重要的渗入手段,已在中国东北三省作出明确的先例。日本目前正在满洲国放弃一些治外法权。但是 1931 年以前在中国东北的成千上万的朝鲜人曾使用这种特权作各种活动。时至今日,台湾人正以官方或半官方形式被遣往大陆,并在那里得到日本政府的支持和所谓"保护"。

双 重 国 籍

在厦门一地有不下 15500 名中国籍居民由于他们曾在台湾居住过一个时期从而成为日本的国民。按照中国法律，他们仍被认作是中国公民，因而有权在福建租赁和拥有土地。日方辩称这些具有双重国籍的人，即华籍台湾人，继续享有治外法权却又不受中国禁止外国人拥有土地的法律拘束。此外，他们还享受日本领事警察的保护，这类警察经常在厦门和汕头越出租界边线活动，表面的借口是在协助中国警察维持秩序。

最近几个月来，特别引起了人们关注的是，据报道日本人和台湾人在厦门经营的咖啡馆、舞厅和典当日益增多。如果说治外法权问题对双重国籍居民是个难点，那么对于单国籍人——即作为日本国民的台湾人，更为困难。极为明显的证据表明治外法权是为了保护妓院、赌场和淫猥表演等的经营者。

有关这个问题可以引述一个由负责的中国和美国人士组成的委员会所作慎重调查的结果，调查报告发表于著名的专载在华基督教传教工作的《中国纪事报》3 月号。报告说"在台湾人中有许多体面的守法公民，他们经营顺利和中国邻居的关系极为融洽。但是前几年在福州和厦门愈演愈烈的骚乱，则来自另外一些完全不同类型的台湾人和日本国民，他们都生活在日本领事馆的保护下，从事烟馆、赌窟和妓院等非法营业。在有些事件中，涉及的是中国人归化入日籍的日本公民，在较多的情况下，店员是中国人；但绝大部分掌权和有势的是台湾人。"

罪 恶 经 营 的 扩 展

本年初同一来源的报告说，在福建的两个最大城市福州和厦门中，日本人和台湾人拥有或控制的鸦片烟馆有 642 家。最近本人又从报告的作者处获悉这数字已增加到 782 家。该委员会掌握了全部的事实——包括地址、营业种类、日籍或台湾籍老板或经理的姓名等——不但包括上述 782 家烟馆，而且还有近 100 家的赌场和众多的妓院和当铺。在省会福州，烟馆的数字与厦门相同，只是日籍和台湾籍的妓女要多得多。

引述这些事实不单单是为了进行改革。目的在于指出这巨大规模的有组织和受保护的罪恶活动的存在，它完全无视中国警察的管辖权。这意味着什么是很清楚的。这些不法分子自然喜欢这种可以得到保护，和积极的实质支持以及制造各种"事件"的状况。他们被利用和所起的这类作用在远东肯定不乏先例。

同一组织的调查者还在《中国纪事报》中透露日本警察扩展管辖范围的作法，这和美国闻名的"保护勒索"的某些方面颇有相似之处。若干中国企业，例如自来水公司和电力公司被迫雇用日本警察或台湾管事人。被迫雇用的原因在于只有这些当局才能防止日人或台湾人偷电、偷水或偷窃任何其他财产，不论是为他们自己或为中国犯罪分子偷窃。这种事态不仅表明外国统治权的扩展，而且还招致执法的无能，这方面目前即使没有外来的威胁，也已经软弱无力了。

保护下的重利盘剥

还需要提及另一种形式的治外法权特权的滥用，这是因为它的规模之广也已成为一种渗入的形式。日人和台湾人都在重利盘剥上大发横财，这见于福建省，特别是在福州和厦门。重利盘剥制度在中国的为害已在本刊早先一期上有所叙述（1936年3月25日，第63—68页）。日人和台湾人经营的当铺——在厦门一地约有200家——为害更烈。这些资本的一千银元的当铺均在当地的日领馆登记备案。日领馆庇护下的这些当铺可以自由收购赃物和形形色色的劫掠物。这些物品的原主在费了很大的周折查明其下落后只能在拍卖时买回原物，而当铺则从中取得了暴利。

还可以补充说一下这些日本和台湾质当铺规定的月息约为20%，赎期常以两个月为限，它们能以如此苛刻的条件经营获利——面临着月息仅7%—8%并以较高贷额收进质物的中国当铺的竞争——就极能证明它们收进的质物性质了。凡这类当铺所到之处，犯罪行为就上升。

不 法 借 贷 行

日本人和台湾人还在经营着一种发达的贷款业务。在厦门一地他们拥有60家以上这种收取日息的所谓借贷行。规定的手续颇耐人寻味。借贷人必须具备三个相互联保的保证人。每次借款均明确规定日息，并在贷款中预扣全部应付利息。借贷人逐天还本。短付一天就要承担规定的罚款，缺付罚款，罚上加罚。规定偿付期届满时，全部贷款必须清偿，否则加算利息。

试举例说明如下，言明贷款十元，息额一元五角，贷款人实得八元五角。借期订为四十天，每天还款二角五分。如贷款人不能在四天内偿付一元，罚款十元。罚款就加在贷款额上，另按新率起息。

当然，就中国法律而言，这种超高利贷是非法的。事实上其非法性使得大多数从事经营的中国行家不得不倒闭，或仅能苟全。而日本和台湾的借贷行则在治外法权的保护下可得到日本警察的协助使贷款契约均能履行。

殖　　民

另一种较上述各类行径更为直接的渗入方法就是断然的殖民措施。这对以城市为居民点来说还不是不可少的，因为治外法权存在的本身就足以吸引有创业精神的国民。现在台湾已集资5000 万日元成立一家拓殖会社。这组织在 10 月 10 日开业，它宣布的目标包括调查、投资、建设和殖民。这家新会社除在福建和广东建立农业和渔业的新企业外，还计划在五年内从日本和台湾移民 10 万人至东南海岸。这一行动在某些方面显然配合了近年来可看出的总动向，即鼓励朝鲜人移民满洲国，日本人移民朝鲜。它与北方的渗入也有联系，据报告这开发华南资源的台湾公司要求和日本南满铁路最近为开发华北资源而成立的黄中公司通力合作。

在福建的两个沿海战略区，厦门和平潭，日本已在各种租赁的名义下获得大片土地，目前似乎还在全力以赴谋求完全占有汕头以东位于广东与福建之间枢纽地带的南澳岛。在过去一年中，日本的特务人员积极在资金上协助约 7000 名破产渔民和农民移住台湾从事矿业和农业劳动。与此对应的是，可以享受治外法权的台湾人则被鼓励移居南澳。这种居民的交换似乎不可能以经济理由作为解释。

日本对铁矿的需求

在另一显然不同的领域里，日本的活动也是值得注意的。如所已知，近几年来日本大部分活动的幕后动机为占有原材料的来源（见《远东研究》，1935年2月13日，第17—21页及1936年1月15日，第9—14页）。其中尤以铁矿为最重要，日本、朝鲜和南满铁矿年总产量最多为170万吨；从中国的安徽和湖北，加上马来群岛各国和菲律宾的年进口量至多为190万吨。而日本生铁工业的冶炼能力已接近300万吨，为冶炼300万吨生铁，至少需要540万吨中级矿石。这就意味着有必要经营在某些地区再找到额外的180万吨矿砂。而战时需要很可能提高到350万吨。

这种形势的另一因素在于日本企图保留它国内较少的铁矿资源，据公认如充分开采将在数年内告罄。事实上减少日本国内矿产量而增加劳动力价格较低廉的殖民地区的产量可从最近15年的统计资料得到佐证。1928年在日本可供开采的74座矿井中，有62座处于保留状态。受到影响的钢铁企业得到了补助金和免税进口铁砂的配额。保留矿源和增获矿砂以应日益增长需求的努力可从中国南京出版的《矿业周刊》才发表的数字得到说明。这家周刊仅说湖北大冶铁矿于1935—1936年对日输出了60万吨铁砂。这个数额接近经常出口额的两倍。而且为了在下一年提供70万吨铁砂正在议订新合同。

安 溪 的 潜 力

所有这些足以说明日本正对福建省安溪矿山的潜力所表现的兴趣。去年春福建省建设厅请求日本驻福州总领事馆推荐日籍工程师和专家参加对安溪矿的实地总勘察。去冬组织实地勘察就绪后，人员中有 18 名日籍专家和几名日籍助理员，大多数来自南满铁道会社。勘探工作分为四个部分：钻探、矿坑测察、铁道规划和港口研究。后者的任务是寻求或建议铺设铁路，以便将矿砂运到海岸并勘定开港地点以利运输。发展水力供开矿用电的可能性亦经研究。

全部工作尚未告竣，但若干初步勘察结果已经发表。据查明安溪地区的总储藏量至少达 4800 万吨，矿质极佳。湖北和安徽矿的铁含量为 50%，而安溪矿的铁含量为 67%。安溪产品中仅有 3% 的镁含量，而硫含量少于 1%。据估算开矿和将矿石运到海岸约需华币 3000 万元。一些省政府高级官员已表示由于福建生产的炼钢用煤质量低下和数量不足，矿砂准备售与日本工厂，售价约华币 10 元一吨，包括矿税 1 元。

中国的一个严重问题

日本谋求从中国获得尽多的矿石以补国内储量的不足已是不争的事实，但从中国的观点来看，矿藏量本不充裕，一旦实施长期和健全的工业化规划时，这些也是急需之资源，岂可弃舍。将来日本如在经济控制之外加上政治控制，事态将更为严重。尤有甚者，福建省政府在整个开发计划中所起的作用也不是没有反对意见的。当局必须采取特殊措施以防止为反对日本介入安溪开发而起骚动和示威游行，并对参加工作的日籍专家予以保护。为此已派出省保安队的整个第五团护送勘测队，并向公众说明开发规划的"真实目的"。

同时日本拟还着眼于在广西获取新的矿源。最近来自远东的报道称住友银公司已经决定投资 1500 万日元于广西的采矿业。

今年初有一名谢大江的台湾人受托与省当局谈判在该省开设一家中日合资公司开采铁、锡和镁矿。该省还和大连和天津设立办事处的黄中公司进行磋商与合作。甚至现已宣布要在台湾设立一个广西矿业公司的分支机构，因为正如福建一样，预计本地出产的原矿将运往台湾冶炼。

航 运 竞 争

渗入的迹象也见于日本图谋对东南沿海的航运取得更大的控制。日船的运费率使日本、英国、中国和其他国家航运业间的竞争更形激烈。据悉大阪公司正在考虑大幅度降低货运水脚，使之仅达中国轮船航运公司运费之半。大阪公司已派出代表和华商谈判订立三年或五年为期的货运合同。这家公司已从汉口、芜湖调拨来两艘轮船到厦门和汕头承担货运，其目的在于揽去较多的货运量，年度货物值至少可达 1 亿元（中国银元）。

应更指出，在航运上特别难以区分普通的商业策略和政治性渗入。在通常情况下日本夺取中国东南部的航运可以仅看作是商业经营。但是如与指向同一目标的其他因素联系起来看，则额外的企图又昭然若揭。这些其他因素有的已在上文概述。另一正在引起极大关注的伎俩为北方的走私活动（见《远东研究》1936年5月25日，第110—111页；1936年6月3日，第115—122页；和本期，第238—239页）。

大 规 模 进 行 走 私

华南的走私活动并不局限于某一港口，但汕头是公认的走私中心。在福建和广东两省可以看到两种走私方法。首先是由日本人、台湾人和一些华人严密组成的大规模的走私公司。走私项目常是食糖、火油、水泥、火柴和海味等高税商品。使用的运输工具是汽艇、帆船和渔船。第二种方法是利用个人经营的正规运输渠道，多为个人经营。通过海员和旅客带进中国口岸大量的布匹和各类杂货。几个星期以前英商《字林西报》的一位通讯员报导："每当一艘从新加坡满载中国归侨的船到厦门之际，中国警宪和关员执行职务时威风凛凛，颐指气使，不可一世，而当一小小的台湾船到来时，他们却噤若寒蝉，奉命惟谨"。

汕头之所以在走私活动中处于关键位置是由于它是人口极为稠密的汉江流域地区的门户，这地区为走私物品提供了良好的市场。这里的活动基地正是附近的南澳岛，前已提及此岛有可能用作海军基地。人所共知岛上以及大陆附近地区的穷苦农民、渔民多收容日籍或台湾籍的"女婿"入赘，按月收取这些"亲戚"交付的酬金。

对 物 价 的 打 击

遗憾的是大规模走私对中国的金融和工业的危害，其程度如何尚乏统计数字，即就汕头一地而言也无可靠的数据。但可以通过每担18—22元（中国元）的非走私食糖价与每担10—12元的走私食糖价以及每箱42元的上海制火柴价与每箱约21元的走私火柴价的比较看出走私之害。五月间广东糖厂的半数已关门大吉，而在目前事实上已全部停业。

走私也波及货物的输出。出口征税的食盐和大米从广东和福建经由广州湾和厦门走私外运。由于大米走私严重福州的米价去夏从华币8元上升到12元。内地若干地区的食粮价格也同样上升。

"自 治 运 动"

正如在北方走私以及其他各种的直接和间接渗入方法均伴随着所谓自治运动，目前在南方的几种活动也将采用类似的运动加以巩固。早于 1915 年日本即在著名的二十一条之一中提出将福建省划入其势力范围。今天看来将通过"自治运动"的新手段来达到这同一结果。近日中国报纸报道臭名昭著的高义已接受日本的财政援助以便在闽南组织所谓自治运动促进会。著名的日本泛亚主义倡导者松井将军途经福建去两广时"受到了高义的盛宴接待"。

据悉在厦门和鼓浪屿有另一秘密结社进行着同样的工作。定名为"福建自治委员会"的这个结社派遣了很多特务去内地鼓动自治。这些特务在漳州和泉州尤为活跃。不久前曾有数名匪首在平和地区办起了"自治军"，当其中一人林振群为中国政府军所逮捕时，日本总领事要求中国当局将他释放。在滨海另一名为新化的地区，又一匪首江天泽正在组织一支"忠义救国军"。所有这些与日本在北方进行的各种活动何其相似！

终 极 目 标 何 在

这里特再重申，很多上述的活动是可以解释为正常的经营活动，在一般情况下并不特别引人注意。但是将这多方面的经济活动联系到其他具有突出政治性的活动，并和华北的类似行动和最近整个的中日关系史合起来看，其政治倾向是昭然若揭的。在正常情况下，日本与中国之间发展较密切的经济联系无疑对两国都有利；但是凭我们所了解的这些阴暗事件，就不可能将眼下发生的事称之为自愿合作和互利活动了。恰恰相反，日本目前在南方的所作所为正如它在华北的活动一样，将给中国的经济和政治生活带来灾难性的后果。不论日本决策人士心中如何打算，通过南北并进而使整个中国置于公开或隐蔽的日本统治下，也不论将华南看作是日本势力扩张到整个东南亚的基地，这在决定未来局势发展的重要性上，无疑是不及日本扩张主义内部的强制力量以及必然引起的巨大的反对势力。

（原载美国《远东研究》第 5 卷第 22 期（1936 年 11 月 4 日）

卫宝瑛译　杨小佛校）

中日战争的经济背景

　　自从目前的中日战争爆发以来，日本一些主要日报的社论一再声称是中国军队挑起了侵略。它们用与日本政界领袖如广田首相、荒木将军和德川亲王之流同样的腔调说话。按照它们的说法，如果中国保卫自己的领土，就是对日本的侵略；如果日本攻击中国，就是日本的自卫。去年 11 月 1 日，大阪《每日》和东京《日日》的高石先生在纽约接受了采访，他从日本来会见美国新闻界人士并阐述日本的战争观。这位著名的新闻记者和日本非官方使节再一次坚持说，这不是一场日本人进行的侵略战争，而是由共产主义引起的战争。他的原话是："全日本都知道我们不是为任何物质而战斗，这是一场精神战争。"

　　这场所谓的精神战到 12 月中旬已经杀死了 425000 中国人和至少 35000 日本人。与上一次欧洲大战相比，由空袭造成的死亡正在骇人地增长。如同千百万中国城市居民所看到的，日本炸弹落在了人口密集的居民区，远离任何有军事价值的地点，造成了极为恐怖的死亡和破坏。日本飞机并不总是在 8000 英尺上空飞行，在没有防空火力的地区，它们常常低飞并使用它们的机枪，不仅瞄准英国和其他国家的外交官，而且更多的是对准村庄里的平民和红十字会的列车。载有拥挤的难民的河上的帆船和海上的渔船受到同样的机枪攻击。成群结队的背着孩子的农家妇女，正在遥远的内地山坡上割草，突然遭到日军飞机上发出的子弹的扫射。这就是日本的精神战争吗？

　　就像在欧洲和北非的侵略者一样，在中国的日本侵略军也唱着反对共产主义的调子。但他们所说的共产主义适用于任何民族政治独立运动。尽管我们的南京国民政府与中国红军作战的几次主要战役花费了至少3亿元中国货币，日本对亚洲大陆的入侵和日本在中国的侵略却实际把中国的布尔什维克变成了热诚的民族共和主义者，中国红军为了保卫国家而进行了改编。日本报纸暗示说中国新疆省的土耳其斯坦正在被苏联共产化，国民党领导人之一陈立夫最近曾到该省旅行，他对此作了断然否定。"日本指责中国正在变红，"陈立夫对《纽约时报》的一位记者说："乃是一派胡言，是为了得到西方，特别是意大利和德国的支持。"把精神战争当作前提，法西斯日本的外交官们尽了他们的全力制造一片烟幕，但结果，正如一句罗马格言所说，"事实总是事实"。

　　下面就是历史事实。日本的帝国主义制度不完全是一种经济制度，它首先是掠夺性的和军事性的。作为上一次中日战争结果的中国战争赔款，成了日本资本主义发展的一个温床；但由于这个岛国自身的工业化不足，缺乏充分发展的国内市场，再加上迫切需要解决由激烈的国际资本主义竞争引起的各种问题，现在日本帝国主义充分暴露出了它的矛盾和弱点。矛盾在于，日本资本家迫切要求前进，但他们得不到国内发展必需的资本，更不必说有较多剩余资本供输出。日本的体制缺少资金来源以开辟一片新的领地，在那里移民并生产新的财富。它只想掠夺然后垄断原材料，并压榨数百万小生产者。由于没有能力开发日本，日本法西斯主义霸占了东北，由于没有能力开发东北，他们又想霸占蒙古和华北。日本体制的掠夺本性是军事冒险或战争的同义语。

日本法西斯主义选择了一个极为合适的时间来实行他们称之为大陆政策的东西。西方国家还没有完全从世界经济萧条中恢复过来，其中最有力量的国家正全神贯注于它们在地中海的利益；而美国国会和国务院看来对某种孤立政策有不同的考虑。英国的外交关系正处在一位对法国和东京政府比对华盛顿政府稍许友好一点儿的首相指导之下。人们禁不住会明白，内维尔·张伯伦，如同英国工党发言人赫伯特·莫里森最近从呆板的阶级意识出发对他作的描述那样，宁可代表伯明翰的利益而不愿代表曼彻斯特的利益。

现在回头谈中国，我们发现1937年年中的经济形势多少不同于1932年。正如本文作者以前在《远东观察》（第6卷，第229页）上叙述过的，战争爆发时中国实际上已经从经济萧条中复苏。尽管战争剧烈改变了经济前景，但此前几个月中产生的新的希望和信心还是可以对中国公众关于当前冲突的态度起一种并非不重要的作用。

尽管存在其他因素，其中主要的无疑是世界经济复苏带来的对中国产品越来越大的需求，中国商业状况的改进大致可以说是从1935年11月的币制改革开始，很大程度上还要归功于国民政府促进工业发展的政策。1936年，在稳定和统一货币、铁路建设、工业发展和对外贸易等方面都取得了进步，同时，刺激西方商品市场发展的新的外国资本的注入，看来势头良好。1937年上半年已经证实这一发展势头在继续。例如，在上海，电力消费增长了69％，棉纱生产增长了27％，面粉生产增长了13％，水泥增长了42％，新的建筑工程增长了47％。中国各铁路盈利增长在20％到40％之间。出口增加45％，进口增加32％，贸易入超略有降低。

物价的上扬反映了这种全面发展，附带说一下，这种情况表现出币制改革带来的一些极为令人感兴趣的结果。的确，就全中国来说，中国物价指数所代表的情况极不完善，但它们确实能够较正确的反映大型工商业中心的情况。上海的批发物价指数，以1926 年为基数，从 1935 年的 96 上升到 1936 年的 109，1937 年 1 月是 122，1937 年 5 月为 125。上海 1937 年 5 月的指数显示出与上年 5 月相比增加了约 20%，与货币改革之前的 1935 年 10 月相比增加了 31%。广州、汉口、天津和其他一些北方城市也出现同样的趋势。当然，农民、工人和拿薪金的雇员不得不忍受高物价带来的生活费用上升；但商人、工业家和银行家却受益匪浅。

对于中国商人来说，特别是在上海及其他大商业中心，1936和 1937 上半年的令人振奋与 1931 年、1933 年和 1935 年的令人沮丧相似。尽管毫无疑问，发展尚未达到顶峰，但商业条件的好转却标志着近几年中值得注意的进步，并逐渐使中国资产阶级意识到他们已有了一些值得保卫的东西，假如说 1932 年他们还缺乏自信，1937 年他们却愿意为保护他们的未来更多的冒险。中国人民还存在一种普遍的真正的恐惧，害怕日本法西斯会把他们变为半奴隶状态的工厂工人、半奴隶的种棉人、挖煤工、伐木工和打水工。这种从基本经济事实中产生的巨大忧虑导致了抗日民族统一战线的建立。

实际上，日本陆军的入侵和海军的封锁使中国这一统一战线进一步巩固。高级官员和中国著名外交家们失去了他们在日军占领区的不动产。在东北、内蒙和华北大批军官们拥有的土地由于军事干扰而贬值，在有些地方干脆被日本人没收。很多工厂主让他们的工厂停工，还有很多商人失掉了大部分市场，成千上万的工人失业，学生眼看着他们的学校被毁，农民被赶出他们的家园，或被用绳子拴在一起为侵略军干活。由于日军的封锁，近海水域数百万中国渔民停止了打鱼。战争带来的不可避免的穷困、苦难、不幸和饥饿对创立一个共同自卫、共同负责的制度发挥了不可抗拒的影响。总之，这场战争肯定会促进中国的民主制度，就像美国的独立战争诞生了宪法会议一样，就在这一次中日战争爆发前3天刚刚庆祝了宪法会议的150周年纪念日。

日本方面情况正相反。日本不是在进行防御，不是在保卫它真正的民族利益免受外来侵略。在日本，农民悲惨的困境一直没有减轻，事实上比以前更坏；工厂工人的实际工资——当然，在军火工业中工作的除外——仍然在下降；从农村出来作包身工或妓女的女孩子仍然像奴隶一样受剥削；小商人、小店主和手工业工人继续受不断增长的国家企业和金融垄断企业的排挤……伴随所有这一切的是，陆军和海军的军费几乎每年都要达到一个新的高度，服兵役的年龄从21岁改为18岁，所得税提高，免税限额降低，而政府垄断企业生产的商品价格高涨。日本正试图用战争和掠夺解决它所有的矛盾。正如在意大利和德国那样，日本正在为一个法西斯计划积聚力量。

以农业生产者和城市消费者为一方，以工业和银行业为另一方，二者之间原已存在矛盾，并由于战争而加重，这一点，所有研究日本当代事务的人都已经非常了解。但为了理解这一次战争的经济背景，我们还需要了解另一种矛盾，即日本资产阶级中出现的矛盾。

日本制定的意图减轻世界经济萧条时期资本主义危机的征服政策，不仅使城乡之间和地主与农民之间旧有的矛盾继续存在，而且产生了新的只能使情况恶化的矛盾。1931年在中国东北的冒险活动之后，日本出现了一系列以军费和军工企业为核心的新的工商行业。当然，旧财阀集团中有很多都与这些行业有利害关系，但强有力的新财阀集团也凭借着向军火工业投资而成长起来。政府预算要直接对这些新财阀集团的产生负责。几乎一半的预算拨给了陆军和海军，其中大部分将用于购买军火和战争装备，32％的陆军预算要花在中国东北。1935年的统计表明，当年陆军和海军花了41000万日元向私营军火和军用品工厂购买物资，而购买大米、面粉和其他食品的钱不超过2150万日元。

由于劫夺东北以及随之而来的日本经济不平衡的扩大，资产阶级分裂成为两个集团。第一个，也即新的一个，包括军工企业的资本家、与他们有关的银行家、少数也在军火工业中有利害关系的大地主和大部分主要业务是为军火工业供应原料的进口商。第二个即老的一个，包括轻工业资本家，主要是那些经营纺织业的人、与他们有必要联系的银行家、大部分地主、还有大部分出口商。为了简单起见，我们把前者称为重工业集团，后者称为轻工业集团。

1929年到1932年之间，日本的轻重工业以同样的速度发展。然而，自那以后，轻工业的发展速度慢了很多。日本政论家H. 山川曾指出，林内阁的主要任务应该是恢复战争工业与生产日用必需品的工业之间的平衡。不必说，林下台和广田上台，主要是由于日本军队的势力从一开始就站在重工业集团一边。在日本当权的法西斯主义认为，如果陆军和海军的预算被削减一半，就会引起严重的工业崩溃。对于他们，以及对于整个重工业集团来说，武器工业是维持日本繁荣的主要因素。

重工业集团和轻工业集团都希望征服中国并实现东亚的和平。但前一集团首先关心的是直接获得原料，而后一集团主要关心的是立刻扩大市场。因而他们对于征服大陆政策的程序方法上有分歧。日本重工业集团的态度表现为一个急进的军事计划，而轻工业集团的态度表现为耐心的、外交上的和较为政治性的方式。在日本对西伯利亚的干涉失败以及华盛顿会议签订了九国公约之后，在日本先被赶出苏联的远东部分又对英国感到失望之后，主要代表轻工业集团利益的自由主义者在东京政府中保持他们的势力，直到1931年著名的沈阳事变即将发生时。从1932年起，军事家、军火工业家以及他们的银行家们结合成了一个法西斯集团，在政府中的势力日益扩大。

今年3月，日本纺织业作了最后一次努力，要对中国作政治征服而不是军事征服。日本轻工业领袖们组成了一个代表团，以K·儿玉为首，访问了上海和南京。他们非常明白，从方式方法来说，中日之间任何经济合作都必需通过握手而不是挥拳。他们回国后提出了取消日本人在冀东建立的伪政权并控制普遍的日货走私的建议。然而这两个建议都被政治权力迅速增长的法西斯集团否决了。因而，可以肯定地说，日本重工业集团和日本军国主义者的政策是当前的中日战争直接的，无论如何都是最重要的原因。

华北的5个省，作为与东北分开的一个地区，拥有全中国已知铁矿蕴藏量的一半，和全国80％的煤资源。与这样巨大的潜在的财富相比，华北的棉花和羊毛无论能够取得多么大的发展，都只能被看作第二位重要的东西。正如上个月由一个日本在华企业所正式宣布的那样，日本人控制下的平津地区维持和平委员会授权这家企业接收了平汉铁路上以前由中德合办的井陉煤矿。仅这一处煤矿的蕴藏量估计就达22000万吨。

在伦敦《当代评论》上，英国记者哈里森·布朗恰当地描述了战争的爆发："在中国日本只害怕一件事，不是蒋介石，不是军队，也不是国际联盟。他们知道他们能够收买军阀，欺骗列强，用他们的机器击败中国军队。但日本害怕中国数百万人的革命运动；因为这样一场运动必然首先是抗日的。他们引起了这一运动，这一运动改变了抵抗他们的力量的平衡……日本军国主义看到了历史在重复自己。1931年他们本来能够从俄国人手中抢走西伯利亚，他们却占领了满洲。现在西伯利亚已无法被夺，远东的红军太强大了。日本人害怕如果东京的工业家们（轻工业集团）按照自己的想法办，并继续‘和平渗透’，同样的事情会发生在华北。因此他们发动了一个‘事变’，他们打算借此摊牌，并且，他们希望在中国团结起来之前打败中国，使革命完全不可能发生。”

战争爆发以来日本纺织业遭受了重大损失。首先是东京市场上富士、东洋、大日本和钟渊纺织——4家企业都在中国有工厂——的股票价格从7月到9月跌落了20%到50%不等。其次，日本纺织业仅在上海的投资就达23000万日元，尽管日本人有效地避免了财产的完全丧失，但日本人拥有的大型棉纺织厂、货栈、码头和汽船停泊处都被烧得一片漆黑，只剩下金属和砖石外壳——成为日本自己的海军、空军和炮兵部队的牺牲品。中国军队也在撤出他们长时间防守的苏州河时放火烧毁了日本人拥有的工厂，即日本人用作军事要塞的价值2200万日元的东洋棉纺织厂。最近，青岛的日本纺织厂也被中国军队烧毁，但这显然出乎日本人的意料。第三，东京政府正在用管制原棉进口和对布匹及棉纱规定官价的方法限制纺织业。进口管理局正在使大阪市与军火生产无关的各种工业企业挨饿。在今年第三季度，棉纺织业收缩的比率是27%，而政府迫切要求进一步收缩，使这一比率达到33%。

最近，日本的报业大王宣称日本几乎可以无限期的战斗下去。我们完全理解他，因为我们知道他的纸浆生意肯定会随着战争无限期的摧毁一切而无限期的繁荣。但就我所知，没有一个日本纺织业者有同样的态度。实际上，当11月底帝国统帅部告诫日本要准备战争延长时，东京《朝日新闻》代表普通商业界的利益，就提出了直接与中国政府谈判的要求。

日本农民正在走向更为悲惨的境地。稻谷和蚕茧的价格一直受官方限制，但肥料价格却飞涨得比天高，还越来越多的征用或"扣押"村民的马匹。日本工人被禁止罢工，但他们组织了专门的委员会，以便注意他们的雇主不能利用战争口号来进一步减少他们的工资。日本对中国的侵略早在俄国革命之前很久，甚至在红军成为俄国的一个要素之前很久就开始了，但这一次日本对中国的侵略却遇到了一些在1894年的中日战争期间，甚至在日俄战争期间都没有发生过的情况。东京市政府和一些县的政府建立了专门帮助士兵家庭的救济机构。如《纽约时报》一位驻上海的记者在10月24日的报道所说："日本农民士兵的心没有放在战斗中。"

尽管如此，为了解决轻重工业集团之间和城乡之间日益增长的矛盾——战争的意图是解决它们但却只能使其加重——日本法西斯在10月中旬建立了一个超级内阁组织，这就是日本内阁咨询委员会，包括荒水、池田和松岗将军等著名的法西斯主义人物。名义上，这一委员会的10名成员与各部部长有同样的待遇和级别，但实际上他们或多或少更像首相或是一个首相团，不论日后内阁是否改组，他们都会继续掌握实权。即使下一次日本大选偶然地选出了一个自由主义的国会，并且可能由此产生一个自由主义内阁，这个超级内阁仍将当权。这10个人可以向天皇提建议，并同时向内阁下命令。这是最近法西斯在日本发展的现象之一，这一发展毫无疑问将使日本成为全世界民主主义最厉害的敌人。

中国农民将赢得最终的胜利，就像600年以前法国人赶走了英国骑士那样肯定。在日本将会发生农民起义，会比瓦特·泰勒领导的反对英国"劳工法"的起义更猛烈。但是，在我们与法西斯日本的斗争之中，我们不能指望从世界各国政府那里得到太多的帮助，甚至不能指望那些加入了正式的同盟和条约，发誓维护中国完整的政府。蒋介石夫人 11 月 9 日发表声明说："日本对上海的蹂躏是在列强的帮助下进行的，列强不仅无能实践他们的条约义务，而且默许日本采取措施阻挠中国得到足够的保卫自己的武器和军火，"她还说，"可以把中国比作一个用旧式的来复枪武装起来的守法的公民，正在受到匪徒的机关枪残忍的射击，而警察站在一边隔岸观火，希望自己不会受伤。同是这些警察，不但自己不帮忙，还阻止别的公民帮忙装子弹。"是的，对中国的帮助肯定主要来自各个文明国家中那些决心维护正义的好心的普通人。中国实际上就像托马斯·佩因所说的法国一样："现在……事态发展远远超出了她自己的国土。"中日战争，像法国大革命一样，成了一个世界性的问题。

（原载《美亚》第 1 卷第 11 期　1938 年 1 月

史建云　徐秀丽译）

中国持续抗战的前景

　　美国通过各种渠道所传达的东京的普遍看法是，汉口这一战略城市将于 10 月初被攻下。如果中国对武汉的保卫能够坚持更长时间，本应给集中全力进攻汉口的日本军事家们造成极大困境。除汉口的命运之外，中国抗战问题一般说来现在也成为当前世界政治的一个主要论题。为了明确掌握这一论题，有必要审视中日战争的基本性质。

　　日本资本主义发展的全部历史是由战争和赔款孕育而成。这条发展路线受到世界经济危机的刺激，并导致沈阳事变和随之而来的伪满洲国的建立。在日本，这次事变使激进派和稳健派之间的政治分歧具体化了。前者包括军队中的青年军官、重工业，特别是军工企业的首脑，和钟渊纺织会社——一家欲图对中国棉花市场垄断控制的大纺织企业。这个集团对外交行动感到不耐烦，鼓吹军事恐吓，最终导致 1937 年 7 月的不宣而战。在两个精锐的陆军师在鲁南的台儿庄惨败之前，他们在日本政府中一直占上风。当他们开始意识到征服大陆的任务远比他们预期的困难得多时，他们逐渐与稳健派——轻工业界、出口商、代表中产阶级的政治家和军队中的守旧分子——妥协，后者希望速战速决以缩短战争。这种妥协的结果是去年 6 月底近卫内阁改组，稳健派的宇垣和微进派的坂垣两人都得以入阁。这套班子实际等于一个新内阁，代表着日本自 1931 年以来最强大也最统一的政治势力。这两个集团都着眼于集中全力进攻汉口以实现速胜。

除日本人之外，还有很多人现在都对中国继续抗战的能力提出了疑问。《朝日新闻》的记者尾崎秀实，从战争开始以来，成了研究中国的日本权威，他最近评论了这一问题。在日本《朝日画报》海外版 5 月号上，他指出中国没有能力继续进行全民抗战。尾崎在这里提出的大体上与他在日本写的大量文章相同。他的观点可以代表在现届东京政府领导下的日本军方的普遍态度。

中国抗战会失败的内在因素有 4 个：即中国各政党之间缺乏完全的合作；军队的训练和装备低劣；缺乏长期战争所需的财力，上海汇兑市场最近的暴跌就说明了这一点；各省军阀首脑扩张自己的权力而不服从中央政府。

对于第一点，有必要作历史的观察。在中国，如同在所有其他国家一样，存在着保卫民族传统和维护自由发展的愿望。这是一种在世界历史中经常表现出来的民族主义精神，正是这种精神在 19 世纪初造成了拿破仑的失败。真正的民族主义本质上是一种自卫，只针对着侵略——帝国主义的特征。民族主义要求共同防卫，因而要有共同的责任，要有民主。也因此，一个受到外部威胁的民族倾向于更高度的民主，而同时它的行政机构要更有效和更集中。日本明治时期的历史应该由此来说明，这也是当前中国民族统一潮流不可抵挡的解释。显然，中国没有一个阶级能够从日本统治中获得好处，尽管存在着极少的卖国分子。基于这一根本事实，所有政治团体，主要是国民党和中国共产党，在1925—1927 年建立，并在 1937 年重建了统一战线。

另一方面，帝国主义的侵略对该国的某一特定阶级有着巨大的利益。追求少数人的私利代替了共同防卫。这必然引起政治分歧，并且，除非其发展受到抑制，最终将会导致独裁。这种情况在德国及意大利这样的法西斯国家和日本这样的半法西斯国家得到了证明。战争开始时，日本人民是顺从的，并且普遍不感兴趣，但后来的局势造成了日益增加的利益冲突。农民由于马匹和人力被征用，以及肥料价格不断上涨而怨声载道；小工厂的工人们组织了更多的罢工；中小商人和企业主越来越受到外汇管制和生产削减的损害；甚至于渔民，由于船用汽油实行配给而使他们的生活资料减少，也派了一个代表团到东京去提出他们的要求。

很明显，远东真正的问题是一个军国主义和帝国主义反对民主主义和民族主义的问题。在上一次欧洲战争的后期，与日本在中国实行"让中国人打中国人以不战而胜"的策略的同时，中国民族主义的烈火开始燃烧。孙中山代表了民族主义的先行者，他领导他的党——国民党——与中国共产党紧密合作，共同反对外国侵略者及受其利用的国内政治势力。这一有良好开端的民族统一战线在约10年以前破裂的原因，主要是由于中国某一个政治集团的幻觉。这个集团——其成员有国民党党员也有非党员——认为，与帝国主义及其中国工具作适当的妥协，就可以得到进行国内建设的时间和机会，这被看作是最稳妥的最终获得民族独立的道路。当然，在当时，一些精明的非官方的日本外交人员也提出了这种观点，他们装作是中国的朋友，而实际上希望推动他们自己的目标。尽管有这一切，日本在所谓的沈阳事件之前和之后，在政治、经济和文化领域一系列的蚕食和入侵活动终于暴露了日本帝国主义的真实意图。

因此，在中国，即使是那些曾经提倡妥协的人现在也已醒悟。这种醒悟加上民族主义就促成了当前统一战线的重建。蒋介石总司令，他被选为孙中山的继任者领导国民党，最近告诉《巴黎晚报》驻汉口的记者，各政治派别之间对日政策的分歧已经消除。在孙中山倡议的原则指导下，他说，国民政府期望与所有政治派别合作，以与共同的敌人作战。在 6 月 12 日与新闻记者的另一次谈话中，蒋总司令说："日本认为我们的斗争能力会随着每一天的过去而减弱，但实际情况却相反，我们的武装力量日益壮大，全中国人民，包括那些以前对国民党的政策不满的人，今天都加入了武装抵抗日本及其伪组织的行列。"确实，以国共两党合作为基础的民族统一战线，由于中国青年党和中国民社党提出了团结一致的保证，而变得更广泛也更强大。有各政党和政治团体的代表与会的国民参政会于 7 月初开幕，具体证实了民族统一战线的团结一致。

此外，中国民众的情绪也越来越明确，越来越坚定。1925—1927 年间的大革命——反对北方各省军阀的斗争——并没有实际触及中国的东北和西北；而现在全中国都受到了不可抵挡的民族主义精神的激励。日本占领区人民的态度是中国统一的最好的证据。在百姓中组织起来的中国游击队正日益活跃在被占城市的近郊。目前日本人控制下的铁路，从沈阳到太原，从张家口到南京，从南京到汉口，多次被中国游击队切断和破坏。在战争一周年纪念日的前夜，中国八路军及其领导的游击队在山西和河北发起了反攻，在一些地方，他们歼灭了日本驻军。在华北日军战线后面，仅在冀中和冀南，就有不少于 30 万游击队战士。八路军与其他中国军队合作，在游击队的协助下，收复了河北北部和东部、察哈尔南部以及山西全省的很多县。在这三省交界和河南、山西、河北交界处，已经稳固地建立了配有自卫队的新的地方政府，这些地方政府代表真正的人民利益，并与汉口和重庆的中央政府有明确关系。不久以后，在山东、江苏和浙江的所谓的占领区中，也将产生类似的新的地方政府，组织和武装民众，共同与外国侵略者以及作为它们经济基础的某种地制改革作斗争。

　　驻中国的美国圣经会干事卡尔顿·莱赛博士，在进行了一次从秦皇岛到包头，从北平到济南，穿越华北的长途旅行后，于6月回到上海时报告说："日本军队对这块广阔区域的控制没有超出他们哨兵刺刀的闪光之外。"美国医生沃尔特·H·贾德和加拿大医生罗伯特·麦克卢尔都是上个月从中国回国，都表示了同样的看法。哈勒特·艾本，《纽约时报》记者，在一次华北旅行后也对此加以证实。尽管在日本人的严密控制下，上海的中国人还是对伪政权表达了极为愤恨的感情，伪政权的官员经常遭到暗杀。事实上，日本人没有找到任何有名望的中国人加入他们扶植的任何一个伪政权。

　　甚至日文报纸，《上海日本》，也于6月12日写到，中国青年在全城散发传单，号召人民到汉口参加保卫战，上海有很多年轻的中国爱国者响应这一召唤离开了城市。

　　对于中国军队的训练和战斗力，我决不会低估它们过去的弱点，其中很多至今在某种程度上依然存在。但是，由民族主义精神带来的变化无疑是明显的。正是由于日本军事家对中国军事力量保守的和有偏见的估计，使他们无法实现他们的打算。日本战斗部队用了3个月的时间才使中国军队撤离上海，而在北方，日军著名的坂垣师团的一个旅团在平型关附近几乎被八路军全部歼灭。根据叶剑英将军的详细报告，八路军和日军作战的头10个月的结果是，日军伤亡共34000余人，八路军伤亡20000人。这10个月中，八路军共俘虏日军士兵和军官21094人，缴获6487支步枪，219挺机枪，37门炮和1786匹马；还摧毁了19台机车、20列火车、22架飞机和1324辆军用卡车。

　　然而，直到中国军队在台儿庄消灭了日军两个精锐师之后，日军最高统帅部才开始感到他们大概打错了算盘。当然，到此时，他们肯定意识到了中国士兵不再是 40 年前上一次中日战争时他们所见到的雇佣兵，中国军官也不是 33 年前日俄战争中死气沉沉的沙皇军官。有人可能会认为，中国军队仍然缺乏真正的集体精神，不能很好地协同一致。事实正相反，冯玉祥将军在他 5 月 2 日向国民党中央所作的报告结束时概括说："这次战争中有许多军事行动甚至得到了我们的敌人的尊重，很多情况下，整营、整团甚至整整一个师，为了让其他部队更好地进攻或撤退而牺牲自己，坚守阵地，打到最后一个人。我们的战士正在用他们的热血书写中国的历史。"即使中国军队的协作还不够精确，这种精确性也将从经验中获得，因为实际战斗会使人们懂得团结和协作精神的必要性。在有才干的总司令领导之下，中国军队正在迅速进步。

很多一直注意分析日军从去年 7 月入侵以来的军事成败的外国军事观察家表达了下面的看法，如《纽约时报》所载："假定美、英、法、德军队都相当于 25 岁的成年人，中国军队就其目前的训练和装备看，只相当于一个 10 岁的孩子，而日本军队相当于一个 21 岁的青年，但其表现却只等同于 14 岁的孩子。"仅由于日本军队中普遍的士气低落和中国军队中的士气高涨就可以肯定这一点。现在，中国保卫者和日本侵略者在长江中游激战的同时，八路军和其他中国军队在中国北部和东北发起了反攻。在东北和朝鲜边境有约 1 万名朝鲜农民最近在中国游击队的友好支持下武装组织起来，显然，中国人的士气鼓舞了朝鲜人。

关于中国的资金问题，上海汇兑市场最近的暴跌不能解释为中国没有能力支持战争。正是外国的治外法权阻止了中国政府实施外汇控制，因而，资金抽逃只能通过冻结银行账户的方法来对付，如同一年前所作的那样。当这一作法还不足以应付局面时，中国政府决定使货币贬值以减轻其冲击。压迫中国汇兑的另一因素是受日本人唆使的伪政权引进日元造成的对峙。由于上海是世界上惟——个日元"黑市"广泛存在的地方，正是日元使中国元贬值，降低到"受控制的"日元内在价值水平之下。这一内在价值实质上远低于由日本货币控制措施所维持的人造行情。库尔特·布鲁西博士，一位货币专家，最近到过中国，在6月29日的《远东观察》上写到："不要期待远东的战争会持续长时间而不造成交战国货币的剧烈贬值。"即使如此，中国元的汇率在8月份还是提高了6％。

事实是，自1937年7月以来，中国银行发行的纸币没有很大增加，而已有的任何增加从比例看都远低于日本。4月份中国银行发行纸币总额为169380万元，与1937年6月底的发行总额比，只增加了28660万元。同时期在不同省市实际发行的辅币尚不到中央政府批准发行额的一半。显然，中国没有通货膨胀的危险，按照现时的货币局势，不难维持稳定的汇率。此外，中国在国外的硬通货储备达到11500万美元，目前中国每月固定的军事开支在400万国币左右。中国进行长期战争的财力与日本相比极为有利。人们应该牢记，在本财政年度，东京政府的赤字将高达60亿日元，而日本的工业投资最低额必须有20亿日元，否则日本的工业就会垮掉。然而，按照下一年度的正式预算，日本军队需要在目前的6.54亿日元基础上再增加至少20亿日元。海军甚至在谈论要加强海军力量以抵消英美势力。日本在中国作战需要的资金要靠追加预算来满足，到目前为止，已有48.5亿日元用在了大陆的军事冒险上。

一些人一直焦虑地关注着中国西南部的军事领袖们为了实现个人目的而脱离中央的可能性。他们用不着担心。发生于去年2月的使人误解的所谓的"余汉谋将军和吴铁城将军之间的不和"，或许是日本挑动中国人打中国人的阴谋诡计最后的一次枉费心机的努力。广州来信讲述了曾经是广东省著名土匪头目，现已退休的李福林将军如何拒绝了日本人提供军火以帮助他在该市组织一次暴动；随后他又是如何佯装接受了日本人的说服，如何由于这个前土匪头领的爱国主义，这全部阴谋被揭露，日本军火也落入中国人手里。《伦敦经济学家》记者是这样描述这次日本人搞的政变尝试的：

"在广州发动一次军事政变的阴谋流产了，它花费了日本人相当大的一笔钱，据说达 200 万日元。某些著名的中国人让日本人觉得他们同意参加政变，但同时又把这一阴谋通知了广州政府。这样一来，政府有了准备，骚乱迹象一出现，就宣布了戒严，并逮捕了数百名上当的日本间谍。同时，日本破坏者进入广州河的企图也被与底格里斯河要塞类似的方式阻止，这条河被一条水栅截断了。"

这说明时代已经变了，帝国主义阴谋家们在中国肯定会遇到越来越大的困难。

一个既成事实是，所有西南省份，广东、广西、贵州、云南和四川，派出了一个又一个的师到华北平原和长江三角洲参加战斗。甚至亲日的安福系一些重要的有影响力的成员也拒绝加入伪政权。如李思浩、吴广新（译音）、章士钊和曾毓隽这样的著名的安福系政治家，一届又一届旧北京政府的前部长，都来到汉口以保证他们对国民政府的忠诚。他们断然宣布他们从未与日本人或伪政府当局商谈过在北平或南京组织伪政权。不久以前，通过日本新闻界传播开一种谣言，说四川军界领导对中央政府不忠，然而，这一谣言被一个在现场的美国报纸撰稿人、《芝加哥每日新闻》的 A.T. 斯蒂尔揭破，他从重庆报道说，尽管这些领导人与汉口政府当局之间存在过某些不和："今天中央政府的政令得到省当局绝对的和愉快的服从。事实上，由于人民的民族主义情绪，领导者们不敢有别的作法。"

　　看起来，在所有可以想到的方面，政治、军事、财政和行政等等，都没有任何怀疑，中国继续生存的前景极为良好。甚至一个著名的日本驻广东军队的代表，一个日本激进派政治家，现任作战部长坂垣，也没有低估形势。6 月 25 日他在东京说，"战争将长期持续"，"日本必须准备至少打 10 年仗"。战争或许持续 10 年或许无法预测，但可以肯定只要日本军队还在中国领土上，中国人民就除了继续抵抗之外无可选择。今天，中国人民正一心一意为民族和民主而战斗。他们必将胜利，因为在历史上进步因素总是会赢得最后胜利的。

　　　　　　　　　（原载《美亚》第 2 卷第 8 期　1938 年 10 月
　　　　　　　　　　史建云　徐秀丽译）

古国的新生

战争不止是战争，就像风不止是风一样。风的作用依靠它的速度、方向，而首先依靠的是大气层状况和季节。一场风不一定是暴风，但秋风总是一种带破坏性的力量，它使花瓣和花枝分开，从落叶树上卷走树叶。春天的风完全不同，它轻轻搅动空气，唤醒天地万物。与狂风不同，春风是生命的源泉，无论怎样猛烈持久，它的作用总是温和的，具有使大地复苏的力量。战争不止是战争，它的强烈程度和持续时间也是多变的。战争的特征和性质有着本质的不同。根据人类的一般历史进程看，从毫无个人意识的奴隶社会到充满冲突的自由放任社会，再到一个和平的世界大同的社会，既存在着推动人类进步的战争，也存在着阻碍进步的战争。

中国现在正在进行的这场战争是一场进步的战争，战争是痛苦的，但中国人，更确切地说，中国各民族人民反抗外国殖民统治的决心却是坚定不移的。健全的民族主义是真正的国际主义的奠基石，在中国准备好再度为世界文明作出贡献之前，中国人民——全人类的1/5——必须获得民族独立的权利并维护这一权利。

在过去几年中，一种杰出的理论得到了阐述，这种理论源于国际共同安全的前提，即，和平是不可分的。"九·一八事变"以来的国际关系，以及《慕尼黑条约》之后的进一步发展，为此提供了充分证据。远东的这场战争，本质上是由中国人民不自觉地进行的一场民族革命战争，它代表着一个新的重要历史时期。这场战争证明它与任何卫国战争的性质同样，是一场积极的战争。过去两年半里中国发生的事件以一种最有说服力的方式表明，民族主义和民主，全国抗战和重建，是紧密连接在一起的。二者就像同一辆车上的两个轮子，同时向前滚动。进步存在着同样的不可分性。在为进步而奋斗的最高努力中，一个国家对内和对外的斗争紧密联系，不可分割。

这里可以简略描绘一下自孔夫子时代到武装反抗企图把中国变成半殖民地的外国势力的时代，2500年来中国社会生活中一些显著和突出的特点。首先，没有严格意义上的个人的和私有的土地所有权，社会生活以家族和家庭组织为基础，这种组织以家长式统治和妇女处于从属地位为其外部标识。其次，存在着一种对官场的过分尊敬，并且，由科举考试制度促进了一种对文学成就的过分重视。第三，很多世纪以来，中国除了手工业外没有工业生产，广泛存在的高利贷和无理性的商业贸易只会导致消极态度的蔓延。士兵是纯粹的雇佣军。中庸和顺从被看作是明智和美德。

但是，当前的战争是一场民族解放战争，它将使中国人民得到独立、自主和自由。它将把人民从国内和国外的双重压迫下解放出来。在一场自卫战争中，直接参加战争的人们得到了特别的尊重。对战士的态度以及由此而来的战士的地位，正在经历着明显的变化。进行爱国演出的演员、志愿在军队中服役的妇女、在空军和现代交通事业中工作的技术工人，以及其他许多做实际工作的人们，都获得了社会声望。

战前的学生运动、战争期间有了很大发展的青年运动、工人和战争难民的迁徙，再加上最重要的军队征兵和部队移动，这一切合在一起，加速了家族制度的解体，甚至于使家庭关系变得薄弱。平等的两性关系正在逐渐建立。家长式统治的基础已经动摇。在战区，特别是在进行游击战的地区，很多县政府官员和更多的村级行政人员在岩洞、茅屋、航行的船只、漂流着的木筏以及各种各样的运载工具上办公。这些官员必不可免地与百姓更接近，老百姓现在可以见到他们，并向他们诉说疾苦。人民变得更大胆，更少害怕官场作风，在这些地区，中国官场的神话再也不能迷惑奴役那些未受过教育的农民。事实上，这样一种神话即使在一个最起码的民主政体中也是没有地位的。

在当代，已经多次显示出，民族主义和民主这一对兄弟的出生必定要经受痛苦。民族主义意味着人民要维护他们最优秀的文化，要维护使人民自身得到进步的自由，民主则意味着共同的义务和权利。为了民族独立，必须有一个稳固的共同防卫体系，共同防卫也需要共同的权利。这就是为什么民族主义和民主成为双胞胎，这也就是为什么殖民主义与民族主义和民主水火不相容。但是，要挣脱殖民统治，尤其是在一个大殖民者们正在疯狂争斗要重新瓜分世界的时代，人民必然要经受苦难。中国当前的战争可以说是一场消耗战。

中国农民就其整体来说，即使在战前也是生活在一个最低的生存线上。虫灾和瘟疫、洪水和饥馑、还有充满破坏性的盗匪活动和国内战争，困扰着已经身负沉重负担的辛苦的农民。这场战争给这些人带来的是真正可怕的、骇人听闻的苦难。在敌军驻扎的地区，农民几乎无法恢复耕作，在这类地区附近，他们不能在白天耕作，迫不得已只好在夜间种一些豆类、马铃薯或其他不需要太多劳动的庄稼。敌军士兵经常三五成群闯入农民的住房，拖走他们的家畜和耕畜，抢走他们的蚊帐，强奸农村妇女。农民藏起了他们的骡子、母牛和水牛，他们在收获之前，甚至在谷子已经上了打谷场时，放弃他们的粮食。

农民被迫逃离他们的村庄，放弃他们的劳动成果，丢下他们的房屋和家具，这些东西通常不能逃脱被敌军烧毁的命运。在很多地方，大规模的屠杀甚至发生在走不动路的老人和小孩身上。尸体被扔到本该是用来维持生命的水井中。粮食和厨房用具成堆地扔进粪坑。河边和饱受蹂躏的原野上，被舍弃的村庄讲述着数百万农民的遭遇，这些农民被迫离开了他们的小片土地，尽管在大多数情况下，这些土地带来沉重的地租负担，却是他们惟一的维生手段。

日军刚刚从九龙英租界北部边沿地区的村庄撤离，1940 年 3 月 4 日，香港中国通讯社报道了那个几乎完全没有发生战斗的地区所受的破坏。距新界边界仅 1000 码有一个名叫黄柏岭（译音）的小村庄，一度被日军占领。估计这里的损失超过了 25 万元国币，全部房屋的 2/3 被烧毁，其余 1/3 全部的财产和粮食被抢走。在被占领之前，村里有将近 1000 头母牛和水牛，现在只找到 4 头。一半以上的犁、锄、水车和其他农具也被拿走。

在战区，耕畜的价格，特别是北方的骡子和南方的水牛，在过去 3 年中提高了 2—3 倍。在一些地方甚至用人力代替畜力拉犁。由于军事征调和前方的紧急需求，后方的边远地区也受到了严重影响。举酒泉县为例，酒泉以前称为肃州，位于甘肃省西北部的西北角。6 年以前，那里有 7360 匹马和骡子，但各种不幸事件和不断的军需征购使这一数字下降到不足 1440 匹。在人口更为密集的地区，例如陕西省的中部、河南省的西部、四川省的东部与北部、湖南和广西，还有其他一些沿海省份，军事需求不仅占用了畜力，而且夺走了农村中大量的农业劳动力供给。

　　毫无疑问，在中国的很多地方，战争阻碍了生产，破坏了大量生产资料，给人民造成直接和间接的巨大损失。间接损失的一种形式是农村市场的紊乱和收缩。事实上，海港的封锁和丧失不会像对一个彻底现代化的、极为灵敏而精密的社会结构所能做到的那样对全部的中国经济造成破坏。但是战争毕竟发生在中国领土上，由于军事防卫的需要，新建的公路不得不被切断，在某些情况下被破坏。农产品市场因而变得更为地方化、更狭隘，甚至陷于停顿。在四川省，过去两年中稻米和油桐籽的大丰收只不过引起了地方市场价格的急剧下降。

　　陕西北部输出品价格的普遍下降或许是一个典型事例。自从战争以来，当地棉花的价格下降了约10％，粗羊毛下降了37％，精毛下降了72％。然而，农家日用的制造品价格却全部上升了200—300％。完全可以想象这样一种价格剪刀差运动会给农民带来怎样的不可避免的影响。当然，由于传统的商业和高利贷的共同作用，这种现象在战前已经存在；但在很多地方，它们是被军事形势加重的。

　　约一年以前，日本人就提出了"以战养战"的口号。这意味着他们通过反复的大规模的"扫荡"来巩固占领区，以便建立一个坚固的经济和政治基础，维持日本在华部队。稍加注意就可以知道，这一政策的某些方面无疑显示出了即使在暂时的殖民统治下也必然要经受的苦难。

　　首先是日本人的货币剥削。1939年2月11日日本为北平伪政权建立的银行，以1.5亿元的储备金建立。关于这笔巨款，华北的4家中国银行认捐5000万元，或者说是全部的1/3。然而，现在这家伪银行的流通货币接近3亿元。这些无担保的纸币部分用于维持伪政权，部分用于购买原料，但主要的是用于兑换中国的法币。去年上半年，仅从河北的中部和南部，日本人就净赚入约365400元中国货币。此外，日本人还在河北省建立了一家省银行，并为这家银行发行了总数1000万元不兑现的纸币。

尽管在华中，伪银行华新银行只发行了200万元左右纸币，日本人伪造的4家中国银行——中央银行、交通银行、农民银行和中国银行——的货币却超过了1000万元。华中的日本军用券，一种没有任何储备，专门用来掠夺人民的纸币，面值超过了2000万元。由于日元通货膨胀，约3500万元日本货币流入长江三角洲，以榨取廉价原料。除所有这一切以外，日本土兵还强迫中国人接受别处不再接受的破损纸币，以及停止流通的其他国家的纸币，如卢布之类。

其次是残酷的税收剥削。日本在中国东北四省建立的伪政权的岁入，在最初5年中，迅速从9600万元增长到了15300万元。来自鸦片税和盐务税这两个项目的收入从400万元增加到了4400万元。日本政策的目的在于按比例分配不同的税收，据说海关收入将归日本军方，统税归日本特务组织，盐务税归北平和南京的伪政权。日本人控制下的海关税收，加上上海海关税收的90%以上，每年总共在100万元到200万元之间，都送到日本并存入横滨正金银行。

冀鲁平原和长江三角洲都在逐渐变成大批日本商品的倾销地，其间日本人完全不顾中国人的生活，既榨取原料又控制商品。去年，上海、南京和杭州之间的三角地带所产原棉几乎全部被日本的托拉斯收购。当时上海的市场价格是每担棉花150元，有时高达160元，而日本人规定的收购价每担不到60元。如此廉价掠夺的中国棉花除供给青岛和天津的日资纱厂外，还供给由日本人控制的大上海纺织厂的160多万枚纱锭和16000多台织机。还有一部分运往日本。

在上述长江三角洲地区，日本丝茧业托拉斯有 800 万日元资本，但其中 1/3 是没收的中国缫丝厂。53 家现代丝厂，共 10948 台缫丝机，全部被日本人占据。此外，日本托拉斯还以专断的固定价格垄断了蚕种的销售和蚕茧的收购。

日本人还通过一种特别许可证和运输执照制度控制了稻米和小麦的收购。另外，他们还通过伪政权征收一种复杂的过境税，以便优惠日本商人并留难中国商人。在很多情形下，日本士兵抢走农民家庭储藏的谷物是为了在市场上卖掉。估计在这一三角洲地区，1939 年共有 300 到 400 万袋谷物被运到日本。

但是，伴随着新的苦难，一种新的精神正在诞生。土地关系方面的一些变化表现出与战前极为不同的趋势。在战争期间，由于国家和地方对制造品的迫切需求，一直受现代工业和银行资本的压迫徘徊不前的中国手工业看来走上了复苏的道路。在战前，尽管中国已存在合作运动，但几乎只限于提供信贷和借款，然而现在，正在组织起更多的以生产为基础的合作社。这种新的合作方式通常是手工业与半机械化的联合。中国工合运动始创于 1928 年下半年，在当前，约 1400 个合作社每个月共生产 400 万元的产品。

陕西、四川和甘肃省的羊毛以前完全是输出品，但现在，中国工合组织在一个令人吃惊的短时期内，就安装了简单机器，并培训了数千工人，用原毛生产出了士兵用的毛毯。在我写这些话的时候，已经生产了 50 万条毛毯，重庆传来的消息说，中国工业合作社又得到了一笔订货，要在 1941 年 1 月以前再生产出 150 万条毛毯。从长远观点看，很难设想任何大规模的工业，如纺织业，能够以合作为基础生存下去，并经受住必将来临的不可避免的竞争，但大批量的战时订货和合作社对工人的训练，对于为新的民族工业铺平道路有很大的帮助。此外，工业合作形式仍有其伟大的历史使命有待完成，这就是，使生产力水平从单纯的手工业提高到使用机器的工场，并组织和扩大目前正处于沉寂状态的地方市场。

斯塔福德·克里普斯爵士在他最近的环球旅行中访问了中国西部和西北部的一些省份，他对工业合作表现了极大热情。按照他的观点，这一运动得以成功的最大希望在于那些一直由个人家庭生产的农具和消费品的制造。这是一种稳妥的、正确的意见。通过以合作方式组织起来的专业的机器工场，中国原始的农田工具可以很容易地得到改良。这是一个巨大的市场需求，但是在未来很长时期内，既不会有中国的重工业也不会有国外进口来满足这一需求。

在内地，廉价的水力资源不仅可以用来供应机器工厂，而且可以用于生产诸如饼干之类的食品。营养丰富的饼干有很大需求，尤其是在农村地区，原因是很多人必须在白天离开他们居住的城市或村庄以躲避空袭，他们不可能把炊事用具随身带到防空洞或山上去。当然，他们会很愿意用饼干代替现在常用的冷饭之类食物。一旦合作社取代了分散的个体的家庭生产，并在更为节约的基础上生产出了质量更好得多的同类产品，这就标志着社会的真正进步。当前的战争已经给这种进步带来了原动力。

战争状况也引起了初步的农业集体经营。到处都可以看到集体的农业劳动代替了家庭耕作。目前中国有三种集体经营形式。一种形式是无地者在新开垦的公共土地上共同耕作。其次是有些地方集体工作是由那些有自己的土地要照料的农民进行——这些农民一起在已开垦的公共土地上工作。第三种形式的集体耕作，是按照行政命令在那些因入伍而不在村里的农民私有的土地上机动进行。

江西泰和县四方（译音）垦殖场的情况充分阐释了前述第一

种方式。那里采取的工作方式在中国是全新的。所有从事农业劳动的农民都被组织起来，每月开一次全体大会，每周开一次代表会。这两种会议负责控制和实施指导经营的各个方面的政策。土地、肥料、农具和其他日常用具由管理委员会赊贷给农民，这里的土地所有权属集体所有，以后也还会如此。在最初的 8 年中，农田工作要大家一起合作，那以后，耕作者将分为小组，每一组至少管理 50 亩地。在中国北部和西北的某些地区，战争难民、无土地的农民和其他失业者在政府的协助下组成了垦殖团体，这些团体也是通过集体制度在土地上工作的。

过去两年中，在广西省的桂林和柳州都组织了土地开垦。参加这一工作的每个家庭得到 30 亩土地供其耕作，并免税 6 年。但是，每个受益家庭必须耕种 3 亩公共土地，收益用于为社区的共同利益提供资金。这是另一种形式的合作农业。在浙江南部的 5 个县出现的新制度"保田"，也属于这一范畴。"保"是一个行政名称，包括 100 或更多个家庭，"田"的意思是土地。它的字面意思是那块土地是同一保的百户人家的共同财产。

战争创造了保田。在各地一份保田在 30 亩到 40 亩之间，来自于寺田、儒学的学田，或是一场官司和解后捐献的土地。这块土地属于全保，并由该保所有家庭耕种。通常，为了使它连成片，要把它的各个部分与私人土地交换。公共土地在中国不是新东西，但它总是出租给个体佃农家庭去耕种和收租。保田是由当地所有家庭共同耕种的公共土地，因而在中国是一种新的生产方式。

无论是在西北的后方地区，还是在从河北到湖南，从江苏到广东的前方的战争区域，农业合作的第三种形式到处出现。在陕北及其邻近地区，一年以前的春天，掀起了一场大生产运动，包括政府部门的工作人员、各类学校的学生和执行警卫任务的部队在内的 50 余万人，开垦了大片土地，播下了种子，并帮助农业劳动力不足的战士家庭耕种。他们的政策是让所有身体健康的人都以某种方式直接接触农业生产，尽管程度和范围有所不同。这场运动中所用的肥料、工具和耕畜部分由地方财政提供，部分来自私人。

在晋绥、苏皖、粤赣这样的战斗区域，集体进行农业劳动，特别是收割工作，成为极为普遍的作法。江西西部新喻①的情形或许可以作为一个典型。该县位于湘赣公路边，由罗兆寅（译音）司令指挥的军队驻扎。去年 7 月，在火热的阳光下，新喻组织了一次为士兵家属收割水稻的活动。一清早，妇女们就动员起来为那些当天要下地劳动的人们煮饭，整整一天，93 名驻军战士和 29 名妇女服务团的成员帮 44 户有人在前线作战的家庭干了活儿。他们收割了 135 亩地，并打了 126 担稻谷。另一组 50 名驻军战士帮助贫苦农民工作，4 天时间内他们收割了 395 亩水稻，打了 457 担谷。工兵部队的战士们效率更高，他们在 3 天中收割了 476 亩地，打了 975 担谷。当地政府工作人员的家属也加入了这一农田工作。集体收获成为政府、战士和农民之间一种非常直接的凝聚力。

战争期间土地开垦一直在进行，政府在这方面的新法规展现出了一种进步政策。民国政府向四川、甘肃、陕西、湖南、福建和广西派出了几组农业专家，调查土地开垦的可行方案，现在还没有详细的报告，但据估计可开垦的良田有数百万亩。因而至少有 50 万人可以就业。有 500 万元资本投入的华西土地垦殖公司已经开始开垦云南东南部的 10 万亩土地。在四川西南端的 4 个县至少有 100 万亩土地可以很快投入耕作，康辰（译音）垦殖协

---

① 今江西新余市。——编者注

会打算在这里进行经营。在陕西、江西、广西、福建和广东这样的省份，还有其他一些资本较少、规模较小的土地垦殖组织。尽管这些组织进展都相当慢，并且它们并不都有成体系的计划，但它们确实为正在显示出越来越大的吸引力的新的经济发展作出了初步的尝试。

值得注意的是，1938 年 10 月 15 日，政府公布了"非常时期难民垦殖条例"。这一条例的第 21 条规定，如果开垦的是公共土地，开垦者本人在完成开垦工作后将拥有土地。私有土地要求由土地所有者开垦，但如果在指定的期限内没有这样做，政府的垦殖局将按照条例第 18 条规定的 3 种方法之一处理这些土地。

下面就是 3 种可选择的方法。第一种，强迫土地所有者把土地出租给开垦土地的人，在头 3 年到 5 年内免除地租，那以后年租金不得超过全部收获物价值的 15％。第二种方法是迫使土地所有者把土地出售给开垦者，要求出售在土地所有者和开垦者之间直接进行，地价要分期付款，至少要 10 年，付款要在收获之后，地价依当地最低价格确定。最后一种方法是征收土地，以一个最低价格作补偿，地价可以用政府公债给付。这笔地价最终由开垦者用分期付款的方式在至少 10 年时间内付给政府。在法律程序结束之前，土地就可以分配给直接经营的开垦者。

尽管这些法规本身不能阻止地权集中，也不能充分保证土地开垦人的权益，它们还是代表了政府的真正的改革措施。这一现行法律明确为垦荒者在土地上工作提供了直接的可能性，给了他们租佃或拥有土地的权力，使这些无土地的农民能够较容易地重新开始农业生产。

战争期间中国最明显的地权变化发生在进行游击战的地区，那里的地方政权已经由于战争形势的需要和随之而来的全民动员而发生了质的变化。行政上的高效率和严格的经济制度取代了作风奢侈而又麻木不仁的官僚机构，因而税收在数量和税率两方面都得到了削减，赋税负担的下降促进了地租降低。在很多地方，现在货币地租降到了低于主要作物产值的1/5；实物地租，不论是分成制还是定额制，都降到了25%。在南京附近的靖江和丹阳两县，以前一个出租25亩土地的地主要收50担租谷，现在他只收35担，削减了30%。高利贷也受到了抑制，借现金的人必须归还现金，借实物的人要归还实物，以前那种放出实物，然后收回现金，或者稍微少见的与之完全相反的作法，现在都受到了禁止。

发生这一切变化的原因并不是不明确的。军队不再受地主的控制和指挥，在抵抗一个共同敌人的战争期间，地主不可能与农民隔离。此外，地主很难从他们所在地区之外的任何军事力量那里得到支持和帮助。因而，在战争环境中，特别是在一场共同防卫的战争中，在为民族利益而战中，地主武装变成了全社会的武装力量。新型的农民组织，或者新的农会也涌现出来。这些组织拒绝接纳地主和流氓为其成员，大部分成员是中农和贫农。凡是农会比较强大的地方，地主都不能强迫佃农退佃，减租的问题通常也较容易协商解决。

农会基本的和主要的任务，如同在敌人战线后方的大部分游击区所表现出来的那样，是协助中国军队与日军作战，并围绕彼此孤立的日军占领区实行经济封锁。由于战争环境的需要，劳动人民和地方政治与行政结构必然会日益更为紧密地联系在一起。在人民和政府机构之间存在这种紧密关系的任何地方，都出现了抵抗日军"扫荡"的攻不破的堡垒。这就是为什么在山东省的108个县中，只有四五个县，真正的中国政权还没有得到恢复。这也就是为什么在山西省的105个县中，只有敌人最早占领的天镇、阳高、山阴和大同等县仍然由伪政府统治。

在山西省的东北、西北和东南，以"农民救国同盟会"为名称的农会组织得特别好，现在其成员总数达到了150万。去年夏天，燕京大学一位英国教师穿过河北省和山西省东北部，到达了陕西省中部。他对于他两次穿越日军战线的长途旅行所得的印象，用他自己的话概括说："人民紧密团结、有教养、有责任感、精神振奋，并且受到了他们历史上从未有过的最好的治理。政府隐藏在广阔的山区，地方行政官员住在小村庄中。这些官员与人民生活在一起。地方官员每月有14元津贴，他们必须从中付饭费。他们为普通百姓的利益专心一致地一连工作几个小时。在税收、教育、管理、村庄组织、经济生活、工业发展等方面以一种大胆而又实际的精神开始了改革。人民作出了响应，因为知道他们决不能向可恨的日本人屈服，在政府和人民之间存在着一种非常良好的信任关系。"

在山西省和河北省的大部分地区，村长现在由村民们自己选举。不必写选票，不识字但却十分聪明的农民们投票时，或是在纸上候选人名字下面烧洞，或是在候选人名字后面的一个土堆上插上一节草棍，或是直接把他或她的选择告诉在一间秘密房间中的选举工作者。选举工作者在村民全体大会上宣布预定的候选人名单，为了进行选举，每15个选民组成一个小组。这是中国民主的真正开端，民族主义和当前的民族自卫战争促进了它的诞生。

40年以前，明恩溥，一位当时已经在中国呆了30年的美国传教士，发表了他的著名著作《中国乡村生活》。他说："没有一个中国人能够很快了解在像'为了公益'这样的短语中所体现出来的这类观念，他从未听说过这类事情，更糟糕的是也从来不想听到它。"但是，自1937年以来，中国的民族主义和爱国主义迅速成长，不久以后，明恩溥的这一论断必将被修正。明恩溥本人预见到了这一点，当他结束这一章时（第43页）他评论说："改革必将来临，它必须从内部进行，但是推动力只能来自外部。"就这样，一个新的灵魂终于在中国古老的土地上诞生了。

（原载《天下月刊》第10卷第4期　1940年4月

史建云　徐秀丽译）

如何走上工业化的正轨

差不多 100 年以前，中国极少数的开明人士在主观上早就要求把中国引上工业化的途径，前有李鸿章、左宗棠，后有张之洞、张季直，他们所创立的一些企业，和日本的好些企业是同时的。然而我们的这些企业早已烟消云散地被毁灭了。第一次世界大战期间因为外国货品来路的迟缓，沪津青岛一带的棉纺织工业得到了暂时的繁荣。然而在战后国际新局面中外来的压力便是变本加厉，关税的不自主依然存在，中日的关税协定更窒息了中国新兴的纺织工业。

抗战以来敌人在沦陷区继续不断搜刮粮食和原料，东北四省早已变为敌人军需制造和征取劳役的场所。最近在山西灌北等地通过汉奸的伪组织敌军按时派粮，挨户征收，太原北平各乡被夺去的小麦便有 20 余万担，粮价因此飞涨，工业成本日高，流动资金周转愈加不灵，一切企业是毫无希望的。去年 8 月以后敌伪在上海一市所搜刮的纱布已公布的有 60 余万件，实际上达 100 万件，共值 400 万万元，继之更有其他原料的登记，准备将来被没收的。按东京第 81 届敌议会中议决，这些工业的原料 65% 要供给日本的军需，还有 25% 光景要供给日本在中国所开的工厂。

至于中国南部浙闽粤沿海各地敌人搜刮粮食和走私的地方不一而足。芦苞、沙坪、东兴等据点，都是敌伪套取工矿原料的著名场所。原来敌人以殖民地看待沦陷区而加强殖民地化的一切设施，伪组织的傀儡们更是甘心出卖民族利益而俯首贴耳为其主宰执行政策，殖民地根本就谈不上工业化。

旧时官僚资本和衙署式的工业生产早已塌台了。自今尚未收复的沦陷区更是谈不上工业化，抗战中后方各省的工业又是怎样呢？

在抗战初年，后方各省的工业颇有蓬勃发展的气象，尤以国营的钢铁和煤矿业好像最有希望。好些手工业一时也有复活的倾向，然而直到现在整个讲来还比不上抗战以前的水准。以前连英美及日本的纱厂在内，吾国境内的纱锭已达500万光景，而现在后方开工的纱锭还不到20万。以前吾国的织机有25000台，目前只是6000台罢了。这种情形就还比不上拥有18万台织机和960万纱锭的印度。钢铁的生产在印度有知名的塔塔公司和其他的冶铁工厂，从事钢铁生产的工作人员达3万人。资本总额在战前就有2400万镑。印度钢铁生产量在英帝国中仅次于英国本土。反观我国钢铁煤各业的进步颇成问题，低微的煤矿产量每年所能增加的不到1/10，去年生铁产量不过占生产力44％，钢的产量仅代表生产力22％，目前因敷设铁道的计划或能挽救钢铁业市场的萎缩。但财政上是否允许此项计划的实现，尚难逆料。据说后方各省的所设重工业，7/10是集中在重庆及其附近各地。而渝市及附近的机器厂366家中倒闭或陷于停顿状态者当在半数以上。衡柳新兴工业地带也有同样现象，即以能勉强维持的各机器厂而言，亦有变卖工作母机者，可见所谓工业化也者，在中国尚未走上正轨，而其前途并不如一般人所想象的那样平坦。

工业界的呼声虽高，而工业界的困难重重，衡阳、桂林、柳州、重庆各种厂家相继停业的日有所闻。综观当前工业生产的困难，并非一业或数业所独有，确系一种普遍的现象。各业所遭遇的困难，颇多类似。约而言之，不外乎资金原料价格和市场四方面。据《大公报》桂林版 12 月 5 日所载重庆 11 月 27 日航讯所论工业界目前的危机也无非如此：（一）"资金之不足为物价不断上涨所形成，盖流动资金须随生产之周转而逐次增加，而民营工厂所得政府之工贷又为数极少，遂致各业资金，咸感不足，不得不仰赖于高利贷款。惟高利贷款仅能救急一时，且使生产费用增加，厂家负担加重。其后果反使资金不足之困难更为严重。故目前应设法先解除此项困难，生产事业方能稳定。增加民营厂家之工贷或以其他方法宽筹产业资金，固属救济之道，然根本上还在物价及币值之稳定，否则徒造成政府之救济膨胀而已。"（二）"原料之缺乏，则由于运输困难，及原料统制所造成，如棉花及酒精原料等是。此种情形若不设法改善，则原料之生产日减，各业之生产势将停顿。"（三）"统制价格常按生产成本而随时改订，致售价反而赶不上成本。政府所购之物资，则更因其预算早经确定，难于经常改订价格，厂家大吃其亏，有时难于继续持生产。"（四）"钢铁业及机器业之维持困难为产品滞销。厂家愿望政府予以救助，收购产品，用为战时之国家交通建设。"以上四种说法，当然是就工业而论工业的困难，故上列种种困难并非工业化基本的桎梏，而不过是反映这种桎梏的存在罢了。

按历史的观点讲，工业化有它一定的程序，决不能违背基本演变的原则。因此可以说工业化决不是一种主观的愿望，而必须具备一定的背景，要达到工业化的目的，不能不创造一个相当顺利的环境。

就工业而论工业的困难，不免过于狭窄，甚至带单纯主观的毛病，固然工业化能给予生产者一种生活和工作的训练，因此而转变许多社会关系和意识。同时工业化也必须要有工业化的条件，无适当的社会条件便谈不上工业化。目前中国工业生产最严重的困难，工业本身所遭遇的种种阻碍，工业的所以不能走上正轨，根本是因环境不顺利的缘故。

要走上工业化的正轨，必须要确定工业化的政策，而诚诚恳恳一贯有力地执行之；必须要提倡工业化的教育，培养无数切切实实负责干练的青年；必须要积极改进工业的原料，尤以农产品为主。

工业化政策决不可一味模仿国外的皮毛，而必须根据国外历史的教训和人家实际的经验，且适应国内各地产业发展的程度而确定。有人以为苏联的国营工业曾经领导民营工业的发展，所以我们也得以建设国营工业为中心，甚至以为不妨漠视民营工业。这个毛病就出于肤浅的模仿。岂知国营工业要有国营工业的客观条件和真正能力，而国营与民营还需要适当的配合。在忘记人家国营工业的所以然，和忘记国营民营应有适当配合的时候，就不免要再蹈衙署经营的覆辙，而竟忽视一切民营工业，以致国营工业的本身站立不住，而民营工业也因此愈加遭殃。结果所谓国营者将变质而为私营，而真正民营者不免有大批倒闭之虞。如此所谓工业化者必然要碰壁，而产业反要走上倒退的途径。

国内讲工业化的人还有一个通病，他们以为专门创立工厂便可达到工业化的目的，而不知工厂工业还需要和各种相关的手工业配合起来，方能向前发展。目前机器工业部分它要靠手工业的木工，而各种工厂中所用的原料大都出于用手工业改制的矿产和农产，这都是很明显的事实。所以某些手工业不能进步，或竟至大批塌台的时候，各种相关的工厂工业，就不免受牵制或感到严重的威胁。整个工业化的政策绝不能忽视历史的继续性，不能忽视工业的社会性，也就不能忽视那些辅助工厂工业的手工业。时髦的工业家心目中只有机器和工厂，而不明白手工业工具和工场生活也有同时改进的必要。而确定工业政策的人们还一味崇拜工厂和机器的形式，未曾为今日在中国各种工业方式中尚占优势的手工业，打算一下。可以说目前工业化的政策并未十分有系统，且不免有偏重形式的遗憾。

现代工业所需要的技术会计和经理的人才，都要靠一个革新的教育制度，来训练培养和陶育。工业化教育的立场，即是现代文明的根本立场，在乎义务和权利的分明，在乎对一切大小工业有彻底认真的观念，在尊重事实而不贪虚名。这个立场完全和旧时科举功名的教育是相反的。因为旧教育的精神，是过分注重形式，崇拜名位，讲究身份，处处带着宗法思想，而不追究或尊重个人的责任和工作，往往以为形而上的是高尚的，形而下的是低微的。一般在学校的人们求学只凭记忆不重理解，考试则像张天师画符一样背诵一遍。毕业以后只凭资格文凭去混饭吃，平时轻视劳动，好享现成之福，及到不得不动手时还是使唤差役，若遇人批评则大放阿Q精神，自以为不惜于贱事，因为事事不求甚解，八股风气愈来愈盛，处处以混而统之说法来回答问题。讲地理则不外乎地大物博诸原因，讲历史只是举英雄豪杰为因素，习博物则熟诵其分类名称而不识日常习见的鱼花鸟矿植等物，习理化则徒强记公式，不能理解日常所见的事物，更不能解决生活中浅显而具体的小小问题。这种反科学的教育精神，即是反工业化，而在目前社会讲来是富于倒退性的。这种教育如果不革新，就没法希望走上真正工业化的坦途，有可用的机器而无可用的人才，近代工业是不会生出来的。有堂皇的厂屋而无善于经理，长于技术会计的人才，工厂组织终究要塌台的。有了科学化的教育与头脑，方才有工业化的环境和工业化的成绩。

西欧和美国工业化的历史指示我们，工业的发达须要拿农业来配合。一方面食粮和许多的原料是出于农产品，某种农产品的质和量不够的时候，某种工业就因为成本的高昂而不能大踏步地进展。另方面，工业品的市场大部分要靠从事于农业生产的民众，农业改进，价格便会提高，而一部分的农民虽然曾增加他们的购买力，一般民众的购买力也就是工业化程度高低的牵引。英国的工业是靠海外的农业而兴起的。美国和德国的工业是靠着他们国内的农业而建立起来的。中国民族工业的基础必然也要靠农业生产的改进。

战时后方各省的农产以四川为丰富，可是在抗战期间四川农事并未增进，这是被一般人所公认的。去年（民国三十二年）6月13日薰时进先生在桂林《大公报》星期论文中对此问题更有一个统计的证明。他依据了遍布全川乡间的几千个农情报告员的报告做出一个历年农产统计表。我们凭着这个有可以得到下列的指数。

四川全省农产量的指数

（以民国二十七年为基数即 100）

品　种	二十八年	二十九年	三十年	三十一年
玉　米	180	123	147	160
麦	69	56	55	76
稻	108	52	64	68
油菜籽	70	124	75	65
甘　薯	65	59	75	60
棉　花	77	60	22	40
甘　蔗	41	58	34	22

农产如此减产，不但会影响到工业原料问题，且也要威胁民食民生等社会问题。

桂林《大公报》去年6月15日社评中说到陕西棉花产量的

减缩。二十七年的 101 万担,降为三十一年的 31 万担。而陕省棉田的面积自二十六年至三十年间已减少了 22％以上。棉田如此减少当然会影响到中国纺织业的原料问题。纺织业如果不能发展,其他工业是会连带被阻碍的。

从手工业生产占优势的社会转变到机器制造占优势的社会,就是现代工业化的过程。这种历史演变通称为工业化。经济最前进的国家,没有不是已经工业化的。因为不工业化就不能有大量的生产和便宜的享受。在英美是如此,德日也是如此,苏联更是如此。目前只有加拿大、印度和澳大利亚等是半工业化的地方。在伊朗、埃及、西班牙和中国工业化的程度更是幼稚,也可说还没有走上工业化的途径。历史是前进的,中国的社会迟早要工业化的。然而这个程序或短或长,需要一种顺利的环境。除民族独立,政治独立,是我们工业化的大前提以外,农产的改进,教育的革新,尤其是政策的确定,也是中国工业化的三个重要前提。

（原载《中国工业》第 23 期　1944 年 1 月）

经济独占与中国内战

中国政府的专营制度近来虽有重大的改变，但与现代国家资本主义仍不能相提并论。在本质上它的商业性超过了工业性，而且集中于军政官僚政客，及地方军阀的手中。他们依赖着国内的政治独裁和外国的支援而生存，压抑中国自由经济的发展。

远在纪元前 10 世纪到 6 世纪之际，中国社会形式与现在大有差别，城市的贵族曾组织维持了一种政府专营制度，其形式是统制若干器具的手工生产。但这种生产品是专供贵族使用的，在乡间居住的平民，一律不准使用。因为生产品是由政府直接分配的，故完全没有营利的现象。

自纪元前 2 世以后，长期的皇朝时代开始，盐铁的产销皆由政府专利。可是这种政府专卖亦本不在营利。其目的在适合国库的需要，因此盐铁的价格并不溢出国库需要之外。

自 16 世纪中叶至现世纪开始时，在对外贸易和现代金融经济不断加深的影响之下，中国政府专营的制度渐次成为营私牟利的一个来源。这就是官僚控制的发端。当明清两代时，曾有御用纺织厂三家设在南京、苏州及杭州产丝区域，其任务为以丝织品供给政府及官廷。在明朝时，此类丝厂系由宦官管理，但清朝时则由宫廷胥役办之。盐的统制和这些工厂的督办都是属于帝国的最肥差缺。

以机器动力构成的中国现代工业亦由政府举办。中国第一艘轮船建造于 1868 年，第一条铁路构筑于 1876 年，第一个棉纱厂建立于 1889 年，广州的兵工厂系于 1887 年设立。汉阳冶铁厂则于 1890 年开工。这些事业全部皆系用国家资本举办并由政府管理。与这些事业关系密切的高级官僚当时都发了大财。关于这点，李鸿章、张謇和盛宣怀都是显著的例子。从这时候起，曾有一革命时期并继续发生内战，但当时情势并没多大变化。

专营事业性质的改变

但自 1938 年后，中国政府专营事业的性质有了基本上的变化。它已不是 1870—1910 年情形一样的发展现代工业的实行。也不是主要的为了补助 1927—1937 年间的政府财政，当时的鸦片专卖和政府银行的所谓信用放款的专营趋势，已成为剿共内战的主要经费来源。

《纽约时报》记者赖伯曼于 1946 年 8 月由南京发出的通讯说："中国政府通过各种公共的机关和公司的关系，已成为该国主要的经济包办人，目前控制着矿业、电业、重工业、丝业、棉业和糖的生产。"这不是说中国有了某种的国家资本主义，也不是指中国战后的经济形式已和西欧和中欧相类，在欧洲，重要的经济部门显然已趋向于国家化。英国、法国和捷克都有国家资本主义，但严格来说，中国却没有资本主义。

"目前出现于亚洲的国家资本主义又趋和欧洲的来比较，有若干不同的理由。"协和神道学院的基督教伦理学教授华尔德曾说过，他并没有指出中国已经有了国家资本主义。因为，依他的解释："由于亚洲人民的封建性和殖民地性的情形关系，亚洲的国家资本主义正扮演着一种不同的角色。"

封建主义和资本主义是矛盾的，正如国家资本主义和殖民地情况一样。当资本主义发达至于国家专营的阶段的时候，生产已大部分社会化，虽则产业所有权仍归私人。目前西欧存在的国家资本主义仍在保留私人所有权，由国家集中加以控制，国家则系由一个经济集团来控制。

但在中国，政府的专营大不相同，它只对管理国家事业的官僚们有利，而它只保障私人的所有权，使政府的官员及其家属私人发财。统制完全操于少数有势力的政府官吏之手。这样的政府专营绝不是促进生产的社会化，反之，必然加强所谓国有企业的官僚化，分散及破坏生产的力量。

国家资本主义，在西方系表示资本主义经济的顶点，但中国的政府专营或国有企业，在历史的观点来说，只是一种高级官僚手中的资本累积，仍然是处于一种前资本主义的经济过程。尽管中国政府专营也获有剩余价值，但它并不是由正常的商品流通中得来。反之，纯系以政治上的压力而获得过分的利润。政治的独裁支持着经济垄断。只要对战时及战后的中国国营事业略加研究，便可明了这些事实。

统 制 的 事 例

政府统制茶叶市场即为中国官僚垄断典型之一。在安徽江西两省产茶区域中，一向实际上茶叶的收购，系由经营批发及出口的茶商茶庄出资办理。但自1936年起国家银行获得发行钞票的特权便积有巨额的存款，当时政府已在产茶区内建立一公路网，南京的高级官僚们便决定创立茶的专卖制度以打击茶庄。是年2

月，政府的设计机关全国经济委员会建议茶叶国营。4月份，政府设立皖赣茶叶联营运销委员会。茶庄对此极力表示反对，并以取消过去每年收购茶叶的期票为威胁。但因政治压力太大，茶庄只得接受一个妥协办法，即仍继续办理绿茶的经营，作为主要出口产品的红茶则由政府专办。

全国经济委员会结束后又成立了全国资源委员会，授权该会统制及管理大量之中国矿业及工厂，纺织厂亦包括在内。1943年，棉花实际亦归政府垄断，像米麦一样，棉花亦须征实，交付产品实物完缴地税。此外，并规定一部分棉花产量由政府收购。政府所定之棉花官价甚低，常在全部生产成本之下，尤有甚者，政府统制机关所定价格，也从没有依计划生效。棉花种植者极难预知政府将规定的限价。

官限价格和黑市价格的距离极大。1945年1月，在中国最佳产棉区的陕西省，当官价每担为国币13000元时，黑市价格最低限度为每担17500元。1945年5月的情形更坏。官价为33000元时，黑市价每担已高至10万元，此一限价仅足抵补不计人工及肥料的生产成本。结果陕西与豫北的棉田面积大为减少，许多地方1年内减少了50％。

尤有进者，政府视农户存贮棉花为囤积，这样是会被没收充公的。在此种情形之下，棉产自然愈为减少。1945年农林部农产促进委员会曾计划以巨额款项贷给棉农，因为在1944年中，所谓中国自由区1年内的棉产总量仅得150万担，即1936年总产额9％。政府对这种情形是满不在乎的，它所关切的显然是利润而不是生产。事实上，自1942—1945年中的3年半时间内，重庆政府横越喜马拉雅山的空运输入了大量的美国及印度棉布。一方面，中国的棉产显然有了过剩的现象，另一方面，使鄂湘赣粤陕5省可用的纺锤464000个大部分时间空闲着。政府只顾以垄断棉布的运销分配图利，完全不顾及棉产和纺织工业。

蹂躏私人企业的倾向

过去 10 年以来，政府的垄断是以政府统制的名义推行于中国。"政府统制"则又以节制私人资本的社会主义政策为藉口。虽然根据 1944 年 11 月 6 日国防最高委员会第 148 次会议通过的《经济建设纲领》中国工业发展应循之两项原则为：私营企业及国营企业（见纲领第一条）；同时又规定私人资本可以经营国营以外之任何企业（见第二条第二目），但目前中国政府的垄断政策目的系在摧毁所有民营的近代企业。若干有力的官僚集团正在发展，借政府专营的名义恣意图利。他们运用政治的军事的力量，以谋本身商业利益的巩固和发展，他们对商业的兴趣更较对工业者为浓厚，喜欢用专断的方式而讨厌民主的程序。

工　业　的　独　霸

除了维持政府对外贸易的铁路公路及航空运输和外汇的专营之外，政府自 1944 年起控制了中国近代的生产事业。是年私人工厂虽有 4764 家（90.47%），而政府工厂仅有 502 家（9.53%），全部政府资本为国币 189183000 元（38.81%），政府工厂工人总数为 105066 人（29.21%）；而全部私人资本仅有 298297000 元（61.19%），私人工厂的工人总数为 254597 人（70.79%）。很明显地，政府各厂规模既大而资金雄厚，自然可以赛胜私人工业。

还有一层，政府办的并不限于重工业。1944 年政府办的 502 家工厂中，有 167 家是小的化学工厂，146 家是棉织工厂，103

家是饮料工厂。是年近代工业上政府和私人资本的分配显出并无一明确的工业政策，其分配表如下：

中国工业资本分配表（1944年度）

项目	官营百分比	项目	民营百分比
冶金	30.99	化学	75.03
化学	25.01	纺织	18.63
机械	15.42	机械	10.24
纺织	13.36	饮料	9.85
电器	12.27	冶金	5.74
印刷及教育用品	0.89	电器	5.15
饮料	0.80	印刷及教育用品	5.14
五金	0.72	其他工业	4.82
其他工业	0.44	五金	3.76
衣服	0.10	衣服	1.64
总计	100.00	总计	100.00

一位孟先生在国民党出版的中国月刊中曾说过："中国也许是一个世界上少见的国家，在国内统制经济和自由经济，并行不悖互相为利。"他又说："自1943年开始，通货膨胀发生了，大部分游资不再流向工业，而转向于非法的商业活动，例如囤积及投机买卖。及至战事突然结束，因为多数战时合约取消，情形便较前更坏。一切重工业几全部停顿。各地都弥漫了不景风，使我们大蒙其害。"因为专营的目的在于扩张它自己的势力，政府控制了外汇、运输和银行，很快便腐化了成为政府的囤积、投机和走私。这种事物的现象，孟先生称之为统制经济，实在不能和他所说的自由经济并存的。

救济物资的转移

本年 8 月 15 日《纽约时报》以"蒋介石的计划"为题的一篇重要社论，曾述及蒋氏"令饬其所属政府人员自行检讨其错误及弱点，现引为遗憾的是发见了过重的中国官僚习气。"最近报上对于联合国善后救济总署在华的事情亦有不少记载。在过去办理救济事宜多系中国公共社团，但目前政府已转而自行包办。救济工作的包办便助长了贪污，在好多场合中，救济物资已转入了私人的用途，此种情形连同政府对其他工业商业银行交通的垄断，遂使高级官僚们的宦囊肿胀。

值得强调的是，目前政府对工商业大规模垄断经营是通过发行钞票和接管敌伪产业而完成的。实际上，这就是政府全部财政的关键。1936 年 8 月，南京政府钞票发行总额为 14 亿元。至 1945 年 8 月增至 1 万亿元。本年度 5 月则达 2.2 万亿元。但据财政部长俞鸿钧在国民参政会末次大会报告，1946 年底全部发行额将约 1395 万亿元，即 995993 倍于 1936 年度。这就说明了每月最低限度有 200 亿元，而本年度大概为 5 万亿元；由敌伪接收来的工厂、矿场、地产、运输工具等财产价值总额约为 1 万亿元。政府显然希望变卖大部分这类财产以收回一部分钞票。

（注）美国援华捐款半数以上落于中国政府机关手中，1/3 弱拨交基督教教会及教育机关，1/5 弱拨交公共组织的战时救济团体。据芝加哥《太阳报》驻华记者窦灵格称："联总"重装备器材最少已有一半由南京政府售于其指导的"行总"，并由其控制的中央银行垫款。其余一半，"行总"署长自己亦承认已售诸"私人"或加入作为官股，多数官股之管理，系由著名政府官员出名参加董事会的。

通货膨胀照例会引起工业上的停滞，但实际上变卖财产和收回一部分钞票的进行很慢。卖给私人公司的产业实远较留于政府手的为少。也许 70％以上大部仍在政府垄断经营。每一政府中的有势力派系都分享了一份。

政 府 中 的 派 系

首先是以陈立夫、陈果夫为首的国民党领袖们组成的集团，即 CC 系。它控制着中国农民银行，拥有信用合作事业的大量股份，并和 17 个投机大粮商有联系，还控制着中国工矿银行，这银行虽属私有，但亦受政治及官僚力量支配；此外尚有由华中华东敌方接收过来的中国丝业公司。这个公司经营丝茧的生产，设有十家缫丝和丝织工厂，共有缫丝房 2384 处。它控制着苏浙皖 3 省的丝工业和 25 家向公司购丝的私营集团。每年可有 100 担的生丝出口。

第二个集团是所谓政学系，它控制下的金城银行虽系私人所有，但受政治和官僚势力指挥，又拥有政府多方间接大量津贴的《大公报》。并占有局部的中国水产公司和台湾糖业公司，后述两公司系最近由日人方面接收过来的。中国水产公司拥有渔船百艘以上，除此之外尚有柴油引擎的船艇约 10 艘。它还控制有 7 个冷藏厂，一个织网厂，一个制罐厂，一个鱼油厂，一个小型船坞和修理厂。台湾糖业公司在台湾主要的资产是由日方接收过来的 42 个糖厂。台湾的行政长官陈仪将军便是政学系著名分子之一。

第三个派系是孔祥熙领导下的旧金融集团，孔氏在抗战 8 年中曾任财政部长 7 年。据说这一集团曾与公债黄金投机，外汇舞弊和走私有关，又传其子孔令侃将出资组织一个办理中美贸易的公司。

第四个是宋子文集团，与 CC 系和孔氏集团比较，它还具有发展近代企业的强烈倾向。它控制南洋烟草公司，金山贸易公司，立达公司和最近的中国纺织建设公司。后一公司目前经营着 52 个由上海天津青岛及他处城市接收来的日本工厂，共拥有纺锤 176 万个，约等于中国全部纺锤的 2/5。它的管理虽然不善，但每月所赚纯利亦有 34％，约为美金 400 万元，此应归功于该公司享有的特权：即原料、运输、燃料及其他优先权等。

蒋 氏 集 团

第五个集团是蒋委员长领导的。它控制着交通部，该部最低限度名目上是主办全国的铁路网的。它控制着国营招商局轮船公司，该公司大于国内任何民营轮船公司，行驶的轮船总吨数约有 80 万净吨，大部分系由日方接收而来。它的一百艘轮船中有内河及沿海小船和美国的自由轮。目前尚有较大的船只拨交该公司经营。同时直接受委员长指挥的还有全国资源委员会，该会在战时已甚发达，控制着 116 种工业，37 处矿场和 33 个电力厂。在该会管理下的工厂约有 60 个厂现尚开工。该会目下生产全中国半数以上的铁钢和全部石油及非燃性金属。在化学工业它亦将居于首位。由于中央政府专营的高度发展，过去如阎锡山在山西，李宗仁、白崇禧在广西和龙云在云南的省营独占事业便迅速没落。大规模的垄断吞并了小规模的垄断，中国战时不正常的情势加速了这种过程的发展。

纺 织 业 的 垄 断

中国的政府专营束缚了自由经济的发展，此点可在纺织工业上获得充分的证明。在战前的 1936 年，中国 143 家棉织厂，此等现代的纺织厂多数设于长江下游地区，其纺锤总数为5647000个，其中 3047000 个系由中国人所有由国人经营，260 万个系外人所有由外人经营；在外有的纺锤内，约有190 万个系属诸日人。

中国棉花的生产在 1936 年时实际已能自给自足。各纺织厂棉花原料需要总量为 1100 万担。而是年国棉的生产最少有 1630 万担。自 1931 年以后，中国棉花输入已大为减少。1931 年输入总量为 470 万担，1936 年输入总量则仅为外国上等棉花 80 万担，在 1931—1936 年间，国棉生产总量约增一倍。前途展望极佳，据估计迄 1937 年底，中国纺锤总数可达 680 万个，中外所有平均数目相等。

纵在抗战年间，特别在 1939 年，内地各省的新式纺织厂共有纺锤 170 万个，可以生产足量的棉纱以供机织及手织之用。共可织成棉布 4000 万匹，每匹约 40 码。估计内地各省人口约 2 万万人，每人每年平均可得布 8 码。战时印度每人每年平均消耗亦仅 5 码或 6 码。国人每年每人平均 8 码实颇充足。但重庆的政府专营管制并不鼓励纺织生产及棉花生产，此种情形结果竟做成棉荒，布荒，并倒闭了许多纺织厂。

宏大的政府纺织专营机关"中纺公司"是由过去日本经营的纺织厂构成。其惟一的目的是补助政府的财政和使有关的官僚经理们发财。因此，它目前的管理是无效率的。它从日方接收了约 176 万个纺锤，但至今只有 75 万个，即 42% 开工。每日只生产 20 支纱的 700 包，这还不够全部生产能力的 18%。生产的品质亦很劣。战前每一纺锤每日产纱约 1 磅，目前每纺锤仅产 1 磅的 4/10。本来多纺数锤可以纺 40 支纱的，但政府公司却有意放弃，只用来纺 20 支和 16 支纱，目的在临时竞争市场，此种竞争是对付只能生产 16 支与 20 支纱的民营厂家，在任何正当的经济观点来看，实在毫无理由。

官 僚 独 占 的 经 营

官僚独占了全部公司的经营，52 个厂的厂长是隶属于政府公司的工程部主任。主任的上头有公司的总经理和副总经理，实际上一切大权皆集中总经理之手。52 个厂长对于一切人事、机务、原料、预算和销售的事情，都须听命于总经理。凭一个人来应付 52 个厂和 176 万个纺锤的不同业务，这是不堪设想的。

事实上，任用私人、贪污舞弊和不断的严重稽延已习以为常。在上海的一家厂内，从前日人只用 32 个技术人员和 5 个事务人员，便开动了 800 架织机和 5 万个纺锤。现由中国政府管理，同一工厂雇用 44 个事务人员，而技术人员只有 20 名。这样一来公司的雇用人数总额是增加了，但技术人员的比例反而减少。公司获利很大，它有能力支付比民营厂家较高的工钱和薪金。这样的竞争，结果也窒息了任何自由经济的发展。

甚至政学系的发言人也严厉批评政府的专营事业，也许是由于这个集团分享的成分太少的缘故吧。1946 年 5 月 30 日上海《大公报》的社论抗议南京政府的目前财政经济政策。社论上说："政府现有一个一贯的政策，即使富者愈富，贫者愈贫，此一政策的理论根据是：向贫者要求'节制资本'，以防止资本主义的发展；同时却又向富者要求'发展国家资本'，这个国家资本底真正主人便是富人和官僚。"

中国的全部政府专营事业都带有一种买办性，买办的西文 Compra dore 本是一个葡萄牙字，适用于充当西方人和东方人贸易上的经纪人的东亚人。因为政府有了政治及军事力量作后台，便享有一切运输和银行的优先权，以官限的低廉价格采购生产品，再向世界市场售出博取过分的利润，于是生产窒息、工业疲敝。最近上海万强纺织厂的经理宣称："纵令工人们不支工资、不吃饭、甚至不把劳动成本费用算入，在中国的工厂也要关门。"

中国的政府专营不仅剥削工人，同时也剥削民营厂家和消费者。在军事独裁之下，罢工的自由不要提起。凡不与有权势的军政官僚勾结的私人企业，很易因高税率而崩溃，且须忍受运销上的极度困难。当政府极力囤积投机时候，不仅中小商人破产，消费者亦不免于支付额外的代价。

对 立 的 原 则

目前中国有两种明显的经济发展趋势，一种前社会主义的合作经济已在中共解放区内开始实行；而国民党区内最强烈而明显的趋势，便是一种依靠军事独裁控制的前资本主义买办性的政府独占经济。这样，政府经济独占，一党统治和外国军事财政援助便成为目下南京政府的三个原则。这些原则正与孙中山先生的三民主义民族、民权、民生相反，同样的不可分割，目前中国的内战根本就是两个集团各自保卫其主义体系的斗争。

（载《民潮》第 5 期　1947 年 2 月　李宛译）

"猪仔"出洋

—— 700 万华工是怎样被拐骗出国的

1932 年冬天，我在广州遇见美国驻沙面领事，他是我 1920 年在大学的同学。我请他介绍我到领事馆去看有关出国华工的档案。在翻阅过程中，我看到美国和其他国家商船把我国苦力从香港一批批运到海外情况的记述。英文苦力（Coolie）一词源于印度泰米尔语，指从事重体力劳动的人。这名词在汉文里读音和意义相通，故译成"苦力"。但英文档案中所称的苦力，是专指被拐贩到西欧和美国从事奴隶劳动的华工。这种人在我国文献中就叫做"猪仔"。

掠夺华工出国从 16 世纪开始

我国明末清初，福建沿海商人曾和农民、手工业者订立"公凭"，自造航船，到婆罗洲垦殖开矿。这类人并不是猪仔，而是到海外去的移民。近年来，从外文书报档案中，我看到一些早期出国华工的记录。如葡萄牙人早在 1519 年就掠夺我国苦力到葡属东印度的果阿去做工；1620 年荷兰人掠夺我国苦力去巴塔维亚垦殖；1772 年约有 1 万名我国苦力在婆罗洲做工；从 1785 年到 1804 年的 20 年间，一批批苦力从澳门运到槟榔屿，每批人数约 600—1000 左右。1805 年我国苦力也有到西印度洋特立尼达群岛的。1810 年有几百名苦力到巴西试种茶树。东印度公司在 1812—1814 年的两年间从我华南运去 1700 多苦力到班卡岛。同年东印度公司从我广州黄埔运去几百名苦力到圣赫勒拿岛当建筑工人。拿破仑被囚在圣赫勒拿岛上时，曾宴请路过那里的英国海军军官巴塞尔·贺尔舰长。当时拿破仑指着窗外花园中的中国花匠对贺尔说。"你看，这些人很善良。他们有才能、智慧和自尊心，决不会长期像这样受英国人或其他任何西方人奴役。"

19 世纪，我国苦力被拐运到国外的比以前更多了。1819 年英国占领新加坡后，总督莱佛士为了开拓南洋新殖民地，更多方掠夺我国苦力。根据外文档案统计，1820 年到 1830 年，每年运到新加坡的苦力有 6000—8000 人。1847 年秘鲁有 12 万我国苦力。同年在古巴的竟多至 15 万人。1848 年有很多我国苦力从厦门和新加坡运往澳大利亚。两年后，又有 4000 多中国苦力从广州、香港、澳门到了加利福尼亚。1851 年巴拿马有 1 万多苦力在那里建筑铁路，都是从汕头运去的。1856 年到 1858 两年间运到西印度群岛的中国苦力约有 1 万人。同期还有好些苦力到加拿大西海岸。1859 年在海地也有了我国苦力。1864 年我国苦力也有到墨西哥的。1867 年有几批中国苦力到马达加斯加去修公路。在 1876 年到 1898 年间有 56000 我国苦力去新喀里多尼亚和苏门答腊种植烟草。1883 年斐济有我国苦力，1902 年西萨摩亚也有我国苦力。

出国华工遍布全世界

我国苦力不但被贩卖到南洋、大洋洲、美国以及非洲各地，也大批被运往北方。1870 年有 150 名被掠去俄国。1880 年后，从山东沿海一带，每年被掠夺到海参崴的达数千人。1906 年比利时人把我国苦力 500 多人从香港运到刚果去修筑铁路。据 1907 年烟台海关记录，那年由烟台运往海参崴的苦力约有 6—7 万人。20 世纪初，南非金矿矿主不愿多用白种工人，因为白种工人有工会组织，经常罢工。但黑人又因不堪虐待，不愿干活。因此矿公司董事会，决定招运我国苦力去南非替代黑人当矿工，并委托英商开平矿务公司和太古轮船公司办理贩运苦力到南非的事务。前美国总统胡佛当时是开平矿务公司工程师，他因经管贩运苦力发了大财，后来被选为总统。从 1904 到 1910 年，我国苦力到南非的有 7 万多人。但在这以前，我国驻南非公使张德彝，给总理衙门的报告中，就说非洲各地已经有 10 多万我国矿工。

第一次世界大战期间，从 1916 年下半年到 1917 年下半年，英、法、俄三国，分别从我国招去 5 万、15 万和 3 万苦力。俄国人把我国苦力从东北、天津、山海关运往顿河矿区和欧洲东部战场；英、法从秦皇岛、青岛、上海等地运往法国北部和巴尔干战场；在法国的苦力，主要在后方担任后勤劳务，如搬运、装卸、挖壕及兵工厂劳动。在战场上战死的有 2000 多人。

如上所述，外文档案和书刊都把华工称为苦力，但我国档案中则称之为猪仔。道光十九年（1839 年）7 月 24 日林则徐对总理衙门奏称："十余年前（即 1820 年）连值荒年，出洋者数以千计。当其在船之时，皆以木盆盛饭，呼此等搭船者一同就食。其呼声与内地呼猪相似，故人目此船为买猪仔。"清廷外务部嘉庆至同治年代（1800—1870 年）档案中，有一个来自澳门的报告，这个报告详细说明了拐卖"猪仔"出洋情况。

怵目惊心的"猪仔"贩卖

秘鲁、古巴等洋人来中国招工，与猪仔头订立合同，指定每只船装多少名，限期开船，要求如数收足。因此猪仔头从订立合同后，必须立即千方百计四处找人，拐、骗、掳捉，以求收足人数。

猪仔到了澳门，先由西官讯问是否情愿出洋。实际上讯问时猪仔头已预先找到代答的人，到将下船时，才设法调真猪仔下船。有时遇到西官查验严紧，难以调换，冒名顶替的就只得被迫出洋。

被拐到的猪仔关在密室，不能与任何人见面。到下船时，猪仔多向人哭诉被拐骗的情况，但已后悔不及了。

乡民谋生艰难，最易被骗。猪仔头骗说，出洋做工除供给衣食外，还有工资。而且说外国年历不同，一年只等于中国半年，因此订8年合同实际只等于4年。期满后还有船送回中国。这些人无知，信以为真，被骗到澳门后，就被关起来。有些人到澳门醒悟过来，不愿出洋，就被严刑酷打，只得勉强答应出洋。也有私自逃走的，但因不认识路径，大多被猪仔头党羽捉回。

猪仔出洋，每年数以万计。洋人以每名百元的钱发给猪仔头。猪仔头实际发给猪仔的，不过几块钱。所以猪仔头得的钱最多。往来乡间拐人的差役等对这种情况不敢过问，因为猪仔头异常狡猾毒辣，党羽很多，拐骗猪仔情况虽为街坊所目睹，也不敢与他们理论。

以上是1870年以前澳门的情况。1870年澳门已有300个猪仔馆，即关猪仔的地方。三年后，当葡萄牙国王下令关闭猪仔馆时，澳门的洋人和中国人都如晴天霹雳，惊慌失措。葡萄牙、秘鲁和西班牙三国人开设的猪仔馆全部关闭停业。管猪仔馆事务的葡国委员及猪仔头等一向靠拐骗猪仔发财，现在忽然断了这项财源，无不垂头丧气。秘鲁有 12 只专运猪仔的船，只好空船返航。葡萄牙国王 1873 年勒令关闭澳门的猪仔馆并不是出于人道主义大发慈悲，而是由于竞争不过英、法、美等国商船从香港贩运猪仔，不得已才停止的。

华工是种植园劳力主要来源

早在 1807 年，中美洲一带因种植园生产过剩，使用终身制的黑奴对资本家不合算。1838 年废除黑奴买卖后，种植园主就得另找劳动力来源。因此英国殖民部 1843 年批准，到东南亚抢运我国猪仔，到美洲西印度洋各地种植园替代黑奴。1889 年 12 月 31 日，一个法国代表团访问东南亚各地后在报告中写道："香港和新加坡的繁荣兴盛，以及马来联邦、苏门答腊、婆罗洲等地那些赚钱的种植园，全靠中国人的劳动"；又说："他们不仅建筑铁路，而且在种植园劳动，开辟稻田，种植蔬菜，合理而巧妙地开采矿藏，并不断设法使各生产领域的产最满足日益增长的需要。"曾任新加坡移民局局长的英国人普赛尔称赞中国"苦力"的功绩说："假使没有中国人，就不会有现代的马来亚。假如没有现代马来亚的橡胶供应，欧洲和美国的汽车工业就不可能有今天这样的发展"。

英、美、法等国商船都用赊单名义从香港抢运猪仔。这在名义上与澳门不一样。因为猪仔在澳门，上船前要被迫订立契约，而从香港运出的赊单工，要到国外出卖后才订立契约。所以香港运出的"赊单工"名义上是自愿的移民，但实质还是猪仔。英、美、法等国则借此攻击葡萄牙、西班牙等商船贩运的不是赊单工而是猪仔，是违反人道主义的。他们故意制造这种舆论，目的无非是要与葡萄牙、秘鲁、古巴争夺劳动力。此外，由于澳门地方狭小，不能充分供给淡水、粮食和修理船只器材，所以澳门开出的商船都要到香港去装运这些必需品。英国人既然统治香港，就有权故意限制对从澳门来的商船的供应，使澳门商船遇到不少困难。这也是迫使葡萄牙国王下令关闭澳门猪仔馆的原因。

可是不到几年，澳门猪仔馆又重新开设起来。名义上不再称招工局，而挂了一块"某某栈房"的招牌，好像是旅馆。不过这种栈房的数目，已经大大减少。据说已减到100家以下。1883年美国驻北京公使馆参赞曾函告我国税务司赫德（英国人），建议两广总督同澳门官方交涉，改订招工章程。但总理衙门对此并不理会。因此澳门拐贩猪仔的勾当，并没有停止。香港、汕头、上海、厦门和海口都先后开过猪仔馆。福州和广州也开过猪仔馆。新加坡20世纪初还有20家猪仔馆。

700万华工被拐骗出国

光绪三十二年（1906年），我国驻新加坡总领事孙士鼎给外务部报告中说："每年从香港、厦门、汕头、海口等地到达新加坡的华人约十余万人，其中70%是猪仔。"如果按16万人计算，就有112000是猪仔。据我海关统计，从1881年到1898年17年内，从上述各港口运到新加坡附近海峡殖民地的华人有2776000，按70%折算，1943000是猪仔。这样，那17年内，平均每年运到海峡殖民地的猪仔有114000。又据新加坡海峡殖民政府统计，从1911到1920年到达新加坡的华人总数为190万人，按70%计算，其中130万是猪仔。从1921—1930年到达新加坡的华人总数为242万人，按70%折算，就有猪仔170万。

根据这三项统计总数，50 年内，就约有 500 万猪仔到达新加坡，其中大部分被转运到其他地方。估计 18—20 世纪的 200 年内，从我国直接运到南北美洲、大洋洲、欧洲和非洲各地的猪仔，还有 100 多万，所以从我国前后被贩运到世界各地的猪仔总数不少于 600—700 万。

读了描写猪仔，在贩运途中惨状的记载，更令人发指。澳门和香港是贩运猪仔的集中地。猪仔上船后，就被锁在船的底舱。按英国旅客法案规定，船上每客至少要占 15 平方英尺空间，但 1855 年通过中国旅客法案时，认为 15 平方英尺对于亚洲人种过宽，就改为 12 平方英尺，也就是宽 2 英尺、长 6 英尺，相当于一个小孩用的床那么大。但事实上，英美等国商船为要多赚钱，本来装 300 名的，硬装了 600 人。这些猪仔无法睡眠，只能屈膝坐着。在船还没有启航时，腿就发酸了。在这样拥挤不堪的舱里，空气窒息，再加上饮食恶劣，因此疾病流行。船上又很少医药设备，所以死亡的人很多。

从 19 世纪 60 年代起，美国发明了一种容量大、速度高的新型快船。据勒白克所著《中国快船》一书所述，美国快船"秃鹰号"曾从事贩卖猪仔多年。有一次装运猪仔 500 名从香港开往秘鲁，经过马尼拉以东 500 英里的海面时，船上猪仔受不了虐待，群起反抗，要冲上甲板而未成功，终于点火烧船。但船长始终不许打开升降口的铁格子，反而开枪，打死很多猪仔。可是火已无法扑灭，以致 500 名猪仔全部被锁在舱底，和"秃鹰号"同归于尽。

载运途中惊人的死亡率

从英国和美国的档案看来，就知道猪仔出洋在途中的死亡率惊人。例如，1854年有一只船装了325名猪仔，开往秘鲁，中途死去47名，死亡率14%。1853年有二只猪仔船开往古巴。700名中死去104名，死亡率为15%。1852年有三只船装了810名猪仔去英属圭亚那，途中死去164名，死亡率为20%。另一猪仔船去巴拿马，425名中死去96名，死亡率合23%。同年一艘去巴拿马的船装猪仔300名，途中死去72名，死亡率为24%。又如1850年有740名猪仔分装两船去秘鲁，途中死亡247名，死亡率合33%。1856年英国商船"仆得蓝公爵号"装猪仔332名从香港开往古巴，中途因疾病和自杀死去了128名，死亡率达39%。而同年"约翰·加尔文号"装了298名猪仔去古巴，途中死去135名，死亡率高达45%。

上面只是随手举出的一些记载，据一份报告说，从1847—1857年十年间，从香港去古巴的猪仔共有23928名，途中死去3342名，平均死亡率达14%。如果加上中途失事，人船全毁的数字，那么死亡率恐怕不会低于25%。难怪当时英、美人也说运输猪仔的船为"浮动地狱"。

从1845年到1874年的30年间，是猪仔贩卖最猖獗的时期。那时把猪仔运到目的地后，一般是立即押送到市场或街头拍卖，当场脱光衣服，赤身露体，任凭买主像挑选牲口一样，进行检查。从中国到中美洲加勒比地区，贩卖一名猪仔的本钱，一般为150元，包括船票70元。当地卖价一般为500元，有的高达1000元。因此猪仔贩子卖出一名猪仔可得350—850元，利润率高达2—5倍。其中以航运商所得利润最多。因为把猪仔从香港、澳门运到美洲海岸，实际航行费每名猪仔只5元，但船票却要70元。每装运一名猪仔，轮船公司可净赚65元，利润竟高至13倍。

"猪仔"贩卖兴盛的原因

　　西方商人为什么到我国来贩运猪仔呢？这当然有历史的背景。17世纪美洲大西洋海岸和各岛屿种植园经济作物，需要大量劳动力，单靠奴役当地印第安人是不够的。首先替代印第安人的是从欧洲运来的白人。这些人是英国和德国无以为生的穷人、异教徒和罪犯，还有成千上万被拐骗和绑架去的人。他们都被运往美洲各种植园当白奴。运到北美英国殖民地的白奴达25万人以上，占全部英国移民的半数。因此1670年弗吉尼亚的白奴人数为黑奴的3倍。在18世纪运到宾夕法尼亚一地的移民2/3是白奴。这些白奴在运往各地的途中，同样受到野蛮迫害，白奴船上的死亡率高达50%以上。

　　随着英国工业资本主义的发展，世界市场上对热带经济作物，如糖、烟、棉花等原料的需要，日益增长，大型种植园生产替代了原来的农场，需要廉价劳力就更加迫切。因为白奴和印第安人早已供不应求，不得不从非洲大批贩运黑奴。后来黑奴买卖也禁止后，就不得不到我国来贩运猪仔。

　　据1944年埃里克—威廉姆斯所著《资本主义与奴隶制》一书所述，很多古巴甘蔗种植园同时使用黑奴和黄奴。例如"圣马丁"种植园有黑人452名，猪仔125名，"古巴之花"使用黑人409名，猪仔170名；"圣·苏珊那"用黑人632名，猪仔200名。至于秘鲁鸟粪岛的艰苦劳动则几乎都是从我国运去的猪仔承担。东南亚各地种植园和矿场的开发，大多是在废除黑奴买卖以后才开始。在这些地方从事艰苦劳动的猪仔，是从香港或新加坡转运去的。这些猪仔远远多于从印度运去的所谓"苦力"。所以大批的猪仔，就替代了从非洲运出的黑奴。因此我们可以说，在西方资本主义发展的早期，很多殖民地上长期遭到残酷剥削的劳动力第一代是白奴，第二代是黑奴，第三代是黄奴，也就是从我国出洋的"猪仔"。

（原载《百科知识》1979年第5辑）

作者著作目录

一、著作目录

人类的历史，上海 1921 年版

人类的故事，北京 1925 年版

国际新局面，北京 1925 年版

黑龙江流域的农民和地主，（与王寅生合著）上海 1929 年版

难民的东北流亡，（与张辅良等合著）北京 1930 年版

东北的难民与土地问题，上海 1930 年版

亩的差异，（与王寅生合著）上海 1930 年版

广东的农村生产关系和生产力，上海 1934 年版

华南农村土地问题，上海 1936 年日文版，纽约 1936 年英文版

中国的地主和农民，纽约 1936 年英文版

工业资本和中国农民，纽约 1946 年英文版，纽约 1946 年日文版

中国农民，孟买 1946 年英文版

中国工业合作史话，纽约 1947 年英文版

西双版纳的土地制度，纽约 1949 年英文版

美国垄断资本，北京 1955 年版

印度和巴基斯坦经济区域，北京 1959 年版

印度莫卧儿王朝，北京 1964 年版

华工出国史料汇编（共 10 辑），北京中华书局

南亚经济区域，新德里 1980 年版

二、文　章

好心的外交政策，（英文　美国波莫纳大学学士论文）1919 年

茶叶出口与中国内地商业发展，（英文　美国芝加哥大学硕士论文）1921 年

1912—913 的伦敦大使会议，暨阿尔巴尼亚的独立：外交研究，（德文　德国柏林大学博士论文）1924 年

临时抱佛脚，《现代评论》第 53 期，1925 年 12 月

英帝国主义的前途，《现代评论》第 55 期，1925 年 12 月

一笔亏本账，《现代评论》第 55 期，1925 年 12 月

英国独吞莫纳尔的煤油吗？《现代评论》第 56 期，1926 年 1 月

苏联共产党大会，《现代评论》第 56 期，1926 年 1 月

十一国钳制中国的协约，《现代评论》第 57 期，1926 年 1 月

国际间资本大团结，《现代评论》第 58 期，1926 年 1 月

裁兵声中的美国预算案，《现代评论》第 58 期，1926 年 1 月

苏土盟约，《现代评论》第 59 期，1926 年 1 月

苏资调节的失败，《现代评论》第 60 期，1926 年 1 月

军阀的违法杀人，《现代评论》第 61 期，1926 年 2 月

回民的大联合，《现代评论》第 62 期，1926 年 2 月

梯罗尔南部的问题，《现代评论》第 63 期，1926 年 2 月

俄法会议的前途，《现代评论》第 65 期，1926 年 3 月

急转直下的法国政局，《现代评论》第 66 期，1926 年 3 月

德国与国际联盟，《现代评论》第 67 期，1926 年 3 月

国际裁兵会议的前途，《现代评论》第 68 期，1926 年 3 月

三月十八日惨案目击记，《现代评论》第 68 期，1926 年 3 月

中波问题的通商，《现代评论》第 69 期，1926 年 4 月

美国资本家的势力，《现代评论》第 70 期，1926 年 4 月

美国的塔克那阿利卡问题，《现代评论》第 71 期，1926 年 4 月

美国航空军备的扩充，《现代评论》第 72 期，1926 年 4 月

俄德协约，《现代评论》第 73 期，

111 期，1927 年 1 月

白沙拉比亚（比萨拉比亚）的问题，《现代评论》第 112 期，1927 年 1 月

印度反对遣兵来华，《现代评论》第 113 期，1927 年 2 月

什么是帝国主义，《现代评论》二周年增刊

西伯利亚的政治经济，《北大社会科学季刊》第 3 卷 4 号，1926 年 2 月

北京人力车夫的苦难生活，《国际新闻通讯》，1926 年 2 月

东北抗日最近情况，《救国日报》合订本，1926 年 7 月

中国农民担负的赋税，《东方》第 26 卷 19 号，1928 年 10 月

国民党统治下的中国农民，《国际农业研究通讯》1—14 期，1928 年

中国田地问题，《农业周报》53—55 号，1930 年 10 月

工业化与无锡的农村副业，《女青年月刊》第 10 卷 4 号，1931 年 4 月

中国的农村研究，《劳动季刊》第 1 卷 1 号，1931 年 9 月

国际巴黎决议案的批评对调查委员团应取的态度，《东方》第 29 卷 3 号，1932 年 2 月

中国经济状况 1932 年 1—6 月简述，《太平洋事务》第 5 卷第 9 期，1932 年 9 月

揭开幕布的中国政治闹剧，《中国论坛》，1932 年

崩溃中的关中的小农经济，《申报月刊》第 1 卷 6 号，1932 年 12 月

现今中国的土地问题，《中国经济》1 卷 4—5 期，1933 年

中国经济的分解，《太平洋事务》第 6 卷 4、5 期，1933 年

《定县社会概况调查》序，载《定县社会概况调查》，中华平民促进会，1933 年

破产中的汉中的贫农，《东方》第 30 卷 1 号，1933 年 1 月

广东耕地所有与耕地使用，《中山教育馆季刊》第 1 卷第 2 期，1934 年

中国"模范省"的乐土（英文），《太平洋事务季刊》1936 年 3 月

山西阎锡山"土地公有"的真相（英文），《太平洋事务季刊》，1936 年 9 月

日本在中国南端省份的渗入（英文），《太平洋事务季刊》第 22 期，1936 年 11 月

冀察政务委员会使走私合法化（英文），《太平洋事务季刊》第 22 期，1936 年 11 月

论南京政府的内蒙政策（英文），《太平洋事务季刊》第 22 期，1936 年 11 月

丰收给中国农村带来新威胁（英文），《远东观察》第 5 卷第 23 期，1936 年 11 月

挽救中国航运的新一轮努力（英文），《远东观察》第 5 卷第 23 期，1936 年 11 月

中国军费带来巨大财政赤字（英文），《远东观察》第 5 卷第 24 期，1936 年 12 月

绥远和察哈尔的经济态度（英文），《远东观察》第 5 卷第 25 期，1936 年 12 月

新崛起的纺织中心天津（英文），《远东观察》第 6 卷第 1 期，1937 年 1 月

征服与人口（英文），《太平洋事务季刊》，1937 年 2 月

合作社是治中国病的万灵药吗？（英文），《远东观察》第 6 卷第 7 期，1937 年 3 月

日本工业界纠纷日多（英文），《远东观察》第 6 卷第 9 期，1937 年 4 月

中国铁路战略，新的方式（英文），《远东观察》第 6 卷第 15 期，1937 年 7 月

侵略政策和人口问题，《中国农村》第 3 卷第 7 期，1937 年 7 月

日本即将丧失中国贸易（英文与 J.R 合著），《远东观察》第 6 卷第 19 期，1937 年 9 月

七七回顾——一位中国官员揭示的战前中国政策（英文），《美亚》第 1 卷第 10 期，1937 年 12 月

中日战争的经济背景（英文），《美亚》第 1 卷第 11 期，1938 年 1 月

中日持续战争的前景（英文），《美亚》第 2 卷第 8 期，1938 年 10 月

古国的新生（英文），《天下月刊》第 10 卷第 4 期，1940 年 4 月

合作运动与农村机构，《工合通讯》第 1 卷第 6 期，1940 年 11 月

农村与抗战，《中国农村》战时特刊第 6 卷第 10 期，1940 年 9 月

三十年来的中国农村，《中国农村》第 7 卷第 3 期，1941 年 1 月

抗战建国与劳工问题，《中国农村》第 7 卷第 5 期，1941 年 4 月

目前的中国农村，《中国农村》第 7 卷第 6 期，1941 年 5 月

中国经济和政治总形势，《远东通讯》，1941 年 11 月

高利贷资本与手工业，《中国工业》第 6 期，1942 年 6 月

《战争与农村》序，《战争与农村》，

1942 年 6 月

工合和建设，《中国工业》第 9 期，1942 年

美国制钢业的进步，《中国工业》第 18 期，1943 年

目前工合的困难问题，《中国工业》第 21 期，1943 年 11 月

广西工业的前途，《中国工业》第 22 期，1943 年 12 月

如何走上工业化的正轨，《中国工业》第 23 期，1944 年 1 月

民族工业和国内市场，《中国工业》第 28 期，1945 年 7 月

中国五大独立集团，《文萃》第 11 期，1946 年 11 月

中国官僚资本与内战，《远东观察》，1946 年 10 月

中国的土地改革，《远东观察》第 17 卷第 4 期，1948 年 2 月

美国垄断资本，《人民日报》1951 年 2 月

美国财阀与美国侵略政策，《世界知识》，1951 年第 15 期

美国经济何以必然动摇，《学习》1951 年第 4 期

从经济看美国政治，《人民周报》1951 年第 5 期

工业的兴起，《中国建设》1952 年第 1 期

五十年来的印度史学界，《新建设》1952 年 3 月号

土地改革根除了封建主义，《中国建设》1952 年第 3 期

帝国主义的备战经济与当前的国际贸易，《新建设》1952 年 6 月号

土改以后，实行互助组，《中国建设》1952 年第 3 期

工业化开始，《中国建设》1953 年第 1 期

美国国民经济军事化与农业危机，《新华月报》1953 年第 4 期

新疆的新土地，《中国建设》1953 年第 3 期

云南傣族，《中国建设》1953 年第 5 期

中国经济的发展道路，《中国建设》1954 年第 1 期

走向农业集体化，《中国建设》1954 年第 3 期

西康——农奴自由，《中国建设》1954 年第 5 期

人民治理国家，《中国建设》1954 年第 6 期

从亚洲国家会议看亚洲经济，《世界知识》1955 年第 9 期

第一个五年计划的含义，《中国建设》1955 年第 10 期

新成立的 100 万个农业合作社，《中

国建设》1956 年第 2 期

中国和巴基斯坦的友好关系，《人民日报》1956 年 10 月 18 日

支持鲍威尔，支持正义，《人民日报》1956 年 11 月 30 日

新农村一瞥，《中国建设》1957 年第 1 期

在高度工业化的捷克斯洛伐克，《光明日报》1957 年 3 月 9 日

富强的捷克斯洛伐克，《文汇报》1957 年 3 月 10 日

关于美国宪法，《中国青年》1957 年 7 月号

中国的一个省——福建，《中国建设》1957 年第 8 期

从印度展览会谈中印贸易，《人民日报》，1957 年 9 月 19 日

1857 年印度大起义时期英国人的态度，《历史教学》，1957 年第 12 期

经济建设中的福建，《印华经济》第 5 卷 15 期，1957 年

中国财政是如何独立自主的？《中国建设》，1957 年第 10 期

美国农业及其危机，《经济研究》1958 年第 8 期

从合作社到人民公社，《中国建设》1958 年第 10 期

印度国大党的土地政策，《国际问题研究》1959 年第 2 期

一个省的新貌，《中国建设》1959 年第 10 期

比翼双飞的人民公社，《中国建设》1950 年第 6 期

从粮食短缺到剩余，《中国建设》1960 年第 7 期

古代中国与尼泊尔的文化交流——公元第 5 至 17 世纪，《历史研究》1961 年第 2 期

印度农村阶段，《经济研究》1961 年第 11 期

印度的土地改革，《新建设》1962 年 7 月号

瓷器——现代化制作，《中国建设》1963 年第 8 期

访问两个公社，《中国建设》1964 年第 3 期

印度粮荒为何如此严重，《世界知识》1966 年第 4 期

关于编写世界通史的问题，《世界史研究动态》1979 年第 5 期

对研究世界史的几点意见，《世界历史》1978 年第 1 期

"猪仔"出洋——700 万华工是怎样被拐骗出国的，《百科知识》1979 年第 5 期

追念蔡子民先生，《人民日报》1980 年 3 月 4 日

谈谈世界经济的研究工作，《社联通

讯》1980 年第 7 期

研究世界经济的几点建议，《世界经济导报》1980 年 7 月 15 日

杰出的共产主义战士，载《回忆李大钊》人民出版社 1980 年版

社会调查研究八题，《社会——社会学丛刊》1981 年第 1 期

斯诺二三事，《光明日报》1982 年 2 月 15 日

谈谈孙夫人的高贵品格，载《宋庆龄纪念集》，人民出版社 1982 年版

我与商务是同龄，香港《文汇报》1982 年 2 月 14 日

科学与用外文的回忆与体会，《英语世界》1982 年第 4 期

不能关起门来建设社会主义，《中国日报》1982 年 1 月 1 日增刊

要学习马克思的研究方法，《马克思主义来源研究丛刊》第三辑，商务印书馆 1983 年 3 月

青少年们的好消息，《光明日报》1983 年 8 月 17 日

追忆吾友杨杏佛，《文汇报》1983 年 9 月 10 日

论世界经济中的矛盾，《世界经济导报》1983 年 12 月 26 日

发展工业合作社要面向广大乡镇，《世界经济导报》1984 年 5 月 28 日

职业教育是当务之急，《群言》1986 年第 3 期

从道尔顿制教育法所想起的，《群言》1986 年第 6 期

缅怀我的慈母和良师的教导，《群言》1986 年第 9 期

作者年表

1897 年 2 月　生于江苏省无锡县东门。取名枢，小名翰生。笔名陈翰笙、Geoffrey Chu chen、Raymond D. Brooke、C.H.-S、C·H·S.、chs。

1903 年　进东林小学读书。

1909 年　考入长沙明德中学。

1912 年　进长沙雅礼学校读高中。

1915 年　赴美留学。考入马萨诸塞州赫门工读学校。

1916—1920 年　在美国波莫纳大学学习，被选为 Phi Beta Kappa 联谊会（美国大学优秀生全国性荣誉组织）会员，获历史学学士学位。

1920 年 8 月—1921 年 6 月　在美国芝加哥大学学习，获历史学硕士学位。

1921 年冬　在美国西雅图与顾淑型结婚，改名为翰笙。

1922—1924 年　先后在美国哈佛大学和德国柏林大学学习，获柏林大学历史学博士学位。

1924 年 4 月　应蔡元培先生邀请回国，在北京大学历史系任教。

1925 年　经李大钊同志介绍加入中国共产党。

1926 年　加入第三共产国际。

1929—1934 年　任中央研究院社会科学研究所副所长，主持中国农村经济问题调查研究工作。

发起对无锡、河北、岭南地区的农村生产关系的调查。

组织对营口、大连、长春和齐齐哈尔等地区的东北难民问题的调查。

指导中国河南、山东和安徽烟草产区人民生活状况的调查。

发起成立中国农村经济研究会，任理事长，后又创办其月刊《中国农村》。

1931 年　在蔡元培先生的协助下，营救被捕的邓演达出狱。

1933 年　同宋庆龄合作，营救被捕的牛兰夫妇出狱。

1934 年　任南京中山文化教育馆调查团主任。年末，以中山文化教育馆和中央研究院研究员身份赴日本东洋文库作研究工作。

1935 年　赴莫斯科，任东方共产主义劳动大学特约研究员。

在中共驻第三国际代表王明和康生的主持下，转入中国共产党。

1936—1939 年　赴美国纽约，任太平洋关系学会国际部副研究员，协助欧文·拉铁摩尔办《太平洋事务》季刊，并任该刊副主编。同时，还协助饶漱石办《华侨日报》。

1939—1941 年　赴香港协助宋庆龄创办"工合"运动，任香港工业合作国际委员会秘书长，并为保卫中国同盟工作。

在香港创办英文半月刊《远东通讯》，任主编。以此刊物，成为第一个向全世界揭露"皖南事变"真相的中国人。

1940 年　在云南西双版纳进行傣族农村土地所有制的调查。

1942—1944 年　香港沦陷，到达广西桂林，任广西桂林师范学院西文系主任。后因重庆政府缉捕，经昆明到达印度。

1944—1946 年　在印度德里大学和英国远东情报局工作。离开远东情报局后，到印度史学会工作，对印度经济区域划分问题进行广泛考察。

1946—1950 年　在华盛顿州立大学、约翰霍普金斯大学、宾夕法尼亚大学等美国大学和纽约亚洲研究所任特约研究员和特约教授。

应邀到华盛顿州、旧金山、芝加哥和纽约等地演讲，揭露蒋介石发动内战和在中国实行"黑暗统治"。

1949 年　任中国人民政治协商会议第一届全国委员会委员（1954年和 1957 年又任第二届、第五届全国政协委员）。

1951 年　应周恩来总理邀请，绕道欧洲从美国回到北京。

2 月　任外交部顾问和中国人民外交学会副会长。

3 月　受周恩来和宋庆龄委托，

筹办英文版《中国建设》，任编委会副主任（该刊自次年创刊直至1966年）。

9—12月　作为中国文化代表团代表，访问印度和缅甸。

1952年7月，赴德国柏林参加第三次世界和平理事会。后又参加中国文化代表团访问捷克斯洛伐克与保加利亚。

1953年　当选为国际贸易促进委员会委员。任中印友好协会副会长。

1954年5月，当选为对外文化关系协会常务委员会委员（直至"文化大革命"）。

8月　当选为第一届全国人民代表大会代表（1958年和1964年又当选为第二届和第三届全国人民代表大会代表）。

1955年4月，出席在印度新德里召开的亚洲国家会议。

6月　当选为中国科学院哲学社会科学部委员。

6月8日　出席在芬兰赫尔辛基召开的第四次世界和平大会。

12月　与宋庆龄代表国家访问印度、缅甸和巴基斯坦。

1956年2月，任中国亚洲团结委员会副秘书长。

4月　出席在瑞典斯德哥尔摩召开的世界和平理事会议。

被选为中国人大代表团代表，随团访问苏联和东欧六国。

1958年　任外交部国际关系研究所副所长。

8月　参加全国人大常委会组织的参观团，赴天津、塘沽参观。

9月　参加全国政协组织的参观团，赴安徽参观。

1962年　任中国科学院哲学社会科学部世界历史研究室主任。

1967年　被指为刘少奇的追随者，接受审查。

1969—1971年　赴湖南茶陵"五·七"干校劳动。

1973年　文革后第一次公开露面。

1977年　任中国社会科学院顾问。

任北京大学国际政治系兼职教授。

1979年　任中亚文化研究会常务理事长。

任商务印书馆外国历史小丛书编委会主任。

1980年　任世界经济学会顾问。

1981年　任中国经济学团体联

合会顾问。

任华侨历史学会副会长。

1982 年　任中国社会科学院世界历史研究所名誉所长。

1984 年　当选为中国太平洋学会副会长。

1985 年　中国社会科学院举行"庆祝著名马克思主义社会科学家陈翰笙从事学术活动 60 周年"大会。

任《中国大百科全书》总编委

会副主任兼外国历史编委会主任。

1989—1999 年　任中国国际文化书院院长。

1996 年 10 月　中国社会科学院在人民大会堂召开"庆祝陈翰笙同志百岁华诞暨学术活动 75 周年"会议。

1999 年　任中国国际文化书院顾问。